Cornelis Petrus Tiele

**Geschichte der Religion im Altertum**

Bis auf Alexander den Grossen

Cornelis Petrus Tiele

**Geschichte der Religion im Altertum**
*Bis auf Alexander den Grossen*

ISBN/EAN: 9783743396388

Hergestellt in Europa, USA, Kanada, Australien, Japan

Cover: Foto ©ninafisch / pixelio.de

Manufactured and distributed by brebook publishing software (www.brebook.com)

Cornelis Petrus Tiele

**Geschichte der Religion im Altertum**

# Geschichte der Religion im Altertum

## bis auf Alexander den Grofsen

von

## C. P. Tiele.

Deutsche autorisierte Ausgabe

von

## G. Gehrich.

**I. Band.**

Einleitung. Ägypten. Babel-Assur. Vorderasien.
Bibliographische Anmerkungen.

**Gotha.**

Friedrich Andreas Perthes.

1896.

Dem Andenken

meiner unvergefslichen Eltern,

des Pastors prim. **Gustav Gehrich**

und seiner Gemahlin **Henriette** geb. **Brandt.**

Der Herausgeber.

# Vorrede des Verfassers.

Zu den Talenten, welche mir versagt geblieben sind, gehört dasjenige, Vorreden zu schreiben. Ich neige denn auch sehr zu der Ansicht eines geistvollen Freundes, des verstorbenen Dichters de Génestet, daſs die meisten Vorreden zu dem Genre des Überflüssigen gehören. Ein Buch, so meinte er, müsse für sich selbst reden. Doch möchte ich gern dem Wunsche des verehrten Bearbeiters meiner „Geschiedenis" entsprechen, der mich um ein Einleitungswort für die deutsche Ausgabe ersuchte. Freudig habe ich sein Unternehmen begrüſst, denn auſserhalb der Niederlande mit ihren Kolonieen und Belgiens ist die Zahl derer, welche Holländisches lesen, naturgemäſs beschränkt. Und was ich von der Übersetzung gesehen habe, giebt mir die Überzeugung, daſs Herr Pastor Gehrich die Aufgabe, welcher er sich mit Liebe unterzog, gewissenhaft, mit groſser Sorgfalt und mit sachkundiger Hand gelöst hat. Er hat sich auch nicht mit der bloſsen Übersetzungsarbeit begnügt, sondern das Original ergänzt, wo dies für den deutschen Leser von Belang sein konnte.

Über Anlage und Tendenz dieses Werkes glaubte ich mich in der Einleitung genügend ausgesprochen zu haben. Aber ich habe eingesehen, daſs ich selbst für einen auſserordentlich befähigten und obendrein sehr wohlwollenden und anerkennenden Beurteiler noch nicht deutlich genug gewesen bin. Er meint nämlich, daſs

der Inhalt meines Buches nicht seinem Titel entspreche:
dafs es keine Geschichte der Religion im Altertum,
sondern die Geschichte einiger vorchristlichen Religionen
sei. Ein Wort zur Erklärung und Rechtfertigung ist also
nicht überflüssig. Geschichte der Religion ist nicht eine
nach einem gewissen Prinzip — sei es nun nach der
wechselseitigen Verwandtschaft oder nach dem erreichten
Entwicklungsgrade — geordnete Beschreibung aller Religionen, sondern eine Schilderung der Entwicklung der
Religion, d. h. des religiösen Menschen, in der Geschichte
der Menschheit. Sie geht nicht von einer bestimmten
Voraussetzung aus, wie z. B. der, dafs die Religion von
Periode zu Periode regelmäfsig wachse an Reinheit, Erhabenheit, Vernünftigkeit oder irgendwelchen anderen
Eigenschaften, sondern sie gründet sich auf Wahrnehmung
und Untersuchung des wirklich Geschehenen. Und eine
Geschichte der Religion im Altertum bis auf Alexander
den Grofsen umfafst natürlich lediglich die Religionen
derjenigen Völker, welche von allen Sachverständigen
zum klassischen Altertum — denn was soll „Altertum"
sonst bedeuten? — gerechnet werden. Wenn man die
Geschichte der Religion nicht konstruieren, sondern beschreiben will, so kann sie allein aus der Geschichte
historisch zusammenhängender Religionen erkannt werden.
Jede historische Religion trägt durch ihre eigenartige,
einseitige Entwicklung zu der allgemeinen Entwicklung
der Religion das Ihrige bei; und die Religionen der
Völker, welche miteinander in Berührung kommen, wirken entweder befruchtend oder — selbst wenn sie sich
bekämpfen — bildend aufeinander ein. Die Entwicklung
der Menschheit geschieht nun einmal auf keine andere
Weise, weder in Religion, noch in Kunst, Wissenschaft,
Staat und Gesellschaft; und wir haben kein Recht dazu,
ein von uns erdachtes Schema, wie geistreich es auch
sein möge, stattdessen einzusetzen.

Man fasse also meinen Titel in demselben Sinne auf,

wie den des grofsen Werkes von Perrot et Chipiez:
„Histoire de l'Art dans l'Antiquité", welches die
Entwicklung der Kunst bei denselben Völkern beschreibt.
Die von mir hier bezüglich der Religionsgeschichte ver-
tretene Auffassung ist durchaus derjenigen gleich. welche
Eduard Meyer seiner „Geschichte des Altertums",
G. Maspéro auf etwas beschränkterem Gebiete seiner
„Histoire ancienne des peuples de l'Orient
classique" zugrunde gelegt, und Curt Wachsmuth in
seinem kürzlich erschienenen Werk „Einleitung in
das Studium der alten Geschichte" anerkannt hat.

Leiden, im März 1895.

Prof. Dr. **C. P. Tiele.**

# Vorrede des Herausgebers.

Selbst auf die Gefahr hin, dem eben von dem Herrn Verfasser angezogenen Urteil de Génestet's neues Beweismaterial zu liefern, möchte ich es doch nicht unterlassen, das vorliegende Werk mit einigen Worten in den deutschen Leserkreis einzuführen, soweit dieser noch nicht mit demselben bekannt geworden ist. Mit der Übersetzung und Herausgabe von C. P. Tiele's „Geschiedenis van den godsdienst in de oudheid, Eerste deel. Amsterdam 1893" wünschte ich allen denen einen Dienst zu erweisen, welche sich aus irgendwelchen Gründen mit den Religionen des klassischen Altertums wissenschaftlich zu beschäftigen haben.

Hierbei denke ich nicht nur an Historiker, Archäologen und Religionsphilosophen, sondern vor allem auch an meine engeren Fachgenossen, die Theologen. Freilich zweifle ich nicht einen Augenblick daran, daß nur wenige die Notwendigkeit solcher Studien für die letzteren zugestehen werden. Das vermag bei mir jedoch nicht die Überzeugung zu erschüttern, daß der Theologe, welcher niemals vergleichende Studien auf dem Gebiete der Religionsgeschichte getrieben hat, dem wissenschaftlichen Verständnis des Christentums ebensowenig gerecht zu werden vermag, als der Mediziner, welcher die Anatomie und Physiologie der Wirbeltiere nicht kennt, den menschlichen Organismus wissenschaftlich zu begreifen und zu würdigen imstande ist. „Begriffe ohne An-

schauungen sind leer" — dieses oft citierte Wort Kant's
gilt nicht nur für den niederen, sondern auch für den
höheren und höchsten Unterricht. Die sogenannten Prolegomena zur Dogmatik oder die dogmatisch-ethische
Prinzipienlehre und besonders die Religionsphilosophie
arbeiten mit einer Fülle von allgemeinen Begriffen,
deren Kenntnis und Anwendung zwar überall zu der
normalen theologischen Bildung gerechnet wird, trotzdem aber völlig wertlos bleibt, wenn jene nicht von
ihrem Besitzer wenigstens teilweise durch einen selbständigen Abstraktionsprozefs von der geschichtlichen
Wirklichkeit gewonnen sind. Und je breiter die kon-
krete Grundlage ist, auf welcher dieser Abstraktionsprozefs
sich vollzieht, um so sicherer führt er zu wirklicher,
wissenschaftlicher Erkenntnis.

Aus diesem Grunde ist es unumgänglich, dafs jeder,
welcher zu einem wissenschaftlichen Verständnis christlichen Glaubens und Lebens gelangen will, aufser der
israelitischen mindestens noch eine oder zwei der bedeutenderen historischen Religionen in ihrer Entwicklung etwas
genauer kennen lernt. Erst durch das Studium fremder
Religionen schärft sich das Auge für die spezifische
Eigentümlichkeit und den ewigen Inhalt der eigenen —
nur so lernt man es, auch in dieser objektiv und pie-
tätvoll die unvergängliche Wahrheit von dem vergäng-
lichen Gleichnis zu scheiden. So tritt die vergleichende
Religionsgeschichte für das theologische Studium als
Schwesterdisziplin neben die christliche Dogmen-
geschichte, ähnlich wie auf dem Gebiete der Natur-
wissenschaft die Phylogenie neben die Ontogenie.

Gleichwohl findet bislang die Religionsgeschichte in
dem Lektionsplan der deutschen Universitäten nicht die
verdiente Berücksichtigung. Aufser Prof. v. Roth in
Tübingen und Prof. Duhm (jetzt in Basel), welcher sie
früher einmal, wenn ich nicht irre, in Göttingen vortrug,
ist mir wenigstens niemand bekannt geworden, der die

Geschichte der nichtchristlichen Religionen zusammenfassend in einer besonderen akademischen Vorlesung
behandelt hätte. Litterarisch wird sie bei uns meist in
Verbindung mit der allgemeinen Geschichte oder in
monographischer Form von Historikern, Orientalisten,
klassischen Philologen und Ethnologen — weit seltener
von Theologen — gepflegt, und zwar vielfach in einer
der deutschen Wissenschaft durchaus würdigen Weise.
Ich erinnere nur an die Verdienste Eduard Meyer's
um unsere Disziplin. Aber es fehlt an zusammen-
hängenden Darstellungen; das z. Z. brauchbarste Handbuch in deutscher Sprache über das Gesamtgebiet
stammt aus der Feder eines Ausländers: P. D. Chantepie de la Saussaye, Lehrbuch der Religionsgeschichte, 2 Bde, Freiburg i. B. 1887—89. Unter
den theologischen Universitätslehrern hat m. W. nur
Hermann Schultz in Göttingen die Grundzüge der
Hierographie seiner Fachwissenschaft organisch ein-
gegliedert; und zwar schon seit längerer Zeit in seinen
regelmäfsigen Vorlesungen über die Apologie des Christentums, deren Hauptgedanken kürzlich auch durch den
Druck veröffentlicht sind (Grundrifs der Apologetik.
Zum Gebrauche bei akademischen Vorlesungen. VI,
126 S. gr. 8. Göttingen 1894[1])). Ähnlich — wennschon
nicht mit der gleichen Ausführlichkeit — scheint Otto
Pfleiderer in Berlin bei seinen Vorlesungen über syste-
matische Theologie zu verfahren, welche ich jedoch
nicht aus eigner Anschauung kenne; ich schliefse es nur
aus den §§ 19—29 seines „Grundrisses der christlichen
Glaubens- und Sittenlehre" (4. Aufl. Berlin 1888).

Ob es nun der vergleichenden Religionswissenschaft
im Laufe der nächsten Zeit gelingen wird, sich auch in
Deutschland den ihr gebührenden Platz in dem Kreise der

---

1) Die Bezeichnung des 2. Hauptteils (S. 44—77) als „Religionsphilosophie" ist m. E. nicht ganz zutreffend.

akademischen Disziplinen zu erringen, bleibt abzuwarten. Die moderne Hyperorthodoxie wenigstens würde sich wohl kaum dazu aufschwingen können, in ihr mehr als ein überflüssiges Anhängsel und einen gefährlichen Sauerteig des theologischen Studiums zu erblicken. Die genetische und die komparative Methode, die beiden Hauptfaktoren wissenschaftlicher Erkenntnis, erscheinen ihr meist in gleicher Weise verdächtig und verwerflich. Und nicht jeder Theologe ist dazu befähigt, zwischen der rein empirisch-kausalen Betrachtungsweise der Wissenschaft, welche das vorliegende Buch vertritt, und der ethisch-teleologischen Betrachtungsweise des christlichen Glaubens so zu unterscheiden, wie es die Sache erfordert. Wie der Mensch ein Sohn der Erde und des Himmels zugleich ist, so trägt auch seine Religion ein doppeltes Antlitz: ein göttliches und ein menschliches. Jenes schauen wir im Glauben, dieses zeigt uns die Wissenschaft — darf man dem, welcher das zweite schildert, ohne weiteres vorwerfen, daſs er das erste nicht kenne und liebe?

Bei der Herausgabe meiner deutschen Bearbeitung des vorliegenden Tieleschen Werkes, dessen Bedeutung namentlich von Albert Réville in der „Revue de l'Histoire des Religions" und Karl Furrer im „Theologischen Jahresbericht" hervorgehoben ist, war es mir lediglich darum zu thun, Studien in der oben bezeichneten Richtung zu fördern und anzuregen. Der Herr Verfasser ist meinem Anerbieten in der liebenswürdigsten Weise entgegengekommen und hat mich auch brieflich mannigfach mit seinem Rat unterstützt, wofür ich mich ihm zu besonderem Dank verpflichtet fühle. Ich halte meine Übersetzung nicht für vollkommen und weiſs sehr gut, daſs sich mancher Satz im Deutschen noch besser stilisieren lieſse — aber dann hätte ich häufiger Umformungen einzelner Perioden vornehmen müssen, und das wollte ich im Interesse der Treue meiner Übersetzung

thunlichst vermeiden, da diese Eigenschaft m. E. zumal
bei der Wiedergabe eines wissenschaftlichen Werkes unbedingt in erster Linie zu erstreben ist. Einige Versehen
und Druckfehler, welche sich trotz aller Sorgfalt ein-
geschlichen haben, werde ich in einem Verzeichnis be-
richtigen, welches ich der binnen kurzer Zeit nachfolgenden Zweiten Hälfte des 1. Bandes beizugeben gedenke.
Diese, die Geschichte der Religion in Vorderasien um-
fassend, wird auch eine Übersicht über die wichtigste
Litteratur zum Studium der bisher behandelten Religionen
bringen, welche ich durch die Hinzufügung der deutschen
Übersetzungen fremdsprachlicher Werke und der hauptsächlichsten neueren Erscheinungen vermehrt habe. Der
2. Band, über dessen Inhalt die ,,Einleitung'' S. 12 Auf-
schluſs giebt, wird zur Ausgabe gelangen, sobald das
niederländische Original vollendet ist.

Der Verlagsbuchhandlung von Friedrich Andreas
Perthes in Gotha statte ich auch an dieser Stelle für
die bereitwillige Förderung und die ansprechende Aus-
stattung, welche sie meiner Arbeit zuteil werden lieſs,
meinen verbindlichsten Dank ab. Den Namen meines
treuesten Studienfreundes, dessen helle Augen mich bei
der Korrektur der Druckbogen freundlich unterstützt
haben, verschweige ich hier — aber nicht aus Undank-
barkeit.

Hannover, im März 1895.

Pastor **Georg Gehrich.**

Der nunmehr nachfolgenden Zweiten Hälfte des
I. Bandes, welche die Geschichte der Religion in Vorderasien enthält, habe ich nur Weniges hinzuzufügen. Sie
ist nach denselben Grundsätzen bearbeitet, wie die erste.
Bei der Lektüre der Paragraphen, welche von der israelitischen Religion handeln, darf nicht aufser Acht gelassen
werden, was der Verfasser selbst an verschiedenen Stellen
geflissentlich betont hat: nämlich einmal, dafs es sich in
dem Zusammenhange dieses Werkes nicht um eine eigentliche Darstellung der Geschichte dieser Religion, sondern
nur um eine Skizze ihrer geschichtlichen Genesis mit be-
sonderer Berücksichtigung ihrer wechselnden Beziehungen
zu den Nachbarreligionen handeln kann (S. 221. 224. 290 f.)
— und sodann, dafs eine Würdigung der Religion Israels
vom Standpunkte des christlichen Glaubens aus hier
nicht nur nicht beabsichtigt, sondern durch den Charakter der vergleichenden Religionswissenschaft direkt
ausgeschlossen ist (S. 367. 368 vgl. S. 4 f.). Denn diese
kennt keinerlei religiöse, sondern lediglich anthropologische Prämissen, wie die allgemeine Geschichte (vgl.
z. B. die bündige Zusammenfassung derselben bei E d.
Meyer, Geschichte des Alterthums, Bd. I, § 1—10).
Ich fühle mich veranlafst, diese für jeden Sachkundigen
selbstverständliche Thatsache ausdrücklich hervorzuheben,
um die allgemeine Position des Verfassers vor Mifsver-
ständnissen seitens minder informierter Leser nach Möglichkeit zu schützen.

Die bibliographischen Anmerkungen am Schlusse
dieses Bandes werden für manche eine willkommene

Zugabe sein. Ich habe sie in zweckentsprechender Weise
und innerhalb bestimmter Grenzen fortzuführen und zu
vermehren gesucht, wobei ich mich in einzelnen Fällen
mit dem Herrn Verfasser besonders verständigte und
seiner gütigen Unterstützung erfreuen durfte. Doch
konnte die seit 1893 erschienene Litteratur im Texte
selbst nicht mehr berücksichtigt werden. Für die mit
einem Asteriskus bezeichneten Zusätze ist der Herausgeber verantwortlich.

Eine einheitliche Transscription habe ich wenigstens
angestrebt, freilich in dem Bewußtsein, daß Vollkommen-
heit auch auf diesem Gebiete ein unerreichbares Ideal
bleibt. Aussprachebezeichnungen sind häufig nur anfangs
gesetzt und bei späterer Wiederkehr desselben Wortes
weggelassen, um den Druck nicht noch mehr zu erschweren. Einige Versehen und Druckfehler, welche
mir nachträglich auffielen, habe ich in einem besonderen
kleinen Verzeichnisse berichtigt. Band II, welcher die
Geschichte der Religion bei den iranischen Völkern
behandeln wird, befindet sich in Vorbereitung.

Hannover, Weihnachten 1895.

Pastor **Georg Gehrich.**

# Inhalt.

## Erstes Buch.
### Die Religion in Ägypten.

### Erstes Kapitel.
#### Einleitung.

### Zweites Kapitel.
#### Die Religion in der Memphitischen Periode.
#### (Das Alte Reich.)

### Drittes Kapitel.
#### Die Religion in der ersten Thebanischen Periode.
#### (Das Mittelreich.)

## Zweites Buch.

### Die Religion in Babylonien und Assyrien.

## Erstes Kapitel.

### Einleitung.

## Zweites Kapitel.

### Vor der Herrschaft von Ur.

## Drittes Kapitel.

### Die Religion in dem Reiche von Ur und dem
### alten Reiche von Babel.

----

# Drittes Buch.

### Die Religion in Vorderasien.

----

## Erstes Kapitel.

### Einleitung.

## Zweites Kapitel.

### Das Gemeinschaftliche in den Religionen Vorderasiens.

# Drittes Buch.

## Vorderasien.

# Einleitung.

## 1. Begriff der Religionsgeschichte.

Religion nennt man im allgemeinen Sinne des Wortes die Beziehung zwischen dem Menschen und den übermenschlichen Mächten, an welche er glaubt und von welchen er sich abhängig fühlt. Diese Definition begrenzt lediglich den Gegenstand unserer historischen Untersuchung und ist keine philosophische; was das Wesen der Religion ist, muſs als Resultat der historischen wie der psychologischen Untersuchung durch die Philosophie bestimmt werden. Wenn wir von übermenschlichen und nicht von übersinnlichen Mächten sprechen, so geschieht dies mit Vorbedacht. Auch sinnlich wahrnehmbare Mächte, sichtbare Götter werden in vielen Religionen angebetet, aber übermenschlich sind sie immer, wenn nicht stets in Wirklichkeit, so doch in der Schätzung ihrer Verehrer.

Unter Religionen versteht man die Weisen der Gottesverehrung, wie sie verschiedenen Stämmen, Nationen oder solchen Vereinigungen eigentümlich sind, welche sich auf einen ihren Mitgliedern gemeinschaftlichen Glauben gründen. Es ist ein Mifsverständnis, wenn man manchen Volksreligionen die Einheit abspricht und behauptet, man dürfe z. B. nicht von der griechischen, der römischen, der ägyptischen Religion, sondern nur von griechischen, römischen und ägyptischen Religionen reden. Wir reden davon mit demselben Recht, wie von

der griechischen Sprache, wenn wir auch wissen, daſs
ihre Dialekte sehr verschieden waren und ihre Formen
in den einzelnen Perioden ihrer Entwicklung nicht dieselben sind. Und ebenso wenig darf man wegen der
Verschiedenheit der lokalen und provinzialen Kulte und
wegen der Veränderungen, welche sie im Laufe der Zeit
erlitten, die wirkliche Einheit der erwähnten und anderer
Religionen verkennen.

Das Wort Geschichte hat eine doppelte Bedeutung.
Ebenso wie das griechische ἱστορια, dessen Übersetzung
es ist, wird es gebraucht sowohl für die beschreibende
Untersuchung wie für die zusammenhängende Erzählung
von Ereignissen oder eines Entwicklungsganges. So
spricht man wohl von einer a l l g e m e i n e n  G e s c h i c h t e
d e r  R e l i g i o n e n, in demselben Sinne, in welchem
man von Naturgeschichte spricht, und meint dann eine
nach einer gewissen Ordnung angelegte Beschreibung
und Charakteristik aller bekannten Religionen, auch derjenigen, deren eigentliche Geschichte im Dunkel liegt.
Dies ist die Hierographie im engeren Sinne, die beschreibende und vergleichende, welche jedoch nicht den
Gegenstand dieser Schrift bildet [1]).

Aber die Hierographie umfaſst auch die eigentliche
G e s c h i c h t e  d e r  R e l i g i o n, und mit dieser wollen wir uns jetzt beschäftigen, wenigstens soweit sie
das Altertum betrifft. Sie ist noch etwas anderes als
eine Sammlung von historischen Beschreibungen der Religionen, welche die Entwicklung des religiösen Glaubens
beeinfluſst haben, wäre dieselbe auch rein chronologisch
und nicht ethnologisch oder morphologisch angeordnet.
Um ihrem Namen vollkommen zu entsprechen, müſste

---

1) Sollte ich Zeit und Gelegenheit dazu finden, so hoffe ich später
einen Abriſs oder eine Einleitung zu dieser beschreibenden und vergleichenden Hierographie geben zu können. Mehr als einmal behan-
delte ich sie für meine Zuhörer; an Baumaterialien fehlt es mir also
nicht.

sie nicht nach den Völkern, sondern nach den grofsen
historischen Perioden eingeteilt sein. In der ersten Periode
würde dann die Geschichte der Religion in Ägypten
während des Alten und des Mittel-Reiches und in Babylonien vor der Stiftung des assyrischen Reiches erzählt
werden müssen. Die Geschichte der Religion in der
zweiten Periode würde sich mit derjenigen Ägyptens
während des Neuen Reiches bis zum Sturze der Ramessiden, Babels und Assurs bis zum Regierungsantritt
Tiglatpilesars III., Israels bis zum Exil, der Hellenen in
der pelasgischen, achäischen und homerischen Epoche,
der vedischen, alt-zarathustrischen und einigen gleich-
zeitigen in West- und Kleinasien zu beschäftigen haben
u. s. w. Aber zu diesem Zwecke müfsten unsere Quellen
reichlicher fliefsen, und die Chronologie gesicherter sein.
Auch würde man jedesmal in der Beschreibung der Entwicklung der einzelnen Religion abbrechen müssen und
dadurch sowohl den Überblick erschweren wie Verwirrung verursachen. Auch hier thut man also am besten,
die Geschichte jeder Religion für sich und im Zusammenhange zu behandeln und die Religionen dann in der
Zeitfolge zu gruppieren, in welcher sie in der Geschichte
auftreten. Nur sei man darauf bedacht, beständig auf
ihren Zusammenhang und ihre Verwandtschaft, auf ihre
historischen Beziehungen, auf den Einflufs, welchen sie
aufeinander ausüben, und was sie voneinander übernehmen, auf ihre Vermischung und ihren Kampf, und
vor allem auch auf die Vergangenheit, in welcher sie
wurzeln, hinzuweisen. Auf diese Weise giebt selbst solch
eine Geschichte der Religionen eine Vorstellung von der
Entwicklung des religiösen Gedankens und Sinnes in
der Weltgeschichte und wird sie in der That zu einer
Geschichte der Religion [1]).

---

[1]) Vgl. dazu meine Ausführungen in der Encycl. Brit. Vol. XX,
p. 370 f. Art. Religions.

## 2. Methode der Religionsgeschichte.

Es versteht sich von selbst, dafs für diese historische Untersuchung keine andere Methode gelten kann als für jede andere. Sie mufs von gewissenhaftem und sachkundigem Quellenstudium ausgehen und darf nichts als sicher betrachten, was nicht durch die Quellen bestätigt wird. Natürlich kann man nicht von jedem Bearbeiter der Hierographie fordern, dafs er für jede Religion, welche er kennen lernen will, jene grofsenteils philologische Untersuchung selbst anstelle. Selbst der begabteste Geist würde dazu nicht imstande, und das längste Menschenleben nicht ausreichend sein, um sich auch nur die hierzu erforderliche Sprachkenntnis zu erwerben. Auf einem so ausgebreiteten Gebiete wie diesem ist Teilung der Arbeit dringend notwendig. Einen gröfseren oder kleineren Teil des Gebietes mufs jeder Hierograph gänzlich beherrschen; für das Übrige mache er verständigen Gebrauch von der wissenschaftlichen Arbeit anderer. Wo aber diese Arbeit noch nicht oder nicht streng methodisch vollbracht ist, oder die Anhaltspunkte fehlen, hüte er sich vor Schlüssen, die durch nichts gerechtfertigt werden, und vor Urteilen, welche auf keiner soliden Grundlage ruhen.

Hypothesen, wenn wissenschaftlich gerechtfertigt, mögen zur Ausfüllung von Lücken und zur Erklärung von Erscheinungen dienen, aber es darf niemals auf ihnen fortgebaut werden, als ob sie bewiesene Thatsachen wären, und sie dürfen auch nicht mit den Thatsachen im Widerspruch stehen. Da jedoch Geschichte etwas mehr sein mufs als eine dürre Chronik, und es sich auch hier, wie in jeder anderen Geschichte, darum handelt, die Vergangenheit wieder zu beleben und, soweit das möglich ist, zu begreifen, können solche Hypothesen hier ebenso wenig als in jeder anderen Wissenschaft entbehrt werden [1]).

---

1) Vgl. hierüber Maurice Vernes, L'Histoire des religions,

## 3. Die Entwicklungshypothese.

Da die einzig wissenschaftliche historische Methode
die genetische ist, welche die pragmatische verdrängt
hat, so muſs auch die Religionsgeschichte, wenn sie ihren
wissenschaftlichen Charakter nicht einbüſsen soll, von
der Entwicklungshypothese ausgehen. Diese Hypothese
besagt, daſs alle Veränderungen und Reformen in den
Religionen, sie mögen nach subjektiver Auffassung als
Entartung oder als Fortschritt zu bezeichnen sein, die
Folge natürlichen Wachstums sind und hierdurch am
besten erklärt werden. Die Religionsgeschichte zeigt,
wie die Entwicklung sowohl durch den Charakter der
Völker und Völkerfamilien, wie durch den Einfluſs der
Verhältnisse, in denen sie leben, und einzelner Personen
bestimmt wird und an welche Bedingungen sie geknüpft ist.

Die Entwicklungshypothese läſst unentschieden, ob
alle Religionen die Schöſslinge einer einzigen prähistorischen Religion, oder ob die verschiedenen Religions-
familien, wie die semitische, die ario-europäische und
andere, aus ebenso vielen, nur ideell verwandten, aber
selbständig entstandenen Religionen entsprossen sind;
eine Frage, welche auf Grund vergleichender Untersuchung durch die Philosophie zu beantworten ist. Sie
ist am allerwenigsten ein philosophisches Postulat, nach
welchem sich die Thatsachen richten müſsten, sondern
gerade eine Frucht der historischen Untersuchung selbst,
denn ihr einziger Grund ist die Wahrnehmung von Er-

---

s a m é t h o d e   e t   s e s   d i v i s i o n s  etc. Paris, Leroux 1887, und dagegen
meine Arbeit „Tweeërlei godsdienstgeschiedenis“, T h e o l.  T i j d s. XXI,
1877, blz. 253 vgg.; ferner Goblet d'Alviella,  I n t r o d u c t i o n  à
l'h i s t o i r e  d e s  r e l i g i o n s, Brux. et Par. 1887, besonders Leçon
d'ouverture, a. a. O. p. 1 ff. und Réponse à quelques objections, a. a. O.
p. 135. Für die Methode der Geschichte im allgemeinen ziehe man das
tüchtige Werk von Ernst Bernheim, L e h r b u c h  d e r  h i s t o r i s c h e n
M e t h o d e, Leipzig 1889, 2. Aufl. 1894, zurate.

scheinungen, welche sie allein genügend zu erklären vermag. Ohne sie kann die Wissenschaft keinen Schritt vorwärts thun.

Um Mifsverständnisse zu vermeiden, soll ausdrücklich hervorgehoben werden, dafs die Annahme einer Entwicklung auch auf diesem Gebiet weder den Glauben an die göttliche Wirksamkeit noch die Anerkennung der Macht der Persönlichkeit, d. h. hier den Einflufs von Religionsstiftern, Reformatoren, Propheten u. dgl., ausschliefst. Denn für den religiösen Menschen hat auch alle Entwicklung ihren tiefsten Grund in Gott, und der Einflufs frommer und hochbegabter Charaktere ist das kräftigste Mittel zu ihrer Beförderung [1]).

## 4. Animistische Rudimente in den historischen Religionen.

Eine andere Hypothese, die gleichwohl mit der Entwicklungshypothese sehr nahe verwandt und für das rechte Verständnis unserer Geschichte gleich unentbehr-

---

1) Im Jahre 1874 habe ich über diese Fragen einen litterarischen Streit mit Prof. Doedes und im Jahre 1875 mit Prof. Pfleiderer ausgefochten. Vgl. J. J. Doedes, De toepassing van de ontwikkelingstheorie niet aan te bevelen voor de Geschiedenis der Godsdiensten. Utr. 1874. Dagegen C. P. Tiele, „De Ontwikkelingsgeschiedenis van den godsdienst en de hypotheze waarvan zij uitgaat" in De Gids, 1874, Nr. 6, worauf Doedes antwortete in seinem „Over de ontwikkelingshypotheze in verband met de Geschiedenis der godsdiensten" in Stemmen voor waarheid en vrede, 1874.

Siehe ferner O. Pfleiderer, „Zur Frage nach Anfang und Entwicklung der Religion" in Jahrbb. für prot. Theol., 1875 Heft 1. Dagegen C. P. Tiele, „Over den aanvang en de ontwikkeling van den godsdienst. Een verweerschrift", in Theol. Tijds. 1875, blz. 170 vgg.

Über die Gesetze, welche die religiöse Entwicklung beherrschen, oder wie ich jetzt lieber sagen würde, über die Bedingungen, an welche sie geknüpft ist, schrieb ich Theol. Tijds. 1874, blz. 225 vgg. Verkürzte französische Übersetzung von M. Vernes in der Revue politique et littéraire, 12 août 1876.

lich ist, ist diese, dafs eine Anzahl von Vorstellungen
und Gebräuchen, Eigentümlichkeiten der Lehre und des
Kultus in den historischen Religionen der zivilisierten
Völker, welche mit den höheren Begriffen, die man in
ihnen antrifft, wenig übereinstimmen, nichts anderes sind
als Rudimente tieferstehender Religionsformen, wie sie
jetzt noch bei den Naturvölkern herrschen und in animistischen Anschauungen ihre Erklärung finden.

Der Animismus ist nicht selbst eine Religion,
sondern eine Art von primitiver Philosophie, welche nicht
allein die Religion, sondern das ganze Leben des Natur-
menschen beherrscht. Er ist der Glaube an die Existenz
von Seelen oder Geistern, von welchen allein die mächtigen, solche, von denen der Mensch sich abhängig fühlt
und vor denen er sich fürchtet, den Rang göttlicher
Wesen einnehmen und als solche angebetet werden. Man
stellt sich diese Geister vor als frei auf Erden und in
der Luft umgehend und, sei es aus eigenem Antriebe,
sei es durch Zaubermacht beschworen und also gezwungen, den Menschen erscheinend.

Diese Vorstellung, welche die eine Seite des Animismus darstellt, nennt man am besten Spiritismus. Aber
die Geister können auch zeitweilig oder für immer in
einem oder dem anderen lebenden oder leblosen Objekte
Wohnung nehmen; und dann wird dieses Objekt, als
mit höherer Macht begabt, verehrt oder zur Beschirmung
von Personen und Gemeinschaften verwendet. Für diese
Seite des Animismus gebraucht man das nach dem por-
tugiesischen feitiço gebildete Wort Fetischismus [1].

---

1) Feitiço, wie die Portugiesen die Gegenstände nannten, welchen
die Neger eine wunderbare Kraft zuschrieben, wurde von de Brosses
unrichtig mit fatum, chose fée in Verbindung gebracht und kommt,
wie Tylor mit Recht bemerkt hat, von dem mittelalterlich-lateinischen
factitius, „mit Zauberkraft begabt", her, welches im Altfranzösischen
faitis, im Altenglischen fetys lautete und die Bedeutung „nett,
wohlgebildet" bekommen hat. Vgl. den Doppelsinn unseres deutschen
Wortes „bezaubernd".

Einige meinen, daſs der Fetischismus, als Verehrung
durch einen Geist beseelter Objekte, dem Spiritismus,
als Verehrung frei sich bewegender Geister, voraufgegangen sei, ehe beide zum Animismus verschmolzen.
Dies ist jetzt nicht mehr zu konstatieren, denn in der
Geschichte und bei den jetzt noch auf animistischem
Standpunkte befindlichen Völkern kommen sie immer
verbunden vor, obschon hier dieser, dort jener überwiegt.
Andere sind der Ansicht, daſs neben den animistischen
Rudimenten in den historischen Religionen noch Spuren
einer älteren Anschauung zu entdecken seien, des Naturismus, der Verehrung von Naturgegenständen und
Naturerscheinungen als lebendiger und mächtiger Wesen,
von denen der Mensch sich abhängig fühlt. So würde
dann, wie sich der Polytheismus aus dem Polydämonismus entwickelte, dem Polydämonismus das voraufgegangen
sein, was man etwa Polyzoïsmus nennen könnte. Diese
Meinung, obgleich nicht unwahrscheinlich und deshalb
nicht ohne weiteres zu verwerfen, ist ebenfalls noch nicht
überzeugend bewiesen.

Wir werden sehen, ob in den Religionen, mit deren
Geschichte wir uns beschäftigen, wirklich Erscheinungen
auftreten, welche, ohne mit dem Entwicklungsstadium
übereinzustimmen, in welchem die ersteren sich befinden,
ebenso wenig aus dem Animismus, sondern allein aus
dem Naturismus erklärt werden können.

Unsere Hypothese ist eine rein historische. Sie läſst
unentschieden, ob es einmal eine Zeit gegeben hat, in
welcher die animistische Anschauung schlechthin allgemein war, und ob dieser nicht noch ein anderes Entwicklungsstadium voraufgegangen ist; sie behauptet auch
nicht, daſs alle, selbst die höher entwickelten Religionen,
von derselben Art und von demselben Geist gewesen
sein müſsten, wie jetzt noch die der unkultivierten und
barbarischen Völker — Probleme, welche mehr in die prähistorische Anthropologie und in die Philosophie als in

die Geschichte gehören. Sie gründet sich auf Beobachtung und Vergleichung. In den Religionen, deren Geschichte am höchsten hinaufreicht, wie der ägyptischen, der altchaldäischen, der chinesischen, mehr noch als in den erst später entwickelten, und bei allen am meisten in den ältesten Perioden und dann wieder in denen des Verfalls, findet man magische Vorstellungen und Riten von so ausgeprägt animistischem Charakter, dafs man es nicht unterlassen kann, sie mit ähnlichen Einbildungen und Gebräuchen zu vergleichen, wie sie in den Religionen der halb- und nichtzivilisierten Völker vorkommen und dort mit dem Standpunkt, auf dem diese Religionen sich noch befinden, völlig harmonieren. Hieraus zog man die durchaus gerechtfertigte Schlufsfolgerung, dafs jene Erscheinungen in den höher stehenden Religionen Rudimente, Überbleibsel (s u r v i v a l s) aus einer früheren Epoche ihrer Entwicklung seien — zu tief gewurzelt, um sich durch die Macht rationellerer Vorstellungen gänzlich ausrotten zu lassen, und sich kräftig wieder hervordrängend, sobald die Religionen in Verfall gerieten, mit andern Worten: sobald die Gebildeten sich von ihnen abwendeten.

Keineswegs jedoch behaupten wir, dafs die noch lebenden Religionen der unkultivierten Völker ein getreues Bild davon gäben, was die Religionen der Ägypter, der Babylonier, der Griechen oder anderer Kulturvölker einmal gewesen sein müfsten. Können wir doch die jetzt noch bestehenden, vom Animismus beherrschten Religionen nur als Ruinen betrachten. Die einseitige Entwicklung der unkultivierten Rassen, eine Folge ihrer Isolierung, hat ihren Glauben an Zaubermacht und Wunderwirkungen stets zunehmen und allerlei Formen des Aberglaubens, allerlei Zauberpraktiken und Fetische entstehen lassen, welche früheren Zeiten sicherlich unbekannt waren. Obendrein haben diese Religionen sich selbst überlebt und sind dadurch gebrechlicher und lückenhafter, bisweilen auch wüster und roher geworden. In dem Maße, in welchem die niederen Fetische sich vervielfältigten, traten die höheren Mächte mehr in den Hintergrund, wenigstens im Kultus. Ein merkwürdiges Beispiel dafür liefern die polynesischen Völker. Auf den Inselgruppen, welche am dichtesten bei dem Punkte liegen, von welchem aus die Stämme sich über den Archipel ausbreiteten, sind die höheren göttlichen Wesen noch viel zahlreicher, mächtiger und geehrter als auf denen, welche von jenem Punkte am weitesten entfernt sind. Die Neuseeländer verehren fast nichts anderes mehr, als die Geister oder die Seelen der Abgeschiedenen, obgleich ihre Sagen beweisen, daß sie die höheren Götter ihrer Rasse sehr wohl kennen.

Doch wird man gut daran thun, zum besseren Verständnis der historischen Religionen eine oder mehrere der animistischen kennen zu lernen. Besonders eignen sich dazu die Religionen der Ureinwohner Amerikas, weil in dieser Gruppe der religiöse Animismus sich auf jeder Stufe der Entwicklung zeigt. Alle diese Religionen, außer denjenigen der Hyperboreer und der Feuerländer, weisen denselben Grundcharakter auf und haben gewisse eigenartige Gebräuche und Einrichtungen miteinander gemein; aber was ihre religiöse Entwicklung anlangt, findet man bei ihnen die reichste Abstufung. Zwischen der Kultur und Religion der Shoshoni und Comanche in Nord-, der Pampas-Indianer, Botokuden, Ottomaken und brasilianischen Wilden in Südamerika einerseits und derjenigen der Azteken in Mexiko, der Maya-Völker, der peruanischen Incas anderseits ist ein himmelweiter Unterschied, und doch scheinen sie wohl alle miteinander verwandt zu sein [1]). Eine Beschreibung der animistischen Religionen würde hier nicht am Platze sein; wir müssen

---

1) Vgl. A. Réville, Les Religions des peuples noncivilisés I, p. 208—211.

dafür auf andere Werke verweisen [1]). Nur das ist hier
zu bemerken, daſs die vom Animismus beherrschten Religionen charakterisiert werden durch eine bunte, ver-
worrene, schwankende Lehre, einen ungeordneten Polydämonismus, welcher gleichwohl den Glauben an einen
höchsten Geist nicht ausschlieſst, und endlich durch
Zauberei und Wahrsagerei (Magie und Mantik).

## 5. Begrenzung und Plan dieser Geschichte.

Aus unserer Auffassung von der Aufgabe der Religionsgeschichte, wie sie bereits dargelegt wurde, folgt
ohne weiteres, daſs Fragen, wie die nach dem Ursprung
der Religion und ihren vermutlich ältesten Formen, also
Probleme, welche sich auf prähistorische Zustände beziehen, als solche auſserhalb unserer Betrachtung liegen.
Unsere Geschichte beginnt nicht eher, bevor die wirkliche Geschichte beginnt, das heiſst da, wo historische
Urkunden und Denkmäler reden, oder eine wohlverbürgte
Überlieferung die Probe der Kritik bestehen kann. Nur
wenn in einer Religion selbst die unverkennbaren Spuren
einer früheren Epoche zu finden sind, oder die Vergleichung zweier bezw. mehrerer selbständiger, jedoch
verwandter Religionen dazu berechtigt, solch eine Epoche
zu mutmaſsen, werden wir davor die Augen nicht schlieſsen.
Allerdings werden wir uns dabei auf das Allersicherste
beschränken. Wir können auch nicht gänzlich schweigen
von Religionen, deren Geschichte so gut wie völlig unbekannt ist, die aber in einem oder dem anderen Zeitpunkte
mit einer der groſsen historischen Religionen in Berührung gekommen sind und sie beeinfluſst haben. Bei der
Behandlung der verschiedenen Religionen halten wir uns
an die chronologische Folge, in welcher sie auf der
Bühne der Weltgeschichte aufgetreten sind.

1) Die wichtigsten Werke, welche von diesen Religionen im allgemeinen und von einzelnen derselben im besonderen eine gute Vorstellung geben können, werden wir in der Bibliographie nennen.

Beginnen wir mit der ältesten Geschichte, dann versteht sich von selbst, daſs entweder die ägyptische oder die altbabylonische Religion den Vortritt haben muſs; es kann sich nur um die Frage handeln, welche von diesen beiden. Eine Rolle in der Weltgeschichte hat Babel sicherlich um viele Jahrhunderte früher als Ägypten gespielt, wenn auch beider Spezialgeschichte ungefähr gleich weit zurückreicht. Dennoch stellen wir die ägyptische Religion voran. Als Religion ist sie in der That altertümlicher, und sie hat eher den Höhepunkt ihrer Entwicklung erreicht, wie die babylonische; dazu kommt, daſs letztere schwerlich durch die ägyptische von den jüngeren semitischen Religionen geschieden werden kann, mit denen sie so eng zusammenhängt. Nach den gröſstenteils semitischen Religionen Westasiens muſs, als Erbe der Weltherrschaft, Persien in Betracht kommen. Aber die zarathustrische Religion ist ohne eine Vergleichung mit der naheverwandten vedischen nicht zu begreifen. Wir lassen daher auf die semitischen Religionen des Altertums erst die indopersische oder ostarische, dann die altiranische oder zarathustrische folgen und wenden uns danach über Kleinasien nach Griechenland und Italien.

Vorläufig beschränken wir uns auf diese, also auf die Religionsgeschichte des Altertums. Die innere Entwicklung, die Ausbreitung und der Ringkampf der drei sogenannten Weltreligionen, des Buddhismus, des Christentums und des Islâm, welche den Inhalt der neueren Geschichte der Religion bilden, liegen noch aufserhalb unseres Planes [1]).

---

[1]) Sollte ich mich jemals an die Abfassung einer Übersicht der neueren Religionsgeschichte wagen, so würde das nur unter Mitwirkung anderer geschehen können. Ich bin nicht in der Lage, auch aus dieser ein Spezialstudium machen zu können, und nicht geneigt, eine blofse Kompilation aus den Werken anderer zu liefern.

Der Buddhismus greift erst nach Alexander in die Entwicklungsgeschichte der Religion ein und gehört zudem mit gröfserem Recht in die ostasiatische Entwicklungsreihe.

Ob wir die synkretistische Periode, welche die Entstehung des Christentums einschliefst und den Übergang von der Antike zu einem neuen Weltalter bildet, eine der interessantesten Partieen unserer Geschichte, auch noch werden besprechen können, mufs die Zukunft lehren. Jedenfalls mufs diese als ein Ganzes beschrieben werden und deshalb erst, nachdem die Geschichte der Religion bei den herrschenden Völkern des Altertums behandelt ist.

Sollte man hier mehr als eine wichtige Religion vermissen, welche doch in einer allgemeinen Hierographie, d. h. in einer vollständigen, systematischen Beschreibung aller Religionen der Welt nicht würde fehlen dürfen, so beachte man die ausgesprochene Bestimmung dieses Werkes: nämlich den Entwicklungsgang der Religion im Altertum zu schildern. Religionen nun, welche entweder, weil die Völker, bei denen sie blühten, sich von den übrigen abgesondert hielten, oder wegen der entfernten Lage ihres Heimatlandes zu denselben in keinerlei Beziehung standen, haben diesen Entwicklungsgang nicht beeinflussen können. Aus diesem Grunde gehören z. B. die chinesischen und japanesischen Religionen, wie die indische, nicht in diesen Zusammenhang. Für andere Religionen, wenn auch ihr Gebiet an die von uns besprochenen grenzte, war es deshalb unmöglich, einen solchen Einflufs auszuüben, weil sie selbst das Stadium der Barbarei noch nicht überwunden hatten. Das gilt sowohl von den Religionen in Nord- und Mittelarabien, als von denen in Nord- und Mitteleuropa, von Kelten, Teutonen und Skandinaviern. Von einer Geschichte dieser Religionen kann keine Rede sein; was einigermafsen diesen Namen verdient, gehört erst einer späteren Zeit an. Die der nicht- oder halbzivilisierten Völker Amerikas, Polynesiens, Afrikas, Nordasiens und Nordosteuropas sind selbstverständlich ausgeschlossen, aus schon früher erörterten Gründen; obendrein wissen wir überhaupt nicht, wie sie in so früher Zeit beschaffen waren. Ihren angemessenen Platz finden

alle diese Religionen in der beschreibenden Hierographie.

Die Schaubühne der antiken Weltgeschichte ist der
gröfste Teil von Mittel- und Westasien, der Norden, vor
allem der Nordosten von Afrika und der Süden von Europa.
Auf diesem Gebiete werden wir uns ausschliefslich bewegen. Die Geschichte Ostasiens einschliefslich Indiens
ist in jener Zeit noch ganz auf sich selbst beschränkt und
würde nur einen Appendix oder eine Parallele zu derjenigen bilden können, welche wir nunmehr zu skizzieren
beabsichtigen.

Dafs in dieser Skizze noch vieles lückenhaft und unsicher bleiben mufs, soll nicht geleugnet werden. Trotz
der grofsen Entdeckungen, welche unsere Kenntnis der
Antike so sehr erweitert haben und noch beständig
durch neue vermehrt werden, trotz der erstaunlichen
Fortschritte, welche durch die gemeinschaftliche Arbeit
vieler Gelehrten im richtigen Verständnis von Veda und
Avesta, der Keilschrifttexte Babels und Assurs und der
hieroglyphischen und hieratischen Schriften Ägyptens
gemacht worden sind, trotzdem also die Quellen für
unsere Untersuchung immer reichlicher fliefsen, so dafs
es sogar äufserst schwierig wird, den Stoff zu beherrschen, bleibt noch vieles dunkel, und wir geraten nicht
selten in Verlegenheit, wenn wir etwas tiefer unter die
Oberfläche eindringen und den eigentlichen Sinn der
Erscheinungen begreifen wollen. Wir müssen daher in
unseren Schlufsfolgerungen besonders vorsichtig sein.
Eine gewisse Divination, welche aber nur durch grofse
Vertrautheit mit dem Stoff gerechtfertigt wird, ist hier
nicht ausgeschlossen. Dennoch mufs beständig die Grenze
zwischen dem, was mit Sicherheit behauptet, und dem,
was nur als wahrscheinlich vermutet werden darf, scharf
im Auge behalten und ehrlich aufgewiesen werden. Wir
werden uns ernsthaft bemühen, in dieser Beziehung nicht
hinter unserer Aufgabe zurückzubleiben.

# Erstes Buch.

## Die Religion in Ägypten.

# Die Religion in Ägypten.

## Quellen.

Eine vollständige Aufzählung der Quellen, aus denen die Kenntnis der ägyptischen Religion und ihrer Geschichte geschöpft werden mufs, würde einer Übersicht der gesamten ägyptischen Litteratur gleichkommen, soweit sie durch Ausgaben, Übersetzungen und Bearbeitungen bekannt ist. Das religiöse Leben ist in der Antike, und namentlich in Ägypten, so sehr mit dem sozialen und politischen verwoben, dafs schwerlich ein litterarisches Produkt oder ein Dokument zu finden ist, aus welchem hinsichtlich der Religion nichts ٠zu lernen wäre. Wir beschränken uns daher auf die Texte, welche sich unmittelbar auf dieselbe beziehen, und machen nur die wichtigsten derselben namhaft [1]).

Unter allen nimmt sicher das sogenannte Totenbuch, auch wohl Buch der Auferstehung, Rituel funéraire und nach der Überschrift der ersten Kapitel Buch vom Ausgang am Tage (Naville: „Ausgang aus dem Tage"; Brugsch: „Ausgang bei Tage") genannt, den ersten Rang ein. Es ist eigentlich kein Buch, sondern eine Sammlung, oder richtiger gesagt, eine Serie Sammlungen von

---

[1]) Reichhaltige Angaben über die Quellen der ägyptischen Geschichte findet man in den von mir in der Bibliographie erwähnten Werken von Alfred Wiedemann.

Texten, welche vom Leben nach dem Tode handeln und
dazu bestimmt sind, durch ihre magische Kraft den Toten
auf seiner Reise nach den ewigen Wohnungen des Sieges
zu versichern. Zur Zeit der 26. Dynastie (im 7. Jahrh.
v. Chr.) war es zu 165 Kapiteln angewachsen, von denen
jedoch die letzten drei jüngere Zusätze sind. Manche
Exemplare haben deren noch viel mehr. Nur in einzelnen Teilen ist eine bestimmte Anordnung zu entdecken.
Die meisten dieser Texte, welche auch besonders an den
Wänden der Gräber und auf den Sarkophagen vorkommen, sind sehr alt; einige selbst vor der Hyksoszeit schon
mehrfach überarbeitet und kommentiert. Für die Eschatologie und den Ritus hat diese Sammlung große Bedeutung; die mythologischen Anspielungen sind oft un-
verständlich, wenn sie nicht anderswoher Licht empfangen.
Kap. 15 enthält sehr schöne Hymnen an den Sonnengott. Viele ähnliche Texte, entweder gar nicht, oder
nur teilweise in das Totenbuch aufgenommen, sind auf
den Gräbern, namentlich der großen Könige, eingemeißelt.
So unter andern der lange Text, welcher die Litanei der
Sonne genannt wird und von Naville publiziert ist. Dem
Totenbuch verwandt, aber unzweifelhaft jüngeren Ursprungs sind: Das Buch von dem, was man in der Tuau
(dem Totenreich) findet, das Buch von den Pforten des
Totenreiches, das Ritual des Totenopfers und das Buch
der Einbalsamierung. Die ersten beiden beschreiben den
Zug des gestorbenen Sonnengottes in den zwölf Stunden
der Nacht einerseits als eine Reise durch zwölf Regionen,
anderseits als das Durchwandeln von zwölf Thoren. Die
anderen beiden enthalten sowohl die Gebete als die
heiligen Handlungen, welche beim Totenkultus und bei
der Einbalsamierung erforderlich waren. Noch jünger
scheinen das Buch von den Atemzügen des Lebens,
vor allem bei Priestern und Priesterinnen des Amun in
Gebrauch, und die Klagen der Isis und Nephthys zu
sein — beide zu demselben Zweck, wie die bereits ge-

nannten, bestimmt. Zu den wichtigsten Entdeckungen
der letzten Zeit gehört die der Pyramidentexte, aus den
Pyramiden des Una (5. Dynastie), Teti und Pepi I.
(6. Dynastie). Die Erklärung ist noch in manchen
Punkten unsicher — Maspero gab eine vollständige, doch
nach seiner eigenen Absicht vorläufige Übersetzung in
dem Recueil von 1882—84 —, aber sie haben schon
den Beweis geliefert, dafs die osirische und die helio-
politanische Mythologie, welche in Ägypten immer
die Herrschaft behielten, bereits zur Zeit des Alten
Reiches feststanden und miteinander verschmolzen waren.

Von Texten, welche nicht mit dem Totendienst in
Verbindung stehen, müssen erwähnt werden: Magische
Papyri, wie der mag. Pap. Harris, welcher dazu bestimmt war, den Besitzer gegen reifsende Tiere und
andere Gefahren zu beschirmen, jedoch sehr merkwürdige religiöse Hymnen enthält; historische Papyri,
wie der grofse Papyrus Harris, in welchem alles
aufgezählt wird, was König Ramses III. den vornehmsten Tempeln geschenkt hat; Gedichte, wie das des
Pentaura zur Verherrlichung der Heldenthaten Ramses' II., und eine grofse Anzahl Hymnen an die Götter,
besonders an Amun-Râ, Ptah, Thôt, den Nilgott und
andere; Kalender, in welchen die dies fasti et nefasti
verzeichnet sind, wie der Papyrus Sallier IV.; rituelle
Schriften etc. Ist auch die Ethik in Ägypten noch nicht
innig mit der Religion verbunden, so wird man doch
ethische Darlegungen, wie die nach Ptahhotep (der berühmte Pap. Prisse, welchen man das älteste Buch der
Welt genannt hat) und nach Amenemha I. benannten,
nicht übersehen dürfen; und wer die Märchen, wie das
von den zwei Brüdern (Batau und Anepu), von dem be-
zauberten Prinzen und andere, nicht kennt, weifs nicht,
wie weit der Glaube an Magie bei den Ägyptern ging.
Erzählungen, wie die Geschichte von Sancha, einem Höf-
ling aus der Zeit der 12. Dynastie, oder die Reise des

2*

Mohar in Kanaan und Phönicien, beide wahrscheinlich
erdichtet, haben auch für die Religion einige Bedeutung.

Unentbehrlich für die Kenntnis des Kultus und der
Vorstellungen, welche demselben zugrunde liegen, ist
das Studium der Tempel, der Götterbilder und all der
Dinge, welche entweder bei dem Kultus gebraucht wurden oder als Fetische und Amulette eine wunderbare
Kraft besitzen sollten, vor allem der Reliefs an den
Wänden der Grabkammern und Tempel, welche meist
eine ganze Reihe von feierlichen, durch den König oder
einen Priester zu Ehren einer Gottheit verrichteten Handlungen abbilden.

Seit die Entdeckung Champollions und die Arbeiten
der Ägyptologen, welche auf dem von ihm gelegten
Fundament fortbauen, die einheimischen Quellen erschlossen, sind die Berichte der klassischen Schriftsteller
und Manethos, früher das Einzige, was man besaß, zu
Quellen zweiten Ranges geworden. Doch haben sie,
besonders für die späteren Zeiten, nicht allen Wert verloren. Manethos Fragmente liefern nicht viel für die
Geschichte der Religion. Wann Herodot erzählt, was
er selbst gesehen hat, z. B. wenn er den Ptahtempel
zu Memphis oder das Bastfest zu Bubastis beschreibt,
ist er vertrauenswürdig; bezüglich der älteren Zeiten
hat er sich durch Unwissende oder Betrüger irreführen
lassen. Diodorus Siculus hat wenigstens gute Quellen
benutzt und auch selbst Ägypten bereist, aber für die
alte Zeit verdient er ebenso wenig Vertrauen als Herodot,
und von Mythologie hat er keinen Begriff. Von viel
größerem Werte ist die berühmte Schrift De Iside et
Osiride, welche gewöhnlich als ein Werk des Plutarch
von Chaironeia betrachtet, von einigen Gelehrten aber
ihm abgesprochen wird. Man darf gleichwohl nicht
vergessen, daß er die Osiris-Mythe in ihrer jüngsten
Gestalt giebt, euhemeristisch erklärt und durch den
Synkretismus verdorben. Die Berichte anderer Schrift-

steller, wie des Josephus und Clemens Alexandrinus,
können uns, so wichtig sie an und für sich sein mögen,
für die Zeit, mit welcher wir uns beschäftigen, nichts
nützen, und vor allem hüte man sich, die theosophischen
Spekulationen eines Buches wie Hermes Trismegistos
zur Erklärung der alten Theologie heranzuziehen.

# Erstes Kapitel.

Einleitung.

## 1. Land und Volkscharakter der Ägypter im Zusammenhang mit ihrer Religion.

Jede Religion, vor allem wenn sie noch wie die ägyptische zu den Naturreligionen gehört, erfährt notwendig den Einfluſs des Landes, in welchem sie herrscht, zumal wenn sie in demselben auch entstanden ist. Die Eigentümlichkeiten des schmalen Streifen Landes, welcher, im Osten und Westen durch die Wüste begrenzt und sich von den Nilkatarakten im Süden bis zu den Nilmündungen im Norden in die Länge dehnend, die Heimat der Ägypter bildete, sind bekannt. Wo die Fruchtbarkeit des Bodens und der Lebensunterhalt seiner Bewohner nicht von den Wassern des Himmels, sondern von den regelmäſsigen Überschwemmungen des Flusses abhängen, welcher zugleich die groſse Verbindungsstraſse zwischen Norden und Süden darstellt, werden Strom- und Sonnengötter in der Regel die höchste Verehrung genieſsen, und die Beschreibung der überirdischen Welt, die mythische Geographie, muſs ein Spiegelbild dieser irdischen Verhältnisse sein. Kein Wunder also, daſs von altersher der Nilgott Hâpi, der irdische Wohlthäter nicht minder wie der himmlische, allgemein verehrt wurde; daſs man ihm nicht nur in seiner eigenen Stadt Nilopolis, sondern auch an anderen Orten prächtige

Tempel errichtete; daſs man durch zahlreiche und kost-
spielige Feste zu seiner Ehre ihn zu veranlassen suchte,
seine Segnungen nicht zurückzuhalten, und daſs man
sich selbst die andere Welt nur als ein Land wie Ägypten vorstellen konnte, von einem mächtigen Strom
durchschnitten, auf welchem nachts das Sonnenboot fuhr.
Und daſs Hâpi nicht der einzige Fluſsgott Ägyptens war,
werden wir später sehen. Weiter: in einem Klima, welches für die Erhaltung alter Denkmäler so äuſserst gün-
stig ist, daſs selbst Papyrushandschriften jahrhundertelang unversehrt bleiben, läſst sich eine pietätvolle An-
hänglichkeit an das Alte auch auf dem Gebiete der
Religion ohne Mühe erklären, und wird man sich nicht
darüber wundern, das Dauerhafte, das Unvergängliche,
was „Millionen von Jahren" stand hält, als das höchste
Ideal preisen zu hören. In der That, wenn man die
Religion Ägyptens mit ihren eigenartigen Mythen und
Göttergestalten, ihren Zeremonieen und ihren heiligen
Tieren sorgfältig untersucht, sieht man sich zu dem End-
urteil genötigt, daſs hier und nirgends anders ihre Heimat
ist, und daſs sie in dieser Form hier entstanden sein muſs.

Indessen sprechen gute Gründe für die früher allgemein verbreitete, jetzt von einigen Ethnologen bezwei-
felte Annahme, daſs der Kern der ägyptischen Bevölkerung, ebenso wie ihre westlichen und südlichen Nachbarn und Verwandten, die Libyer oder Mauren und die
Kuschiten und Nubavölker, ursprünglich nicht zu den
Nigritiern, sondern vielmehr zu der kaukasischen Rasse
gehörte und in uralter, vorhistorischer Zeit seine späteren
Wohnsitze eingenommen hat, wo er eine ältere, an
Kultur ihm nachstehende Bevölkerung antraf und sich
unterwarf. Die Sprachwissenschaft wie die vergleichende
Untersuchung der altägyptischen Schädel führen auf
diese Hypothese. Die groſse Übereinstimmung der ägyptischen Sprache mit den semitischen — vor allem in
ihrer ältesten bekannten Periode — ist nicht zu leugnen,

obschon auch Anklänge an arische Sprachen nicht fehlen.
Auch der scharfe Gegensatz zwischen den grobsinnlich-
sten animistischen Vorstellungen und magischen Praktiken und den erhabensten Lehren, welcher jedem in
der ägyptischen Religion begegnet und weder durch die
Annahme einer exoterischen Lehrweise, noch durch
einen himmelweiten Unterschied der Bildung zwischen
den höchsten Ständen und der Mehrheit des Volkes
genügend erklärt wird, würde durch die Verschmelzung
zweier so verschiedener Völker hinlänglich gerechtfertigt.
Der Tierkultus und eine Anzahl anderer animistisch-
magischer Gebräuche, welche bei den Ägyptern im
Schwange waren, haben wirklich grofse Ähnlichkeit mit
demjenigen, was man sonst in Afrika, bei allen Nigritiern,
antrifft. Dagegen ist in der Mythologie und in verschiedenen religiösen Anschauungen der Ägypter eine sehr
grofse Übereinstimmung mit westasiatischen Vorstellungen
und Ideen nicht zu verkennen. Soll man für die ägyp-
tiche Kultur eine vollkommen selbständige, der semitischen gänzlich fremde Entwicklung annehmen, dann
sind weder diese Ähnlichkeiten noch die der Sprache
zu begreifen.

Im einzelnen nachzuweisen, welche Bestandteile der
ägyptischen Religion und Mythologie von der herrschenden Rasse aus ihrem Stammland mitgebracht und
mit der einheimischen des Nilthals vermischt sind, ist
nicht mehr möglich. Wann ihre Geschichte beginnt,
ist die ägyptische Religion bereits in eine Form ge-
gossen, welche sie, wenn auch in Einzelheiten modifiziert, die Jahrhunderte hindurch behält, und die sich
— wenigstens ethnologisch — nicht mehr analysieren
läfst. Bei den Ägyptern selbst scheint schon damals
jede Erinnerung an diese Verschiedenheit der Volksart
erloschen zu sein. Man kann hier nur mutmafsen. Aber
dafs die Osirismythe z. B. von der westasiatischen Tammuz-
Adonismythe nicht wesentlich differiert, dafs Hathor, wie

man auch ihren Namen erklären möge, dieselbe Göttin
ist wie die Astarte (Ištar, Aštart, Athtar), welche alle
semitischen Völker verehren, dabei bleibe ich trotz aller
dagegen vorgebrachten Bedenken. Wir werden sehen,
wie diese Hypothese über die Entstehung der ägyptischen Religion ein eigenartiges Licht verbreitet.

## 2. Hypothesen über die Entstehung der ägyptischen Religion.

Ursprung und Entstehung der ägyptischen Religion
fallen in eine vorhistorische Zeit, aus welcher keine Denkmäler auf uns gekommen sind. Die ältesten Texte,
welche wir besitzen, selbst die aus der Zeit der Pyramidenerbauer, sind nicht die Urkunden einer neuen
Lehre oder einer soeben gestifteten Religion, sondern
einer solchen, welche ebenso wie die Schrift, die Kunst
und die gesamte ägyptische Kultur, schon eine lange
Entwicklung hinter sich hat. Man konnte nicht unterlassen, sich die Frage vorzulegen, von welcher Art die
Entwicklung und welches ihr Ausgangspunkt gewesen
sei; und es ist für die Beurteilung und schon für das
rechte Verständnis der ägyptischen Religion von höchster
Wichtigkeit, dafs man sich hierüber eine Überzeugung
bilde. Zur Einstimmigkeit ist man jedoch auch jetzt
noch nicht gelangt. Zwei Hauptrichtungen, wenn auch
jede in verschiedenen Nuancen, stehen sich hier direkt
gegenüber. Nach den einen sind die pantheistischen,
henotheistischen oder auch monotheistischen Ideen, welchen man nicht allein in den Pyramidentexten, sondern
auch in den ältesten Kapiteln des Totenbuches begegnet,
das Ursprüngliche; und die mit ihnen vermischten magischen und animistischen Vorstellungen und Zeremonieen
sind entweder eine Folge von Entartung oder besitzen
eine mystische, symbolische, allegorische Bedeutung [1]).

---

1) Dafs diesem vorhistorischen Monotheismus oder Pantheismus ein

Nach den anderen sind im Gegenteil die magischen,
animistischen, polytheistischen Elemente der ägyptischen
Religion das Älteste; die Lehre, daſs die mannigfaltigen
und vielgestaltigen göttlichen Wesen, welche man an-
betete, nur Offenbarungen oder Glieder eines einzigen,
pantheistisch gedachten Gottes seien, oder daſs ein Gott
als der ursprüngliche Einzige sie alle als seine Kinder
oder Geschöpfe allgewaltig beherrsche, muſs erst allmählich in den Priesterschulen entwickelt und ausschließs-
lich das Eigentum der Gebildeteren gewesen sein [1]).

Die Hypothese, welche wir an zweiter Stelle nannten,
kommt auch uns als die wahrscheinlichste, ja sogar als
die einzig mögliche vor.  Ein vorhistorischer Monotheismus setzt einen Kulturgrad und ein fortgeschrittenes
philosophisches Denken voraus, die bei einem noch barbarischen Volk nicht anzunehmen sind.  Auch die ägyptische Religion ist von Animismus und magischem
Polydämonismus ausgegangen und so erst zum Poly-

---

ursprünglicher Polytheismus voraufgegangen sein könne, wird von einigen Vertretern dieser Anschauung, z. B. von Pierret, nicht bestritten.

[1]) Die erstgenannte Richtung wurde früher vor allem durch Ema-
nuel de Rougé repräsentiert; in jüngster Zeit waren Pierret und Brugsch
ihre hervorragendsten Verteidiger.  Le Page Renouf steht so ziemlich
auf ihrer Seite und wendet die Hypothese eines ursprünglichen Henotheismus, welche er von Max Müller übernimmt, auf die ägyptische
Religion an.  Die zweite Richtung wird hauptsächlich durch Pietschmann, Maspero, Eduard Meyer und Erman vertreten.  Auch Lieblein
muſs hierher gerechnet werden, obschon er in mancher Beziehung seinen
eigenen Weg geht.  Schreiber dieses ist immer, sowohl in seiner
Vergelijkende Geschiedenis als in seiner Geschiedenis
van den Godsdienst (deutsche Ausgabe von Weber unter dem Titel:
Kompendium der Religionsgeschichte, 2. Aufl., Prenzlau
1887) ein erklärter Gegner der ersten Richtung gewesen.  Nach Lepsius war der Ausgangspunkt der ägyptischen Religion der Sonnendienst
in verschiedenen Formen.  Eine gute Darlegung der einzelnen Anschauungen (soweit sie derzeit gegeben werden konnte; Ed. Meyer hat seine
Ansichten seitdem modifiziert, und Erman hatte sich noch nicht ausgesprochen) findet man bei Chantepie de la Saussaye, Lehrbuch der
Religionsgeschichte I, S. 272 ff.

theismus emporgestiegen. Dieser Polytheismus entwickelt
sich dann in zwei völlig entgegengesetzten Richtungen.
Auf der einen Seite wird die Götterwelt durch Hinzufügung lokaler Kulte — eine Folge der Unterwerfung
der verschiedenen Gaue mit ihren religiösen Zentren
unter die Gewalt Eines Königs — und Übernahme fremder Gottheiten stets reicher. Auf der anderen Seite
nähert man sich dem Monotheismus mehr und mehr,
ohne ihn jemals klar und unzweideutig auszusprechen.
Die Gelehrten suchten beide Tendenzen miteinander zu
versöhnen, unter anderem durch die Darstellung der
vielen Götter als der Offenbarungen des Einen, unge-
schaffenen, verborgenen Gottes, seiner von ihm selbst
geschaffenen Glieder.

Man wird also mit Recht mehr Gewicht als früher
auf die Lokalkulte legen; aber man geht zu weit, wenn
man den Lokalgöttern keine andere Bedeutung zugestehen will, als die, Herren des bezüglichen Ortes zu
sein. Wie primitiv auch die Vorstellung gewesen sei,
welche man sich von den Göttern machte, jeder hatte
sicher seinen eigenen Charakter, welcher noch oft wiederzuerkennen ist, auch nachdem die Theologie einer Priesterschule ihn umgeformt hat. In den Provinzialkulten
ist die Ursache davon zu suchen, daſs die Tierverehrung,
welche anfangs rein animistisch gewesen sein muſs und
im Altertum allgemein verbreitet war, nirgends solch'
eine Höhe erreichte als in Ägypten. Wollen wir annehmen, daſs die Entwicklung der ägyptischen Kultur
und Religion, wie oben vermutet wurde, der Vermischung
zweier Rassen, mit anderen Worten: der Niederlassung
von Kaukasiern inmitten einer nigritischen Bevölkerung
zu danken ist, so werden wir uns den Hergang der Dinge
etwa folgendermaſsen vorstellen dürfen:

Als es dem aus Asien stammenden Volke gelungen
war, nicht nur seine Herrschaft in den verschiedenen
Gauen zu befestigen, sondern auch einen Staat zu stiften,

welcher sie alle umfaſste und sich über die beiden groſsen
Teile des Landes ausdehnte, muſste man auch nach
einer gewissen Einheit in der Religion streben. Das
Bestehende wurde respektiert, all' das Alte, selbst das
Magische und Animistische im Kultus, blieb erhalten.
Aber man suchte es so viel als möglich mit dem Be-
kenntnis der Sieger in Einklang zu setzen. Der grobe
Animismus wurde mit einem Hauch von Mystik über-
gossen. Die Tiere wurden fortan nur als die Repräsentanten oder die Inkarnationen höherer Wesen verehrt.
Die Lokalgötter wurden mit der höchsten Gottheit der
Priester in Verbindung gebracht oder sogar, wie wenig
sie ihr auch gleichen mochten, mit derselben identifiziert.
Das war um so leichter, als auch dieser Gott noch immer
ein Naturgott war, und auch der in Rede stehende
asiatische Volksstamm, wie alle Völker des Altertums,
seine heiligen Tiere gehabt haben muſs; beide Religionen,
die einheimische und die von auſsen eingeführte, daher
wohl bezüglich ihres Entwicklungsgrades, aber nicht in
ihrem Wesen differierten.

Diese Hypothese, welche ihr wissenschaftliches Recht
den Ergebnissen der Geschichte und der Völkerkunde entlehnt, werde als ein Versuch betrachtet, die heterogenen
Elemente der ägyptischen Religion aus ihrer wahrschein-
lichen Entstehung zu erklären.

### 3. Perioden der ägyptischen Religionsgeschichte.

Ziemlich allgemein hat man sich daran gewöhnt, die
Geschichte Ägyptens, deren Anfang von den meisten in
oder vor das 40., von einigen bereits in oder vor das
50. Jahrhundert v. Chr. verlegt wird, in diejenige des
Alten, des Mittleren und des Neuen Reiches zu gliedern,
aber man war nicht immer einig über die Frage, welche
Dynastieen zu jeder dieser Perioden gerechnet werden
müſsten. Dieser Streit, ebenso wie der über das Problem,

ob alle die von Manetho aufgezählten Dynastieen nacheinander, oder vielleicht einige davon gleichzeitig geherrscht haben, ist für die Religionsgeschichte von untergeordneter Bedeutung, und zwar um so mehr, weil in
den Geschichtsquellen, so reichlich sie auch fliefsen,
grofse Lücken zu konstatieren sind, und wir von verschiedenen, selbst sehr langen Zeitabschnitten nichts
kennen als die Namen der Könige. Die Geschichte der
ägyptischen Religion vor der griechisch-makedonischen
Herrschaft werden wir deshalb am besten zerlegen in
eine Memphitische [1]), eine erste Thebanische, eine zweite
Thebanische und eine Periode, welche wir der Kürze
halber die Saïtische nennen, obgleich in dieser Zeit auch
andere nordägyptische Königshäuser, aus Tanis und Bubastis, vorübergehend die erste Rolle spielten, und selbst
sogenannte Kuschiten oder Äthiopier, eigentlich Abkömmlinge der thebanischen Priesterfürsten, welche in
Äthiopien ein eigenes Reich gegründet hatten, geraume
Zeit die Oberherrschaft führten. Zwischen der ersten
und zweiten Thebanischen Periode liegt die der Fremdherrschaft oder der Hykyssôs, worüber wir jedoch, besonders was die Religion anlangt, so gut als nichts wissen.

Jede dieser Epochen hat ihren eigenen religiösen
Charakter. Man hat wohl behauptet, dafs von einer
Geschichte der ägyptischen Religion eigentlich nicht die
Rede sein könne, weil sie von der frühesten Zeit an bis
zum Siege des Christentums dieselbe bleibt, und führte
als Beweis dafür an, dafs heilige Texte aus der Zeit der
Pyramidenbauten oder noch früheren Datums noch unter
der römischen Herrschaft als solche betrachtet und gebraucht wurden. Man würde jedoch aus demselben

---

1) Wir nennen sie so, obwohl die ersten beiden Dynastieen als
Thinitische und die fünfte als Elephantinische bezeichnet werden —
nach Lepsius ist das letztere ein Versehen. Der Sitz der Regierung
war Memphis.

Grunde leugnen können, dafs eine Geschichte des Christentums, des Islâm oder irgendeiner anderen Religion, welche
sich auf eine heilige Schrift aus früheren Jahrhunderten
beruft, zu schreiben möglich sei. Ohne Zweifel, kein
Volk übertraf das ägyptische an Konservatismus. Was
einmal bestand, wurde so viel als möglich respektiert.
Aber es wurde nicht allein beständig etwas Neues hinzugesetzt, wir haben auch überzeugende Beweise dafür,
dafs die heiligen Urkunden zu verschiedenen Zeiten durchaus verschieden aufgefafst wurden. Der Kultus erlitt,
so viel wir wissen, wenigstens äufserlich keine durch-
greifende Veränderung, wie das thatsächlich in den meisten, namentlich der alten Religionen, der Fall ist, aber
selbst auf diesem Gebiet blieb nicht alles unberührt. Die
nationalen Hauptgötter kommen als solche, mit ein paar
sehr belangreichen Ausnahmen, bereits auf den ältesten
Monumenten vor, und was immer das Fundament der
ägyptischen Religion gebildet hat, wird dort schon ausgesprochen — aber dafs man auch bezüglich Ägyptens
von Reformation und Reaktion, von religiöser Entwicklung
und zeitweiligem Verfall zu sprechen befugt ist, und auch
hier das religiöse Denken nicht stillstand, kann selbst
mit den mangelhaften Hilfsmitteln, welche wir besitzen,
bewiesen werden.

# Zweites Kapitel.

## Die Religion in der Memphitischen Periode.

(Das alte Reich.)

### 1. Die Hauptgötter.

Man ist in letzter Zeit sehr dazu geneigt, sich das ganze Pantheon Ägyptens als aus der teils durch die Umstände veranlafsten, teils durch theologische Schulen erdachten Verschmelzung der Lokalkulte entstanden vorzustellen; eine Ansicht, welcher relative Wahrheit nicht abzusprechen ist. Aber selbst die eifrigsten Verfechter dieser Überzeugung sehen sich genötigt, einzelne Hauptgötter, welche allgemein in Ägypten verehrt wurden und daher als nationale Götter zu betrachten sind, hiervon auszuschliefsen. Man würde in der That unmöglich behaupten können, dafs diese Götter anfänglich Schirmherren einer oder der anderen Landschaft oder einer einzelnen Stadt waren und lediglich durch die Gunst der Verhältnisse, durch den Einflufs einer Priesterschule oder durch die Erhebung der Stadt zur Residenz, zu allgemeinen Landesgöttern avancierten. Blind auch für die sichersten Resultate der vergleichenden Mythologie hat man nicht gesehen, dafs einige der ältesten Götter Ägyptens, obwohl die ägyptische Nationalität und die Beschaffenheit des Landes ihnen eine eigenartige Gestalt gegeben haben, in gewissem Sinne älter sind als das ägyptische Volk selbst. Zu diesen Göttern gehören:

der siegreiche, durchgehends in der Sonne verkörperte
Lichtgott, welcher die Schlange oder den Drachen der
Finsternis tötet oder wenigstens den Dämon der Finsternis bekämpft und überwindet, ohne ihn zu töten; der
Gott, welcher mit Gewalt Himmel und Erde scheidet,
indem er den ersteren emporhebt; der wohlthätige Gott-
könig, welcher durch seinen feindlichen Bruder getötet
wird, worauf seine Witwe, durch den Mörder verfolgt,
heimlich einen Sohn zur Welt bringt, welcher dazu bestimmt ist, der Rächer seines Vaters zu werden, und,
während dieser letztere im Totenreich herrscht, sein Reich
auf Erden zu regieren. In Ägypten wurde die erste
Mythe verbunden mit dem Sonnengott Râ oder Rê oder
— und wahrscheinlich schon früher — mit dem Lichtgott Horos, welcher dann als der ältere stets von dem
gleichnamigen Sohn der Isis, dem Rächer seines Vaters,
unterschieden wird, aber ursprünglich derselbe ist; der
Gott, welcher die engvereinigten Erd- und Himmelsgott-
heiten Seb (Ḳeb?) oder Sibu und Nu oder Nuit trennt,
ist Su, und in der letztgenannten Mythe spielen Osiris
und Set mit Isis und dem jungen Horos und einige
andere Götter ihres Kreises die Hauptrolle.

Schon in den ältesten Urkunden, im Totenbuch und
in den Pyramidentexten, sind die meisten dieser Götter,
welche früher selbständig gewesen sein müssen, miteinander verbunden, und kommen sie, in genealogischer
Folge angeordnet, als „die Herren von An oder On
(Heliopolis)" vor. Auch ist Râ hier bereits mit dem
alten Hauptgott des Ortes, Tum oder Atum, verschmolzen
und ohne Widerspruch der gröfste aller Götter. Wohl
werden verschiedene göttliche Wesen erwähnt, von
welchen man später nichts mehr vernimmt, und die vielleicht damals schon zu einer verflossenen Epoche gehörten, aber von den Göttern ersten Ranges, welche
man alle Jahrhunderte hindurch in Ägypten verehrte,
fehlt kaum einer. Weit entfernt also davon, für Mono-

theismus und gröfsere Einfalt in der Religion zu zeugen, weisen sie einen reicheren Polytheismus auf, als er in einer der späteren Perioden bestand, und eine magische Mystik, so dunkel und verworren, dafs die späteren magischen Texte im Vergleich dazu fast klar und rationell erscheinen.

Râ oder Rê, der eigentliche Sonnengott, dessen heiliges Tier der Sperber war, und dessen Bild deshalb in der Regel auch einen Sperberkopf hat, war vielleicht in der ältesten Zeit noch nicht, was er später werden sollte, der Nationalgott κατ᾽ ἐξοχήν, aber doch, wenn nicht der höchste, einer der höchsten und am meisten verehrten Götter Ägyptens. Auch der Bennu-Vogel, eine Reiherart, aus dem die Griechen den aus seiner Asche wiedererstehenden Phönix gemacht zu haben scheinen, und der Obelisk galten als seine Inkorporation. Nacheinander in zwei Booten legt er täglich den Weg vom Osten nach dem Westen zurück. Hier betritt er abends das Reich der Finsternis, kämpft gegen die mannigfaltigen Ungetüme, welche ihm dort den Weg verlegen, bestreitet vor allem seinen heftigsten Feind, die Schlange Apap, und kommt dann am Morgen triumphierend erst als „der werdende" Hopra, unter dem Bilde des Käfers (h o p e r) dargestellt, darauf als Horos auf dem Horizont (Harmachis) im Glanze des Frühlichtes zum Vorschein, besteigt mit seinen Trabanten wieder sein Morgenboot, und der doppelte Zug beginnt von neuem. Das ist seine Hauptmythe. Andere über ihn erzählte Sagen gehören wenigstens in der Form, in welcher sie überliefert wurden, wahrscheinlich noch nicht zu der ältesten Zeit. Tum, der grofse Gott von Heliopolis (An) und Pithom (p a - T u m), der unsichtbare, im Verborgenen wirkende Schöpfer, wurde als die Gestalt des Râ vor seiner Wiedergeburt betrachtet, obschon er früher vielleicht ein selbständiger Gott war.

Šu, an verschiedenen Orten, doch vor allem zu

Heliopolis verehrt und dort mit seiner Gattin Tafnut als
erstes Götterpaar betrachtet, welches von Tum selbst
ohne Gemahlin gezeugt war, bisweilen wie jene in Löwen-
gestalt, doch meist als ein Mann dargestellt, welcher auf
der Erde stehend mit seinen beiden Armen das Firmament emporhält, ist — wie sein Name andeutet und seine
Mythe erzählt — „der Erheber", der Gott der Morgen-
stunde, durch dessen Macht der Himmel, die Göttin Nu,
welche nachts auf der Erde, dem Gott Seb, zu ruhen
scheint, von ihrem Gemahl geschieden wird. Ein Spiel
mit der doppelsinnigen Bedeutung seines Namens machte
ihn später zu dem Gott des versengenden Windes, was
er sicher ursprünglich nicht war. Die älteste Bedeutung
der Tafnut ist ebenso schwierig zu konstatieren, als die
aller anderen ägyptischen Göttinnen, welche ohne Ausnahme zu Himmelsgöttinnen gemacht werden; aber es
ist Grund vorhanden für die Annahme, daſs sie das
Morgenrot repräsentiert.

Durch die That des Šu entstehen zwei göttliche
Wesen, Seb (Ķeb) oder Sibu, der Gott der Erde, und
Nu oder Nuit, die Göttin des Himmels, von den Ägyptern als die Stammeltern der Familie angesehen, deren
wirkliches Haupt Osiris wurde. Die Osirismythe kennen
wir vollständig allein durch Plutarch. Zahllose Andeutungen in ägyptischen Texten beweisen, daſs er sie in
der Hauptsache getreu wiedergegeben hat, wenn sie auch
bei ihm zu einem euhemeristisch gefärbten und dem Anschein nach mit phönicischen Bestandteilen versetzten
Märchen geworden ist. Die Hauptzüge sind bekannt.
Osiris, ein gerechter und guter Herrscher Ägyptens, wo
er die Fundamente der Kultur und Religion legte, wird
nach seiner Rückkehr von einer ausländischen Reise,
welche er zur Ausbreitung dieser Kultur unternommen
hatte, von seinem Bruder Set mit List getötet; von seiner
Gattin und Schwester Isis und seiner anderen Schwester
Nephthys beweint, durch Horos, den nach dem Tode

des Vaters geborenen Sohn der Isis, gerächt ist er inzwischen Herrscher im Reich der Toten geworden, während seine irdische Herrschaft auf seinen Sohn übergeht. Anubis, der Sohn der Nephthys, und Thôt, der eine als Geleiter nach der Totenwelt, der andere als der Rechtfertiger des Osiris und der Bundesgenosse des Horos in seinem Streit gegen Set, spielen jeder in der Mythe ihre eigene Rolle. Diese Mythe wird sehr verschieden erklärt. Nach vielen — zuletzt Ed. Meyer — ist Osiris ursprünglich ein Sonnengott, der alte, welcher früher herrschte und nun im Totenreich das Scepter führt; Isis, die Göttin des östlichen Himmels ist seine eigentliche Gemahlin, aber wenn er sich abends mit dem westlichen Himmel, der Nephthys, vereinigt, zeugt er mit ihr den Wächter der Gräber, Anubis. Der junge Sonnengott Horos, sein Sohn, wird erst geboren und im Grunde erzeugt nach seinem Hingange und rächt seinen Vater an dem Gott des Todes und der Finsternis Set. Andere meinen, daſs die Vereinigung des Osiris mit dem Sonnengott jüngeren Datums sei. Maspero hält ihn für den ersten Menschen und Toten, was sehr richtig ist, aber die andere Bedeutung nicht ausschlieſst, wie andere Mythologieen beweisen (Yama, Yima, Minos, Kronos). In keinem Falle kann man ihn mit Wiedemann als Idealmenschen und König bezeichnen, der nach seinem Tode vergottet ist, ohne den Menschen aus vorhistorischer Zeit ganz moderne Vorstellungen unterzuschieben. Ebenso wenig darf man in der Mythe die abstrakten und philosophischen Gedanken suchen, welche Brugsch in sie hineingelegt hat; aber mit Recht hat dieser Gelehrte in Osiris denselben Gott wie Dionysos erkannt, wofern wir nicht so sehr an den griechischen, als vielmehr an den westasiatischen Gott der Fruchtbarkeit des Ackers und des Weinstocks, den im Jahreslauf sterbenden und wieder zum Leben erwachenden Gott denken. Das eigentliche Gebiet des Osiris im Totenreich sind dann auch

die fruchtbaren Aalu- oder Jalufelder, und er behält dies
selbst noch, als die Vorstellungen über die andere Welt
detailliert und verändert sind. Er ist der wohlthätige
Gott, das gute Wesen (Unnofer), dessen Wirkungen man
alle Erscheinungen des Wachstums und des Lebens in
der Natur zuschrieb, der sich daher in der strahlenden
Sonnenwärme, aber auch in den befruchtenden Nil-
wassern offenbart und selbst als Weingott vorkommt;
deshalb Stifter der Kultur, des Ackerbaues und des seßhaften Lebens und in Ägypten überall, aber in historischer Zeit hauptsächlich als König des Totenreiches und
Vorbild jedes frommen Toten verehrt. Sein Bruder Set
ist in jeder Beziehung sein Gegenteil. Von ihm stammt
die versengende Hitze und dadurch Dürre, Siechtum,
Tod. Er selbst, von Horos entmannt, ist unfruchtbar.
Aber er bleibt ein mächtiger und gefürchteter Gott,
Kriegsgott vor allem, welcher die Könige den Bogen
handhaben lehrt, und nach welchem sie ihre Söhne
nennen, selbst dann noch, als man seine Ähnlichkeit mit
dem Baal der Feinde Ägyptens, der Hethiter und der
semitischen Nomaden, bemerkt hat. Erst viel später,
aus anderen Gründen, wird er zu einem bösen Wesen,
dessen Name und Bild man auf den Monumenten aus-
tilgt.

Es ist in der letzten Zeit üblich geworden, Horos,
den Sohn der Isis (Horu-se-Isi), scharf zu unterscheiden
von dem alten Horos (Haroëris, Horu-uer), jedoch ohne
genügenden Grund. Zwei verschiedene Göttergestalten
sind sie gewiß, aber es ist derselbe Gott; als Kind
(Har-pe-ḫruti) auf dem Schoß seiner Mutter gepflegt,
als jugendlicher Sonnengott Rächer seines Vaters und
Bekämpfer Sets, ist er in die Osirismythe aufgenommen.
Hat er hier nur sekundäre Bedeutung, so ist er in anderen Mythen der Hauptgott, der große, der goldene
Horos, auch kämpfend, aber gegen die Mächte der
Finsternis und nicht bloßer Sonnengott, sondern Gott

des hellen Himmels bei Tag und Nacht, weshalb ihm
Sonne und Mond als zwei Augen gehören, und er sich
nicht nur in der geflügelten Sonnenscheibe (Hud), sondern auch in einigen Planeten offenbart. Sein Name
Horu oder Har scheint ursprünglich „den Hohen“, „den
Obersten“ zu bedeuten, und als Himmelsgott stützt er
sich auf seine vier Söhne, die vier Windrichtungen oder
Hauptpunkte. Wenn die Osirismythe erzählt, daſs Set
eins der Augen des Horos ausreiſst und Thôt dasselbe
rettet, so giebt sie in ihrer eigentümlichen Sprache zu
verstehen, daſs die Natur der beiden Götter nicht verschieden, aber die Wirkung des einen beschränkt ist.

Hathor, deren Name, möge er nun mit Iŝtar, Aŝtart,
Athtar zusammenhängen oder nicht, niemals als Haus
des Horos aufgefaſst werden darf [1]), steht wohl Horos
am nächsten und ist, wie er, eine in Ägypten allgemein
verehrte Gottheit, obschon sich ihr Hauptsitz bereits in
dieser Periode zu Dendera, dem südlichen An, befand.
Seine Gattin war sie aber nicht, wenigstens nicht in der
alten Zeit; wohl heiſst sie hier und dort seine Mutter.
In der That war auch sie, wie Nu, die Muttergöttin $\varkappa\alpha\tau$'
$\grave{\epsilon}\xi o\chi\eta\nu$, aber nicht wie diese stets in Frauengestalt, sondern meist als Kuh dargestellt. Auch sie gehört zu den
Lichtgöttern, „die goldene“, welche den Sonnengott bei
seinem Aufgang begrüſst und abends seine letzten Strahlen
auffängt, und sie ist die Göttin der Liebe und Freude,
der Üppigkeit und des Überflusses, an deren Segnungen
Götter und Menschen sich vergnügen. Einige Darstellungen, welche man von ihr gab, sind vielleicht einer
Verwechslung mit anderen Göttinnen, wie Nu, Neit und
Isis, zuzuschreiben. In der That, wenn auch ihr Name
nicht, wie der des Horos für „Gott“ im allgemeinen, für

---

1) Hat-hor bedeutet zwar buchstäblich Haus des Hor, und mit diesen
Zeichen wird der Name auch geschrieben; aber das ist nichts als ein
Wortspiel, welches erst möglich war, als man Horos zu einem Sonnen-
gott gemacht und ihm Hathor zur Frau oder Mutter gegeben hatte.

„Göttin" überhaupt gebraucht wurde, war doch schon früh die Rede von vielen Hathors, und die Königin von Theben wurde bei der Geburt des Thronfolgers von nicht weniger als sieben unterstützt.

## 2. Die Lokalgötter.

Neben diesen allgemein verehrten Göttern, zu welchen noch der schon früher erwähnte Nilgott Hâpi gehört, steht eine Menge von Lokalgöttern. Es würde verkehrt sein zu meinen, daſs ihr Dienst sich auf die ihnen eigene Stadt beschränkte. Einmal haben verschiedene derselben ihren Sitz an mehr als einem Orte, und sodann wurden wenigstens die vornehmsten von dem König als Landesgötter anerkannt und in seiner Residenz den höchsten angereiht und verehrt. Ein höchst merkwürdiger Altar des Königs Pepi Merira, welcher zur 6. Dynastie gehörte, liefert den Beweis dafür [1]). Ptah und die Götter von Memphis werden natürlich an erster Stelle genannt, doch dann wird Thôt eine Aufforderung in den Mund gelegt, den Göttern von Nord und Süd Opfer zu bringen, und danach folgen die Namen einer groſsen Anzahl derselben, erst die beiden groſsen Götterkreise von Heliopolis [2]) und Thinis-Abydos und der Gott Râ, dann diese selben und andere Götter, wie sie in ihren besonderen Gestalten an verschiedenen Orten bis nach Nubien hin verehrt wurden. Ein Beweis, daſs nach der Vereinigung der beiden Teile des Landes unter Ein Scepter in der Residenz wenigstens ein Pantheon von anerkannten Göttern konstituiert war.

---

1) Abbildung mit erläuterndem Text von Birch in TSBA., III, p. 110—117.

2) Beachtung verdient, daſs hier dem Tum der alte, später in den Hintergrund gerückte kosmische Gott Kâi voraufgeht, derselbe, welcher auch auf der Elle der 6. Dynastie vorkommt. Râ folgt hier erst auf die Osirischen Götter, als Gott des Jahres, des Jahrhunderts, der Ewigkeit, des Lebens, der Beständigkeit und des Sieges.

Jeder lokale Hauptgott hatte seinen Familienkreis und seine Diener neben und unter sich. Gewöhnlich wird dies als Paut oder Psit nuteru, Enneas (Neunzahl) der Götter, bezeichnet, wobei der Hauptgott nach einigen mitgezählt wird, während andere das bestreiten. Sehr früh wird diese Enneas zu On (Heliopolis) erwähnt, und nach der Meinung einiger ist diese Anordnung dort erdacht und von diesem Orte aus mit dem Namen nach anderen gottesdientlichen Zentren gebracht [1]). Sehr wohl möglich, aber nicht bewiesen. So scheint die Enneas von Hermopolis, Thôt mit seinen acht Helfern, wiewohl eine rein mythische Vorstellung, die Frucht einer sehr alten und ursprünglichen kosmogonischen Spekulation zu sein [2]). Auch Göttertriaden begegnet man an den meisten Orten, gewöhnlich aus Vater, Mutter und Sohn, doch wohl auch aus einem Gott mit zwei Gemahlinnen zusammengestellt. Man hält auch dieses Schema für künstlich und relativ jung; aber jedenfalls liegt der Trias die Vorstellung zugrunde, daſs der Sohn der im Leibe der Mutter wiedergeborene Vater ist, deshalb der Gemahl seiner Mutter heiſst, und die Dreizahl also eine untrennbare Einheit bildet — und diese Vorstellung ist sehr alt und auch auſserhalb Ägyptens verbreitet.

Der offiziell am meisten verehrte aller Lokalgötter unter dem alten Reich war natürlich der Gott der Residenz Memphis, Ptah, welchen die Griechen mit ihrem Hephaistos verglichen, und der aus diesem Grunde für einen Feuergott gehalten ist, was andere jedoch wieder

---

1) Maspero gegen Brugsch.

2) Maspero RHR. 1889, I, p. 28 suiv. leugnet dies und setzt die vier Paare Nunu-Nunit, Ķeķ-Ķeķit, Heh-Hehit, Ninu-Niṇit den vier heliopolitanischen Šu-Tafnut, Sebu-Nuit, Osiris-Isis, Set-Nephthys gleich. Weder dieser Gleichsetzung noch der abstrakten Erklärung Brugsch' kann ich zustimmen. Es sind vier Götter mit ihren Gemahlinnen, welche Thôt als Schöpfer beistehen, nämlich die des kosmischen Ozeans, der Finsternis, der endlosen Zeit und der (schöpferischen) Kraft oder des Atems.

bestreiten. Sicher ist er „der Gott der Künstler", und
sein erster Prophet heifst „der Grofsmeister der bilden-
den Künste". Sein Name kann auch „der Bildner" bedeuten, und er schafft nicht allein Menschen, sondern
auch das Ei von Sonne und Mond, obgleich es bisweilen
heifst, dafs er selbst aus dem Weltei hervorgehe. Aber
er ist auch der Gott, „der eröffnet" [1]), der Gott des
Anfangs, der Erste, dem alle folgen. So wird er nicht
nur der erste König von ganz Ägypten und der Vater
der Götter, sondern auch der grofse Weltschöpfer, welcher
allem das Leben giebt oder wiedergiebt. Schon unter
dem alten Reich wurde er identifiziert mit zwei anderen
Göttern, Tanen oder Totunen, welchen man für einen
Gott der Erde hält, und Sokar (Sekru), dessen Bedeutung nicht feststeht. Das allein weifs man, dafs dieser
letztere mit dem Leben nach dem Tode in Verbindung
steht und mit Osiris wechselt. Ptah-Sokar-Osiris ist es,
welcher sich in dem dunkeln Hapi-Stier inkarniert, dessen
Verehrung zu allen Zeiten in dem formenreichen Tierkultus der Ägypter den ersten Rang behauptete und
selbst die des Mena (Mnevis), des hellfarbigen Stiers des
Râ zu On, in den Schatten stellte. Ptah mag ein Lokalgott gewesen sein — als der Gott der ersten Hauptstadt des geeinten Reiches erlangte und behielt er stets
einen hohen Rang in der Götterwelt, als einer der offiziellen Hauptgötter, und er ist das Produkt einer höheren
Entwicklung des religiösen oder, wenn man will, theologischen Denkens, wie die schon früher allgemein verehrten Naturgötter von Heliopolis und Abydos.

Die „grofse Geliebte" des Ptah zu Memphis ist
Sechet (Sohit), eine der Göttinnen mit Katzen- oder
Löwenkopf, welche in Ägypten so oft vorkommen und
im Grunde dasselbe bedeuten, nämlich die wohlthätige

1) Dafs ihm auch das Öffnen des Mundes der gestorbenen Götter
und Menschen zugeschrieben wurde, halte ich für ein Spiel mit seinem
Namen.

und verzehrende Kraft des Lichtes und des Feuers repräsentieren. Auch ihr Sohn Nofre-Tum, der „schöne Tum"
(andere: „die Schönheit des Tum") ist ein Löwengott.
Er wird durch den Zusatz (Nofre) und im allgemeinen
in der historischen Zeit unterschieden von Tum, dem
ersten Gott von Heliopolis, aber ursprünglich ist er derselbe. Erst viel später nahm Imhotep (Imuthês), welchen
die Griechen mit ihrem Asklepios verglichen, ein Priester-
zauberer, den Platz des Nofre-Tum ein, aber schon sehr
früh wechselt Mâ, die Göttin der Elle, der Rechtschaffen-
heit und Wahrheit, mit Sechet als Gattin des Ptah.

Im Dienste Ptahs waren die kunstfertigen Zwerge
thätig, welche als seine Kinder galten und bei Herodotos
Pataiken, bei den Ägyptern Chnumu (Ḥnumu) oder
„Former, Bildhauer" hiefsen. Denselben Namen Chnum
(später auch Kneph, der Chnubis der Griechen) trug ein
bereits in ältester Zeit nicht weniger als Ptah verehrter
Gott, welcher seinen Hauptsitz zu Elephantine in der
Nähe der Nilkatarakte, aber auch damals schon einen
Tempel zu Herakleopolis in Mittelägypten und, wahrscheinlich später, auch zu Mendes hatte. Schöpfer von
allem was ist, Vater der Väter, Mutter der Mütter, der
auch die Götter machte, und alles männlich und weiblich, sodafs es sich fortpflanzen konnte, unterscheidet er
sich nicht wesentlich von Ptah. Plastisch werden diese
Gedanken ausgedrückt durch die bildlichen Darstellungen,
in welchen er das Weltei, einen Menschen oder einen
Gott auf der Drehscheibe formt, und symbolisch durch
den Widderkopf, welchen er trägt. Der Widder ist sein
heiliges Tier. Bei den Katarakten finden wir ihn in
seiner einfachsten und sicher ursprünglichsten Gestalt.
Dort, wo der Nil Ägypten betritt und man in der frühsten
Zeit seinen Ursprung suchte, wohnten nach dem Volksglauben der mächtige Geist, welcher mit dem Strome
alle Segnungen über das Land ausschüttete, und seine
beiden Frauen, Sati, die Göttin mit dem Pfeil, welche

die Wasser aus der Höhe niederstürzen und das Land überfluten läfst, und Anuki, die Umarmende, vielleicht die Göttin der Flufsarme und Kanäle, welche die Äcker tränken. Aber zu Herakleopolis [1]) und später zu Mendes hatte sich bereits die Spekulation dieser einfachen Grundgedanken bemächtigt. Dort hat er als Widder der Widder vier Widderköpfe, die als Râ, Šu, Sibu und Osiris erklärt werden, was deutlich besagt, dafs die Götter der Sonne, der Luft, der Erde und der Totenwelt, die alten Naturgötter, ihre befruchtende, lebenweckende Kraft ihm entlehnen, und er also mehr ist als sie.

Es ist überflüssig, hier eine Aufzählung selbst der hauptsächlichsten Lokalgötter zu geben, welche unter der Regierung der ersten sechs Dynastieen verehrt wurden. Wir nennen nur noch Thôt (Dhuti), den Gott der Stadt der Acht (Ašmunain, Hermopolis), eng mit dem Mond verbunden und deshalb Gott der Zeitrechnung, welcher die Perioden auf seinem Palmblatte einzeichnet und so zum Gott der Schrift und des Verstandes wird. Durch das Wort, das heifst durch die magische Kraft seiner Formeln und durch den richtigen Ton [2]), in welchem er sie ausspricht, schafft er die Welt, wobei seine acht Helfer ihm assistieren. Weshalb der Ibis sein heiliges Tier und seine Hieroglyphe ist, und weshalb er und seine Trabanten als Hundskopfaffen dargestellt werden, ist noch nicht mit Sicherheit aufgeklärt. Auch Net von Sais, ursprünglich vielleicht eine libysche Muttergöttin und von den Libyern wenigstens hochgeehrt; der Fruchtbarkeitsgott von Koptos, dessen Name Chem oder Min (auch Amsi) gelesen wird, und welchen man später mit Amun, auch wohl mit Horos identifiziert; Sebak

---

1) Der Lokalname des Gottes von Herakleopolis war Haršafi (Arsafes), Horos-Widder oder Horos der befruchtenden Kraft.

2) Dies ist nach Maspero die Bedeutung der so oft vorkommenden und später wenigstens auf alle Toten angewendeten Formel: mâa-ḫru. RHR. 1889, I, p. 28 suiv.

(Sovku), der Krokodilgott von Ombos und von Krokodilopolis im Fayum, welcher zu Thinis (Teni) damals
schon mit Net und Horos verbunden und als der erste
Gott in den kosmischen Wassern mit zum Schöpfer erhoben wird, gehören bereits zu dieser Zeit. Kurzum,
man kann sagen, daſs unter dem alten Reich das echt-
ägyptische Pantheon bereits gebildet war, und daſs die
spätere Zeit wohl Modifikationen vorgenommen und anderen Auffassungen gehuldigt, aber nichts Wesentliches
hinzugefügt hat. Der Stoff war vorhanden; wo es nötig
schien, neuen Vorstellungen Ausdruck zu leihen, begnügte
man sich damit ihn umzukneten.

### 3. Totendienst und Kultus.

Das gilt auch von dem Hauptdogma der Ägypter,
der Lehre von dem Leben nach dem Tode, und den
aus ihm abgeleiteten Gebräuchen. Konnte man früher
meinen, daſs die ägyptische Religion in der ältesten Zeit
einfacher, der Kultus dürftiger gewesen sei, und daſs die
mystischen Vorstellungen und magischen Riten eine Entartung späterer Zeiten darstellten, so kann man nach
der Entdeckung der Pyramidentexte diese Ansicht nicht
mehr festhalten. Im Gegenteil, der Mysticismus und der
Glaube an die Zaubermacht des Unbegreiflichen haben
in denselben die äuſsersten Grenzen der Irrationalität erreicht, selbst wenn man in Betracht zieht, daſs das Alter
der Sprache uns das rechte Verständnis erschwert. Mit
Bestimmtheit geht aus den Texten hervor, was thatsächlich schon durch die ältesten Kapitel des Totenbuches
bewiesen wird, daſs bereits im Beginn der historischen
Zeit die Vorstellungen über das menschliche Leben nach
dem Tode mit dem nächtlichen Lauf der Sonne, und
die Osirismythen mit denjenigen des Râ verbunden waren.
Man meint noch einige Spuren eines älteren, minder
komplizierten Glaubens zu bemerken; sicher ist die

Unsterblichkeitslehre der ältesten Urkunden schon ein
Versuch, aus verschiedenen, oft schwer vereinbaren Vorstellungen ein Ganzes zu schmieden.

Der Kâ des Toten, sein Doppelgänger, eine Art
ätherischen Körpers, welcher jedoch Speise und Trank
bedarf, um am Leben zu bleiben, verweilt im Grabe,
oder mit Osiris in den Jalufeldern, wo er hart arbeiten
mufs; oder er durchzieht im Kampfe gegen Ungeheuer
und Dämonen die Regionen des Todes, siegend durch
die Zauberkraft des Wortes, um dann als ein ḫu, ein
Lichtwesen, mit der Sonne hervorzugehen an den Tag;
oder er geht als Schemen (ḫaibit) um, oder er ist eine
Seele (bâ oder bî) geworden, als Vogel mit Menschenkopf dargestellt, deren Bestreben dahin geht, mit dem
Körper vereinigt zu werden. Alle diese widersprechenden
Vorstellungen werden nebeneinander festgehalten. Das
Bild, welches man sich von dem dereinstigen Leben
entwarf, war düster; furchtbar sind die Schrecknisse des
Todes; der Reiche, dessen Leiche gut versorgt und in
einem dauerhaften Grabe verwahrt wurde, durfte auf Fortexistenz hoffen, der Arme hatte nicht viel zu erwarten;
von Vergeltung nach sittlichen Mafsstäben noch keine
Spur. Nun wurden aber diese wesentlich animistischen
Vorstellungen mit der Religion in Verbindung gebracht.
In der mystischen Vereinigung mit der Gottheit fand
man einen Grund der Hoffnung. Der Tote, anfangs nur
der König, spätei jedoch jeder Verstorbene, wurde Osiris.
Als dieser sollte er in der anderen Welt wiedererwachen,
und wie Osiris in Horos seinen Rächer hatte, so sollte
er durch seinen Sohn mit Speise versorgt werden und
in ihm auf Erden fortleben; wie Osiris von Isis und
Nephthys, so sollte er von liebenden Frauen beweint,
und seine Leiche vor Schändung behütet werden. Ob
man jetzt auch schon lehrte, dafs er als Sonnengott
wieder von den Toten auferstehen und mit dem siegreichen Râ nach Überwindung der Gefahren der Toten-

welt an das Licht treten würde, kann noch nicht mit Bestimmtheit gesagt werden.

Um dieses Glückes teilhaftig zu werden, durfte man nichts versäumen. Daher die grofse Sorge für die Leichen, die Einbalsamierung, das Deponieren der Eingeweide in den vier den Todesgenien geweihten Vasen, die Zueignung jedes Gliedes an eine Gottheit, die wohlverschlossenen Gräber, der Totenkult, bei welchem reiche Opferspenden zu seinem Unterhalt entweder dem Verstorbenen unmittelbar oder den Göttern dargebracht wurden, mit der Bitte, ihm sein Teil davon zu geben, manche magische Zeremonieen endlich, bei welchen bestimmte zauberkräftige Texte im rechten Tone recitiert werden mufsten, um ihm nacheinander den Gebrauch seiner Gliedmafsen wiederzugeben und ihn in seinem Kampfe zu unterstützen, von all' den Gegenständen, welche man ihm auf die grofse Reise mitgab, noch zu schweigen.

Ob man sich die Totenwelt (Tuau) als eine unterirdische oder vielleicht als einen verborgenen Teil des Himmels vorstellte, ist noch unsicher; mir erscheint das letztere als das Wahrscheinlichste. Auch kann man darüber im Zweifel sein, ob man schon in dieser Periode solch eine genaue Beschreibung von ihr zu geben wufste, wie in Texten aus der Ramessidenzeit, obgleich die Elemente derselben bereits vorhanden sind. Soviel ist sicher, in der Amenti, im Westen, war der Eingang, und im Osten trat man mit dem Sonnengott aus ihr hervor.

Die Gräber der Könige des Alten Reiches waren die Pyramiden, welche westlich von Memphis eine meilenlange Reihe in ungefähr nordsüdlicher Richtung bilden, und in deren unmittelbaren Nachbarschaft die Könige residiert zu haben scheinen [1]). Ein Tempel in der Nähe diente zur Verehrung des Toten, und der König ernannte

---

1) Vgl. A. Erman, Ägypten, I, S. 243.

selbst seinen Pyramidenpriester. Wahrscheinlich muſs
dieser von dem Priester, der ihm als Gott huldigte, unterschieden werden. Um den Ruheplatz ihres Königs herum
errichteten die Höflinge und Groſsen ihre Gräber, die
sogenannten Mastabas, ursprünglich längliche Steinhügel,
später ausgedehnte, aber niedrig gemauerte Gebäude,
mit einem unterirdischen Gewölbe für den Sarkophag,
einem kleinen Gemach für das Bild des Toten, bei
welchem sein Kâ verweilte, und unmittelbar daranstoſsend
die Kapelle für die Totenverehrung. Schon frühzeitig
begann der König an seiner Pyramide zu bauen, und je
länger er regierte, um so gröſser wurde sie. Auch die
Reichen sorgten, so zeitig sie es vermochten, für ihre
letzte Ruhestätte. Die, welche nicht das Vermögen
hierzu besaſsen, muſsten sich, falls ihnen nicht die Mild-
thätigkeit des Königs zuhilfe kam, mit einer wenig ge-
schützten Gruft begnügen.

Soweit wir darüber zu urteilen vermögen, war der
Kultus im Alten Reich noch einfacher als später, und
derjenige, welcher von Staats oder richtiger von Königs
wegen gepflegt wurde, noch nicht so überladen und so
alles beherrschend, als dies namentlich unter dem Neuen
Reich der Fall war. Jeder Hausvater hatte seine Haus-
kapelle und auch in seinem Gemüsegarten und seinem
Weinberge meist ein kleines Heiligtum für die Göttin
der Ernte. Dort opferte er selbst ohne die Vermittlung
von Priestern. Die ältesten öffentlichen Heiligtümer waren
wenig mehr als Hütten [1]); aber schon unter der 4. Dynastie erhoben sich steinerne Tempel, einige von groſser
Pracht und bedeutendem Umfang. Es existieren noch
Listen von Weihgeschenken und Opfergaben aus der
Zeit der 3., 4. und 5. Dynastie, unter denen die ältesten
von König Snefru herrühren, welche beweisen, daſs schon

---

[1]) Abbildung bei Erman, Ägypten, II, S. 379 nach Mariette. Man
vergleiche hierzu seine ganze Darlegung.

damals die Sorge für die Bedürfnisse des öffentlichen Kultus als eine Pflicht des Königs betrachtet wurde [1]). Auch datiert bereits aus der Regierungszeit Chafras das gewaltige Riesenwerk, der Sphinx von Gizeh, ein liegender Löwe mit Menschenhaupt, Bild des Sonnengottes, wenn er am östlichen Horizont sichtbar wird.

Den öffentlichen Dienst in den Tempeln verrichten die Priester verschiedenen Ranges. Von altersher gehören dazu stets der Reinheitspriester (u e b), welcher über die Reinheit des Opfertieres entscheiden mußte, der Recitierpriester (ḥ e r - h e b, der Mann mit dem Buch) und, als zahlreichste Klasse, der Gottesdiener (n u t e r h on?), welchen die Griechen Prophet nannten, was er wenigstens im gewöhnlichen Sinne des Wortes nicht war. Diese Namen bleiben stets dieselben, aber die Stellung und Bedeutung der Priester ist in der ältesten Zeit noch eine durchaus andere, als später. In dieser Periode war die Priesterschaft nichts weniger als eine Kaste, höchstens ein Beruf. Aber die meisten Priesterämter wurden unter den ältesten Dynastieen neben anderen Würden und Ehrenstellen an Glieder des königlichen Hauses und hohe Beamte verliehen, selbst vielfach an Frauen, so daß von einem eigentlichen geistlichen Stand keine Rede ist. Die Diener der großen Tempel dagegen mußten sich ausschließlich dieser Aufgabe widmen, und die vornehmsten Hohenpriester, wie die von Heliopolis und Memphis, führten erhabene Titel, welche sie vor den übrigen auszeichneten. Verschiedene Priester und Priesterinnen waren mit der Verehrung heiliger Tiere beauftragt. Sicher ist, daß die Priester, wie hochgeehrt und relativ zahlreich sie auch sein mochten, damals noch nicht den Einfluß auf die Staatsverwaltung auszuüben imstande waren, wie in späteren Jahrhunderten, und daß sie auch noch nicht die Macht und den Reichtum be-

---

*) Wiedemann, ÄZS., 1885, S. 77 f.

safsen, welche sie einst zu den gefährlichsten Rivalen des
Königtums machen sollten.

Indessen kommt dem Könige von der frühsten Zeit
an keine geringere Heiligkeit zu als dem Priester. Er,
der auf Erden lebende Horos, der Sohn der höchsten
Gottheit, selbst „der gute Gott" genannt, besitzt allezeit
das Recht, den Göttern zu nahen und ihnen seine Opfer
zu bringen; ihm und einigen der höchsten Priester allein
ist es vergönnt, die Thür der verborgenen Kapelle, des
Allerheiligsten, zu durchschreiten und das Angesicht seines
Vaters zu schauen.

### 4. Die Berichte Manethos und Herodots über die Religion dieser Periode.

Die Berichte Manethos und Herodots, welche sich
auf die Religionsgeschichte des Alten Reiches beziehen,
sind nur mit Vorsicht zu gebrauchen. Nach dem ersteren
soll Kaiechos (Kakau), aus der 2. Dynastie, den Kultus
der Stiere von Memphis und Heliopolis und des Widders
von Mendes eingeführt haben. Nach anderen ist der
älteste historische König Mena der Stifter des Apisdienstes. Wenn diese Mitteilung einer gewissen Wahrheit nicht entbehrt, dann kann sie allein so verstanden
werden, dafs diese Fürsten die Verehrung der in Rede
stehenden Tiere zum Staatskult erhoben und regelten;
denn als animistischer Brauch mufs sie viel älter sein.
Was Herodot und Diodor über die Könige Cheops
(Ḫnum-ḫufu), Chefren (Šafra oder Ḫafra) und Mykerinos
(Menkaura) berichten, nämlich dafs die ersten beiden
sehr gottlos waren, die Tempel schlossen und eine
drückende Tyrannei ausübten, der letzte dagegen sich
durch seine Frömmigkeit und Gerechtigkeit auszeichnete,
wird nur teilweise durch die Monumente bestätigt [1]).

1) Manetho scheint dies gefühlt zu haben, denn er erzählt, dafs
Cheops sich in seinem Alter bekehrte.

Chufu und Chafra waren sicherlich nicht gottlos; sie bauten Tempel und andere Monumente, übertrugen ihren Hausgenossen Priesterwürden und waren eifrige Verehrer des Ptah und der Osirischen Götter. Es ist richtig, daſs ihre Standbilder, Meisterstücke der Bildhauerkunst, welche man später nicht mehr erreichte, zertrümmert in einer Grube gefunden wurden. War dies die Veranlassung zu jener Erzählung? Oder hat der griechische Geschichtschreiber, wie man vermutet (Max Büdinger), diese Fürsten der 4. Dynastie mit den Fremdherrschern, den Hykyssôs-Königen, verwechselt? Sehr wohl möglich. Aber wenn man in Betracht zieht, daſs die genannten Statuen eine durchaus freie Richtung in der Kunst repräsentieren, gänzlich abweichend von den streng hieratischen Formen, an welche die Künstler sich später halten muſsten und die Menkaura wieder respektierte, so würde in der Unabhängigkeit, welche diese Thatsache bezeugt, die Ursache des Widerwillens liegen können, welchen sie bei späteren Frommen weckten, und der diese ihre Standbilder zerstören lieſs [1]). Menkaura war in der That ein sehr frommer Fürst nach dem Herzen der Priester. Sein Sohn Horduduf wurde noch Jahrhunderte später als religiöser Schriftsteller gepriesen. Im Auftrage seines Vaters inspizierte er alle Heiligtümer des Landes und fand damals einige Texte, welche in das Totenbuch aufgenommen wurden. Dies hat in der That den Anschein einer gewissen Reaktion gegen eine freiere Richtung.

---

1) Ed. Meyer, Gesch. des alten Ägyptens, S. 143 denkt an Revolution und Bürgerkrieg und schreibt die Vernichtung dieser und anderer Standbilder, der Sarkophage des Chufu und Pepi I., unter Auskratzung des Namens der letzteren in seinen Grabinschriften, den gehaſsten Herakleopoliten der 9. oder 10. Dynastie zu. Die in Tanis gefundenen Monumente, deren Stil von dem ägyptischen so sehr abweicht und die Mariette von den Hykyssôs-Königen herleitete, würden nach Erman und Meyer gleichfalls auf die Herakleopoliten zurückzuführen sein. Schon Maspero hielt sie für älter als die Hykyssôs. Auch den Sphinx von Gizeh bringt Meyer in diese Zeit.

Wie dem auch sein möge, die alten Könige von
Ägypten wurden sicher nach ihrem Tode als göttliche
Wesen verehrt und hatten zu diesem Zwecke ihre eigenen
Priester. Der Kultus einiger derselben erhielt sich bis
in die Zeit der griechischen Herrschaft, und der älteste
König Menes ist sogar ein koptischer Heiliger geworden.
Ob sie in der frühsten Zeit schon ihre Tempel hatten,
in welchen sie bereits bei Lebzeiten verehrt wurden,
mag bezweifelt werden. Aber daß sie damals schon,
sobald sie den Thron bestiegen hatten, als „der gute
Gott, der auf Erden lebende Horos" betrachtet, noch
viel strenger abgesondert, noch mehr mit sklavischer
Ehrerbietung umgeben wurden, und es weit schwieriger
war, sich ihnen zu nahen, geht aus den Denkmälern
hervor. Dem Hohenpriester von Memphis wird es als
besondere Ehre angerechnet, daß ihm erlaubt wird, die
Füße des Königs und nicht die Erde zu küssen [1]). Das
ist die Theokratie in ihrer strengsten Form, strenger als
selbst in Babel, wo die Apotheose der Könige ebenfalls
vorkommt [2]).

------

1) Erman, Ägypten, I, S. 109.

2) Wenn ich das berühmte Spruchbuch aus dem Papyrus Prisse,
welches aus der Zeit der 5. Dynastie herrühren soll, als so alt anzuerkennen vermöchte, so würde hier der Platz sein, die darin enthaltene
Moral zu besprechen. Aber ich wage das nicht anzunehmen.

# Drittes Kapitel.

## Die Religion in der ersten Thebanischen Periode.

(Das Mittelreich.)

-----

### 1. Die offizielle Religion dieser Periode.

Die Geschichte Ägyptens zwischen dem Ende der 6. und den letzten Jahren der 11. Dynastie liegt beinahe gänzlich im Dunkelen. Das Reich befand sich in einem Zustande von grenzloser Verwirrung und Anarchie, wodurch seine Einheit zerbrochen war. Von den Ursachen dieses Verfalls wissen wir nichts; ebenso wenig sind wir imstande zu sagen, wie lange diese Zeit gedauert hat, wenn auch die Königslisten einige Dynastieen mit Angabe ihrer Regierungszeit melden. So lange, als man daraus ableiten sollte, kann der traurige Zustand nicht gedauert haben, wie aus der Vergleichung der Denkmäler des 6. mit denen des 11. und 12. Königshauses zu ersehen ist. Man vermutet deshalb, daſs die beiden Dynastieen aus Herakleopolis (die 9. und 10.) gleichzeitig mit den beiden Memphitischen (der 7. und 8.), welchen sie dann den Gehorsam aufkündigten, über einen Teil des Landes regiert haben. Wie dem auch sei, für die Religionsgeschichte liefert diese Periode der Verwirrung nichts Wichtiges.

Aber gegen das Ende der ersten Thebanischen, der

4*

11. Dynastie, beginnt es etwas zu tagen. Von den An-
tefs und Montuhoteps, welche seit vielen Jahren einander
als Gaugrafen zu Theben gefolgt waren, scheinen die
letzten, etwa vier oder fünf, das gesamte Reich unter
ihr Scepter gebracht und so die Einheit wieder hergestellt zu haben. Aber erst durch die Fürsten der zweiten
Thebanischen (12.) Dynastie, die Amenemhats und Usertesens, gelangt Ägypten wieder zu voller Blüte, welche
hinter derjenigen des Alten Reiches nicht zurückstand und
nach vielen, wenn nicht an Glanz, so doch an gesunder
Kraft die des späteren Neuen Reiches übertraf. Nach
ihrer Ansicht ist diese die klassische Periode Ägyptens.
Auch für die Entwicklung der Religion ist sie von grofser
Bedeutung.

Die Könige der 12. Dynastie betrachten sich als die
Restauratoren des Alten Reiches, für dessen Könige sie
Statuen errichten und deren religiöse Verehrung sie
wieder einführen. Obschon aus Theben stammend und
nicht minder eifrige Verehrer der Thebanischen Götter
als ihre Vorgänger der 11. Dynastie: Amons, nach welchem verschiedene derselben benannt sind und dessen
Tempel in dem Quartier Apet sie erbauten, Montus, des
Kriegsgottes von Hermonthis, und auch des Min oder
Chem (Amsi) von Koptos, verlegen sie ihre Residenz nach
oder nahe bei Memphis und protegieren sie verschiedene
andere Lokalkulte. So befördern sie den Dienst des
Anubis als Sohnes des Set und des Ptah im nördlichen
Tanis, renovieren den Hathortempel zu Dendera, bauen
beständig zu Memphis und sind auch noch anderweit
thätig. Von ihnen rührt auch der grofse Sonnentempel
zu Anu (Heliopolis) her, von welchem jetzt nur noch
der grofse Obelisk Usertesens I. übrig ist. Der Osiris-
dienst zu Abydos gelangt durch sie zu niegeahnter Blüte,
und man beginnt nun hohen Wert darauf zu legen, dort
— in der Nähe des gestorbenen und wiedererstandenen
Gottes — begraben zu werden. Sebak (Sovku), der

Krokodilgott, welcher, wie wir sahen, bereits unter dem Alten Reich sehr verehrt und selbst mit Neit verbunden wurde, wird unter ihrer Regierung einer der beliebtesten Götter Ägyptens, nach welchem zahllose Fromme und auch die Könige, vor allem der 13. Dynastie, ihre Kinder nennen. Die Ursache davon muß in den großen Bauten gesucht werden, welche von Amenemhat I. und seinen Nachfolgern im Fayum (Seeland), in der Nähe des dortigen Landsees, welchen die Griechen Moeris nannten, unternommen wurden, und die sie durch die Stiftung eines prächtigen Tempels zu Ehren Sebaks in der Hauptstadt der Provinz Šedet (Krokodilopolis) weihten, wo man ihn unter anderem in der Gestalt von lebenden und wohlgenährten Krokodilen verehrte [1]). Das Krokodil war die spezifische Inkarnation des Gottes, welcher als der Schöpfer in den kosmischen Wassern zugleich als der befruchtende Nilgott angesehen wurde. Von altersher zu Ombos an der nubischen Grenze mit dem lokalen Krokodilfetisch der Stadt kombiniert, wurde er frühzeitig in dieser Gestalt dem ägyptischen Pantheon einverleibt und in dieser Periode besonders gefeiert.

Ob das berühmte Labyrinth, welches die Griechen das bewunderungswürdigste Bauwerk Ägyptens nannten, dieser Sebaktempel war oder etwas anderes, soll unentschieden bleiben. Der Riesenbau, sicher durch einen König dieser Dynastie begründet und durch seine Nachfolger vollendet, war vielleicht auch zum Palast bestimmt, obschon dort zweifellos nicht nur Sebak besonders verehrt wurde, sondern er vielmehr ein Kultuszentrum für das ganze Land darstellte, dessen Hauptgötter sämtlich dort ihre Altäre hatten. Daraus geht hervor, daß die Könige des Mittelreiches auch in ihrer religiösen Politik das Vorbild

---

1) Der Tempel hieß: „Amenemhat lebt ewig im Hause Sebaks in Šedet“. Vgl. darüber Erman, Ägypten, II, S. 385 und die Folgerungen, welche er aus diesem und ähnlichen Namen zieht.

der 6. Dynastie nachahmten. Und nicht minder als diese empfingen sie die gleiche Huldigung wie die Götter, wurden selbst kurzweg **Nuter**, der Gott, genannt und nicht selten höher gepriesen als die grofsen Wohlthäter des Landes, Râ, der Sonnengott, und Hâpi, der Nilgott.

## 2. Der Priesterstand und seine Theologie.

Eine nicht unwichtige Veränderung brachte das Mittelreich der Priesterschaft. Mit Ausnahme der mächtigen Fürsten einiger Gaue, welche den Traditionen ihres altadeligen Geschlechtes treu blieben und die Priesterwürde bei dem Hauptgott ihrer Provinz bekleideten, thun die hohen Beamten ihrer priesterlichen Funktionen nicht mehr Erwähnung; dagegen hören wir nun von priesterlichen Ämtern, welche dem Alten Reiche unbekannt waren und zugleich zeigen, dafs der Grundbesitz und die Einkünfte der Tempel zunahmen [1]). Die Teilnahme von Laien, oder lieber Unkundigen, am Kultus wird mehr und mehr beschränkt und wenigstens festen Regeln unterworfen. Die Priesterschaft wird viel mehr als früher ein Stand, eine Würde, welche meist vom Vater auf den Sohn übergeht, und wenn auch ihre Mitglieder noch nicht direkt bestimmenden Einflufs auf die Regierung und mindestens keine Herrschaft über den Staat ausgeübt zu haben scheinen, so schlossen sie sich doch enger aneinander und bildeten Kollegien oder Schulen, welche sich an den grofsen Zentren mit der Erklärung heiliger Texte und theologischen Spekulationen beschäftigten. Einen Beweis für ersteres liefert der alte Text, welcher jetzt das 17. Kapitel des Totenbuches, vielleicht den Kern desselben, bildet und dessen älteste Gestalt wir nunmehr in verschiedenen Redaktionen besitzen. Schon unter oder vor der 11. Dynastie wurde er mehr als ein-

---

1) Erman, Ägypten, I, S. 154.

mal und später noch verschiedentlich mit Glossen versehen, welche mehr von dem Tiefsinn als von der Klar-
heit der ägyptischen Theologen zeugen und mit dem
Text des Totenbuches verschmolzen wurden [1]). Der
Text, dem Toten in den Mund gelegt, stammt aus Anu
(Heliopolis). Der Verstorbene identifiziert sich mit hohen Gottheiten, welche die Wiederbelebung nach dem
Tode personifizieren, dem Bennu-Vogel aus Heliopolis,
aus welchem die Griechen den Phönix gemacht haben,
Chem (Min) von Koptos, dem Gott der Fruchtbarkeit
und des Erwachens des neuen Lebens, und in erster
Linie mit Tum, einem „einzigen Wesen", welcher
derselbe ist wie Râ in seinem ersten Glanz oder
seiner beginnenden Herrschaft. In dem Texte wird also
allein Tum als eine Gestalt des Râ dargestellt; die anderen Wesen sind jedoch noch nicht so eng mit ihm
verbunden. Die Kommentatoren suchten gleichwohl auszumachen, daſs hier immer von Râ, Osiris und Horos
die Rede sei. Aber schon in dem alten Text wird deutlich gelehrt, daſs Tum-Râ der Eine Gott ist, welcher
sich selbst geschaffen, seinen Namen (d. h. wieder sich
selbst) gebildet hat, als Herr des Götterkreises von niemandem unter den Göttern gehemmt wird und gestern,
heute und morgen, das heiſst ewig ist.

Dieses für jene Tage in Wahrheit groſsartige Dogma,
von dem Volke vielleicht nicht verstanden, aber von
den Gebildeten accepiert, verbreitete sich von Heliopolis nach allen hervorragenden Priesterschulen. Die
Folge davon war, daſs alle nun diese Lehre auf ihren
eigenen Gott zuschnitten und ihren Thôt (Dhuti), Sebak
Šu, Min als den Einen, Höchsten hinstellten, was um so
leichter fiel, wenn dieser Gott, wie Chnum, Ptah, Amun

---

[1]) Man vergleiche meine Vergelijkende Geschiedenis, blz. 43 vgg.
nach Lepsius, Älteste Texte des Todtenbuchs, und vor allem
neuerdings Ed. Meyer, Gesch. des alten Ägyptens, S. 194 ff.

von Theben schon der älteste, der Vater aller Götter
hiefs. Aber man konnte dabei nicht stehen bleiben.
Ein Gott konnte doch nur der Einzige, Ursprüngliche
sein. So waren sie alle derselbe unter anderen Namen,
und die vielen niederen Götter die Glieder oder Offenbarungen dieses Einen; alle Râ in verschiedenen Gestalten oder seine von ihm selbst geschaffenen Gliedmafsen, und um das anzudeuten, wurde dem Namen
manches Hauptgottes der Name Râ beigefügt. Ob diese
Gedankenentwicklung bereits unter dem Mittelreich abgeschlossen war, ist sehr die Frage; erst in dem Amun-
Râ des Neuen Reiches erreicht sie ihre wirkliche Voll-
endung. Aber dafs die Spekulation damals schon diesen
Weg einschlug und, während sie solch' einen bedeutenden Schritt in der Richtung des Monotheismus that, zugleich den Versuch machte, diesen mit dem Polytheismus zu versöhnen, ist nicht zu bezweifeln.


### 3. Die Volksreligion.

Dessenungeachtet blieb der Polytheismus bestehen;
aber er verblafste. Mythen wurden zu Sagen und Märchen. „Die ehemals Götter waren, ruhen nun in ihren
Pyramiden", heifst es in einem Liede aus jener Zeit [1]).
In der That betrachtete man die Erzählungen von den
Göttern als Geschichten von den ältesten Königen, deren
Dynastieen derjenigen Menas und seiner Nachfolger voraufgingen. Wohl standen diese letzteren, und vor allem
die noch regierenden Könige, nicht so hoch als König
Ptah, Tum oder Râ, aber sie waren doch auch Götter
geworden oder dazu bestimmt, einst in diesen Orden aufgenommen zu werden. Ein merkwürdiges Beispiel von

---

1) Erman, Ägypten, I, S. 92, fafst dies jedoch so auf, dafs unter
diesen Göttern die alten Pyramidenkönige zu verstehen seien.

solchen zu Legenden gewordenen Mythen liefern zwei miteinander zusammenhängende Erzählungen, welche vermutlich aus dieser Zeit stammen und in welchen der Gott
Râ, durch die Zauberkünste der Isis krank geworden
und wieder genesen, doch auf Kosten des Geheimnisses
seines göttlichen Namens, zuletzt beschließt, die sich gegen
ihn empörenden Menschen zu vernichten, aber während
des Strafvollzuges, mit welchem er die furchtbare Hathor
Sechmet (Sohet), die Personifikation der verzehrenden
Sonnenglut, betraut hat, die noch Übriggebliebenen begnadigt. An dem sonderbaren Widerspruch, daß der
Gott, welcher in der Erzählung selbst der höchste und
mächtigste aller Götter· heißt, größer als sein eigener
Vater Nun, an den Gebrechen des Alters leidet, an Gift
zu sterben droht, vollkommen machtlos ist gegenüber
Isis' Zaubereien und ferner durchaus als menschlicher
Herrscher, von einem aus anderen Göttern bestehenden
Hofstaat umgeben, vorgestellt wird, scheint man sich
nicht gestoßen zu haben. Aber das ist zugleich ein
Beweis dafür, wie sehr man schon zu jener Zeit in Ägypten der alten Mythologie, welche noch deutlich durchschimmert, entwachsen war. Allein in der Praxis und
vorzüglich im Kultus blieben alle die alten Götter bestehen und regelmäßig empfingen sie ihre Opfergaben.
Die große Mehrheit des Volkes, welche von den neuen
Vorstellungen nichts verstand oder sie vielleicht nicht
einmal kannte, würde in dieser Beziehung eine Vernachlässigung nicht geduldet haben. Die Politik der Könige
mußte in diesem Lande des Konservatismus auf Respektierung des Bestehenden bedacht sein. Auch stand diese
Praxis zu dem neuen Dogma nicht im Gegensatz, seit
man in allem Göttlichen, in welcher Personifikation oder
Gestalt auch immer, Glieder, Offenbarungen des Einen
großen Gottes zu sehen vermochte. Daß man so auf
halbem Wege stehen blieb und der erhabenen Lehre,
welche auf die Religion hätte erneuernd und reformie-

rend wirken können, ihre religiöse Frucht nahm, hat man
nicht eingesehen.

Auch Bestattung und Totendienst wurden nicht ver-
einfacht. Im Gegenteil, der angezogene Text beweist,
daſs man die neuen Gedanken dazu gebrauchte, um
Formeln mit noch gröſserer Zauberkraft zu schmieden,
und diese dann auf die Sarkophage meiſseln lieſs. Daneben blieben die anderen, welche von der Osirischen
Anschauung ausgingen, bestehen und wurden selbst
durch neue vermehrt. Auf diesem Gebiet kannte die
Phantasie keine Grenzen mehr.

Die Furcht vor den Schrecknissen des Totenreiches
wurzelte bei den Ägyptern so tief, daſs sie alle Mittel
versuchten, um sich gegen sie zu sichern, selbst die
sich widersprechendsten, da sie ihre Hoffnung auf per-
sönliche Fortdauer aus Vorstellungen schöpften, welche
sich gegenseitig ausschlossen. Denselben Toten, welcher auf seinen Sarkophag die heiligen Texte einmeiſseln
lieſs, durch deren magische Kraft ihm die mystische
Vereinigung mit der Gottheit und dadurch der Sieg
über alle Ungeheuer der anderen Welt verbürgt wurde,
umhing man mit einer Menge von Zaubermitteln, Amuletten, Symbolen, welche nicht viel mehr als Fetische
waren, wenn man ihnen auch einen mystischen Sinn
unterzulegen wuſste; ja, man gab ihm eine Anzahl
ušebti mit, Statuetten von Feldarbeitern, von denen
man glaubte, daſs sie mit ihm zum Leben erwachen
und dann als seine Sklaven ihm die schwere Arbeit
in den Jalu-Feldern bei Osiris erleichtern würden. Die
Billigkeit erfordert übrigens hinzuzufügen, daſs sittliche Gedanken nicht gänzlich fehlen, und daſs schon
jetzt der Mensch seine Hoffnung nicht nur auf alle diese
Zaubermittel und magischen Praktiken, sondern auch
darauf gründet, daſs er bestrebt gewesen ist, den Willen
der Götter zu thun.

Indessen stelle man sich nicht vor, daſs der fromme

Ägypter sein ganzes Leben in düsteren Gedanken ver-
brachte und stets gepeinigt wurde durch die Furcht vor
dem Tode. Spiel und Frohsinn mangelten keineswegs.
Man genofs das Leben, zuweilen in ausgelassener Weise.
Ein Dichter dieser Zeit, dessen Lied, wie es heifst, dazu
bestimmt war, am Hofe des Königs Antef zur Harfe
gesungen zu werden, fordert alle auf, sich des Lebens
zu freuen und es nach Wunsch zu geniefsen, so lange
die Erde sie trage, und dann mutig die Reise anzutreten,
von welcher niemand wiederkehrt. Ein seltsames Beispiel eines Freigeistes in dem orthodoxen Ägypten.
Auch der Weise, dessen Werk den Namen eines gewissen Ptahhotep aus der Zeit des Königs Assa ('Esse)
aus dem Alten Reiche trägt, der aber wahrscheinlich
erst unter dem Mittleren Reich lebte, ermuntert die Jugend, das Antlitz heiter strahlen zu lassen, weil noch
niemals jemand sein Grab wieder verlassen habe. Dennoch ist er kein leichtsinniger, sondern ein sehr frommer
und ernster Mann, welcher alles Glück auf Gott zurück-
führt und dessen Sittensprüche mit denen der Weisen
Israels viel Ähnlichkeit haben.

Wie kompliziert der Kultus also auch war, wie viel
halb animistische, halb mystische Handlungen mit dem
Totenkult verbunden waren, wie grofs die Zahl der von
Staats wegen verehrten Götter auch sein mochte, die
Religion hatte auch unter dem Mittelreich in Ägypten
noch nicht, wie dies später der Fall sein sollte, die Herrschaft auf jedem Gebiete erobert; die freie Äufserung
der Gedanken, mochten sie auch mit dem Volksglauben
wenig übereinstimmen, war selbst bei Hofe noch nicht
untersagt.

# Viertes Kapitel.

## Die Religion in der zweiten Thebanischen Periode.

### (Das Neue Reich.)

--

### 1. Die Fremdherrschaft und ihre Folgen für die Religion.

Wie das Mittelreich zu Falle kam, wissen wir nicht.
Nur so viel ist sicher, daſs nach der 13. Dynastie ein
fremdes Nomadenvolk die Schwäche des Reiches benutzte, um es zu erobern, und daſs es wenigstens Unterägypten sich gänzlich unterwarf und Oberägypten sich
tributpflichtig machte. Es waren die Hykyssôs, wie
Manetho sie nennt, Hirtenkönige, wie der Name besagt,
und nach wahrscheinlicher Annahme semitischen Stammes
oder doch mit den Semiten verwandt. Man erzählt,
daſs sie Tempel plünderten und verwüsteten, Götterbilder
umstürzten und dergleichen Greuel verübten; daſs sie
auch keinem anderen Gotte dienten als Set oder Sutech,
dem einzigen Gotte des ägyptischen Pantheons, den sie
mit ihrem kriegerischen und barbarischen Gott zu iden-
tifizieren vermochten. Daſs sie bei ihrem Einfall in das
reiche, kultivierte Land das Kriegsrecht auch auf die
Tempel und ihre Besitzungen ausgedehnt und die fremden Priester nicht mit viel Ehrerbietung behandelt haben
werden, ist wahrscheinlich. Aber die ägyptische Religion im allgemeinen scheinen sie nicht verfolgt zu haben.

Sie selbst nennen sich, sobald sie sich die ägyptische Kultur einigermaßen angeeignet haben, Söhne des Râ, wie die echt ägyptischen Könige; und daß sie auch ihrem eigenen Volksgott und sich selbst ägyptische Namen beilegten, spricht nicht für ihre Abkehr von der Religion des Landes. Aber protegiert haben sie den ägyptischen Polytheismus ebensowenig, und wie für die Priester und alle, die von den Tempeln lebten, für die Frommen, die an ihre glänzenden Feste gewöhnt waren, war die Zeit der Fremdherrschaft auch eine Zeit der Bedrückung für die nationale Religion. Die Könige der 18. Dynastie mußten denn auch alle Kräfte anspannen, um die verwahrlosten und verfallenen Tempel wieder herzustellen, und der Sphinx des Chafra war noch unter der Regierungszeit Amenothes' II. tief im Sande versunken und wurde erst durch seinen Sohn und Nachfolger Thutmes IV. davon befreit [1]).

In gewissem Maße selbständig, wenn auch zinspflichtig und machtlos, war das südliche Reich, welches noch immer von Thebanischen Fürsten regiert wurde; die Befreiung des Landes ist denn auch von Theben ausgegangen. Thebanische Könige waren es, welche die Fahne der Empörung aufwarfen, und der Thebanische König Amosis vertrieb die Hirtenfürsten, nachdem sie durch drei seiner Vorgänger in die äußerste Nordostecke Ägyptens zurückgedrängt waren, aus ihrer letzten Feste Auaris.

Eine direkte Folge dieser jahrhundertelangen Fremdherrschaft für die Religion war die Ansiedlung von allerlei ausländischen Kulten, welche entweder von den Eroberern selbst oder unter ihrem Schutze von stammverwandten, bestimmt semitischen Kaufleuten und Handwerkern eingeführt wurden. Nicht nur ihr Gott Sutech

---

[1]) Als er noch als Prinz auf der Jagd in der Nähe rastete, soll ihm in einem Traume die Krone verheißen sein, wenn er gelobte, den Sphinx wieder auszugraben. Brugsch, ÄZS. 1876, S. 89 ff.

wurde nach ihrer Vertreibung weiter verehrt, in dem
Maße, daß selbst die ägyptischen Könige, vor allem
die der 19. Dynastie, seinen Dienst zu Tanis begünstigten,
sondern man findet auch seit dieser Zeit verschiedene,
entschieden semitische Götter in Nordägypten öffentlich
verehrt, auf ägyptischen Monumenten in halb ägyptischer
Form abgebildet und mit ägyptischen Göttern brüder-
lich verbunden, ohne daß irgendetwas von Verbot oder
Verfolgung zu spüren ist.   Baal, der allgemeine Götter-
name vieler semitischer Stämme, verschiedene Astartes,
der phönicisch - cyprische Rešpu, die noch rätselhaften,
aber sicher fremden Göttinnen Anit und Tanit, gehören
hierher.   Damit soll nicht gesagt sein, daß alle diese
Gottheiten schon unter den Hykyssôs eingeführt wurden,
sondern daß ihre Einbürgerung durch das neue Element,
welches letztere nach Ägypten gebracht hatten, möglich
gemacht worden war.

Die ägyptische Tradition wurde wahrscheinlich in
Memphis und Heliopolis, sicherlich aber zu Theben in
der Stille bewahrt, jedoch auch weiter entwickelt. Vergleicht man die ägyptische Theologie des Mittelreiches
mit der des Neuen, so erhellt sogleich, daß die in der
erstgenannten Periode eingeleitete Entwicklung in der
Zeit der Bedrückung nicht gestockt war, sondern daß
man sich beständig in der einmal eingeschlagenen Richtung weiter bewegte.

Die Verschmelzung des nationalen Hauptgottes Râ
mit den wichtigsten Göttern der einzelnen Gaue und seine
Erhebung zum wahrhaft Einzigen über alle die anderen,
welche nichts weiter als seine Glieder oder Offenbarungen
sind, ist jetzt noch allgemeiner und vollkommener als
zuvor.

Die politischen Verhältnisse wirkten ebendahin. Wie
hoch der König auch unter dem Alten und dem Mittelreich geehrt und obgleich er der Gottheit gleichgestellt
wurde, seine Macht war doch nicht so absolut, wie sie

erschien. Die erblichen Herren der verschiedenen Gaue
waren ihm zwar unterthan, aber sie besafsen auf ihrem
Gebiet doch eine gewisse Selbständigkeit und unab-
hängiges Ansehen.

Ägypten war damals, wenn auch keine feudale, so
doch sicherlich eine aristokratische Monarchie; nach der
Vertreibung der fremden Fürsten ist es ein monarchischer Beamtenstaat geworden. Die Könige, welche den
Grund und Boden des Reiches Fufs für Fufs den Fremdlingen abgewonnen hatten, betrachteten sich nunmehr
als die eigentlichen, rechtmäfsigen Besitzer dieses Landes.
Sie waren die absoluten Herren, und als solche stützten
sie sich auf zwei Mächte, beide ebenso unentbehrlich
für die Handhabuug ihrer Autorität als geneigt, ihnen
dieselbe zu entreifsen: das Heer und die Priesterschaft.
Wir werden sehen, wie in dieser Periode der Einflufs,
der Reichtum und dadurch die Anmafsung der Priester
stets zunahmen. Auch für diese Erscheinung liegt der
tiefste Grund in der langdauernden Erniedrigung der Nation. In der Zeit seiner Machtlosigkeit hatte Ägypten
bei den väterlichen Göttern Trost und in stets eifrigerer
Verehrung derselben Hilfe gegen den Feind und Hoffnung auf Rettung gesucht. Schon seinem Charakter
nach devot, war das Volk dadurch noch devoter geworden als vorher. Und als sich nun die Macht dieser
Götter gezeigt hatte, als die Könige durch ihren Beistand Sieger geworden waren, als die vom Schlachten-
glück begünstigten Heere unter ihrem Geleit die Grenzen
überschritten, nicht ohne neue, ferne Provinzen dem
Reiche anzufügen, da beeiferte man sich, auf allerlei
Weise seine Dankbarkeit für diesen Segen zu zeigen,
und war zugleich die goldene Zeit für den Stand angebrochen, welcher mit dem Dienste der Götter betraut
war. Wer den Tempel bereichert, macht den Priester
mächtig.

## 2. Die Priester unter dem Neuen Reich.

Zahlreich und in mancher Hinsicht bevorrechtet sind
die Priester in Ägypten zu allen Zeiten gewesen; so
schon im Alten, mehr noch im Mittleren Reich. Aber
ihre Anzahl ist niemals so grofs, und sie selbst sind niemals so hochgeehrt und so mächtig gewesen als unter
dem Neuen Reich. Ein Viertel der Gräber zu Abydos
aus dieser Zeit gehört Priestern oder Tempeldienern; in
früheren Perioden waren sie dort selten. Zu der Ver-
mehrung der Priester trug alles bei: die Zunahme in
der Zahl lokaler und offizieller Kulte, die gröfsere Pracht
des Gottesdienstes, der wachsende Reichtum der Tempel,
deren Schätze demzufolge mehr Verwalter erheischten,
die stets mächtiger werdende Furcht vor den Schrecknissen des Totenreiches, welche nun auch viele aus dem
Mittelstande dazu drängte, Fonds zu stiften oder Kontrakte zu schliefsen, um sich eine Lampe im Tempel,
Speisen für ihren Unterhalt in der Grabkapelle und den
Dienst eines eigenen Priesters für die Ewigkeit zu sichern;
obendrein das Ansehen, dessen sich der Priester erfreute
und das nicht wenige anlockte.

Während die Arbeiter an den Prachtbauten der Pharaonen ihren kärglichen Lohn nicht selten erst nach
drohender Forderung und dann noch biswеilen nur zur
Hälfte ausgezahlt erhielten, lebte der Priester, wenigstens
an den bedeutenden Heiligtümern, in verhaltnismäfsiger
Beschaulichkeit und im Überflufs.

Von Steuern waren sie befreit. Nicht vom Kriegs-
dienst, aber sie standen dabei unter dem Befehl ihrer
eigenen Hohenpriester, und der Befehlshaber derselben
setzte selbst das Kontingent fest. Für die Tempel der
Götter, vor allem die des Amun zu Theben, des Tum-
Râ zu Heliopolis, des Ptah zu Memphis, aber auch viele
andere, für die Gräber und Grabtempel, für den Prunk
des Kultus verwendeten, man darf sagen: verschwendeten

die Könige des Neuen Reiches unglaubliche Summen. Schon die der 18. Dynastie, wie der grofse Eroberer Thutmes III., aber besonders die Ramessiden, der zweite und der dritte Ramses am meisten, überschütteten nach ihren glücklichen Kriegen die Tempel und ihre Diener mit Benefizien. In einem merkwürdigen Papyrus zählt Ramses III. alles auf, was er in den verflossenen 31 Jahren seiner Regierung für die Götter und ihre Verehrung gethan hat, und zu diesen Schenkungen gehören 169 Ortschaften, mehr als hunderttausend Sklaven, eine halbe Million Stück Vieh, mehr als eine Million Mafse Ackerland und Edelmetall im Werte von vier bis fünf Millionen Mark [1]). Und die ersten, welche daraus Vorteil zogen, waren natürlich die Priester, meist diejenigen des Hauptgottes zu Theben, für welchen der Löwenanteil bestimmt war.

Dabei standen auch hohe Staats- und richterliche Ämter ihnen offen. Die Gerichtshöfe, unter dem Alten Reich noch fast ausschliefslich in den Händen von Laien, wenigstens nicht von berufsmäfsigen Priestern, waren unter dem Neuen zuweilen gänzlich, gewöhnlich zum gröfsten Teil aus Priestern zusammengesetzt. Das höchste Amt nach dem Könige wurde dann und wann von dem Hauptpriester Thebens oder dem zu Memphis bekleidet. Amenhotep, der Sohn des Hapu, der Weise, welcher später vergottet und neben Imhotep, dem Sohn des Ptah, angebetet wurde, war nicht nur Schriftgelehrter, sondern auch der grofse Baumeister, durch dessen Veranstaltung die beiden sogenannten Memnonskolosse errichtet wurden, Oberbefehlshaber der Armee und erster Minister des Königs Amenhotep III. [2]).

Doch bildeten sie jetzt weit mehr als früher einen

---

1) Erman, Ägypten, II, S. 404—409.
2) Siehe Brugsch, ÄZS. 1875, S. 123 ff. 1876, S. 96 ff. Piehl ebd. 1887, S. 117 f.

eigenen, wenn auch nicht erblichen Stand. Nur Frauen
repräsentieren das zurückgedrängte Laienelement, spielen
das Sistrum bei den gottesdienstlichen Handlungen und
bilden den Harem des Gottes, an dessen Spitze als seine
einzige legitime Gattin auf Erden die Königin selbst
steht. Jetzt erst beginnen die Priester sich auch durch
ihren kahlgeschorenen und stets entblößten Schädel und
durch ihre altfränkische Kleidung von den Ungeweihten
zu unterscheiden. Nur die Hauptpriester richten sich
nach der allgemein gebräuchlichen Tracht, es sei denn,
daß sie schon seit alter Zeit ein besonderes Amtsgewand
oder ein Zeichen ihrer Würde besaßen.

Die vornehmsten und mächtigsten dieser Priester waren
diejenigen des Amun-Rà, des Gottes von Theben, der
Haupt- und Residenzstadt des Neuen Reiches. Das Vermögen ihres Gottes, worüber sie also zu verfügen hatten,
wenigstens soweit nicht die Königin als die Frau Amuns
ihre Rechte darauf geltend machte, war fünfmal so groß
als das von Heliopolis und zehnmal so groß als das
von Memphis [1].

Der Hohepriester war nicht nur primus inter pares,
sondern das wirkliche „Haupt der Propheten aller Götter“,
welcher selbst Mitglieder seines Kollegiums zu Hohenpriestern von nicht geringeren Heiligtümern als denen
zu Memphis und zu Heliopolis befördern ließ. Diese
hierarchische Ordnung war, soviel wir wissen, etwas Neues
und in so hohem Altertum etwas Seltenes. Sie machte
Theben nicht nur zum Sitze der Staatsregierung, sondern
auch zur geistlichen Hauptstadt des Landes, zu einem
ägyptischen Rom; und welche Macht sie in die Hände
dieses Oberpriesters legte, braucht nicht ausgeführt zu
werden. Einen eigenartigen Gegensatz zu dieser hohen
Würde bildet die bescheidene Titulatur der Priesterschaft
Amuns. Von den fünf Rangstufen, welche jeder durch-

---

[1] Erman a. a. O. II, S. 410.

laufen mufste, bevor er zu einer höheren aufrücken konnte, wurde die unterste einfach Priester (ueb), die folgende „göttlicher Vater", die drei höchsten mit dem Titel benannt, welchen die Griechen durch „Prophet" übersetzen. Während die Häupter der alten Priesterschaften, wie der zu Memphis und vor allem der zu Heliopolis, mit klingenden Namen geehrt wurden, hiefs das der Thebanischen, welchem alle gehorchten, einfach „erster Prophet des Gottes Amun-Râ zu Theben".

### 3. Kultus und Totendienst.

Im Verhältnis zu dem hervorragenden Platze, welchen die Religion mit ihren Dienern im Neuen Reich einnahm, stand die Pracht des Kultus und der Wetteifer fast aller Könige der 18. und 19. Dynastie im Bauen, Schmücken und Vergröfseren der Tempel. Zwar sind wir, was den Kultus anlangt, nur dürftig unterrichtet, und vor allem fehlen uns die Data, um den Kultus dieser mit demjenigen früherer Perioden zu vergleichen. Aber aus den Berichten, die auf uns gekommen sind, und aus den Abbildungen an den Wänden der Tempel geht doch hervor, dafs die Feste zu Ehren der grofsen Götter vermehrt und mit grofsem Gepränge gefeiert wurden. So das Krönungsfest der Könige, welches nach dreifsigjähriger Regierung [1]) mit besonderem Jubel abgehalten wurde, und das wahrscheinlich damit verbundene Erntefest zu Ehren des Ackerbaugottes Min oder Chem. Die Gottheit verliefs ihr Heiligtum, um in eigner Person dabei zugegen zu sein. Nicht allein das Bild, sondern auch der heilige Fetisch selbst, jedoch sorgfältig vor den Blicken der Ungeweihten in der mystischen Lade verborgen und auf die heilige Barke gestellt, wurde von

---

1) Bemerkenswert ist, dafs auch in Assyrien eine dreifsigjährige Regierung festlich begangen wurde.

Priestern in der Prozession getragen. Der König selbst
schnitt die ersten Ähren, liefs vier Gänse, die heiligen
Tiere des Seb (Sibu), des Erdgottes, nach den vier
Himmelsgegenden hin los, und die Ernte hatte begonnen.
Nach dem Feste kehrte die Gottheit in ihre geheimnisvolle Wohnung zurück. Diese war das Allerheiligste,
welches nur einzelne Bevorrechtete betreten durften und
niemand, ohne sich vorher erst viermal gereinigt zu
haben. Der ägyptische Gott wohnte im Verborgenen.
Sein eigentlicher Aufenthalt, eine kleine, gänzlich in my-
stisches Dunkel gehüllte Kapelle, mit zwei oder mehr
ebenso finsteren Kapellen daneben für seine Gattin und
seinen Sohn oder andere mit ihm verbundene Götter,
lag im hintersten Teile des Tempels und war obendrein
von geringerer Höhe als die übrigen Räume. Von dort
an bis zum Portal nahm die Höhe der Säle und Höfe
beständig zu. Im Adyton befand sich kein Bild, sondern ein Fetisch oder Symbol der Gottheit; die Statuen
und Reliefbilder befanden sich in den anderen Hallen.
Diese bestanden mindestens aus einem Vorhof, zu welchem ein Portal mit zwei Türmen an den beiden Seiten
Zugang gewährte und der an drei Seiten von Säulen umgeben war, und aus einem bedeckten Saal, dessen Dach
auf Säulen ruhte (Hypostyl). Aber in den bedeutenden
Tempeln war die Anzahl der Vorhöfe und Innenhöfe
gröfser. Die Mauern waren mit Abbildungen bedeckt,
welche meist den König darstellten, während er eine
religiöse Handlung für einen oder mehrere Götter verrichtet. Im ersten Vorhofe stand der grofse Altar, und
in einigen Tempeln, wie in dem des Sonnengottes zu
Ḫut'aten (El Amarna), gab es verschiedene Säle, deren
jeder einen Altar in seiner Mitte hatte. Vor dem ersten
Pylon standen in der Regel zwei Obelisken und Masten
mit Wimpeln, welche sich noch über die Türme erhoben.

Vor dem Tempel fand man aufser kleineren Heilig-

tümern, Vorratskammern, Magazinen und Wohnungen für
Priester und Diener meist einen Weiher, auf welchem die
Mysterien aufgeführt wurden, und ein heiliges Wäldchen,
alles von einer Ringmauer umgeben. Es besteht kein
Zweifel darüber, dafs diese Einrichtung der Tempel eine
mystisch-symbolische Bedeutung hatte — wenigstens
wurde sie in der historischen Zeit von den Priestern und
Theologen damit verbunden; aber wie sehr sich auch
dabei ihre Phantasie in allerlei Spekulationen verlor, an
welche die ersten Tempelgründer vielleicht nicht gedacht hatten, so setzte man sich doch gewifs von Anfang
an kein anderes Ziel, als in der irdischen Wohnung
der Gottheit ein Abbild ihres himmlischen Aufenthaltes
zu geben, wie auch die Mysterien ihre geheimnisvolle
Wirksamkeit in der Natur, die Erneuerung des Lichtes
und die Verjüngung des Lebens darstellten [1]).

Es ist nicht unsere Aufgabe, alles aufzuzählen, was die
Thutmesse und Amenothesse der 18. und die Seti's und
Ramsesse der 19. Dynastie für die Wohnungen ihrer Götter
gethan haben. Überall, im Norden und Süden, bis tief
nach Nubien hinein, nicht am wenigsten zu Memphis,
Heliopolis, Tanis, Dendera, Abydos, Silsilis, aber vor
allem zu Theben, in der Stadt der Lebenden am rechten und in der Totenstadt am linken Nilufer, haben sie
ohne Aufhören gebaut. Die Ruinen der zu Ehren des
Amun-Râ in der Hauptstadt errichteten Heiligtümer, in
der Nähe des heutigen Karnak, sind die bedeutendsten
und imposantesten Ägyptens. Mit den zugehörigen Ge-
bäuden, selbst wenn man den Tempel am Nilufer bei
dem heutigen Luxor nicht mitrechnet, ist dies vielleicht
der gröfste Tempel der Welt. Was zur Zeit des Mittel-
reiches von Amuns Haus bereits stand, ein Gebäude von

---

1) Über die Einrichtung der Tempel vergleiche man u. a. Erman,
Ägypten, II, S. 379 ff.; Duemichen, Gesch. des alten Äg., passim.
Über die symbolisch-mystische Bedeutung der Tempeleinrichtung: M. de
Rochemonteix, Le Temple égyptien, Leçon d'ouverture. Paris 1887.

70 $\times$ 50 m, war nicht klein, etwas gröfser sogar als
das Parthenon der Athene oder der Zeustempel zu Olympia. Die Könige des Neuen Reiches jedoch achteten
solch ein Heiligtum für zu gering, des grofsen Gottes,
welcher sie in Sieg auf Sieg eine mächtige Herrschaft
hatte begründen lassen, unwürdig. Thutmes I. begann
mit dem Bau eines prächtigen Vorhofes, in dessen Nähe
später Amenothes III. zwei grofse Pylonen errichtete;
Thutmes III. hatte schon um den alten Tempel herum
einen neuen mit einer grofsen Anzahl von Gemächern
und unter anderem ein schönes Hypostyl gebaut. Aber
dieses letzte Werk wurde übertroffen durch das schönste
Gebäude Ägyptens, den riesenhaften Säulensaal vor den
Pylonen Amenothes' III., von Ramses I. begonnen, von
Seti I. weitergeführt und von Ramses II. vollendet. Von
diesem wurde um die drei Seiten des eigentlichen Tempels eine vollständige Ringmauer gezogen. So war unter
seiner Regierung der grofse Amuntempel mit seinen
Vorhöfen schon 250 m lang bei ungefähr 100 m Breite.
Die späteren Dynastieen sollten ihn noch um 100 m
verlängern.

Auf dem Platze, wo dieser Haupttempel lag, einem
nahezu gleichseitigen Viereck von reichlich 1800 m im
Umfang, erhob sich noch der kleinere Chonsutempel
Ramses' III., und in südwestlicher Richtung führte eine
Reihe von Vorhöfen und Pylonen, welche von den drei
Thutmes, von Horemhib und Ramses II. angelegt waren,
nach dem Verbindungswege, welcher zu dem in geraumer Entfernung gelegenen Tempel der Muttergöttin,
Amuns Gattin, führte, den Amenothes III. erbaut hatte.
Nordöstlich grenzte an Amuns Tempelhof der eines anderen kleinen, von demselben König errichteten Tempels. Auf breiten Wegen, zwischen endlosen Reihen
von Sphinxen hindurch, welche teils ein Menschen-, teils
ein Widderhaupt trugen, erreichte man südwärts den
Tempel, welchen Amenothes III. in der Nähe des heu-

tigen Luxor angelegt und Ramses II. vergröfsert hatte,
westwärts den Nil, und wenn man diesen überschritten
hatte, die Tempel der Totenstadt. Dort fand man andere grofse Tempel, in denen der Totenkultus der
Könige in Verbindung mit dem der Gottheit celebriert
wurde, und die beiden kolossalen Sitzbilder Amenothes' III.,
welche die Griechen für Denkmäler des mythischen Königs Memnon, des Sohnes der Morgenröte, hielten. Die
Wände aller dieser Gebäude waren mit kühn gemeifsel-
ten Reliefs bedeckt, Säulen und Pylonen mit lebendigen,
aber nicht grellen und geschmackvoll abgestuften Farben
abgesetzt, und der Säulenwald in dem grofsen Vorsaal
der Ramessiden war ein Werk, welches nicht allein durch
seine Dimensionen, sondern auch durch seine Schönheit
selbst in Trümmern zur Bewunderung zwingt. Der Kunst-
wert, welchen die unerreichten Tempel von Hellas besitzen, kann denen Ägyptens nicht zuerkannt werden.
Aber die Griechen hatten eine jahrhundertelange Kunst-
entwickelung hinter sich und begannen mit der Imitation
assyrisch-persischer, indirekt auch ägyptischer Modelle;
von der ägyptischen Kultur gilt, so viel wir wissen, die
Formel, welche sie von ihrem Sonnengott gebrauchten:
hoper zesef, „aus sich selbst geschaffen". Es ist
ihnen gelungen, durch ihre Riesenbauten wenigstens den
Eindruck des Grofsartigen und Erhabenen zu machen.
Deshalb zeugen diese Werke nicht nur von dem Kunst-
sinn, oder wenn man will, auch von der Eitelkeit und
Prachtliebe ihrer Könige, sie sprechen auch für ihre
Religion. Die ägyptische Religion hatte ihre kleinliche
Seite; das Animistische und Magische, von dem sie sich
nicht zu befreien vermochte, hat ihre Entwicklung gehemmt und schliefslich zum Stillstand gebracht. Aber
es kann kein niedriger und es mufs ein mächtiger Glaube
sein, welcher einem Volke solche Schöpfungen eingiebt
und es freiwillig solche Summen opfern läfst, um dem
höchsten Gotte ein seiner würdiges Haus zu erbauen.

Eine der schwachen Seiten der ägyptischen Religion
war die Furcht vor dem Leben nach dem Tode und
die übertriebene Sorge, sich in der jenseitigen Welt ein
glückliches Los zu sichern. An diese werden nicht nur
Schätze, sondern, was schlimmer ist, kostbare Kräfte
vergeudet, welche besser hätten gebraucht werden können;
und durch die Schilderungen einer zügellosen Phantasie,
welche stets neue Ungetüme und Schrecknisse erdachte,
wurden die Herzen beunruhigt, so dafs man immer mehr
magische Mittel ersann, um ihnen zu entgehen. Unter
dem Neuen Reich verminderte diese Sorge sich keineswegs, sondern sie wurde im Gegenteil eine noch ängst-
lichere. Allerdings wurden die Gräber etwas kleiner
und einfacher als die ausgedehnten Prachtgräber der
hohen Beamten der vorhergehenden beiden Perioden,
aber sie waren auch nicht wie diese mit allerlei fröhlichen Scenen aus ihrem glücklichen und gesegneten
Erdenleben, sondern vielmehr mit magischen Texten bedeckt. In Theben hauptsächlich wurden diejenigen der
Könige und der Vornehmen in den Fels gehauen, und
die ersteren hatten obendrein noch ihre Grabtempel, wo
man zwar den Göttern immer in erster Linie, aber ihnen
daneben diente. Die Sarkophage werden jetzt etwas
verändert: sie sind nunmehr nach der Form der Leiche
gemeifselt, der Deckel giebt die Mumiengestalt des Toten
mit Kopf und Händen wieder, und das Ganze wird nicht
mehr mit heiligen Texten beschrieben, sondern mit
Göttergestalten und Sinnbildern der Auferstehung und
der Ewigkeit bedeckt. Mit wenigen zauberkräftigen Texten
begnügte man sich nun nicht mehr, sondern grub ganze
Bücher auf die geräumigen Wände der Königsgräber,
wie z. B. desjenigen Setis I., ein oder gab wenigstens
dem Verstorbenen die ganze, schon sehr vermehrte
Sammlung, welche das Totenbuch ausmachte, auf die
bange Reise mit. Am liebsten liefs man sich, wenn es
möglich war, in Abydos begraben oder mindestens die

Leiche dorthin bringen, um in der Nähe des grofsen Gottes der Totenwelt Weihrauch und Myrrhe des heiligen Ortes einzuatmen und dann in Frieden nach seiner Grabstätte zurückzukehren. Eine Beschreibung des Leichenzuges und der Begräbniszeremonieen kann hier nicht gegeben werden. Dafs Priester eine grofse Rolle dabei spielten, versteht sich von selbst. Der Tote wurde schon als Gott angeredet und verehrt, und natürlich wurden ihm Opfer, ein Ochse oder eine grofse Antilope, geschlachtet. Jammerschreie erfüllten die Luft, vor allem von Frauen, und unter diesen, was eigentümlich ist, von den Witwen mit ihren Kindern, welchen der Heimgegangene in seinem Leben Wohlthaten erwiesen hatte. Die Gattin umarmt seine irdischen Reste unter Zeichen tiefer Trauer und mit der Klage, dafs sie so allein sei und fern von dem Geliebten, der ihr so freundlich zusprach und nun schweigt [1]). Allem diesem, mag es auch manchmal lediglich Form gewesen sein, liegen wenigstens rein menschliche Gefühle zugrunde.

In einer Hinsicht ist in der hier besprochenen Vorstellung ein Fortschritt zu konstatieren. Hatte man sich bislang das Leben nach dem Tode als eine Fortsetzung, oder besser eine Erneuerung des irdischen Lebens im grofsen Stile gedacht, jetzt beginnt sich eine sittliche Forderung mit demselben zu verknüpfen und zeigen sich die ersten Spuren der Vergeltungslehre. In einem der nunmehr erst dem Totenbuche hinzugefügten Kapitel (125) wird das Totengericht oder das Wägen der Seele im Saal der doppelten Gerechtigkeit vor dem Throne des Osiris dargestellt. Die Göttin der Wahrheit führt den Toten herein. Hier mufs er das sogenannte negative Bekenntnis sprechen, d. h. er mufs bezeugen, dafs er die in den zweiundvierzig Artikeln dieses Bekenntnisses aufgezählten Sünden nicht begangen hat. Zwei-

---

1) Vgl. Erman, Ägypten, II, S. 424—435.

undvierzig Genien, sehr uneigentlich Totenrichter genannt, sitzen mit gezogenem Schwert um ihn her, bereit die Strafe zu vollstrecken, sobald er in irgendeinem
Punkte nicht den Ansprüchen genügt. Aber damit sich
zeige, daſs er die göttlichen Wesen nicht betrügt, daſs
er m â' a ḫ r u, „richtig sprechend" [1]) ist, muſs sein Herz
auf der Wagschale unter Aufsicht von Horos, Anubis
und Thôt gegen das Bild der Göttin der Wahrheit ab-
gewogen und nicht zu leicht befunden werden. Thôt
zeichnet das Ergebnis auf und rechtfertigt ihn. Darauf
tritt er vor den Thron des groſsen Gottes, welcher
ihn zu seinem Unterthan annimmt. Wiewohl in sonderbare mythische Formen und Symbole versteckt, hätte
dieser Gedanke gewiſs von heilsamem Einfluſs auf die
Lebensauffassung der Gläubigen sein können, wenn man
nur nicht sofort wieder nach Zaubermitteln gegriffen
hätte, um in diesem Urteil zu bestehen. Der Fromme
richtete sogar Gebete an sein eigenes Herz, um es zu
bewegen, nicht gegen ihn auszusagen.

Vielleicht hängt mit dieser Anschauung die nun auf-
kommende Gewohnheit zusammen, zuerst das Herz, an
dessen Stelle dann ein Skarabäus, das Symbol der
Wiedergeburt, gelegt wurde, später auch die anderen
Eingeweide aus dem Leichnam zu nehmen und sie in
vier mit den Köpfen der vier Todesgenien als Deckeln
versehenen Vasen, den sogenannten Kanopen, zu bergen,
um sie so unter die Obhut dieser Vierzahl zu stellen.

Aber dies war nur eine der vielen Vorschriften, welche
man beobachten muſste, um mit Vertrauen der dunkelen
Zukunft entgegenzugehen. Selbst der Rechtschaffene
war nicht sicher, wenn man eine derselben vernachlässigt
hatte. Deshalb wurden sie nunmehr zu einer Art von
kanonischen Büchern gesammelt, mit all' den Gebeten,

---

1) Von den vielen Erklärungen dieser Formel, welche verschiedene
Ägyptologen in der letzten Zeit versucht haben, erscheint mir diese noch
immer als die beste. Vgl. S. 42, Anm. 2.

welche dabei zu sprechen waren. Zu diesen gehörte das
Ritual der Einbalsamierung und dasjenige des Totenopfers,
welche vor dem Neuen Reiche nicht vorkommen. Bei
diesem Opfer wurden die feierlichen Handlungen teils
an der Mumie, teils an dem Bilde des Verstorbenen
verrichtet. Die erste derselben war das mystische Öffnen
des Mundes und der Augen, um ihm Sprache und Gesicht wiederzugeben. Die Leitung war dem ḥer-ḥeb
(ḥri-hibu), dem Recitierpriester, übertragen, welcher
dabei durch verschiedene andere, darunter auch ,,den
geliebten Sohn des Toten" unterstützt wurde. Alle
nehmen den Charakter Osirischer Götter an. Mehrere
Reinigungen gehen vorauf, und nachdem das Opfer geschlachtet ist und Mund und Augen mit Stücken des
getöteten Tieres bestrichen sind, öffnet man sie mit
einem Werkzeug, welches schon von Anubis gebraucht
war und daher aus Silex bestehen mußte. Dann wird
durch Auflegung der Hände sa, das Götterblut, in
den Toten gebracht, durch Zauberwerkzeuge den Lippen
und Wangen Farbe, den Kinnbacken Geschmeidigkeit
zurückgegeben und der Verstorbene zum Schluß, ebenso
wie die Götter, mit Kleidern, Räucherwerk, Fetischen
und Amuletten beschenkt. Der Totenkultus ist ein Spiegelbild des Götterkultus. Die ganze Reihe von Zeremonieen,
welche man mehrfach auf den Denkmälern abgebildet
findet und die den Zweck verfolgte, das Bild des Gottes
zu seiner Inkarnation zu machen, wird auch an dem
Toten vollzogen, um ihn als Bewohner der Duat und
demnach als Gott wieder erwachen zu lassen [1].)

## 4. Die Lehre vom Totenreich.

Wenn wir jetzt die Lehre vom Totenreich besprechen,
wie sie im Neuen Reiche herrschte, so soll damit nicht

---

[1] Man vgl. hierbei Maspero, Revue de l'Hist. des Religions
XV (1887), p. 183 suiv.

gesagt sein, dafs sie damals erst erdacht oder in wichtigen Punkten geändert sei. In der Hauptsache ist sie
dieselbe wie in den vorhergehenden Perioden, selbst in
der ältesten, hier und da nur modifiziert und ergänzt.
Aber sie gelangt jetzt zu einem gewissen Abschlufs und
konsolidiert sich. Hatte man schon lange versucht, Vorstellungen von verschiedenem Ursprung, wie ungleich-
artig und widerspruchsvoll sie auch bisweilen sein mech-
ten, miteinander zu vereinigen, so that man nunmehr
auf diesem Wege den letzten Schritt und verarbeitete
das Gegebene mit einzelnen neuen Elementen, ältere und
jüngere Texte zu einem Ganzen.

Ob das Totenbuch jetzt schon abgeschlossen wurde,
darf bezweifelt werden. Aber es bildete doch sicher
schon eine grofse Sammlung, welche wenigstens 125
Kapitel umfafste, deren Reihenfolge, abgesehen von
einigen Modifikationen, feststand. Eigentlich ist es eine
Zusammenfassung von mehr als einer Sammlung, obschon
es nicht immer möglich ist, noch die Fugen aufzufinden, wo sie aneinandergesetzt sind. Die ersten 15 Kapitel, welche auch einen besonderen Titel haben, bilden
ein selbständiges Ganzes. Sie sind dazu bestimmt, dem
Toten die Macht zu verleihen, mit dem Sonnengott aus-
zugehen am Tage, und endigen sehr passend mit
Hymnen an Râ. In den Kapiteln 64—74, deren erstes
ein Werk des Gottes Thôt heifst und demnach für sehr
alt gehalten wurde, wird derselbe Vorwurf behandelt.
Das früher schon besprochene 17. Kapitel ist einigermafsen selbständig. In 18—30 hat man alle Texte gesammelt, welche dem Verstorbenen die Sprache, die Erinnerung und das Herz wiederzugeben vermögen; in
31—53 alle, welche ihn gegen die Gefahren und Ungeheuer der Totenwelt zu wappnen imstande sind. Kapitel
54—63 verschaffen ihm frische Luft und erquickendes
Wasser; 75—90 die Macht, auf Erden allerlei Gestalten
anzunehmen. Das Prinzip, welches man bei der Anord-

nung der nun sich anschliefsenden Kapitel befolgt hat,
ist schwer zu entdecken. Doch beziehen sich Kapitel
94—111, mit Annahme einiger Einschiebsel, fast sämtlich auf die A'alu- oder Jalufelder, die Mittel und Wege,
um sie zu erreichen, und das dortige Leben und repräsentieren mithin das alte Osirische Dogma; 112—125
gehen von durchaus anderen Vorstellungen aus, welche
mit der mehr ethischen Form der Osirislehre in Verbindung stehen und mit dem Urteil endigen. Vielleicht
waren die Kapitel 126—130, welche schon früher besprochene Dinge behandeln und deren Ursprung man
wohl nach Abydos zu verlegen pflegt[1]), auch in dieser
Periode bereits der Sammlung hinzugefügt.

So wurden in diesem Buche, welches für den ägyptischen Frommen das heiligste, weil in seinen Augen das
zauberkräftigste war, Texte aus verschiedener Zeit und
von verschiedenem Wert gesammelt, und demnach die
voneinander abweichenden Vorstellungen wohl kanoni-
siert, aber nur lose und äufserlich unter sich verbunden.
Das Bedürfnis, eine gewisse Verschmelzung der herrschenden Ideen zu versuchen, liefs andere Schriften entstehen, an denen zwar nicht der Stoff selbst, wohl aber
dessen Verarbeitung neu war. Zu diesen gehören die
gleichartigen Bücher, welche wir der Kürze halber Das
Buch der Stunden und Das Buch der Thore nennen
können[2]). Aus diesen beiden Büchern lernt man am
besten die Vorstellungen über das Totenreich kennen,
welche sich die Ägypter des Neuen Reiches bildeten.

Beide schildern denselben Gegenstand, die Reise des
Sonnengottes auf seiner Barke in der Totenwelt, und
stimmen bei aller Verschiedenheit der Details und der
verwendeten Farben in wichtigen Punkten überein. Zu-

---

1) So Maspero, Revue de l'Hist. des Relig. XV (1887),
p. 310 suiv. Man vergleiche den ganzen Art. p. 265 suiv.

2) Vgl. über diese Bücher u. a. Maspero, Les hypogées royaux de
Thèbes, Revue de l'Hist. des Relig. XVII (1888), p. 256 suiv.

erst darin, dafs sie die Reise in zwölf gleiche Teile zerlegen, den zwölf Stunden der Nacht entsprechend. Nach
der ersten Schrift verweilt der Sonnengott daher nacheinander in zwölf Bezirken oder Kreisen, in der zweiten
durchzieht er zwölf Thore. Beide Vorstellungen sind der
alten Mythe entlehnt; auch im Totenbuch, wie thatsächlich in allen alten Mythologieen, hat Osiris' Reich solche
Kreise und Thore, aber dann acht Kreise und einund-
zwanzig Thore, welche daher mit dem Sonnengott
und seiner nächtlichen Reise nichts gemein haben; dadurch, dafs man beide auf die Zahl zwölf brachte, wurde
nun die Verschmelzung der Sonnenmythe mit der alten
Lehre von der Unterwelt erleichtert. Daneben ist jedoch ein grofser und wesentlicher Unterschied nicht zu
übersehen. Das Buch der Stunden beschreibt den nächtlichen Zug als eine Reise von dem Eingang der Totenwelt im westlichen Gebirge erst nordwärts, dann nach
Osten, wobei es sich der Geographie Ägyptens sorgfältig anschliefst und das heilige An, Heliopolis, als
das Endziel der Reise und den Punkt betrachtet, wo der
Gott wieder hervortritt an das Licht. Das Reich des
Osiris liegt hier im Norden und koincidiert mit Mendes
und Umgegend. Sokar, der Todesgott von Memphis, und
der Mendesische Osiris nehmen in diesem Buche deshalb auch eine wichtige Stelle ein, während sie in dem
anderen nicht vorkommen. Man hat daher vermutet,
dafs man sich diese Reise nicht als in der Unterwelt,
sondern in einem himmlischen Totenreich vollbracht vorstellte, und dafs die Sonne dann hinter den nördlichen
Bergen verschwunden war. Wie dem auch sei, es ist
klar, dafs die ganze Einkleidung nach Nordägypten hinweist und wahrscheinlich aus den Schulen von Heliopolis
oder Memphis, vielleicht aus der von Mendes stammt.
In dem Buche der Thore dagegen ist der Osiris von
Abydos, Hontamenti, an die Stelle des Mendesischen
getreten; die Mythen von dem Urteil im Saale der Ge-

rechtigkeit, vom Eintritt und dem Aufenthalt in den
Jalu-Feldern, wo Râ die Feinde verjagt und die Frommen ackern und ernten, deren im Buch der Stunden
keine Erwähnung geschieht, wurden hier aufgenommen;
auch fährt Râ einen Teil des Weges in der „Barke der
Erde" und scheint deshalb hier wohl in der Unterwelt
zu verweilen. Dafs wir in dieser Anschauung die Lehre
der Schule von Abydos in dieser Periode besitzen, die
Lehre Oberägyptens also, welche in Theben herrschte,
unterliegt wohl keinem Zweifel. Bezeichnend für Ägypten
ist, dafs beide Formen des Mythos nebeneinander bestehen blieben und als berechtigt anerkannt wurden.
Doch scheinen sie, auch damals schon, nicht alle ganz
befriedigt zu haben. Eine neue Vorstellung, welche sich
zur Zeit der 20. Dynastie hier und da zeigt, verwandelt
Osiris in einen Mond- oder Sterngott und bricht so mit
der alten traditionellen Lehre beinahe vollkommen. Aber
in das Volk scheint dieselbe nicht hinabgedrungen zu
sein.

## 5. Theologie. Amun-Râ von Theben.

Dafs die Religionslehre dieser Epoche sich in derselben Richtung weiterentwickelte, deren erste Anfänge
sich bereits in der vorhergehenden zeigten, und dafs
diese Richtung sich vor allem darin manifestierte, dafs
alle Hauptgötter Ägyptens, mit einer Ausnahme vielleicht, mit dem Einen grofsen Sonnengott von Heliopolis
identifiziert wurden, ist bereits früher gesagt. Nur die
alte Schule von Memphis, die Priesterschaft des Ptah,
scheint einige Selbständigkeit bewahrt zu haben und
vielleicht auch in gewissem Mafse, doch aus anderen
Gründen, die des Thôt (Dhuti) zu Hermopolis (Ḥmuna).
Es ist noch hinzuzufügen, dafs derselbe Identifizierungs-
prozefs sich auch auf die Göttinnen erstreckte. Alle
bedeutenderen, wie verschieden auch ihre ursprüngliche
Bedeutung gewesen sein mochte, machte man zu Him-

mels- und als solche zu Muttergöttinnen. In der Mythologie spielten sie ihre alte Rolle weiter; so repräsentierte
z. B. Sechet die verzehrende Glut, Bast die wohlthätige
Wärme des Feuers und der Sonnenstrahlen, und Sati
und Anuke, Hekt und Selk, Nu und Hathor, um von
den Osirischen nicht zu reden, behielten ihren eigenen
Charakter.   Aber man gab allen dieselben Ehrentitel,
alle waren sie „die höchste", alle verschiedene Offenbarungen der Einen grofsen Muttergöttin. Während das
Pantheon beständig mit neuen, vor allem fremden Göttern bereichert wurde und im Kultus das Alte erhalten
blieb; während selbst die Zauberpraktiken der früheren
Zeit nicht nur nicht aufgegeben, sondern sogar eifrig
kultiviert wurden; während der Tierdienst nicht nur nicht
beschränkt wurde, sondern im Gegenteil hier und da,
wie wir später sehen werden, zu erneuter Blüte gelangte,
wurde in der offiziellen Lehre der vielgestaltige Polytheismus mit monotheistischen Gedanken durchsetzt und,
so gut es ging, ihnen angepafst.  Kurzum, die Restauration der Unabhängigkeit des ägyptischen Reiches war
von einer kräftigen Wiederbelebung des alten Râdienstes
von Heliopolis begleitet, in Verbindung mit dem nicht
minder alten Osirisdienste, und die meisten Hauptgötter
wurden in Offenbarungen des höchsten Lichtgottes verwandelt.

Der hervorragendste unter ihnen allen war jedoch
jetzt ohne Zweifel der Lokalgott der Hauptstadt, in
welcher das königliche Haus residierte, Amun-Râ von
Theben.   Die Könige mögen den Tempel Ptahs in der
alten Residenz und besonders denjenigen Tums im heiligen Heliopolis sorgfältig restauriert und die dortigen
Priesterschaften protegiert, sie mögen vor allem Abydos,
aber auch Dendera und andere Städte nicht vergessen
haben; die der 19. Dynastie mögen, aus politischen
Gründen, in offiziellen Angelegenheiten Ptah von Memphis, Râ von An und selbst Sutech von Tanis gewöhnlich

als gleich neben Amun gestellt haben; daſs sie den letztgenannten als ihren eigenen Schutzgott doch noch viel
höher schätzten, ist schon daraus ersichtlich, daſs sie ihm
einen unverhältnismäſsigen Anteil dessen zuerkannten, was
sie für die staatlichen Tempel und Kulte aufwendeten.
Wie nun obendrein in seiner Person alles zusammen-
gefaſst wurde, was man sich Groſses und Erhabenes über
die Gottheit vorzustellen vermochte, und er sich demnach zum Ausdruck des reinsten Gottesbegriffes gestaltete,
welchen die religiöse Spekulation in Ägypten zu schaffen
imstande war, wird das Folgende zeigen.

Die ursprüngliche Bedeutung des thebanischen Amun
läſst sich nur mutmaſsen; denn wenn sein Name auch
„der Verborgene" bedeutet, wie schon die Ägypter
ihn erklären, so kann doch ein metaphysischer Sinn erst
in unserer Periode damit verknüpft sein. Verwandt mit
dem Montu von Hermonthis und dem Min (Chem) von
Koptos, welcher selbst auch Amun genannt wird — zwei
Göttern, welche lange vor ihm allgemeine Verehrung genossen —, ist er vielleicht ursprünglich ein verborgener
Schöpfer wie Chnum (Ḫnumu), mit welchem er den Widder
als heiliges Tier gemein hat. Nachdem er mit Râ vereinigt
und dadurch zum höchsten Gott erhoben ist, nimmt er
jener beiden Wesen in sich auf[1]), wie seine drei heiligen
Barken bezeugen, von denen eine Amuns Widderkopf,
eine Montus Sperberkopf, eine Mins Menschenkopf an
der Pflicht zeigt, und wird so zugleich Kriegsgott und
Ackergott. Seine Gattin war die bekannte Göttin mit
dem Löwinnenkopf, die jedoch in Theben einfach Mut,
„die Mutter", hieſs; aber es scheint, daſs weder sie,
noch die ebenfalls als Amuns Frau vorkommende Amunt
von altersher neben ihm stand. Die Trias wurde ver-

---

1) Ist die von Wiedemann ÄZS. 1885, S. 78 erwähnte Inschrift auf
einem Torso des Pepi Merira echt, dann würde Amun-Râ in dieser Form
schon unter dem Alten Reich verehrt sein. Aber es ist Grund dafür vorhanden, die Altertümlichkeit dieser Inschrift zu bezweifeln.

vollständigt durch die Hinzufügung des uralten Gottes
Chonsu (Ḫunsu) als Sohnes, welcher schon in den Pyramidentexten erwähnt wird und, bald mit Thôt, dem
Mondgott, bald mit Horos, dem Sonnengott, verbunden,
als Noferhotep [1]), „die gute Ruhe", sicherlich ein Gott
der Toten ist.

In Hymnen und Gebeten, denen es bei aller Länge
und Eintönigkeit nicht an Schwung fehlt, wird nun
Amun-Râ als der höchste der Götter, der Schöpfer aller
Dinge im Himmel und auf Erden verherrlicht. Er ist
der Einige, der viele Arme hat, König, sowohl inmitten
der Götter als wann er allein ist, mit vielen Namen.
Die Götter kriechen vor ihm, wenn er naht, und um-
ringen seine Füfse als schweifwedelnde Hunde. Thôt
selbst wagt nicht vor ihm die Augen aufzuschlagen,
denn weit steht er unter ihm. Alle Götter sind durch
sein Wort geschaffen; die Menschen sind aus seinen
beiden Augen hervorgegangen, Seele von seiner Seele.
Es finden sich in diesen Liedern Stellen, welche in einem
rein monotheistischen Psalm nicht am unrechten Orte
sein würden. Als Pentaura den König Ramses II.
schildert, von seinem Heere abgeschnitten, allein inmitten
Hunderter von Feinden, legt er ihm ein Gebet an Amun
in den Mund, welches von einem frommen Könige Judas
hätte an Jahve gerichtet werden können. Aber der ent-
scheidende Schritt wird nicht gethan. Die Mythologie
bleibt Hintergrund. Amun wird wohl mit den höchsten
Göttern identifiziert und über alle anderen gestellt, aber
er bleibt immer der Einzige als der Unvergleichliche,
er ist es noch nicht im absoluten Sinne. Auch bleibt
die naturalistische Auffassung noch deutlich genug; er
ist immer Sonnengott, der im Osten auf- und im Westen

---

[1]) Seine andere Gestalt Pa-ar-seḥer, „der Vollstrecker des Willens",
scheint erst seit Ramses III. verehrt zu sein. Wiedemann, Relig. der
alten Äg., S. 70.

untergeht; ja, es heifst sogar, dafs Ptah seine schöne
Jünglingsgestalt gebildet habe. Aber das hindert nicht,
dafs ihm die erhabensten Eigenschaften zugeschrieben
werden, dafs er Herr der Ewigkeit und Schöpfer der
Unendlichkeit heifst, noch dafs man von seiner Liebe,
von seiner Freundlichkeit gegen die, welche ihn anrufen,
redet und dafs man ihn als Beschirmer der Schwachen
gegen die Übermütigen und der Armen gegen die
Mächtigen dieser Welt darstellt [1]).

Die Ursache, welche Amun-Râ so hoch über alle
ägyptischen Götter erhob, ist wohl vornehmlich der Umstand, dafs er der Lokalgott von Theben und deshalb
der Schutzgott der Dynastie war, welche dort ihren Sitz
hatte; und insofern kann man sagen, dafs jenes reiner
Zufall war und jedem anderen Lokalgott dasselbe wider-
fahren sein würde, wenn der Königsthron auf seinem
Gebiet gestanden hätte. Aber man mufs doch bei
solcher Verherrlichung einiger Götter und ihrer Verschmelzung mit dem grofsen Gott von Heliopolis immer
einigermafsen der Art dieser Götter Rechnung getragen
haben. Nur weil Amun schon in seinem Kreise der
Höchste war, konnte man ihn zum Allerhöchsten erheben, und nicht z. B. Chonsu, obgleich dieser älter und
berühmter war. Endlich mufste noch etwas anderes
mitwirken: aus den Thaten des Gottes mufste sich seine
Macht und Herrlichkeit ergeben; erst als seine feurigen Verehrer, die Thebanischen Könige, in seinem
Namen und mit seiner Hilfe eine Reihe von glänzenden
Siegen über die Feinde des Volkes davon trugen, das
Land Kuš zu einer ägyptischen Provinz wurde, und die
würzigen Produkte Arabiens, die Schätze Syriens und
Mesopotamiens als Handelsware oder Beute eingeführt

---

1) Man vgl. u. a. die Hymne aus Pap. Bulaḳ 17, übersetzt von Stern
ÄZS. 1873, S. 76 ff. und bei Wiedemann, Relig. der alten Äg.,
S. 64 ff.

wurden, da erst sah man, dafs Amun-Râ ein viel gröfserer
Gott war als alle anderen.

## 6. Die Reformation des Chuen'aten und der Sieg der Orthodoxie.

Indessen sollte Amuns Herrschaft nicht ohne Widerspruch bleiben. In den letzten Jahren der 18. Dynastie
setzte der junge König Amenothes (Amunhotep) IV.
eine Reformation durch, welche dazu bestimmt war, die
bis dahin allgemein anerkannte Religion Ägyptens zu
stürzen, aber zur Folge hatte, dafs die Rechtgläubigkeit
mit neuer Kraft ihr Haupt erhob. Sein Vater Amenothes III. war nicht solch ein gewaltiger Eroberer, wie
seine grofsen Vorgänger. Zwar scheint er mit kräftiger
Hand regiert zu haben, und sowohl seine eigenen Denkmäler als die von den Statthaltern und Königen Westasiens an ihn gerichteten Keilschriftbriefe beweisen, dafs
er die Herrschaft über alle diese Provinzen behauptete
und die Geschenke der tributpflichtigen Könige regelmäfsig empfing. Aber seine Lust war, an den Tempeln
der Götter zu bauen, an denen des Amun-Râ zu Theben
nicht am wenigsten, in Nubien Heiligtümer zu stiften, wo
er selbst als Landesgott angebetet wurde, und in Ägypten
Monumente zu seiner und seiner Götter Verherrlichung
zu errichten. Kaum hatte jedoch der Tod seiner langdauernden Regierung ein Ziel gesetzt, als sein Sohn und
Nachfolger einen ganz neuen Weg einschlägt. Er tritt
als religiöser Reformator auf. Nicht, dafs er darüber
seine königlichen Pflichten vernachlässigte; im Gegenteil, die Rapporte der Statthalter und der tributpflichtigen Könige werden auch bei ihm regelmäfsig einge-
liefert, die Geschenke dargeboten; von einer Abnahme
des Umfanges des Reiches oder der Autorität des Königs
ist unter seiner Regierung nichts zu spüren. Seine Macht
mufs gerade sehr grofs und achtunggebietend gewesen

sein; sonst würde er nicht so viel zustande gebracht haben, was doch bei nicht wenigen auf heftigen Widerstand stofsen mufste. Denn was er bezweckte und auch bis zu einem gewissen Grade erreichte, war eine totale Umwälzung auf dem Gebiete der Religion.

Anfangs geht er noch mit einer gewissen Scheu zu Werke. Den Namen Amunssohn läfst er sich noch gefallen, wenn er auch bereits seine Vorliebe für den reinen Sonnengott zu Heliopolis zeigt, dessen Priestertum er bekleidet und hochschätzt. Dieser Sonnengott ist Aten-(Et'n-)Râ, die Sonnenscheibe selbst, bisweilen auch bestimmter „der Glanz der Sonnenscheibe" genannt. Aber er duldet noch, dafs dieser Gott als ein Horos in therianthropischer Form dargestellt oder Harmachis genannt wird. In der Nachbarschaft des grofsen Amuntempels läfst er ihm zu Theben einen Tempel erbauen, in welchem er demnach neben dem hohen Reichsgott verehrt werden kann. Aber bald erscheint ihm dies nicht genug. Vielleicht durch den Widerstand der offiziellen Priesterschaft gereizt, vielleicht auch selbst von Glaubenseifer getrieben, geht er vom Bekennen seiner „Lehre", wie sie jetzt bezeichnet wird, zur Verfolgung der allgemein anerkannten Landesreligion über. Vor allem Amun-Râ mufs es entgelten. Überall, in Tempeln und Gräbern, sowohl von Königen als von Privatpersonen, wo es nur möglich ist, wird sein Name weggemeifselt. In seinem eigenen Namen mag ihn der König ebenso wenig länger führen und statt Amunhotep nennt er sich jetzt Ḥu-en-'Aten, „Glanz der Sonnenscheibe". Theben ist ihm ein Greuel geworden, und deshalb läfst er sich in grofser Eile in der Ebene, welche gegenwärtig El-Amarna heifst, eine neue Hauptstadt, Ḥu-t-'Aten, bauen, deren Mittelpunkt ein prächtiger Tempel des geliebten Gottes bildet. Schon in seinem vierten Regierungsjahre finden wir ihn dort mit seinem stets wachsenden Hause und einem zahlreichen Hofstaat angesiedelt, und dafs dieser Auf-

enthalt einige Jahre gedauert hat, bezeugen die schönen
Gräber in der Nähe, in denen angesehene Diener des
königlichen Reformators beigesetzt sind und deren Wände
nicht allein das Leben in der neuen Residenz abbilden,
sondern auch durch ihre Inschriften die neue Lehre in
aller Reinheit verkündigen. Jetzt wird auch keine menschliche oder halbmenschliche Abbildung der Gottheit mehr
zugelassen, nur eine symbolische: eine Sonnenscheibe
mit der Uräusschlange, zuweilen von einigen Lichtringen
umgeben, aber immer mit in Hände endigenden Strahlen
versehen, welche der Anbeter ergreift oder die ihm das
Zeichen des Lebens (ȧnḫ) reichen. Nun giebt es auch
keinen Gott mehr neben dem Einen; nur die Sonnengötter, weil sie als nicht verschieden von 'Aten-Râ betrachtet werden, finden Gnade. Alle anderen Götter aber
werden verfolgt, auch Osiris, dessen Name sogar in den
Gräbern von El-Amarna nicht genannt wird [1]).

Dieser religiösen Revolution — denn sie ist mehr als
eine Reform — geht noch eine andere, ziemlich rätselhafte zur Seite. Das älteste Bild Amenothes' IV. unterscheidet sich stilistisch nicht von denen seiner Vorgänger.
Aber später läfst er sich und seine Familie mit einem
in Ägypten unerhörten Realismus abbilden: sein häfs-
liches Gesicht, auf welchem der Fanatismus zu lesen
steht, seine kraftlose Gestalt, der geschwollene Bauch
und die krummen Beine werden getreu wiedergegeben [2]),
und der Königin und ihren Töchtern wird ebensowenig

---

1) Auch die Verehrung seines Vaters als Landesgottes von Nubien
läfst er bestehen. Im Tempel zu Soleb wird daneben auch noch Amun-
Râ verehrt und selbst die Göttin-Mutter als Uazit in Tiergestalt abgebildet, vgl. Ed. Meyer, Gesch. des alten Äg., S. 269, Anm. 1.
Den Geier als Hieroglyphe der Thebanischen Mut hatte er schon lange
in den Bann gethan. Die Thatsache ist um so rätselhafter, als auch in
Soleb Amuns Name überall entfernt ist. Vielleicht haben die Priester
gemeint, diese Abweichung von den Befehlen des Königs in so grofser
Entfernung von der Residenz wohl riskieren zu können.

2) Vgl. z. B. die Abbildung bei Erman, Ägypten, II, S. 541.

geschmeichelt. Viele seiner Höflinge meinten, nach
ihren ägyptischen Begriffen von Loyalität, ihm keine
feinere Huldigung darbringen zu können, als dafs sie
sich mit denselben Gebrechen verewigen liefsen und
tiefer, als am Hofe der früheren Fürsten üblich war,
beugten sie sich vor ihm zur Erde. In Staat und Religion, gegenüber Adel und Priesterschaft scheint dieser
junge Souverän die unbeschränkte Alleinherrschaft bis
in ihre letzten Konsequenzen behauptet zu haben.

Seinen Sonnengott besingen die gehorsamen Bekenner
der „Lehre" in schönen Hymnen als den Einzigen,
neben welchem kein anderer Gott steht; den Schöpfer
von allem, was ist, den Quell aller Fruchtbarkeit in
Pflanzen- und Tierreich wie bei den Menschen, welcher
alles erhält, der selbst den Nil aus seinem himmlischen
Brunnen hervorströmen läfst, um den Menschen das
Leben zu schenken; bei dessen Untergang die Welt in
den Tod versunken scheint, bei dessen Aufgang aber
alles fröhlich wieder auflebt. Wenn er auch kurzweg
'Aten, die Sonnenscheibe, heifst, so bezeichnet man ihn
doch ebenfalls mit dem bekannten Namen „lebender
Râ, Herrscher der beiden Horizonte" und giebt deutlich
zu verstehen, dafs die Scheibe eigentlich nur die Gestalt
ist, in welcher er sich offenbart, und dafs man eigentlich seinen Geist verehrt. Auch die alte Lehre, dafs
der König sein Vertreter auf Erden sei, der Sohn seines
Leibes, wird damit verknüpft, und an Verherrlichung
Chuen'atens, des Einzigen, der ihn zuerst wahrhaft erkannt hat, fehlt es nicht [1]).

Dafs diese Lehre lediglich in der vorliegenden Form
neu war und sich von der Theologie von Heliopolis nicht
wesentlich unterschied, sieht man sofort. Die Verwandtschaft zeigt sich auch in einigen Besonderheiten. Zunächst darin, dafs der Hohepriester, welchen Chuen'aten

---

[1]) Vgl. Meyer, Gesch. des alten Äg., S. 268.

in seinem neuen Sonnentempel anstellte, denselben Titel
trug, wie der zu Heliopolis, nämlich Urmau, der grofse
Scher (?).  Aber dann auch in der Thatsache, dafs
— wie aus Gräbern in der Nähe von Memphis hervorgeht — der Gott 'Aten schon unter der Regierung
Amenothes' III. seine Verehrer und noch lange nach
der Restauration der orthodoxen Religion zu Heliopolis
seinen eigenen Tempel und Kultus hatte.  Das Neue bei
der Reformation des jungen Königs war demnach, dafs
er diesen Gott unter Ausschlufs aller anderen verehrt
wissen wollte, dafs er also den Monotheismus ernst nahm
und in die Staatsreligion einführen wollte.  Dazu kommt
noch seine Abneigung gegen den Anthropomorphismus,
welche ihn bewog, alle menschenförmigen Darstellungen
des Sonnengottes durch die symbolische Abbildung der
segensreichen Wirkung der Sonnenstrahlen zu ersetzen.

Dafs dies in Ägypten etwas Unerhörtes war und
einen überwältigenden Eindruck machen mufste, braucht
kaum angedeutet zu werden.  Wo der Polytheismus so
tief gewurzelt war, mufste solch' eine Lehre in den
Augen der Menge als eine Schändung des Heiligen erscheinen und sie konnte daher nur mit Gewalt eingeführt und gehandhabt werden.  Die Priesterschaften der
alten Landesgötter sahen sich, soweit sie nicht bei Zeiten
zu der neuen Lehre übergingen, von der Höhe ihrer
Macht herabgestürzt und der gewohnten reichen Einkünfte beraubt, die Namen ihrer Götter ausgetilgt, ihre
Statuen zerbrochen, ihre Tempel verfallen.  Nur die
grofse Ehrerbietung des Volkes vor der königlichen
Krone, vor dem ausgesprochenen Willen des Gottes,
welcher der Fürst für sie war, erklärt das Gelingen einer
Revolution, welche in den Augen der meisten Ägypter
aller Stände ein Greuel sein mufste.

Unglücklicherweise fehlen uns die Daten, um zu erklären, was Amenothes IV. zu einem so ausschliefslichen
Verehrer des Gottes von Heliopolis gemacht hat.  Man

hat an den Einfluſs seiner Mutter gedacht und dabei
auf ihren Namen und die ihrer Eltern die Vermutung
gestützt, daſs sie eine fremde Prinzessin gewesen sei.
Diese Namen sind jedoch in Ägypten nicht ungebräuch-
lich und könnten zwar nicht semitisch, wohl aber libysch
sein. Indessen hat die Königin-Mutter [1]) allerdings groſses
Interesse an dem Werke ihres Sohnes gezeigt, so daſs sie
selbst ihren eigenen Baumeister lieh, um demjenigen des
Königs bei dem Bau des groſsen Tempels von Chut'aten
zur Seite zu stehen, und seine Residenz nach ihrer Voll-
endung mit einem feierlichen Besuche beehrte — aber
daſs die Bewegung von ihr ausging, ist keineswegs ersichtlich. Besser ist es, mit Ed. Meyer an Opposition
des jungen Königs gegen die stets zunehmende Macht
der Amunpriester zu denken, welche von seinem Vater
so sehr protegiert waren und deren Hochmut und Herrsch-
sucht er als Prinz erfahren haben mag, und zugleich an
Eifersucht der Heliopolitanischen Priesterschaft auf die
Thebanische, eine Eifersucht, zu deren Werkzeug der
junge Fürst, als Priester mit Heliopolis verbunden, sich
berufen fühlte. Daſs sich auch schlieſslich jemand fand,
welcher den Widerspruch zwischen der monotheistischen
Dogmatik der vornehmsten Priesterschulen und dem
polytheistischen, magischen Kultus bemerkte und ihm
ein Ende zu machen beschloſs, läſst sich wohl denken.
Doch mehr als Vermutungen, wie wahrscheinlich sie
auch sein mögen, sind das nicht. Einen, wenn auch
viel bescheideneren Versuch, einer ähnlichen Lehre Eingang zu verschaffen, wird uns die Geschichte der assyrischen Religion vorführen.

Nichtsdestoweniger lege man auf diese monotheistische
Episode, wie überraschend sie auch in der Religionsgeschichte Ägyptens sein mag, kein gröſseres Gewicht,

---

1) Bouriant, A Thèbes, R e c u e i l VI, 41 suiv. hält sie für die Mutter
von Amenothes' Gemahlin.

als sie wirklich verdient. Es bleibt ein Monotheismus
von ziemlich zweifelhaftem Charakter. Der Gott, wenn
auch der Eine, ist doch nicht mehr als der alte Naturgott, der große Lichtgott, wie aus der Respektierung
aller Namen der schon verehrten Sonnengötter deutlich
zu ersehen ist. Logischer und einfacher als das alte
Zwittersystem, welches die erhabensten monotheistischen
Begriffe auf eine vielgestaltige und noch sehr magische
Volksreligion zu pfropfen versuchte, ist die neue Lehre
in Wahrheit religiös ärmer. Ein Monotheismus, welcher
nur einen aus vielen Naturgöttern zu dem Einzigen erhebt
und dann wohl noch die Anbetung eines sichtbaren
Gottes fordert, ist ein nur sehr relativer Fortschritt und
steht einem Polytheismus, welcher das Göttliche in verschiedenen Naturgöttern verehrt, an Vielseitigkeit nach.

Indessen hätte sich mit der Zeit etwas Höheres, ein
mehr geistiger und sittlicher Monotheismus daraus entwickeln können. Aber dazu wurde er mit zuviel Un-
gestüm eingeführt. Chuen'aten, nach seinem Äußeren
zu urteilen, ein kränklicher Fanatiker, mag von religiösem
Enthusiasmus geglüht haben — von politischer Klugheit
zeugt seine Reform nicht. Was auf diese Weise mit
Gewalt aufgedrungen und durch äußerliche Autorität zur
Geltung gebracht wird, was plötzlich an die Stelle einer
Religion gesetzt wird, welche jahrhundertelang das Eigentum eines ganzen Volkes war, so daß man genötigt ist,
alle zu verfolgen, welche sich nicht sofort dem neuen
Bekenntnis anschließen, kann nicht standhalten. Das
zeigte sich auch hier. Der Wunderbaum, in kurzer Zeit
aufgeschossen, verdorrte ebenso rasch. Kaum war
Chuen'aten nach einer nicht sehr langen Regierung gestorben, als der von ihm errichtete Bau in seinen Grund-
festen wankte, und bald hatte die orthodoxe Lehre das
verlorene Terrain vollständig wiedergewonnen.

Die Jahre, welche unmittelbar auf den Tod des
Chuen'aten folgten, waren sehr unruhig. Da er keine

Söhne, sondern nur Töchter hinterliefs, so folgten ihm,
wir wissen nicht in welcher Ordnung, ein paar Schwiegersöhne und sein Diener und Günstling, der Gemahl einer
der Frauen aus dem königlichen Hause, der göttliche
Vater Ai. Schon diese waren nicht imstande, den Strom
der Reaktion zu hemmen. Zwar setzen sie den Bau
des 'Atentempels zu Theben fort, aber sie sehen sich
doch schon genötigt, Amun-Râ einigermafsen in seine
Ehren wieder einzusetzen, und einer der Schwiegersöhne
zwingt sogar seine Gemahlin, in ihrem Namen denjenigen
des 'Aten mit dem Namen Amuns zu vertauschen. Alle
diese Fürsten regierten nur kurze Zeit, und bald fanden
die alten Priesterschaften ihren Mann in einem Horos-
priester, Haremhebi (Harmaïs), welcher sich — wir wissen
nicht mehr, unter welchem König — zur höchsten Macht-
stellung aufzuschwingen gewufst hatte, viele Jahre hindurch in des Königs Namen und mit seiner Autorität
bekleidet das ganze Reich regierte und als Oberbefehlshaber das gesamte Heer kommandierte. Zuletzt bestieg
er selbst den Thron, entweder als Usurpator oder, nach
dem Tode eines kinderlosen Fürsten, als Verwandter des
Königshauses. Jedenfalls mufs es in jenen Tagen der
Unordnung und Verwirrung einem Manne von seinem
Range und seiner Tüchtigkeit nicht schwer gefallen sein,
sich der Herrschaft zu bemächtigen, vor allem weil er
mit richtigem politischen Takt die stets mächtiger werdende konservative Partei begünstigte. Dafs er anfangs
zur Reformpartei gehörte und 'Aten-Râ verehrte, geht
aus den ältesten Inschriften und Reliefs in seinem Grabe
zu Saqqarah hervor. Später ersetzte er den Namen
des Gottes durch den alten nationalen Namen des Sonnengottes Râ-Harmachis, obgleich er noch eine Zeit lang
der neuen Lehre treu blieb[1]). Er ist also nur langsam

1) Der kolossale Hof, welcher auf der einen Seite durch eine Mauer
mit den Seitenvorhöfen des Amuntempels zu Karnak, auf der anderen

für die Reaktion gewonnen. Aber einmal gekrönt, griff
er mit rastlosem Eifer das Werk der Restauration an.
Ordnung und Recht wurden wieder hergestellt, die Tempel
restauriert, die zerstörten Götterbilder durch neue ersetzt,
die Priesterschaften reorganisiert und mit reichen Ein-
künften beschenkt. Chut'aten wurde verlassen, Theben
wieder zur Haupt- und Residenzstadt erhoben. Den
'Atentempel der Hauptstadt ließ er niederreißen und
die Steine zur Verschönerung des großen Amuntempels
verwenden [1]). Auch der 'Atentempel zu Memphis fand
keine Gnade. Nachdrücklich bewies der neue König,
daß er der auf Erden lebende Râ selbst, und daß 'Aten,
die Sonnenscheibe, nur sein Körper war. Kein Wunder,
daß vor allem die Priester Amun-Râ's jubelten und ver-
sicherten, daß ihr Gott diesen König mit Freude be-
grüßte. Die alte Religion erstand wieder, nun mächtiger
und gesicherter als jemals. Von der Reformation Chuen-
'atens war kaum noch eine andere Spur übriggeblieben
als die Ruinen seiner Stadt, welche durch ein seltsames
Spiel des Schicksals alle anderen altägyptischen Städte
überdauerten. Man war weiter als zuvor von dem Ziele
entfernt, welches er in seinem ungestümen Eifer verfehlt
hatte. Eine wertvolle Lehre der Geschichte für alle,
welche sich einbilden, durch Zwang und Gewalt etwas
Bleibendes schaffen zu können, und Reformen durch-
zusetzen versuchen, für welche ein Volk nicht reif ist.

## 7. Die Religion unter den Ramessiden.

Mit Haremheb beginnt eine neue Dynastie, die 19.,
und mit ihr das Zeitalter, welches auch die Herrschaft

---

durch eine doppelte Sphinxreihe mit dem südlich gelegenen Muttempel
verbunden ist und später von Ramses II. noch verschönert wurde, ist
von Haremhebi erbaut.

1) Wiedemann, ÄZS. 1885, S. 80 ff.

der 20. Dynastie umfaſst und nach Haremhebs Nachfolger Ramses I. und dem Namen der meisten ihrer
Fürsten dasjenige der Ramessiden heiſst; der glänzendste
Zeitraum dieser Periode, welcher jedoch, selbst als er
sich unter Ramses II. in seinem strahlendsten Lichte
zeigt, die Anfänge des Rückschrittes und des Verfalles
nicht zu verbergen vermag.

Eines der Kennzeichen des Verfalles ist die beständige Zunahme des Aberglaubens nach der Restauration
der alten Religion. Magie, Tierdienst, Mantik waren stets
Elemente der ägyptischen Religion gewesen, wie jeder
anderen, welche sich auf der gleichen Höhe der Entwicklung befindet. Aber es schien, als ob die höheren
Vorstellungen, welche mehr und mehr Eingang fanden,
diese Überbleibsel aus früherer Zeit zuletzt verdrängen
oder wenigstens in den Schatten stellen und bei den
Gebildeten in Miſskredit bringen sollten. Seit dem Scheitern der Reformation Chuen'atens war jedoch das Gegenteil der Fall. Zauberei nimmt stets zu. Magische Papyri
mit allerlei Vorschriften zur Abwehr von Unheil und
Gefahren, reiſsenden Tieren und phantastischen Ungetümen, Krankheiten und Plagen, wurden zu dieser Zeit
in Menge angefertigt. Als eines der sichersten Schutz-
mittel wurden gewisse barbarische Worte angesehen, die
man für um so wirksamer hielt, je unmöglicher es war,
ihnen einen vernünftigen Sinn unterzulegen. Dieser Aberglaube stammte schon aus dem Alten Reich und — dem
Anschein nach allmählich in Vergessenheit geraten —
tauchte er nun wieder empor. An syrischen Einfluſs
braucht dabei nicht gedacht zu werden, er war altägyp-
tisch, und es bleibt fraglich, ob diese damals unver-
ständlichen Zauberformeln jemals in irgendeiner Sprache
etwas bedeutet haben. Aber auch Hymnen, denen es
nicht an religiöser Erhabenheit fehlt und die sicherlich
nicht in solcher Absicht gedichtet waren, wurden zu Beschwörungen der bösen Geister und anderer schädlicher

Wesen gebraucht. In den Märchen und Erzählungen, welche jetzt entstanden oder wenigstens sehr beliebt waren, kennt dann auch das Wunderbare keine Grenzen mehr, und ist die Betrachtung der Natur und des Menschen eine rein animistische.

Auch der Tierdienst, welcher mit dieser Anschauung so nahe zusammenhängt, gelangt nun zu neuer Blüte. Besonderen Eifer bethätigte in dieser Hinsicht der älteste Sohn Ramses' des Grofsen, Chamûs, der jedoch vor seinem Vater starb und demnach niemals die Krone getragen hat. In verschiedenen Heiligtümern stellte er die alten Riten wieder her; aber vor allem war ihm der Kultus des Apis von Memphis teuer, und in dem Serapeum, der Begräbnisstätte der toten Hapistiere (Osirhapi) wurde er, sicher seinem eigenen Wunsche gemäfs, beigesetzt. Dieser Stier, schwarz, aber mit gewissen weifsen Merkmalen, welche eine symbolische Bedeutung hatten, galt für eine besondere Inkarnation der höchsten Gottheit und hiefs deshalb „der immer wieder auflebende Ptah". Auf übernatürliche Weise geboren — die Kuh, welche ihn zur Welt brachte, war, so hiefs es, durch einen Lichtstrahl aus dem Himmel befruchtet und jungfräulich geblieben — eignete ihm also eine besondere Heiligkeit, und zwar nicht allein für eine einzelne Landschaft, wie anderen Tieren, sondern für ganz Ägypten. Während seines Lebens als Gottheit verehrt und versorgt wurde er nach seinem Tode mit grofsem Pomp begraben.

Diese Förderung des Memphitischen Apisdienstes durch die Söhne Ramses' II. — denn nach Chamûs' Tod folgte ihm sein Bruder Merneptah als Hoherpriester — und also mit Billigung des Königs, steht nicht allein. Meist residierten die Könige dieser Dynastie zu Memphis oder wenigstens in Unterägypten. Ramses der Grofse hatte sich selbst im Delta eine Residenz angelegt, die nach seinem eigenen Namen benannt war, und begünstigte obendrein den uralten Sitz der Hirtenkönige, Tanis. Mußten die Hauptgötter Ägyptens in offiziellen Urkunden genannt werden, dann wurde nun immer neben Amun-Râ von Theben, der stets der vornehmste und vor allen anderen bevorrechtete blieb, Râ-Harmachis von Heliopolis und Ptah von Memphis auch Suteḫ von Tanis erwähnt, also der Gott der vormaligen Fremdherrscher. Suteḫ ist eine nordägyptische Form des Set, nach welchem verschiedene Könige dieser Dynastie, z. B. der Vater Ramses' II., sich nannten. Obwohl Gott der Finsternis und des Todes, der Mörder seines Bruders Osiris, wurde er doch stets als Gottheit betrachtet und verehrt, und daß ihm, dem Kriegsgotte, welcher mehrere Male dargestellt wird, wie er den jungen König das Waffenhandwerk lehrt, mehr als früher gehuldigt wurde, seit Ägypten ein Eroberer- und Militärstaat geworden war, ist leicht zu erklären. Erst viel später, unter dem Einfluß vielleicht persischer, sicherlich griechischer Ideen, sollte er als ein böser Geist verabscheut und sein Name auf den Monumenten ausgemeißelt werden. Aber daß die Gestalt dieses Gottes, welche in den Zeiten der Erniedrigung durch die Fremdlinge angenommen war und von den Ägyptern mit den Baals Westasiens, auch der Hethiter, identifiziert wurde, mit welchen sie jetzt in erbittertem Kampfe lagen, einer der Hauptgötter des Staates und Gegenstand der besonderen Verehrung seitens des Königs wurde, mag Verwunderung erwecken. Dieses nach unserem Urteil absonderliche Faktum läßt sich allein daraus erklären, daß man sich der Gunst eines so mächtigen Gottes versichern wollte, welcher von so viel kriegerischen Nationen angebetet wurde und obendrein der Lokalgott der Festung war, durch welche das Land gegen diese Völker beschirmt wurde.

Jetzt wurde auch, mehr als unter der 18. Dynastie, eine relativ große Anzahl fremder Gäste in das ägyptische Pantheon zugelassen: Bar, der allgemein für Baal gehalten wird, Ken, dem Anschein nach eine Art Astarte, die semitischen Göttinnen Anit und Tanit, die hethitisch-aramäische Ḳedeš, der cyprische Blitzgott Rešpu (Rešef), Manit (Manet?) und der phönicisch-kanaanäische Ṣifôn (Baal-Ṣefôn). Umgekehrt erwiesen sich nun die zahl-reichen Phönicier, welche sich vor allem im Delta, aber auch weiterhin in Ägypten ansiedelten, mehr und mehr als eifrige Verehrer der ägyptischen Götter, wie sie auch Nachahmer der ägyptischen Kunst wurden.

Diese wechselseitige Übernahme von Göttern in der Zeit der 19. Dynastie, eine Folge ihrer Eroberungen in Asien uud derjenigen ihrer Vorgängerin, klingt noch nach in einer Erzählung, welche in ihrer vorliegenden Gestalt nicht historisch ist und obendrein aus viel späterer Zeit herrührt, als der Ruhm des Thebanischen Chonsu als Orakelgottes sich gefestigt hatte, aber dennoch auf einer wahren Überlieferung beruhen muſs. In ihr wird be-richtet, wie König Ramses — und daſs damit der zweite Ramses und nicht, wie man wohl meinte, der zwölfte gemeint wird, ist sicher —, welcher mit einer asiatischen Prinzeſs Bent-Rešt verheiratet war [1]), seinem Schwieger-vater auf dessen Ansuchen den berühmten Orakelgott von Theben zusandte, um durch seine Zaubermacht eine andere Tochter des Königs von Bechten wiederher-zustellen, was natürlich glückte [2]). Diese Erzählung mag unhistorisch sein: jedenfalls geht aus ihr hervor, daſs solche Dinge vorkamen. Aber dergleichen Dinge können nur vorkommen, wenn eine Religion wieder zum Magischen herabzusinken beginnt. Sonst würde man seinen Gott nicht verleihen wie einen mächtigen Fetisch.

---

1) Wahrscheinlich eine Reminiscenz an die hethitische Prinzeſs Bent-Anat, welche Ramses II. unter seine Frauen aufgenommen hatte.

2) Vgl. für diese Erzählung Erman in ÄZS. 1883, S. 54 ff. Wiede-mann, Geschichte, S. 522 f.

Nicht ungestraft haben die Könige der 19. Dynastie
den Fremdlingen solch ein Übergewicht in Unterägypten
gesichert, ihre Götter zugelassen, sie mit hohen Ämtern,
selbst an ihrem Hofe, bekleidet. Das zeigte sich sehr
bald. Als der grofse Ramses nach einer Regierung von
mehr als 60 Jahren das Scepter den Händen seines vier-
zehnten Sohnes Merneptah überliefs, gelang es diesem
zwar noch, die Einheit des Staates zu wahren und eine
Attaque libyscher Stämme abzuschlagen. Aber Seti II.,
sein Enkel, regierte nur kurz; sei es dafs er eines natürlichen Todes starb oder als Opfer einer Revolution fiel,
nach seinem Hinscheiden begann die Unordnung. Illegi-
time Herrscher bemächtigten sich des Thrones. Die
grofsen Grundbesitzer verschiedener Gaue bekümmerten
sich nicht mehr um die königliche Autorität und handelten nach ihrem eigenen Belieben. Diese Verwirrung
benutzte ein Ḥaru, ein Syrier, 'Arsu oder 'Ersu geheifsen,
um sich die Herrschaft anzumafsen. Es wird wohl einer
der Ausländer gewesen sein, welche durch die Gunst
eines der früheren Fürsten zu Reichtum und Ansehen
gelangt waren, der nun die so erworbene Macht anwendete, um die ägyptischen Herren und damit das
ganze Land unter seine Botmäfsigkeit zu zwingen. Ramses III. schildert ihn als einen Tyrannen, welcher raubte,
was er konnte, seine Genossen rauben liefs und die Tempel
zwar nicht zerstörte, aber auch nicht versorgte; wenigstens die Priester nicht mit dem Nötigen versah, um die
Opfer den Göttern darzubringen. Ist diese Schilderung
nicht übertrieben, dann mufs noch etwas anderes als das
Bestreben, die Macht der Priester und ihre übermäfsigen
Einkünfte zu beschränken, den Usurpator dazu veranlafst, und müssen Gründe religiöser Art dazu mitgewirkt
haben. Opfer sind sicher dargebracht, auch unter seiner
Regierung, wenn nicht den ägyptischen, dann anderen
Göttern. Im Altertum ist dieses nicht wohl anders möglich. Aber wir sind zu ungenügend, vor allem zu ein-

seitig unterrichtet, um mehr hierüber sagen zu können. Auch die Frage, ob der Auszug der Bnê-Išra'el aus Ägypten in die Zeit dieser Unruhen, wie einige meinen, oder vielleicht schon unter Merneptahs Regierung stattgefunden hat, wie andere behaupten, kann jetzt nicht mehr entschieden werden und ist aufserdem für die Geschichte der ägyptischen Religion nicht von Belang. Aber es ist nicht wahrscheinlich, dafs die Hebräer in Kanaan eingewandert sind vor dem Ende der Regierung des Königs Ramses III., des ersten der 20. Dynastie, welcher wenigstens noch einigen Einflufs in Syrien besafs und sich rühmt, in Kanaan einen prächtigen Tempel für Amun errichtet zu haben.

Aus dieser letzterwähnten Thatsache geht schon hervor, dafs die nationale Religion, wie stets in Ägypten, schliefslich wieder triumphierte. Ramses III. erzählt, wie sein Vater Setneḥt, wahrscheinlich noch ein Sprofs der 19. Dynastie, die Ordnung und damit auch die Religion wiederherstellte, die Tempel von aller Unsauberkeit reinigen liefs und die Opfer wiedereinsetzte. Wie er, der sich in allen Stücken seinen grofsen Vorgänger Ramses II. zum Vorbild genommen hatte, das Werk seines Vaters fortsetzte, Tempel und Priester mit Reichtümern überlud und so das Verlorene mehr als zu ersetzen suchte, wurde schon früher erwähnt. Sein Sohn Ramses IV. und die Ramsesse, welche ihm succedierten, waren nicht mehr imstande, es seiner Wohlthätigkeit gleichzuthun. Ein aus jener Zeit stammendes Loblied auf Thot (Dhuti) zeigt, dafs man immer fortfuhr, alle hohen Götter mit Râ zu verschmelzen und möglichst in einunddieselbe dogmatische Form zu giefsen, und dafs man auch die grofsen Göttinnen einfach vertauschte [1]). Sie konnten nicht viel mehr thun als den Bau des Chonsutempels

---

1) Vgl. diese merkwürdige Hymne, bearbeitet von K. Piehl, ÄZS. 1884, S. 13 f.

zu Theben fortsetzen, welchen Ramses III. errichtet hatte. Chonsu (Ḫunsu) war unter dieser Dynastie der populäre Gott geworden und scheint gerade bei den Amunpriestern besonders beliebt gewesen zu sein. Aber der ägyptische Staat hatte sich, vorzüglich durch die verschwenderischen Ausgaben für den Kultus, gänzlich erschöpft. Die Priester, vor allem die zu Theben, waren reicher und mächtiger als die Könige selbst. Unter den letzten Ramessiden setzten sie in den Tempelinschriften ihren Namen neben den des Königs, und in Wirklichkeit regierte dieser nur noch von Priesters Gnaden. Endlich that der Hohepriester Her-Hor (Hri-Hor) den letzten Schritt und setzte sich die doppelte Krone aufs Haupt. So war das Ziel, nach welchem die Priester des grofsen Thebanischen Gottes seit Jahren strebten, schliefslich erreicht. Die höchste politische und die höchste geistliche Würde des Landes waren nun in einer Person vereinigt, die reine Theokratie war begründet. Der Sieg konnte für sie nicht schwer sein: die Könige selbst hatten allmählich alle Macht aus den Händen gegeben und sie in die ihrigen gelegt, und sie geboten sowohl über unermefsliche Schätze als über eigene Truppen, welche zum Chonsutempel gehörten ¹). Obendrein fanden sie wahrscheinlich kräftige Unterstützung beim Volke. Her-Hor hat sicherlich als König regiert, aber ob seine Nachkommen wirklich die Krone getragen haben und ob dann diese Priesterdynastie mit der Tanitischen identisch ist, welche bei Manetho auf die 20. folgt, ist noch immer ungewifs. Wie dem auch sei, lange hat sich die Priesterherrschaft selbst in Ägypten nicht zu behaupten vermocht. Ein Saeculum nach dem letzten Ramses sind die Thebanischen Priesterfürsten aus

---

1) Vgl. darüber Wiedemann in ÄZS. 1885, S. 82 ff., wo er u. a. ein paar Stelen im Museum zu Leiden bespricht, welche Her-Hor angehören.

ihrer Hauptstadt vertrieben und genötigt, eine Zuflucht
in Äthiopien zu suchen, wo sie ein neues Reich stifteten. Dafs sie gleichwohl noch nicht die Hoffnung
aufgaben, das Verlorene einmal wiederzugewinnen, wird
die Folge lehren.

# Fünftes Kapitel.

## Die Religion in der Saïtischen Periode.

### 1. Amun im Exil.

Nachdem die Priesterkönige Thron und Land verlassen hatten, war Theben zwar nicht mehr die Hauptstadt des Landes und der Sitz des regierenden Königshauses — verschiedene, jedoch ausschliefslich nordägyptische Dynastieen folgten einander — wurde aber trotzdem, wenigstens während der ersten Jahre dieser Epoche, nicht vernachlässigt. Es blieb noch lange die eigentliche Hauptstadt des Südens, und dieser Teil des Landes wurde von hier aus durch die Hohenpriester Amun-Râ's als Statthalter der Pharaonen regiert. Aber diese Pharaonen waren nicht von rein ägyptischer Abkunft; sie waren Nachkömmlinge von Befehlshabern der Mašuaša oder ausländischen Hilfstruppen, welche unter den Ramessiden mit einem Gau belehnt waren oder sich die Herrschaft darüber selbst angeeignet und den Verfall des Reiches benutzt hatten, um den Thron des Horos selbst zu besteigen. Waren die alten nationalen Könige anfangs die Opfer ihrer unpolitischen Protektion der Priesterschaften, vor allem der Thebanischen, geworden: der Norden hatte sich dem priesterlichen Scepter nur widerwillig unterworfen, und bald hatte das hier übermächtige, durch die Ramessiden ebenso unvorsichtig bevorrechtete, fremde militärische Element die Oberhand im ganzen Reiche. Die Ober-

priester, welche die gekrönten Kriegsobersten anstellten,
waren ihnen unterthänig, um so mehr als sie, wie wenigstens die Könige der Dynastie von Bubastis, gern ihre
eigenen Verwandten mit dem Hohenpriestertum an den
vornehmsten religiösen Zentren bekleideten. Auch in
Theben nahmen diese Prinzen von Geblüt den Platz der
ausgewanderten Amunpriester ein. Es ist also nicht
richtig zu behaupten, dafs Amun-Râ, als Thebens Macht
gebrochen war, aufhörte ein allgemein verehrter ägyptischer Gott zu sein und zu dem Range einer gewöhnlichen Lokalgottheit herabsank. Im Gegenteil, sein Orakel
wurde noch immer, und nicht nur von Privatpersonen,
sondern von dem König selbst und in sehr wichtigen
Staatsangelegenheiten um Rat gefragt, und man erkannte
ihm allgemein eine besondere Heiligkeit zu. Der Ruhm
seiner Stadt mochte verblafst sein und der Einflufs seiner
Priesterschaft dadurch abgenommen haben, er stand zu
hoch in der Wertschätzung jedes frommen Ägypters,
um nach dem Untergange der politischen Macht seiner
Residenz gänzlich vernachlässigt zu werden. Und sicher
ist das kein Beweis von Geringschätzung, dafs man sich
jetzt gerade gedrungen fühlte, einzelne Kapitel, in welchen er genannt wird, dem Totenbuch hinzuzufügen.

Jedoch war die neue Thebanische Priesterschaft in den
Augen der orthodoxen Amundiener nicht die wahre.
Nicht allein, weil sie sich zur Herrschaft wenig geschickt
zeigte und das ihr untergebene Gebiet sehr schlecht
regierte, weil straflos die Tempelkasse bestohlen und
die Gräber sogar der Könige geplündert, ja die Leichen
selbst beraubt wurden. Auch unter den Ramessiden geschah dergleichen. Aber aus allem geht hervor, dafs
man nunmehr Napata, die Hauptstadt des neuen kuschiti-
schen oder äthiopischen Reiches, und nicht mehr Theben
als Hauptsitz des echten Amundienstes betrachtete.

Wenigstens war dieses die Ansicht der Könige, welche
zu Napata regierten und auch wohl Äthiopier genannt

werden, aber der Herkunft nach echte Ägypter waren.
Das Stammland wieder ihrer Herrschaft und damit derjenigen Amun-Râ's zu unterwerfen und dann die unver-
fälschte nationale Religion wiederherzustellen, war ihr
Ideal. Der erste, welcher es zu verwirklichen trachtete,
war Pianchi Meiamun. Die Veranlassung zu seinem Kriegszuge waren die Eroberungen Tafnechts, des Fürsten von
Saïs, der schon ganz Unterägypten sich unterworfen hatte
und nun den Süden bedrohte. Die Beschreibung, welche
er von seinem Kriegszuge giebt, ist diejenige eines
Priesters, für welchen die Religion das Wichtigste ist.
Anfangs beteiligt er sich nicht persönlich an der Expedition. Aber als er seine Truppen aussendet, versäumt
er nicht, sie zu ermahnen oder, wie es heifst, ihnen die
Befehle Amuns mitzuteilen, dafs sie an der heiligen Stadt
Theben nicht vorüberziehen sollen, ohne Amun-Râ ihre
Devotion zu bezeugen, weil es ohne ihn keinen Sieg
giebt. Von ihm müssen sie ihre Waffen segnen lassen,
nachdem sie sich dort in den heiligen Fluten gereinigt
haben und mit dem Weihwasser seiner Altäre besprengt
sind. Als sie später nach einigen Siegen eine empfind-
liche Niederlage erlitten haben, sieht der König sich genötigt, selbst den Oberbefehl über die Truppen zu übernehmen, und begiebt sich zu diesem Behufe nach Theben, das ihn als Befreier festlich empfängt. Aber auch
er zieht nicht zu Felde, bevor er das grofse Fest, welches Râ für Amun am ersten Tage einsetzte, gefeiert,
den Gott in stattlicher Prozession aus seinem Tempel
nach einem kleineren Heiligtum geführt und von dort
wieder nach seiner vornehmsten Wohnung zurückgebracht
hat. Dies ist die Feier seiner Weihe zum König von
Ägypten, der von Amun-Râ gerufen und gekrönt ist [1]).
Deshalb legt er später allen überwundenen Fürsten und

---

[1]) Dies geht hervor aus einer Inschrift des späteren äthiopisch-
ägyptischen Königs Tahraka, bei De Rougé, Mélanges I, p. 14 suiv.

eroberten Tempeln einen Tribut für Amun-Râ von Theben auf, mit alleinigem Ausschluſs des heiligen Heliopolis, der Stadt Râ's, der doch eigentlich mit Amun
Eins ist. Überall, wohin er kommt, verrichtet er religiöse Zeremonieen, reinigt die Thebanischen Tempel und
bringt allen Göttern der Stadt Libationen dar. Nicht
ohne heiliges Entzücken teilt er mit, wie er — nach
Heliopolis gekommen — nach einer Lustration im heiligen Sonnenmeer das Angesicht seines Vaters Râ ge-
schaut und dadurch die höchste Weihe zum legitimen
König Ägyptens empfangen habe. Priesterfürsten behandelt er mit gewisser Auszeichnung; Unreine, welche
Fisch essen, sonst in Ägypten keine verbotene Speise,
läſst er in seiner Gegenwart nicht zu.

Wie Pianchi, dessen Herrschaft über Ägypten wahrscheinlich von nicht sehr langer Dauer gewesen ist,
treten auch die späteren äthiopischen Könige, welche
das väterliche Erbteil wiedererobern, als Verehrer vor
allem Amun-Râ's, sodann auch anderer ägyptischer Hauptgötter auf. So Šabako (der Šo, besser Šewch der Bibel,
der Šabê oder Šabaku der Assyrer), welchem es sogar
gelang, eine Dynastie zu gründen, deren Oberherrschaft
freilich von Zeit zu Zeit mehr dem Anschein nach als
in Wirklichkeit bestand. Fallen doch seine Regierung
wie die seines Sohnes Šabatuḳa und dessen Nachfolgers
Tahraḳa gerade in die Zeit der Eroberungszüge der assyrischen Sargoniden, welche selbst bis Theben vordrangen
und immer die Fürsten der kleineren Staaten gegen jeden,
der die Einheit des Reiches zu festigen strebte, unter-
stützten. Doch thaten sie, was sie vermochten. Šabako beeilte sich, sobald er Herr über ganz Ägypten geworden
war, die alten Institutionen des Thebanischen Priester-
staates zu erneuern und setzte selbst seine Schwester
Ameneritis, die Frau eines gewissen Königs Pianchi
— wahrscheinlich eines Thebanischen Unterkönigs —
zur göttlichen Gemahlin des Amun-Râ, das heiſst: zur

Herrscherin über den gesamten Tempelschatz des Gottes
ein [1]). Auch den Dienst des Ptah sowohl zu Theben
als zu Memphis versäumte er nicht und ließ alte Urkunden erneuern. Herodot weiß von ihm zu erzählen,
daß er die Todesstrafe abschaffte, was jedenfalls wenig
harmoniert mit Manethos Bericht, daß er den von ihm
besiegten Bokchoris verbrannte. Šabatuḳa scheint nicht
viel auszurichten vermocht zu haben wegen der unruhigen
Zustände im Lande, aber sein Nachfolger Tahraḳa (der
Tarḳu der Assyrer) war ein Mann von großer Elasticität
und ein tapferer Kämpe, der erst nach ehrlicher Gegen-
wehr der Übermacht der Assyrer erlag. Auch er wurde
in Theben mit Jubel eingeholt und gekrönt und er
rühmt sich, die Verschwörer gegen Amun-Râ und die
Lästerer dieses Gottes vernichtet und so seine Ehre
wiederhergestellt zu haben. Nicht nur in Tanis, Memphis und Theben stiftet er Heiligtümer, sondern auch in
seiner Hauptstadt Napata baut er prächtige Tempel für
die Thebanische Trias. Der von ihm eingesetzte Statthalter von Theben, Mentu-em-ha-t [2]), spannt alle Kraft
an, um den durch die frevelnde Hand der Assyrer an
den Tempeln seines Gaues verursachten Schaden zu
bessern und vor allem die Laden der Götter zu erneuern,
sieht aber bald sein Werk wieder durch dieselben Eroberer entweiht und zerstört. Der letzte äthiopische
König, welcher einen Versuch machte, Ägypten wieder
unter das alte Regiment zu bringen, war der Fürst, welchen die Assyrer Urdamane nennen, und dessen ägyptischer Name Nut-Amun oder Tanuatamun [3]) war. Die

---

1) Vgl. E. Meyer, Geschichte, S. 344, wo auch ihr Standbild
wiedergegeben wird. Sie war die Mutter der ersten Gattin Psamtiks I.,
welcher hiermit sein Recht auf den Thron begründete. Vgl. auch
Wiedemann, Geschichte, S. 588 ff.

2) Sicher nicht derselbe wie der von Esarhaddon als Gouverneur
von Theben angestellte Mantipianchi.

3) Siehe die Traumstele bei De Rougé, Mélanges I, 89 suiv. Re-

Inschrift, in welcher er seinen Zug schildert, beweist, dafs
auch er sich dazu von Amun in einem Traum berufen
glaubte. Aber obwohl er im Süden, wo man auch ihn
als Retter begrüfste, einige Zeit geherrscht und an dem
Thebanischen Reichstempel gebaut hat, den Norden hat
er nie gänzlich zu unterwerfen vermocht und er sah
sich bald gezwungen, in sein äthiopisches Reich zurückzukehren.

So waren die Versuche mifsglückt, Amun-Râ von
dem Orte seiner Verbannung als höchsten Gott nach
Ägypten zurückzuführen und dort seine Oberherrschaft
wieder dauerhaft zu fundamentieren. Man verehrte ihn
in Theben und auch wohl noch anderswo in Ägypten
weiter, aber was er gewesen war, wird er nicht wieder.
Mit anderen Worten: die Thebanischen Amunpriester
hatten den Vorrang, welchen sie jahrhundertelang besessen hatten, durch ihren Übermut und ihre Anmafsung,
in der sie zuletzt nach der Krone griffen, verscherzt.
Ihren Nachkommen, denn das waren die äthiopischen
Könige wahrscheinlich, gelang es nicht, die alte Macht
mehr als zeitweilig wiederzugewinnen. Die Militärdyna-
stieen des Nordens schüttelten ihr Joch wieder ab, sobald sie die Macht dazu besafsen. Aber in Äthiopien,
dem Reich von Meroë (Berua, Merua), herrschte er un-
umschränkt. Nicht allein in der alten Hauptstadt Napata, sondern auch in verschiedenen anderen Orten des
Landes waren die Haupttempel Amun-Râ geweiht. Dort
wurde das Ideal der Thebanischen Priester realisiert. Es
war eine reine Theokratie. Der König war der erste,
der vermutliche Thronfolger der zweite Priester des
grofsen Gottes. Das Orakel Amuns entschied über alle
Staatsangelegenheiten und Regierungssachen. Aber wie
sorgsam man auch die alten ägyptischen Institutionen

---

IV, 81 suiv. Vgl. Wiedemann, Geschichte, S. 597f. und Brugsch,
Geschichte, S. 709 ff.

und die religiöse Überlieferung Thebens zu handhaben
bestrebt war, man hatte doch beständig gegen die barbarischen Sitten des Landes zu kämpfen und war genötigt, ihnen auf einigen Punkten Konzessionen zu
machen. So wurde der alte König, wenn seine Herrschaft nicht mehr beliebt war und seine Regierungskraft
abnahm, einfach abgethan [1]) und sein Nachfolger nicht
von ihm selbst oder nach dem Recht der Erstgeburt,
sondern durch das Orakel, das heifst von den Priestern,
bezeichnet. Das scheint zwar nicht mehr als ein Schauspiel gewesen zu sein, und gewöhnlich fiel die Wahl
des Gottes auf den legitimen Erben, aber man mufste
sich doch der einheimischen Form unterwerfen, und die
Priester hatten die Macht in Händen, um einen Prinzen,
der ihnen nicht gefiel, fernzuhalten. Auch hören wir
von ketzerischen Lehren, gegen welche die Priesterschaft
zu streiten hatte, und es ist fraglich, ob sie in diesem
Streite immer die Oberhand behielt. Nachdem die Eroberungszüge nach Ägypten aufgehört hatten, wurde
Äthiopien mehr und mehr isoliert, und wie die Sprache
in den Inschriften der späteren Könige von Meroë Hor-
siatef, Nastosenen und Aspalut schon ziemlich äthiopische
Worte und Formen zeigt, so wird auch gewifs die Religion, wennschon der Form nach ägyptisch, mehr und
mehr durch barbarische Elemente verunreinigt sein.

Viel reiner blieb, wenigstens noch geraume Zeit hindurch, der Amundienst in der Oase El-Chargeh, der gröfsten der Ammonoasen, wohl zu unterscheiden von dem
Ammonium in der Oase von Siwah, deren Orakel in der
ganzen Welt rühmlich bekannt war, von deren Tempelbauten jedoch nur fast unkenntliche Ruinen erhalten sind [2]).

---

1) Man vgl. über das Allgemeine dieses Brauches bei barbarischen
Völkern Frazer, The golden Bough, a Study in comparat.
religion. I, 217 ff. Ferner Diodor Sic. III, 6 und Strabo XVII, 2, 3.

2) Vgl. über die Oase von Siwah Parthey, Das Orakel und die
Oase des Ammon, Berlin 1862, und meine Vergl. Gesch.

Der Ursprung dieser Niederlassungen liegt im Dunkeln. Vielleicht stammen sie noch aus der Zeit der Verfolgungen Chuen'atens und sind dann eine Gründung von ihm verjagter Amunpriester. Dafs der Amuntempel der grofsen Oase schon zur Zeit der Ramessiden bestand und im Verkehr mit Theben blieb, auch dafs hier eine Thebanische Kolonie war, leidet keinen Zweifel. Die Reste des Tempels und der Inhalt der Inschriften, soweit wir diese kennen, beweisen es. Eine von ihnen [1]), aus der Zeit des persischen Königs Darius, wahrscheinlich des Sohnes des Hystaspes, welcher die Priesterschaft der Oase sehr begünstigte, ist in mancher Hinsicht merkwürdig. Es geht aus ihr nicht nur hervor, dafs der dort verehrte Amun-Râ kein anderer war als der Thebanische, sondern auch dafs er, durch eine fromme Fiktion, noch als der allgemein verehrte Gott Ägyptens betrachtet wurde. Die meisten Hauptorte Ägyptens werden in ihr als seine Sitze genannt. Dies hängt zusammen mit dem Grundgedanken der ganzen Urkunde, und dieser Grundgedanke ist monotheistisch, wenn auch dieser Monotheismus in mythologische Formen gehüllt wird. In der That repräsentiert dieser Text die höchste Entwicklungsstufe der Thebanischen Theologie und ist ihr letztes Wort. Denn noch viel deutlicher als in den Hymnen des Neuen Reiches wird hier die Lehre verkündigt, dafs Amun-Râ eigentlich der einzige lebendige Gott ist, und alle anderen Götter Ägyptens nur seine Namen oder Offenbarungen sind.

## 2. Die Restauration unter den Saïten.

Mit Zustimmung des letzten der äthiopischen Könige bestieg Psamtik (Psammetichos), ein saïtischer Fürst, der

cueil blz. 247 vgg. Über verschiedene Oasen F. Calliaud, Voyage à l'Oasis de Thèbes et dans les déserts. Paris 1821.

1) Vgl. Birch in Transactt. SBA. V, 293 ff. Lepsius in ZS. für ägypt. Sprache 1874, S. 73 ff. u. S. 80. H. Brugsch ebd. 1875, S. 51 ff.

durch Heirat mit ihm verwandt war, den Thron Ägyptens. Man vermutet, daſs er nichtägyptischen Stammes,
wahrscheinlich von libyscher Abkunft und ursprünglich
Befehlshaber eines Trupps Mašuaš oder fremder Soldaten
gewesen sei. Bewiesen ist das jedoch nicht; seine Beziehungen zu den orthodoxen Äthiopiern und seine Politik zeugen eher für das Gegenteil, und aus seinem
Namen, der echt ägyptisch ist [1]), kann nichts dergleichen
abgeleitet werden. Aber daſs er ein Mann von auſser-
gewöhnlicher Begabung und ein groſser König war, ist
nicht zu leugnen. Während seiner langdauernden Regierung ist es ihm gelungen, soweit wenigstens der Zustand des Volkes es gestattete, Ägypten mit seiner alten
nationalen Religion noch für einige Zeit von den Toten
zu erwecken und das Land zu hoher Blüte zu bringen,
in welcher es auch unter seinen Nachfolgern verharrte.
Man hat deshalb die Epoche der Saïtischen Dynastie
nicht ohne Grund eine Epoche der Restauration genannt.

Auch bezüglich der Religion war sie das. Hier geschah, was in den Zeiten des Verfalls so oft zu geschehen pflegt. Zu ohnmächtig, um etwas wesentlich
Neues zu schaffen, suchte man das Heil in der Re-
stitution alter Formen und Gebräuche, wähnend, daſs dadurch auch die glücklichen Verhältnisse verflossener
Zeiten wiederkehren würden. So war auch hier die Erneuerung der ägyptischen Religion keine Reformation,
die immer eine Wiedergeburt ist, und deren Wesen in
dem Zurückgehen zu den ältesten und reinsten Quellen
einer Religion besteht, um sie so wieder mit dem alten,
echten Geist zu beseelen, sondern vielmehr eine Reaktion, eine künstliche Wiederbelebung. Zu diesem
Zwecke ging man auf die ersten Jahrhunderte des vereinigten Reiches zurück, welche die Phantasie der späteren Geschlechter mit einem Nimbus von Heiligkeit

---

[1]) Wiedemann, Geschichte, S. 623.

und Herrlichkeit umgab. Wie man in der Kunst, der
Schrift, der Verfassung, ja selbst bis zu den Titeln der Hof-
beamten herab das Alte Reich imitierte, so wurden nun
die längst vergessenen Kulte der berühmtesten alten
Könige, mit Mena an der Spitze, wieder eingeführt,
schmückte man die Wände der Gräber mit Darstellungen,
wie sie zur Zeit der Pyramidenerbauer üblich waren, und
ehrte man mit Vorliebe die Götter, welche damals auch
als die höchsten anerkannt wurden.

Dies machte sich um so ungezwungener, als der
Schwerpunkt des Reiches sich nun von selbst nach dem
Norden verschob und die dort residierenden alten Götter,
Ra, Ptah, Bast, Chnum von Mendes und andere auf diese
Weise vor Amun-Râ, Chonsu, Mont oder Sebak bevorzugt wurden. Der prächtige Säulenvorhof mit den
zwölf Ellen hohen Standbildern und der Halle für den
Apisstier, welchen Psamtik in Memphis erbaute, seine
schönen Weihgeschenke an den Tempel zu Heliopolis
und seine Bauten zu Mendes zeugen von seiner Ehrerbietung vor den Gottheiten Unterägyptens. Auch
Apries und Amasis — von Neko ist wenig erhalten —
bauten meist im Norden, ohne darum die Heiligtümer
des Südens zu vernachlässigen. Psamtik II. scheint un-
parteiischer zuwerke gegangen zu sein und seine Gunst
gleichmäfsiger über alle Tempel des Landes verteilt zu
haben. Weshalb Abydos speziell ein Gegenstand seiner
Fürsorge war, wird sich bald zeigen.

Dafs, wie allezeit in Ägypten, die Gottheit der Residenz nun an die Spitze aller gestellt wurde, steht zu
dieser Politik nicht im Widerspruch. Neith (Nit), die
grofse Göttin von Saïs, war schon unter dem Alten Reich
eine wichtige Gottheit, damals mit Ptah von Memphis,
auch mit Sebak in Verbindung gebracht und schon neben
den Osirischen Göttern in Thinis verehrt. Ob sie ursprünglich eine hohe spekulative Bedeutung hatte, mag
bezweifelt werden, obgleich ihr Name schon sehr früh

als „die Seiende", „die, welche ist" aufgefaſst wird. Aber
älter scheint eine andere Erklärung zu sein, nämlich „die
Weberin", was das Wort auch bedeuten kann und was
mit ihrer Hieroglyphe, der Weberspule, übereinstimmt.
Natürlich webt sie ihr eigenes Gewand oder ihren Schleier,
mit welchem sie sich vor aller Augen verhüllt und das
wohl nichts anderes als der Sternenhimmel sein kann.
In ihrem Tempel wurden auch die heiligen Gewänder
für den Kultus gewoben, und die Webereien von Saïs
waren berühmt. Eine andere gewöhnliche Hieroglyphe
der Neith ist ein Schild mit zwei gekreuzten Pfeilen oder
diese letzteren allein. Man sieht darin Lichtsymbole.
Sicherlich entlehnte sie diesen ihren kriegerischen Charakter. Verteidigerin des Nordwalles, welcher Ägypten
gegen die Barbaren schützte, wie Ptah des Südwalles zu
Memphis, abgebildet mit zwei Pfeilen in der Hand, war
sie die rechte Göttin für die dort herrschenden Kriegsobersten und ihre Truppen und fand sie auch groſse
Verehrung bei den benachbarten kampflustigen Libyern.
Gleicht sie hierin der westasiatischen Astarte und besonders der babylonischen Ištar, welche ebenfalls mit Pfeilen
bewaffnet ist, so ist sie wie diese so wohl jungfräu-
liche als Muttergottheit, welche den Sonnengott hervor-
gebracht hat, die alte, groſse Naturgöttin also, aus der
Alles hervorgegangen ist.

Konnte dies anfangs lediglich rein kosmogonisch und
daher naturalistisch verstanden werden, so wurde jetzt
alles das in Übereinstimmung mit dem herrschenden
Geiste mystisch gefärbt. Sie wird die Seiende, Werdende und Gewordene, und noch niemand hat es gewagt,
das Gewand, welches sie umhüllt, zu lüften [1]). Ihr
Hoherpriester Uzahor-suten-Nit, welcher ungefähr die-

---

1) So lautet die Inschrift nach Proklos. Anders bei Plutarch, d e
I s i d e  e t  O s i r. c. IX. Vgl. meine V e r g e l. G e s c h., blz. 239. Der
letzte Teil kommt auch in hieroglyphischen Inschriften vor. Siehe das
S. 112 angeführte Werk von Mallet, p. 190 suiv.

selben Worte gebraucht, setzt noch hinzu, daſs ihr Erstgeborener Râ nicht gezeugt, sondern nur geboren ist.
Solche Vorstellungen befriedigten die Bedürfnisse jener
Zeit. Von jetzt an wird sie denn auch eine sehr vor-
nehme Göttin. Man vergröſserte und verschönerte ihre
Tempel zu Saïs, und ihre Mysterien und heiligen Feste
lieſsen Tausende von Frommen nach ihrer Residenz
strömen, wie die der Bast nach Bubastis. An ihrem groſsen
Festtage wurden nicht allein in Saïs, sondern in ganz
Ägypten Tausende und aber Tausende von Lampen an-
gezündet. Sie selbst wird mit den meisten Hauptgöttinnen
Ägyptens, Mut von Theben, Nut, Hathor (vor allem der
von Dendera) und besonders mit Isis identifiziert. Selbst
die Göttin der neuen Hauptstadt des dritten oberägyp-
tischen Nomos, Esne (Seni), welche dort unter dem Namen
Nebuu (das All) neben Chnum als ihrem Gemahl und
dem jungen Sonnengott (Hik oder Kahi) als ihrem Sohne
angebetet wurde, heiſst nun einfach die Neith des Südens [1]).

In Saïs war sie, wenigstens zu dieser Zeit, mit Osiris
und Horos verbunden und wurde sie auch in der Gestalt
einer Kuh dargestellt. Der Dienst des Osiris und seines
Kreises nimmt von nun an einen bedeutenden Auf-
schwung. Unter dem Mittleren und Neuen Reich war
Osiris fast ausschlieſslich Todesgott gewesen, und viele
bezweifeln, daſs er vor dieser Zeit jemals etwas anderes gewesen sei. Wie sich das auch verhalten möge,
jetzt wird er zum höchsten der Götter erhoben und Neith
deshalb, thatsächlich im Widerspruch mit ihrer eigentlichen Bedeutung, als eine Form der Isis betrachtet.
Als Zwillingsgott, das heiſst als ein solcher, neben welchem ein mächtiger und gleich verehrter Bruder steht,
vermochte er niemals recht der Einzige, Höchste zu

---

[1]) Man vgl. vor allem die verdienstvolle Monographie von Dr. Mallet,
Le Culte de Neit à Saïs, Paris, Leroux 1888.

werden. Aber dieses Hindernis seiner Erhebung bestand
nun nicht mehr. Set, jetzt als der böse Gott, das Prinzip
des Übels aufgefafst, wird aus der Götterwelt verbannt,
seine Bildnisse werden in Thôts oder Horosse umge-
ändert oder, wie sein Name, nach Möglichkeit entfernt.
Persischem Einflufs kann dies nicht zugeschrieben werden; die Perser traten erst später in Ägypten und dann
am allerwenigsten als Propheten ihres ethischen Dualis-
mus auf. Auch an griechischen Einflufs kann damals
noch nicht gedacht werden, und zwar um so weniger,
als die Saïten eifrig bemüht waren, in Staat und Religion
das Fremde abzustofsen und es durch das Nationale zu
ersetzen. Alle die ausländischen Elemente, welche seit
der Regierung Ramses' II.· in die ägyptische Religion
aufgenommen waren, wurden nun sorgfältig eliminiert
und neue zurückgewiesen. Aber gerade dies kann zu
der Ausstofsung Sets beigetragen haben. War er doch
der Gott, welcher beinahe allein Gnade gefunden hatte
in den Augen der früher feindlichen und jetzt als unrein angesehenen ausländischen Nomaden, und von allen
Göttern glich er ihrem Baal und dem der Hethiter am
meisten. Jedoch müssen obendrein noch andere Ursachen mitgewirkt haben, und sicherlich war es auch eine
Korrektur der Religion durch das sittliche Bewufstsein,
welches nicht länger verstattete, den Mörder dessen, den
man als guten Gott κατ᾽ ἐξοχήν zu betrachten gewohnt
war, als Gottheit anzubeten.

Dafs neben Osiris seine „tausendnamige" Gattin Isis,
und dafs sie selbst mehr als er verehrt wurde, braucht
kaum gesagt zu werden. Fast alle Göttinnen werden mit
ihr verschmolzen, und es ist nicht zu verwundern, dafs
die Griechen, welche in dieser Zeit Ägypten kennen
lernten, diese beiden Gottheiten für die höchsten des
Landes seit alter Zeit hielten, obgleich sie es eigentlich
damals erst geworden waren. Durch ihre Erhebung gewann noch eine andere Kultusform erhöhte Bedeutung:

nämlich der Dienst des gestorbenen Hapi, Osir-Hapi,
des Serapis der Griechen, welcher in einer folgenden
Periode zum allein höchsten Gott erhoben werden sollte.
Die Keime davon sind schon in diesem Zeitraum wahr-
zunehmen.

Aus dem Gesagten geht bereits hervor, dafs wie jede
Restauration, so auch diese gebrechlich war, und die
Bedürfnisse einer anderen Zeit sich unwillkürlich geltend
machten. Die Wiederbelebung des Alten war künstlich.
In das Volksleben griff diese Nachahmung dessen, was
viele Jahrhunderte früher bestanden hatte, nicht mehr
ein. Und das um so weniger, als die Kluft zwischen
dem, was man restaurierte, und den religiösen Praktiken
der Menge viel tiefer war als je zuvor. Das Totenbuch
wurde nun abgeschlossen und als heiliger Kanon fixiert.
Aber sowohl diese als die anderen alten Texte, welche
man an die Wände von Tempeln und Gräbern abschrieb,
verstanden jetzt die Priester allein; denn Sprache und
Schrift des Volkes waren ganz anders geworden: das
sogenannte Demotische hatte das in hieroglyphischer
und hieratischer Schrift geschriebene Alt- und Neuägyp-
tische verdrängt. Der Gelehrten- und Priesterstand mufste
sich also noch schärfer abgrenzen, als dies schon unter
dem Neuen Reiche der Fall war. Er wurde denn nun
auch so gut wie erblich und forderte eine strenge Schulung.
Die Wenigen, welche die heiligen Texte lesen und verstehen konnten, waren die „Wissenden" (reḫiu), die ein-
geweihten Mitglieder des „Hauses des Lebens" (per
anḫ); das Volk murmelte sie nach, ohne sie zu verstehen. Ob jene selbst den wahren Sinn begriffen, darf
bezweifelt werden; sie legten den Urkunden einen mystischen Sinn unter, den diese ursprünglich sicher nicht
besafsen. Zu welch einem toten Formalismus in der
Religion einerseits, zu welch einem willkürlichen Spiel der
Phantasie in der Theologie anderseits solche Zustände
führen mufsten, ist nicht schwer einzusehen.

Aber selbst diese Reaktion ist ein Schritt vorwärts, ein Beweis von Entwicklung. Die Rückkehr zu dem Ältesten, was man kennt, weil man darin das Echte und Ursprüngliche zu finden meint, zeigt, dafs man mit dem Bestehenden, wie es geworden, nicht mehr zufrieden ist, sondern ein Bedürfnis nach etwas Besserem und Höherem empfindet. Eine Religion verfällt, sobald ihre Bekenner ihr entwachsen sind — natürlich mit Ausschlufs der ungebildeten Menge. Auf diese gestützt, versucht man dann in der Wiederherstellung des lange Vergangenen Befriedigung zu finden für die Bedürfnisse der Gegenwart. Dafs dieses Wiederhergestellte etwas anderes ist, als das Alte wirklich war, fühlt man nicht; aber selbst die Erneuerer des Alten sehen sich gezwungen, ihm einen Sinn beizulegen, den es nie besessen hat. Der Versuch glückt nur für eine gewisse Zeit; schliefslich endet er mit Enttäuschung. Aber er mufs gemacht werden, um das zu erfahren.

**3. Die ägyptische Religion und die Perser. Letztes Aufflackern der nationalen Selbständigkeit.**

Die Geschichte der persischen Oberherrschaft in Ägypten ist höchst lehrreich für die Kenntnis des gegenseitigen Verhältnisses zwischen persischer und ägyptischer Religion. Assyrer und Babylonier hatten Ägypten sich zeitweilig unterworfen, und wenn sie auch vor den Göttern und Heiligtümern des Landes keinen sonderlichen Respekt hatten, ja die letzteren bisweilen plünderten, um die Kunstwerke und Schätze wegzuführen, so erhellt doch nicht, dafs sie die Religion des eroberten Reiches verfolgten oder den Dienst Assurs oder Maruduks den Überwundenen aufzwangen. Es ist wahr, dafs sie Orten und Personen neue Namen gaben, welche mit den Namen der assyrischen Götter zusammengesetzt waren. So wurde Saïs in Kar-Bêl-matâti (Burg des Herrn der Länder),

Athribis in Limir-iššakku-Ašur (der Hohepriester Assurs möge zusehen) und der Name von Nekos Sohn in Nabû-šezib-anni (Nabû wies mir einen Retter) verändert. Aber wenn darin ein Versuch der Propaganda lag, so hat sie keine durchgreifenden Folgen gehabt. Umgekehrt, wenigstens soweit wir zur Zeit darüber unterrichtet sind, haben sie keine religiösen Vorstellungen oder Gebräuche von den Ägyptern entlehnt. Einzelne Symbole, wie das der geflügelten Sonnenscheibe, übernahmen sie und machten aus dieser letzteren das Bildnis ihres höchsten Gottes, was die Perser später mit einigen Modifikationen auf ihren Auramazda anwendeten. Ganz anders diese letzteren. Die Vermutung, welche lange Zeit hindurch als wahr gegolten hat und durch die Berichte der Griechen gerechtfertigt erschien, dafs sie, eifrige Jünger Zarathuštras, den ägyptischen Polytheismus bekämpft oder verspottet und namentlich gegen den Tierkultus gewütet hätten, wird durch die Monumente Lügen gestraft. Was daran wahr ist, mufs anderen Ursachen zugeschrieben werden.

Vor allem Kambyses, der erste persische König, der Ägypten beherrschte und dort sogar residierte, soll durch die Entweihung dessen, was in den Augen der Ägypter zu den heiligsten Dingen gehörte, seinen Abscheu vor der Abgötterei zu erkennen gegeben haben. Sicherlich jedoch hat er hiermit nicht begonnen. Derselbe Hohepriester der Neith zu Saïs, der schon unter den Saïtischen Königen einen hohen Rang einnahm, Uzahor-sutennit [1]), erzählt von Kambyses, dafs er vor dem Glauben der Ägypter die gröfste Ehrerbietung bezeigte. Er nahm

---

[1]) Sein Name wird von den Ägyptologen sehr verschieden transskribiert. Brugsch: Uza-hor-en-pi-ris = Uzahor der südlichen Kammer (des Neithtempels); Le Page Renouf: Ut'a-hor-resenet. Die Stele, auf welcher sein Leben erzählt ist, ist u. a. behandelt von E. de Rougé in der Rev. archaeol. von 1851, von Brugsch in seiner Gesch. Ägypt., S. 748, und übersetzt von Le Page Renouf in RP. X, 45 ff.

selbst den Namen Mesut-Râ, „Kind des Râ", an, erhob
Uzahor zu seinem Oberarzt und Palastobersten, liefs sich
von ihm alle die Merkwürdigkeiten der Heiligtümer zu
Saïs zeigen und in die Mysterien einweihen. Auf seinen
Befehl wurde der Tempel von den wahrscheinlich persischen Truppen, welche sich dort gelagert und ihn also
entweiht hatten, geräumt und der Dienst der grofsen Göttin
mit allen seinen Festen wiederhergestellt. In eigener Person
vollbrachte er alle Zeremonieen zu ihrer Ehre. Er be-
folgte also hier dieselbe Politik, welche er selbst und sein
Vater Cyrus schon in Babel angewendet hatten. Dafs
er also, wie Herodot [1]) erzählt, die Mumie des Amasis
oder eine, die man für jene ausgab, in Saïs geschunden
und verbrannt habe, darf wohl als unrichtig angesehen
werden, um so mehr als das auch der Ehrerbietung, welche
die Perser dem Feuer entgegenbrachten, widerspricht.
Aber später, als er durch das Mifsgeschick, welches
seine Heere in der Wüste erlitten, verbittert war, ging
die Epilepsie, an welcher er von Jugend auf litt, in regu-
lären Wahnsinn über, und liefs er sich allerhand Excesse
zuschulden kommen. Es ist sehr wohl möglich, dafs er
in dieser Verfassung die Gräber bei Memphis schändete,
Ptah und die Kabiren in ihrem Heiligtum dort verhöhnte
und andere Thaten des Vandalismus verübte, obschon
er sicherlich das Serapeum nicht verbrannt hat, wie ebenfalls berichtet wird. Wohl aber darf als feststehend angesehen werden, dafs er nach seinen Niederlagen nach
Memphis zurückkehrend und gereizt durch den Festes-
jubel, der in der Stadt herrschte, ihn der Freude über
sein Unglück zuschrieb, den Priestern, welche ihm sagten,
dafs diese Freude der Einweihung eines neuen Apis
gelte, nicht glauben wollte, sie tötete und dem heiligen
Stier selbst eine tödliche Wunde beibrachte. In diesem
allen war kein System, es war lauter Irrsinn, der sich

---

[1]) III, 16.

auch in allerlei Unmenschlichkeiten gegenüber seinen
Landsleuten und Verwandten offenbarte. Uzahor spielt
auf diese traurige Zeit an und sagt, daſs er das dadurch
über sein Land gebrachte Unglück soviel als möglich
zu lindern suchte. Als Kambyses entweder durch ein
Unglück oder durch Selbstmord gestorben war, ging er
an den Hof des Darius, des Sohnes des Hystaspes, und
wuſste diesen zu bewegen, sobald der Aufstand des persischen Statthalters Aryandes gedämpft war, sich der
religiösen Angelegenheiten Ägyptens wieder anzunehmen.
Darius gewann das Herz der ägyptischen Frommen dadurch, daſs er einen neuen Apis — derjenige, welcher
den von Kambyses getöteten ersetzt hatte, war gerade
gestorben — für 100 Talente (ca. 500000 Mark) kaufte
und zum Geschenk machte. Ferner lieſs er die Tempel
restaurieren, die Feste feiern, die Priester vermehren und
trug Uzahor auf, das Kollegium des Hauses des Lebens,
die groſse Hochschule der Priester seit der Saïtischen
Periode, wiederzuerrichten. Den Tempel Amun-Râ's in
der Oase El-Chargeh baute er in groſser Pracht wieder
auf und als er beabsichtigte, sein eigenes Standbild statt
desjenigen des Sesostris (Ramses II.) aufstellen zu lassen,
sah er davon ab, weil die Priester es ihm widerrieten.
Gegen seine Verehrung als göttliche Person hatte übrigens niemand etwas einzuwenden. Und daſs er sich,
wie Diodor berichtet, in der Religionslehre der Ägypter
und ihren heiligen Schriften unterrichten lieſs, darf wohl
als zutreffend acceptiert werden, denn Kambyses war
ihm darin schon vorangegangen. Man sieht daraus, daſs
Darius ein verständiger Staatsmann war, aber auch, daſs
seine Verehrung Auramazda's ihn nicht exklusiv machte.

Daſs die persischen Könige, welche ihm folgten,
dieser Politik untreu geworden wären, ist nicht zu ersehen. Als Herodot unter Artaxerxes I. [1]) Ägypten

---

1) Daſs Xerxes und sein Sohn aus dem Tempel der Neith zu Saïs

besuchte, wurde die nationale Religion dort ungehindert
gepflegt. Darius Nothos baute an dem Amuntempel in
der Oase El-Chargeh. Nur Ochos soll nach den Berichten der späteren Griechen die frommen Ägypter aufs
tiefste gekränkt haben, indem er die Tempel plünderte,
die heiligen Schriften raubte und nur gegen grofse Summen wieder an die Priester auslieferte, den heiligen Bock
von Mendes tötete, ja sogar den Apis schlachtete, verzehrte und durch einen Esel ersetzte. Wenn das alles
wahr ist, und gänzlich wird man es nicht ableugnen
können, dann ist es gleichwohl nicht religiösem Hafs,
sondern allein seiner Rachgier wegen des hartnäckigen
Widerstandes der Ägypter gegen sein Regiment auf
Rechnung zu setzen.

Noch einmal — und zum letztenmal — gelang es
den Ägyptern, ihre Unabhängigkeit zurückzuerobern und
sich ihrer von 415—340 v. Chr. zu erfreuen. Man suchte
da seine Kraft wieder in der Erneuerung der Kulte aus
den ruhmreichsten Jahrhunderten der Vergangenheit.
Nicht die Lokalgötter ihrer eigenen Residenzen begünstigten die Mendesischen und Sebennytischen Könige,
welche diese 75 Jahre hindurch auf dem Thron safsen,
am meisten. Vielmehr versuchten sie die Religion aus
den Tagen der grofsen Eroberer wiederherzustellen. Ptah
von Memphis, Amun-Râ von Theben, Horos von Edfu
und andere grofse Götter verehrten sie hauptsächlich
und, soviel sie vermochten, bauten sie an deren Tempeln. Der Norden wurde nicht mehr vor dem Süden
bevorzugt. Bis dicht an die südliche Grenze wendeten
sie ihre Fürsorge den kleinen, aber schönen Osirischen
Heiligtümern auf der Insel Philae zu, deren Ausschmückung
sich auch die Ptolemäer später so viel kosten liefsen,

---

hinausgeworfen seien, wie man aus einer Inschrift des ägyptischen
Königs Chabaš schliefsen zu dürfen glaubte, beruht auf einem Mifsverständnis.

und wo die ägyptische Religion noch fortleben sollte,
lange nachdem sie im übrigen Lande offenkundig verfallen war.

Aber dieser Untergang war noch fern. Der make-
donische Eroberer, welcher Ägypten den Persern ent-
rifs, bevor er ihr Reich gänzlich unterwarf, respektierte
die ägyptische Religion nicht minder, als es Kambyses
anfangs und Darius gethan hatten. Alexander erschien
den Augen der Ägypter eher als ein Befreier und ein
Rächer des letzten einheimischen Königs, wie als ein
Usurpator. Er opferte nicht nur den ägyptischen Göttern,
sondern liefs sich sogar auf seinem abenteuerlichen Zuge
nach der grofsen Ammonoase zum Sohne dieses Gottes
erklären und auf seinen Münzen mit den Ammonshörnern
schmücken. Die Ptolemäer folgten seinem Beispiele,
und die Ägypter waren zufrieden unter der Herrschaft
dieser fremden Fürsten, die zwar nicht mit grofsem Eifer,
aber mit reichlicheren Mitteln, als sie den letzten schwachen
einheimischen Königen zugebote standen, ihre Priester
dotierten, ihre Heiligtümer mit grofser Pracht restaurierten und alle ihre religiösen Institutionen respek-
tierten.

Eine Geschichte hat jedoch diese Religion nicht
länger. Sie entwickelt sich nicht mehr. Aber sie geht
jetzt selbst auf Eroberung aus. Ägyptische Kulte verbreiten sich über die ganze zivilisierte Welt. Phönicier,
Griechen und Römer werden eifrige Diener von Ammon,
Ptah, Osiris, Isis, Harpokrates (Har-pe-ḫruti) und Serapis.
Die erstgenannten allerdings hatten schon früher ägyptische Götter angebetet. Aber das Wichtigste war die
Gründung Alexandriens, der Stadt, welche in den folgenden Jahrhunderten die intellektuelle Hauptstadt der Welt
war und wo die religiösen Vorstellungen des Ostens,
vor allem die ägyptischen, mit den religiösen und philosophischen Ideen der hellenischen Welt verschmolzen.

## 4. Beurteilung der ägyptischen Religion.

Wer eine Geschichte der Religion entwerfen will, kann sich nicht der Beurteilung der verschiedenen Religionen entziehen, welche in ihr einen Platz finden. Unter Beurteilung nun verstehen wir nicht ein Messen mit willkürlichem Maßstab, indem man eine Religion an den Forderungen derjenigen prüft, welche man selbst für die höchste, die wahre, die absolute Religion hält. Die Beurteilung, zu welcher allein der Historiker berufen ist, muß das Ergebnis der Vergleichung der bestehenden Religionen sein und demnach den Platz bestimmen, welchen jede derselben in der Entwicklungsgeschichte der Religion einnimmt.

Die Griechen, voller Ehrerbietung vor solch' einer reichen und Jahrhunderte alten Kultur, wie die der Ägypter war, und unter dem Eindruck des Geheimnisvollen und Rätselhaften, worin ihre Religion sich hüllte, bildeten sich ein, daß dahinter ein tiefer Sinn sich verbergen müsse, eine Weisheit, die man unter Bildern und Symbolen versteckte, sodaß sie allein für die Denker verständlich war. Manche von ihnen meinten sogar, daß ihre eigenen Götter ursprünglich von den Ägyptern entlehnt seien. Auch unter den Gelehrten der neueren Zeit finden sich immer noch solche, welche in den — nach ihnen scheinbar — animistischen Formen der ägyptischen Mythologie und des Kultus nichts anderes zu sehen vermögen als das populäre Kleid einer hohen philosophischen oder wenigstens theosophischen Spekulation.

Andere gehen in das entgegengesetzte Extrem. Schon im Altertum trieb Juvenal, der allerdings die ägyptische Religion nur in ihrem tiefen Verfall kannte, seinen Spott mit Göttern, die in Hürden geboren wurden und die man in dem einen Gau verehrte, im anderen verzehrte; und verschiedene der späteren Griechen dachten ebenso. Auch heutzutage haben Einige für diese Art der Religion

nur Worte der Geringschätzung. All' das Geheimnisvolle und Feierliche verbirgt nach ihrem Urteil keine
tiefsinnige Weisheit, sondern ist nur ein Deckmantel für
Leere und Armut. Es ist der gröbste und einfältigste
Animismus, oder besser Fetischismus, mit einem dünnen
Firnis äußerlicher Zivilisation überzogen. Und für die
ägyptischen Priester mit ihrem Ruhm geheimer Wissenschaft und ihren klingenden Titeln haben sie keine andere Bezeichnung als das alte: γοητες παντες! „lauter
Gaukler!"

Wir hatten bereits Gelegenheit dazu, beide Ansichten
als unrichtig zu bestreiten. Ist der hohe Ruhm unver-
dient — unbillig ist die Schmach. Verzeihlich am Ende
des vorigen und am Anfange dieses Jahrhunderts wegen
der oberflächlichen Kenntnis des ägyptischen Altertums
und der orientalischen Religionen überhaupt, die man
damals besaß, sollten sie nun der besseren Einsicht ge-
wichen sein. Aber weil in beiden Meinungen ein gewisses Quantum Wahrheit liegt, giebt es noch ernsthafte
und denkende Männer, welche sie verteidigen. Der
Ursprung aller der absonderlichen Kultusformen, des
Tierdienstes, der gesamten Symbolik liegt im Animismus, und die Religion des ungebildeten Volkes in Ägypten ist sicherlich zum großen Teil animistisch geblieben.
Aber für die Gebildeteren war sie das nicht mehr: sie
hatten alle animistischen Formen in Symbolik umgesetzt
und dadurch ihren Charakter gänzlich geändert. Anderseits sind alle die Spekulationen, in welchen man die
Grundlage der ägyptischen Religionslehre und des Kultus
suchen will, wohl durch die Texte zu belegen, aber
nicht ursprünglich und lediglich ein späterer Versuch,
den animistischen Vorstellungen und Bräuchen, über die
man hinausgewachsen war, einen erträglichen Sinn zu
geben.

Jede Religion muß nach der höchsten Entwicklung
beurteilt werden, die sie erreicht hat, nicht nach den

Überbleibsel früherer Zustände, welche sie nicht gänzlich abzustofsen vermochte. Deshalb muſs anerkannt werden, daſs die ägyptische Religion keine animistische mehr war, denn sie hat die animistischen Formen nur dadurch konservieren können, daſs sie ihnen einen anderen Sinn unterlegte; aber sie ist auch nicht imstande gewesen, den Animismus völlig zu überwinden und die für ihre höheren Ideen erforderlichen neuen Formen zu schaffen. Es scheint, daſs die Pfleger der ägyptischen Religion den hochgewachsenen Baum für zu fest in dem Boden des Animismus gewurzelt hielten, um ihn auf anderen Grund zu verpflanzen.

Mit dem Festhalten an thatsächlich veralteten Formen hängen verschiedene Eigentümlichkeiten der ägyptischen Religion zusammen: das Wertlegen auf allerlei magische Bräuche, die einseitige Sorge für alles, was Beziehung auf das Leben nach dem Tode hat, die therianthropischen Darstellungen der Götter, die Verehrung lebender Tiere und Pflanzen und was dergleichen mehr ist. Aber dem gegenüber steht auch vieles, was von höherer Entwicklung zeugt. Wie eintönig die heiligen Texte auch sind, echt religiöse Gedanken werden darin des öfteren ausgesprochen in einer Weise, welche dem Besten, was wir bei den Semiten finden, nicht nachsteht. Den tiefsten Eindruck hatte auf das Gemüt des ägyptischen Frommen der beständige Wechsel der Jahreszeiten, die stets wiederkehrende Verjüngung der Natur gemacht, und in den Personen seiner Götter hat er diesen Gedanken mehr als andere inkarniert. Man hat gemeint, daſs er dies selbst in dem allgemeinen Namen, den er für „Gott" gebrauchte (n u t e r, n u t a), ausgedrückt hat, und daſs dieses Wort „die sich Verjüngenden" oder „die Unvergänglichen" bedeutete. Andere haben das bezweifelt und für n u t e r die Bedeutung „mächtig, stark" festgestellt. Wahrscheinlich bedeutet es einfach „die Groſsen", und sicherlich darf eine so abstrakte Bedeutung,

wie die erstgenannte, nicht als ursprünglich betrachtet
werden. Aber in einfacher, mehr konkreter, mythischer
Form drückte er dasselbe aus, wenn er Ptah z. B. „den
jungen Alten" nannte. Die Götter sind die Geber von
Licht und Leben, wie stets hinzugesetzt wird, „seit Millionen von Jahren". Auf oft noch kindliche Weise haben
die Ägypter doch das Göttliche aufgefaſst als das Bleibende
und Unvergängliche inmitten alles Wechsels und in ihren
groſsartigen Tempelbauten haben sie gezeigt, daſs sie die
erhabene Majestät der Gottheit empfanden, aus welchem
Grunde sie denn auch diese selbst vor dem ungeweihten
Blick der Menge verbargen. Den reinen Monotheismus
konnte diese Religion noch nicht tragen und sie hat ihn
darum, sobald er sich ankündigte, in den Bann gethan.
Aber sie hat doch versucht, ihn mit ihrem Polytheismus
zu versöhnen. In älteren und jüngeren Schriften, deren
Form mit derjenigen der hebräischen Chokma übereinstimmt, wird eine zwar reine und gesunde, aber ziemlich
alltägliche Moral verkündigt und zuweilen auch mit der
Religion in Verbindung gebracht; sehr spät jedoch werden ethische Ideen in die Unsterblichkeitslehre und noch
später in die Götterlehre aufgenommen. Eine naturalistische Religion bleibt die ägyptische bis zum Schluſs.

Man ziehe endlich in Betracht, in welch' graue Vorzeit die Entstehung dieser Religion zurückreicht, und
vergleiche sie nicht mit derjenigen reicher, begabter
Völker, die viel später zur Kultur gelangten und dabei
das Vorbild anderer hochzivilisierter Nationen vor Augen
hatten, sondern mit derjenigen von Wilden und Barbaren,
und man wird zugeben müssen, daſs dieser erste und
deshalb schwere Schritt auf der Bahn der religiösen Entwicklung sehr bedeutend zu nennen ist und die Religionsform, welche das Ergebnis desselben war, mit allen ihren
Schwächen einen ehrenvollen Platz am Beginne der Geschichte einnimmt.

# Zweites Buch.

## Die Religion in Babylonien und Assyrien.

# Die Religion in Babylonien und Assyrien.

———

## Quellen.

Vor der Entdeckung und Entzifferung der Reste der babylonisch-assyrischen Litteratur mußte man die gesamte Kenntnis der Religion der Babylonier und Assyrer aus einigen zerstreuten Mitteilungen der klassischen, hauptsächlich griechischen Schriftsteller, kurzen Andeutungen des Alten Testamentes und den Berossosfragmenten schöpfen. Sie dürfen, ist uns auch jetzt die Hauptquelle erschlossen, noch nicht vernachlässigt werden.

Unter den Griechen steht Herodot obenan. Seine Assyrische (d. h. Babylonische) Geschichte, auf welche er verweist, ist verloren gegangen oder vielleicht niemals geschrieben. Die groben Mißgriffe, welche er auf dem Gebiete der babylonischen Geschichte begeht (Semiramis, Nitokris, Labynetos I. und II.), mahnen zur Vorsicht in der Annahme alles dessen, was er über die Religion berichtet. Man hat sogar bezweifelt, daß er Babel jemals besucht habe [1]). In diesem Falle giebt er als Resultat eigener Anschauung, was er von anderen, namentlich Hekataios von Milet, entlehnte. Unrichtig braucht dies

———

[1]) Vgl. A. H. Sayce, The ancient Empires of the East, Herod. I—III with notes etc. London, Macmillan & Co. 1883. Die Einleitung besonders, ebd. 1884.

deshalb noch nicht zu sein. Sein heftiger Gegner Kte-
sias jedoch giebt Beweise von grofser Unkenntnis, und
wenn er schon nicht absichtlich gelogen hat, so können
wir lediglich von ihm lernen, welche Vorstellungen die
Perser seiner Zeit sich von altbabylonischen Verhältnissen machten. Diodoros Siculus dagegen, wiewohl
ein naiver und wenig kritischer Erzähler, ist gewissenhaft, und Damascius (*Περι ἀρχων*) ist gleich vertrauenswürdig.

Viel gröfseren Wert, sowohl wegen ihres höheren
Alters, als wegen der Beziehungen Israels zu Babel und
Assur, haben die Anspielungen auf die Religion dieser
Länder in einigen Büchern des Alten Testamentes, wobei aufser 2. Kön. hauptsächlich Deutero-Jesaja, Jeremia
und Ezechiel in Betracht kommen. Das Buch Daniel,
wenn auch seine Geschichte in Babel spielt, ist durch
und durch unhistorisch und verbirgt unter einem Nebukadnezar der Phantasie den griechisch-syrischen Fürsten
Antiochos Epiphanes.

Die beste Quelle, mit Ausschlufs derjenigen in Keilschrift, sind die Fragmente von Berossos' drei Büchern
chaldäischer Geschichte, von Eusebius, Georgius dem
Syncellus und Josephus dem Alexander Polyhistor entlehnt. Die Fragmente des ersten Buches sind vor allem
für die Religion von Belang. Berossos, ein Zeitgenosse
Alexanders und seiner ersten Nachfolger, las die alten
Urkunden und hatte als Priester des Bel Zutritt zur
Tempelbibliothek; die nun auch uns zugänglichen babylonisch-assyrischen Texte haben das, was er berichtet,
wohl ergänzt, aber in der Regel bestätigt.

Seit die Ausgrabungen in den Trümmerhügeln Babyloniens und Assyriens nicht nur eine Anzahl von an den
Mauern von Palästen oder Tempeln und auf Monumenten
eingemeifselten Inschriften, sondern auch ganze Sammlungen von Texten und darunter ziemlich umfangreiche
Werke zutage förderten und es der europäischen Wissen-

schaft gelang, sie zu entziffern [1]), ist dadurch auch für
die Geschichte der babylonisch-assyrischen Religion eine
vorerst unerschöpfliche Fundgrube eröffnet. Selbst das
bereits Herausgegebene ist nur erst teilweise bearbeitet,
und viel harrt in den Museen noch der Untersuchung.
In allen Produkten dieser Litteratur, auch wenn sie nicht
ausgesprochen religiöser Art sind, finden sich Beiträge
zur Kenntnis der Religion. Die historischen Inschriften
der assyrischen Könige beginnen mit Anrufung der
Götter und Aufzählung ihrer Eigenschaften und endigen
mit Beschreibung des Baues oder der Restauration der bedeutenderen Tempel; die der babylonischen Könige umfassen nicht viel anderes als dies. Astrologische Täfelchen, Kontrakte und Schenkungsurkunden, selbst gewöhnliche Briefe und Depeschen enthalten immer etwas,
was auf die Religion Bezug hat.

Aber die Quellen ersten Ranges für die Kenntnis der
Religion sind vor allem: 1) Listen von Namen, Beinamen und Kultusorten der Götter; 2) Epische Gedichte
wie die, welche Ištars Höllenfahrt und die Sintflut beschreiben oder reine Mythen erzählen, vor allem die ansehnlichen
Fragmente des Epos, welches die Schicksale eines halb-
mythischen Königs von Uruk (Giš-ṭu-bar, die Aussprache des Namens wird für unsicher gehalten, kann aber
sehr wohl Ištubâra gelautet haben) besingt, und die eines
noch wichtigeren Werkes, einer Art Lehrgedicht, welches
man die Chaldäische Genesis genannt hat und das eine
Kosmogonie und eine Theogonie umfaßt; 3) Eigentlich
religiöse Schriften, zu deren ältesten sicherlich die Zaubersprüche und Beschwörungen gerechnet werden müssen,
welche dazu bestimmt waren, die bösen Geister, vor allem
die der Krankheit und des Todes, zu vertreiben. Zu demselben Zweck gebrauchte man auch Hymnen zur Ehre der
Götter, welche dazu ursprünglich nicht bestimmt waren,

---

1) Über die Entdeckung und Entzifferung der Keilschrifttexte vergleiche man die in der Bibliographie aufgeführten Werke.

und ebenso Gebete und Bufspsalmen, unter denen sich
sehr erhabene und tiefreligiöse lyrische Ergüsse befinden.
Von Wichtigkeit sind auch einige Orakel von Tempel-
propheten und Prophetinnen und die Weihinschriften,
welche von den Königen bei Erneuerung oder Restauration der Tempel dort deponiert und meist mehr oder
weniger verkürzt in die gröfseren historischen Inschriften
aufgenommen wurden [1]).

Rechnet man auch nur dasjenige, was von diesen Texten
schon publiziert und erklärt ist, dann kann man nicht
in Abrede stellen, dafs die Mittel, um die Religion von
Babel und Assur kennen zu lernen, wenigstens im Vergleich zu der früheren Zeit, zahlreich und bedeutsam
sind. Dafs noch grofse Vorsicht zu beobachten ist, versteht sich von selbst. Die assyrische Philologie ist noch
jung, und vieles bleibt noch dunkel und schwer zu erklären. Man gebe sich daher vorläufig mit dem Gewissen zufrieden und baue aufs Ungewisse noch keine
kühnen Vergleichungen und Spekulationen. Zwei Schwie-
rigkeiten, mit welchen man bei dem Studium der ägyptischen Religion zu ringen hat, zeigen sich hier in noch
viel stärkerem Mafse: einmal die richtige Lesung vieler
Götternamen, sodann die Bestimmung der Zeit, in welcher die Erzeugnisse dieser Litteratur entstanden sind,
selbst ihres relativen Alters. Die erste Schwierigkeit ist
eine Folge der eigentümlichen Schrift, welche die Babylonier nicht mit einer besseren und praktischeren
vertauschen wollten; doch ist sie von untergeordneter
Bedeutung, denn die Art der Götter, deren Namen man
nicht mit Sicherheit auszusprechen vermag, ist nicht

---

[1]) Die vollständigste und genaueste Beschreibung der babylonisch-
assyrischen Litteratur giebt Carl Bezold, Kurzgefafster Überblick
über die babylonisch-assyrische Literatur nebst einem chronologischen Excurs, zwei Registern und einem Index zu 1500 Thontafeln
des brit. Museums, Leipzig, Schulze 1886. Von demselben Verfasser erschien 1889 in London der Catalogue of the Cuneiform tablets in
the Konyunjik Collection of the Brit. Museum, Vol. I.

zweifelhaft. Die andere Schwierigkeit ist gerade für die Geschichte von gröfserer Bedeutung, aber weil der Ort, woher einige der genannten Werke stammen, leicht zu eruieren ist, weil ferner auch nicht gänzlich unbekannt ist, in welcher Ordnung die verschiedenen Zentren einander in der Herrschaft gefolgt sind, und die Werke selbst einige Fingerzeige enthalten, tastet man hier nicht vollkommen im Dunkeln. Obendrein sind eine grofse Anzahl Urkunden aus der Regierung von Königen datiert, deren Lebenszeit feststeht.

Endlich ist es ein Problem, über welches viel gestritten wird, ob diese Litteratur ihrem Ursprung nach semitisch ist oder ob sie von einer alten sogenannten sumerisch-akkadischen Bevölkerung herrührt, welche die semitische in sich aufnahm. Man hat sogar behauptet, dafs die assyrischen Texte, welche wir besitzen, mit Ausnahme derjenigen, welche im Auftrage bestimmter Könige verfafst wurden, die rein litterarischen und religiösen also, lauter Übersetzungen sumero-akkadischer Originale seien; und wirklich sind auch viele in zwei Sprachen, einige allein in einer nichtsemitischen Redaktion auf uns gekommen. Über die Hauptfrage, ob der babylonische Polytheismus rein semitischen Ursprungs ist, oder ob auch nichtsemitische Elemente in ihn aufgenommen sind, mufs in der Geschichte selbst verhandelt werden. Was die Litteratur anlangt, so neigt man mehr und mehr zu der Meinung — auch selbst da, wo man die Existenz von zweierlei Sprache und zweierlei Volksart annimmt — dafs die Originalität aufseiten der Semiten ist und dasjenige, was diese übersetzt oder übernommen haben, wenig bedeutet. Und jedenfalls sind alle diese Schriften, aus welchen Elementen sie auch kombiniert sein mögen, die Urkunden der Religion Babyloniens und Assyriens, als die Semiten in diesen Ländern die führende Nation waren.

# Erstes Kapitel.

Einleitung.

---

## 1. Das Zweistromland und seine Bevölkerung.

Der zweite, vielleicht älteste Mittelpunkt der frühesten Kultur war das Stromgebiet der zwei mächtigen Flüsse, welche beide im heutigen Armenien (ehemals Urarṭi, Ararat, einem Teil des Landes Nairi) nördlich und südlich vom Schneegebirge (Niphatês) entspringen und, nachdem sie erst in entgegengesetzter Richtung geflossen sind, sich nach Süden wenden, um bald in gröfserem, bald in kleinerem Abstande voneinander ihren Weg nach dem persischen Meerbusen zu verfolgen, in welchen sie früher nicht weit voneinander einmündeten, ohne sich erst, wie jetzt, zu vereinigen. Es sind der Tigris (Idiḳlat, Diḳlat, hebr. Hiddekel) und der Euphrat (Purattu, Purâtu, hebr. Phrat). Gegenstand so grofser Verehrung, wie der Nil in Ägypten, sind diese Ströme, soviel wir wissen, für die Babylonier und Assyrer niemals gewesen, wenn sie auch wenigstens ihren Quellen religiöse Ehrerbietung zollten und der Gott der fruchtbaren Wasser einer ihrer vornehmsten war. War doch das dürre Steppenland, über welches die Assyrer ihre Herrschaft ausbreiteten, all' seine Fruchtbarkeit in erster Linie diesen beiden Flüssen schuldig, und das eigentliche Babylonien, das südliche Mesopotamien, wurde durch ihre periodischen Überschwemmungen gänzlich

unter Wasser gesetzt, welche man hier, wie in Ägypten,
durch ein prächtiges Kanalsystem aus Unheil in Segen
zu wandeln wußte. Die Klugheit und der Fleiß der
Bewohner ließen sie aus den natürlichen Vorteilen derartigen Nutzen ziehen, daß Babylonien im Altertum, sogar noch unter der persischen Herrschaft, eines der
reichsten Länder war. Ist es auch im Süden sehr heiß
und in den höheren Gebirgsgegenden des Nordens
bisweilen empfindlich kalt, so unterscheiden sich doch
Babylonien und Assyrien weniger durch ihr Klima als
durch die Bodenbeschaffenheit, und wahrscheinlich ist
hierdurch die Art der beiden nahverwandten Völker bedingt. War der Babylonier feiner zivilisiert als sein
nördlicher Nachbar, mehr zu Handel, Industrie, Kunst,
Wissenschaft und religiöser Spekulation geneigt — der
Assyrer, in allen diesen Beziehungen sein Lehrling, war
elastischer und kriegerischer; ein Unterschied, der sich
wohl auch in ihren religiösen Anschauungen wider-
spiegelt.

Doch waren beide ursprünglich ein Volk und hatten
Sprache, Kultur und Religion gemeinsam. Die kleinen
Differenzen sind erst eine Folge ihrer Spaltung in zwei
selbständige, obschon zuweilen mit Gewalt vereinigte
Reiche. Das assyrische Reich scheint seinen Ursprung
in einer Kolonie von Babyloniern zu haben, welche an
dem rechten Tigrisufer die Stadt Assur, von ihnen selbst
stets als Sitz der alten Herrschaft genannt, gründeten,
von dort aus sich an beiden Seiten des Tigris ausbreiteten, den Schwerpunkt ihrer Macht nach dem linken Ufer
verlegten und bald ihre Eroberungen westlich bis an den
Euphrat ausdehnten. Das eigentliche Babylonien hat seine
nördliche Grenze dort, wo die Ströme sich am meisten
einander nähern, das Diluvium aufhört und das Alluvium
beginnt.. Die Staaten, welche einander dort in der Oberherrschaft ablösten und niemals die Einheit des assyrischen Reiches besessen zu haben scheinen, hatten ihre

Hauptstädte alle nahe bei oder an dem Euphrat, aber
ihr Gebiet dehnte sich mehrere Male ostwärts bis zum
Gebirge von Elam und nördlich bis an den Zab aus.

Daſs die Sprache, welche diese beiden Volksstämme
gemeinsam gebrauchten, ganz entschieden zu den sogenannten semitischen gehört, wird seit der gelungenen
Entzifferung ihrer Keilschrift von niemandem mehr bezweifelt. Wohl aber zweifelte man, als man erwog, in wie
mancher Hinsicht ihre Religion bei aller Übereinstimmung sich von den übrigen semitischen Religionen unterschied, ob sie reine, unvermischte Semiten gewesen seien.
Dieser Zweifel wurde verstärkt, als man in der Sprache,
trotz ihres unleugbar semitischen Charakters, viele Worte
antraf, welche nichtsemitisch erschienen. Und als man
nun gewahrte, daſs die Schriftzeichen, welche gewisse
Dinge bedeuten, in der Regel einen anderen Lautwert
haben, als der Name dieser Gegenstände im Semitischen erwarten lieſse, daſs ferner eine groſse Anzahl
von Königsinschriften, litterarischen Erzeugnissen und anderen Dokumenten in zweierlei Text auf uns gelangt
sind, von denen der eine rein semitisch, der andere,
phonetisch gelesen, das sicher nicht ist, da befestigte
sich die Überzeugung, daſs die Semiten zwar die herrschende Rasse in Babel und Assur bildeten, aber daſs
ihnen eine andere Bevölkerung in Mesopotamien voraufgegangen sei, welche sie sich unterwarfen, mit der
sie sich vermischten, deren Schrift sie sich mit Modifikationen aneigneten und von deren Kultur und Religion nicht wenige Bestandteile in die ihrige übergingen.

Einige Gelehrten gingen noch weiter: sie versuchten
zu beweisen, daſs die vorsemitische Sprache Babyloniens
eine sogenannte turanische oder uralaltaïsche gewesen
sein müsse; sie fuſsten auf der Überzeugung, daſs der
gröſste Teil der babylonischen Litteratur und sicherlich
alles, was in zweierlei Sprache aufgezeichnet wurde, von
den Semiten übersetzt und demnach vorsemitischen Ur-

sprungs sei; sie stellten sich diese Semiten als wilde
Nomaden vor, welche ihre gesamte Kultur ihren Vorgängern im Zweistromlande verdankten. Alles dies muſs
als höchst zweifelhaft betrachtet und teilweise als unbegründet verworfen werden. Eine alte Sprache, welche
man erst sehr dürftig kennt, klassifizieren zu wollen ist
übereilt; bei einer Anzahl zweisprachiger Texte kann
bewiesen werden, daſs das Nichtsemitische die Übersetzung ist, und in der babylonischen Kultur und Religion findet sich soviel echt Semitisches, daſs das Entlehnte nicht hoch zu veranschlagen ist. Aber ebensowenig kann man in Abrede stellen, daſs die oben erwähnten Thatsachen auf zweierlei Sprache und Volksart
hinweisen. Es fehlt nicht an solchen, welche dies gleichwohl thun. Der in mancher Hinsicht verdienstvolle
Gelehrte J. Halévy führt seit Jahren gegen die Hypothese der Mehrheit der Assyriologen einen hartnäckigen
Streit. Er leugnet, daſs an den Ufern des Euphrat und
Tigris jemals irgendeine andere Sprache oder Kultur
geherrscht habe als eine rein semitische. Was man
für eine andere Sprache gehalten hat, ist einfach eine
andere Schrift, deren Zeichen die Gelehrten einen kon-
ventionellen Lautwert gegeben hatten. Will man dies eine
Sprache nennen: nun sie war ebenso künstlich wie das
Volapük und wurde niemals auſserhalb der Schulen gesprochen. Selbst die Texte, welche keinen semitischen
Paralleltext haben, sind doch von Semiten geschrieben
und müssen in ihrer Sprache gelesen werden. Seine
Meinung fand nur bei wenigen Zustimmung, aber doch
bei einigen sehr tüchtigen Männern und zuletzt sogar
bei dem ehemaligen erklärten Verfechter der Zwei-
sprachen-Hypothese, Friedrich Delitzsch.

Wir können das schwierige und verwickelte Problem
hier nicht im Detail besprechen [1]). Nur sehen wir uns

---

1) Ausführlicher habe ich mich hierüber geäuſsert in meiner Babylonisch-Assyrischen Geschichte, S. 59—62 und 66—69.

zu der Erklärung veranlafst, dafs wir die Hypothese Ha-
lévys für unwahrscheinlich und die andere für weit an-
nehmbarer halten. Seine Kritik und diejenige seiner
wissenschaftlichen Freunde hat wohl heilsam gewirkt und
einzelne gewagte Behauptungen widerlegt, aber von einer
willkürlich erdachten Sprache, wie er sie beschreibt,
kann man sich unmöglich eine einigermafsen deutliche
Vorstellung machen, und nirgends in der Welt ist eine
Analogie dazu aufzufinden [1]. Obendrein ist vor nicht
langer Zeit ein kleiner Text gefunden worden, in welchem wirklich die Rede ist von einer „Sumerischen
Sprache nach der Weise der [Akkads" gesprochen] [2],
und damit nicht allein der Beweis erbracht, dafs es eine
sumerische Sprache gab, sondern vermutlich auch eine
schon längst gemachte Entdeckung bestätigt, nämlich
dafs die sumerische Sprache zwei Dialekte hatte, von
welchen einer dem Lande Akkad, d. h. Nordbabylonien,
angehörte. Dafs mit der hier erwähnten Sprache das
Assyrische im Gegensatz zum Babylonischen gemeint
ist, werden wohl nicht viele Halévy zugestehen.

Wir bleiben also der Überzeugung, dafs die Semiten,
als sie in vorhistorischer Zeit — wahrscheinlich von Südwesten her — in Babylonien einwanderten, dort ein Volk
antrafen, welches sich selbst Sumerier nannte und mit
dem verwandten Stamm der Akkads verbunden war,
oder von dem letztere einen Bruchteil bildeten, ein Volk,
das ihnen wenigstens in materieller Kultur weit voraus

--- - --- -

[1] Das Pehlewi, auf welches Halévy sich beruft, ist von ganz anderer Art. Keine der beiden Sprachen, welche hier zusammengekoppelt
werden, ist künstlich. Selbst das Volapük (Vola = Welt, pük =
Sprache) gebraucht veränderte Laute lebender Sprachen.

[2] Vgl. den Text mit der Ergänzung und Erklärung von C. Bezold in
ZA. IV (1889), S. 434 f. Die Erwähnung der sumerischen Sprache ist
sicher. Von dem Namen Akkad ist nur die erste Silbe nicht anzu-
zweifeln; was jedoch von dem beschädigten zweiten Zeichen noch erhalten ist, macht die Ergänzung höchst wahrscheinlich.

war und eine gewisse Zeichenschrift erdacht hatte, welche
sie später für ihren eigenen Gebrauch modifizierten und
vereinfachten. Standen sie an Begabung auch über
diesem Volke, dessen Herren sie endlich wurden, und
haben sie die von jenen übernommene Kultur auch höher
entwickelt: es geschah dieses doch nicht, ohne dafs sowohl ihre Sprache, wie ihre Weltanschauung und Religion den Einflufs derjenigen ihrer Lehrmeister erfuhren.
Semiten im gewöhnlichen Sinne des Wortes waren die
Sumerier und Akkader sicherlich nicht; ob sie mit ihnen
nicht irgendwie verwandt waren, mufs noch eruiert werden. Sorgfältig zu scheiden, was in der Religion Babels
semitisch ist und was nicht, ist bislang noch nicht möglich. Aber vieles, was sonst in dieser Religion rätselhaft
erscheint, wird doch durch die Hypothese erklärt, welche
auch wir zu der unsrigen machen.

## 2. Allgemeine historische Übersicht.

Nach der einheimischen, von Berossos mitgeteilten
Überlieferung ist die Kultur in Babylonien am Ufer des
persischen Meerbusens entstanden und hat sich dann
vom Süden aus stets weiter nach Norden hin verbreitet.
Trotz ihrer mythischen Form scheint diese Überlieferung
richtig zu sein. Die alte Sintflutsage spielt in der Nähe
der „Schiffsstadt" Surippak und verlegt den Wohnsitz
der Geretteten an die Mündung der beiden Ströme. An
Eridu, der Stadt des Meergottes Êa (En-ki), in welchem
man den Kulturgott Oannês des Berossos wiedererkannt
hat, einer Stadt, welche ehemals sicher an der Einmün-
dung des Tigris in das Meer lag, hafteten die frühesten
Erinnerungen, und noch lange nachdem ihre Blütezeit
vorüber war, wurden ihre heiligen Texte als die kräf-
tigsten Beschwörungsformeln angesehen. Dort hat man
also den Ursprung der vorsemitischen Kultur Süd-Meso-
potamiens zu suchen. Ob sie dort von den Sumeriern

ausging oder vielleicht von einer noch älteren dort ansässigen Bevölkerung, und die Sumerier, wie einige meinen (Hommel), von Norden her eingewandert sie vorfanden und übernahmen, ist eine Frage, welche zur Zeit
noch nicht beantwortet werden kann.

Die Semiten suchten nach der Tradition, welche die
Hebräer bewahrten, die Wiege ihrer Kultur in Babel.
Auch damit stimmt die babylonische Überlieferung überein. Nach dem letzten König von Babel, Nabonnedos
(Nabûna'id), herrschten schon um 3800 v. Chr. zwei semitische Könige, Sargon und Naram-Sin, über das nördlich von Babel gelegene Agane (Agade, unrichtig mit
Akkad in Verbindung gebracht) und zugleich über die
heilige Stadt. Von dort aus müssen die Semiten ihre
Herrschaft allmählich nach Süden ausgedehnt und nach
mancherlei Kämpfen, in denen bald einmal die Sumero-
Akkader, dann wieder Elamiter oder Kassiter die Oberhand behielten und selbst über Teile des Landes zeitweilig regierten, definitiv befestigt haben.

Nimmt man die Richtigkeit dieser Zeitbestimmung
an — und sie wird gestützt durch das Vorkommen semitischer Typen neben denen einer ganz anderen Rasse
auf den ältesten Denkmälern — dann bestand gleichzeitig, oder wenigstens nicht lange nachher, ein blühen-
des sumerisches Reich, nach seiner Hauptstadt Širbulla
(Lagaš?) genannt, aus deren Ruinen zu Tello die Ausgrabungen de Sarzec's die ältesten Kunstwerke und Inschriften Babyloniens zutage gefördert haben [1]). Soweit
diese Inschriften entziffert und erklärt sind, gestatten sie
die Religion dieser frühen Periode kennen zu lernen, um so
mehr als in der Hauptstadt dieses Reiches, welches bald
von Königen, bald von Hohenpriestern regiert wird,
nicht nur die Götter des Ortes oder der Landschaft,

---

1) Einzelne Cylinder und die Inschrift Naram-Sin's auf der verloren
gegangenen Vase könnten etwas älter sein.

sondern auch diejenigen anderer heiligen Städte verehrt wurden. Hier zuerst stehen wir auf festem historischen Boden.

Das Reich von Ur, dessen Blütezeit nun folgt, unter-jochte Širbulla (Lagaš) und beherrschte jahrhundertelang Babylonien, wenn nicht ganz, so doch zum gröfsten Teil. Rein sumerisch-akkadisch war es nicht mehr; viele seiner Könige sind Semiten, wenn auch ihre Inschriften in der alten Sprache verfafst sind. Aber welche Dynastieen auch immer einander ablösen und aus welcher anderen babylonischen Stadt sie auch stammen mochten, Ur, am rechten Euphratufer, an der Stelle des heutigen Mugheir und damals nicht weit von der See gelegen, blieb stets der Hauptsitz der Regierung, bis das Scepter wieder an Babel überging [1]).

Ḥammurabi, der König von Babel, unterwarf den letzten unabhängigen Herrscher von Ur aus der elami-tischen Dynastie von Larsa, und seitdem bleibt Babel, sei es dafs die Könige hier oder anderswo residierten, die Herrscherin des Südens, aber vor allem die heilige Stadt, deren Gott jetzt der höchstverehrte von allen wurde, obgleich er bisher einen niederen Rang im Pantheon bekleidet hatte. Babel wurde auch ein Mittelpunkt der Kultur, welche die sumerisch-akkadischen und semitischen Elemente zu einem Ganzen verschmolz, und der Sitz einer mächtigen und gelehrten Priesterschaft. Verschie-dene der schönsten Erzeugnisse der heiligen Litteratur der Babylonier stammen sicherlich von dort her, wenn sie auch erst in jüngeren assyrischen Abschriften auf uns gekommen sind. Die Briefe westasiatischer Könige und Statthalter an die Pharaos Amenothes III. und IV., welche zu El-Amarna gefunden wurden (vgl. oben S. 84),

1) Man hält dieses Ur für das Ur-Kašdīm (Ur der Chaldäer), von wo nach der hebräischen Überlieferung der Stammvater der Hebräer auszog.

beweisen, daſs noch vor den ägyptischen Eroberungen
in diesen Gegenden und lange vor dem Aufkommen des
assyrischen Reiches die babylonische Kultur sich bis an
das Mittelländische Meer, vielleicht wohl bis nach Cypern verbreitet und so tief Wurzel geschlagen hatte,
daſs man ohne Ausnahme die etwas veränderte babylonische Keilschrift und fast überall, selbst in den Ägypten
tributpflichtigen Provinzen, nicht die Volkssprache, sondern die babylonische als die offizielle im Verkehr mit
dem Oberlehnsherrn gebrauchte. Das setzt eine, wenn
auch nicht immer äuſserlich vorhandene, so doch geistige
Oberherrschaft von vielen Jahrhunderten voraus und erklärt die Übereinstimmung einer Anzahl religiöser Sagen,
Vorstellungen und Kulte in ganz Westasien mit rein
babylonischen. Die Babylonier sind die Lehrmeister und
Begründer der westasiatischen Kultur gewesen.

Von der ältesten Geschichte Assyriens wissen wir
nichts. Das Einzige, was mit Sicherheit feststeht, ist,
daſs die Hohenpriester (išakku) der Stadt Assur im
19. Jahrhundert v. Chr., einige Jahrhunderte nach Ham-
murabi, das Fundament einer Herrschaft legten, welche
später wenigstens zeitweise die babylonische überflügeln
sollte. Nicht minder sicher ist, daſs Nineve, wahrscheinlich, daſs noch andere assyrische Städte damals schon
bestanden. Unter der Regierung des zweiten Hohenpriesters von Assur, den wir kennen, Šamširammân, war
der Ištartempel zu Nineve schon so sehr verfallen, daſs
er ihn restaurieren muſste. Der Name und die Schutzgottheit der Stadt haben vermuten lassen, daſs er eine
sumerische Stiftung gewesen sei. Aber die Priester Assurs
und die Könige, ihre Nachfolger, die auch über das eigentliche, am linken Tigrisufer gelegene Assyrien herrschten, waren zweifellos Semiten, und ihre Kultur und Religion unterschieden sich ebensowenig als ihre Sprache
wesentlich von der babylonischen. Seit dem 15. Jahrhundert v. Chr. finden wir die assyrischen Könige in be-

ständiger, bald freundlicher, bald feindlicher Beziehung
zu Babel. Die Reiche blieben selbständig, auch als das
nördliche das südliche für eine Zeit lang unterwarf; aber
je nachdem die Kultur und die religiösen Gedanken sich
in Babel entwickelten, fanden sie auch stets als solche
ihren Weg nach Assyrien. Dies war noch viel mehr der
Fall, als gegen Ende des 8. Jahrhunderts v. Chr., nachdem schon Pulu, welcher nach dem Sturze der alten
Dynastie als Tiglatpilesar III. den Thron einnahm, Babel
erobert hatte, eine neue mächtige Dynastie, die der Sargoniden, wennschon nicht ohne Unterbrechungen, auch
Babylonien und Chaldäa beherrschte und ihre Obergewalt
dazu benutzte, um von den Schätzen der babylonischen
Staats- und Tempelarchive eine große Anzahl Abschriften
anfertigen zu lassen und nach Nineve und Kalach mit-
zuführen.

Als das assyrische Reich schließlich nach der glänzenden Regierung Ašurbanipals erschöpft und von wiederholten Einfällen der Meder arg mitgenommen in sich
zusammengesunken war, blühte Babel noch einmal wieder
auf. Nabopolassar und sein Sohn Nebukadrezar der
Große verlegten hierher ihre Residenz und erhoben die
Stadt durch ihre Bauten und andere Werke zu einer der
stärksten und schönsten Städte Westasiens. Sie geboten
bis an das Mittelländische Meer, und Nebukadrezar ließ
selbst Ägypten die Schneidigkeit der babylonischen
Waffen spüren.

In Wissenschaft und Kunst war diese kurze Epoche
der Blüte nichts anderes als eine Restauration. Das
Alte wiederzuerwecken, vor allem das Uralte, dasjenige,
was an die Tage erinnerte, als noch kein assyrischer
Nebenbuhler wagte, sich mit den großen Königen der
Vorzeit zu messen — das erstrebte man. Und während
der letzte unabhängige König von Babel, Nabonnêdos,
weder bluts- noch geistesverwandt mit seinem großen
Vorgänger Nebukadrezar, all' seine Aufmerksamkeit alten

Überlieferungen und Institutionen widmete und mit grofsen
Kosten nach verlorenen Stiftungsurkunden von Tempeln
suchen liefs, nahte der junge persische Herrscher mit
seinen siegreichen Reitern und fand bei dem Heere nur
schwachen Widerstand, die Hauptstadt so gut wie nicht
verteidigt.   Fortan war Babel eine der Hauptstädte des
grofsen persischen Reiches.

In vorstehender Übersicht ist die Einteilung dieses
Buches unserer Geschichte schon enthalten.  Wir gehen
ganz den historischen Weg.  Nach einem Versuch, uns
eine Vorstellung von der Entstehung der babylonischen
Religion zu bilden, werden wir ihm in den verschiedenen
Perioden folgen, welche oben in ihren Umrissen skizziert
wurden.

# Zweites Kapitel.

## Vor der Herrschaft von Ur.

---

### 1. Entstehung des altbabylonischen Polytheismus.

Schon die ältesten Denkmäler beweisen, daſs vom Anfang der Geschichte an in Babylonien ein reich entwickelter Polytheismus geherrscht hat. Ebensowenig wie der ägyptische kann er aus dem Monotheismus entstanden sein, denn selbst die Lokalgötter von Städten, welche weder Residenz noch Provinzialhauptstadt waren, stehen nie allein, sondern haben andere neben sich. Die viel zahlreicheren Gottheiten, welche nebeneinander in groſsen Zentren verehrt wurden, sind dort, ebenso wie es in Ägypten geschah, als Repräsentanten der wichtigsten Städte des Reiches vereint und in bestimmter Ordnung rangiert. Der Gott des Ortes war entweder der Stammesgott derjenigen, welche sich dort niedergelassen hatten, und demnach ursprünglich nicht dort zuhause, oder der Genius des Ortes selbst, welcher aus der Natur desselben oder aus einem dort geschehenen Ereignis entstanden und dann zuweilen mit einer bereits existierenden Gottheit in Verbindung gebracht war. Die Religionsgeschichte, auch diejenige Babels und Assurs, liefert Beispiele für beides.

Indessen, wenn auch das Pantheon der Babylonier auf diese Weise zu dem geworden ist, was es in der historischen Zeit war, dürfen wir uns keineswegs vor-

stellen, dafs es einfach aus einer Kombination, einer
Zusammenstellung vieler Lokalgötter entstanden sei. Verschiedene Götter hatten einen anderen Ursprung und
wurden allgemein verehrt. Einige waren sogar Hauptgötter an verschiedenen Orten zugleich, und zwar Orten,
von denen aller Wahrscheinlichkeit nach nicht der eine
eine Kolonie des anderen war. Sie wurden dann wohl
Lokalgötter, insofern man ihnen an einem bestimmten
Orte eine Heimat bereitet hatte und dieser dann ein
Mittelpunkt ihrer Verehrung wurde, aber sie waren ursprünglich etwas anderes, Stammes- oder Volksgötter,
und wurden darum von allen geehrt. Kurzum, verschiedene Ursachen müssen, wie anderswo, so auch hier zu
der Entstehung des Polytheismus beigetragen haben.
Über dieses allgemeine Resultat können wir bei dem
gegenwärtigen Stande der Wissenschaft noch nicht hin-
ausgehen.

Noch weniger ist man zu der Behauptung befugt,
dafs die Religion der Sumerier, sei es vor ihrer Berührung mit den Semiten [1]), sei es vor ihrer Ansiedlung
an der Küste des Persischen Meeres [2]), nichts anderes
gewesen sei als ein grober Schamanismus oder, wenn man
will, ein geordneter Animismus; dafs ihr Kultus derzeit
ausschliefslich aus Zauberei bestanden habe, die Wesen,
welche sie durch Beschwörungen zu zwingen suchten,
noch keine Götter, sondern lauter Geister gewesen seien,
und sie erst später, entweder unter dem Einflufs des sefs
haften Lebens und der aufblühenden Kultur oder nach
dem Muster der Semiten, wirkliche Götter aus ihnen
gebildet haben. Wenn sie sich jemals in einem solchen
Zustande befunden haben, so lag dieser schon weit hinter
ihnen, als die ältesten Texte geschrieben wurden, welche

---

1) So ungefähr Sayce, Hibbert Lectures 1887, p. 327 f.
2) Dies ist die Ansicht Hommels, Semit. Völker und Sprachen,
S. 356 ff. und Geschichte Babyloniens und Assyriens,
S. 253 ff.

auf uns gekommen sind. Denn wenn wir auch annehmen
wollten, daſs die magischen Texte und Beschwörungen älter
als die rein mythischen und andere, etwa in jüngerer
Redaktion erhalten seien [1]) — was jedoch noch keineswegs
bewiesen ist — so würde sich daraus lediglich ergeben,
daſs die altbabylonische Religion, ebenso wie die älteste
ägyptische, viel animistischer und magischer gefärbt war
als die spätere, aber keineswegs, daſs man mit und neben
den Geistern, welche beschworen wurden, nicht auch
wirkliche Götter verehrte; um so weniger, als in den Beschwörungen selbst mehr als einmal sowohl der groſse
Gott der Erde und des Meeres, wie sein Sohn anthropo-
morphisch vorgestellt werden. Was dem voraufging, möge
man mutmaſsen, aber noch nicht als sicher annehmen.

## 2. Die Religion von Širbulla (Lagaš).

Die älteste Form der babylonischen Religion, von
welcher wir etwas wissen, ist diejenige, von welcher die
Monumente zeugen, welche de Sarzec in den Ruinen-
hügeln von Tello ausgegraben hat und die jetzt im
Louvremuseum aufbewahrt werden. Es sind die Denkmäler der Könige und Hohenpriester von Šir-pur-la
(wahrscheinlich Širbulla ausgesprochen), was nach einigen
(Pinches) Lagaš gelesen werden muſs. Dieses kleine
Reich, entweder eine Landschaft mit vier wichtigen
Städten, oder eine Stadt mit vier Quartieren (Amiaud),
hat in sehr früher Zeit, wahrscheinlich schon um 3000
v. Chr. eine ziemlich bedeutende Rolle gespielt. Von
Agade, das unter dem alten Sargon und Naram-Sin
schon acht Jahrhunderte früher geblüht haben soll, aber
ein semitisches Reich war, sprechen wir in einem anderen Zusammenhange.

[1]) So schon Fr. Lenormant in seinen Schriften La Magie chez les
Chaldéens, Paris 1874, und Chaldean Magic, London 1877.

Der lokale Hauptgott, welcher in allen diesen Inschriften erwähnt wird, ist der Gott der Stadt oder des Stadtviertels Girsu-ki; er heifst einfach der Herr von Girsu (Nin-girsu, im nördlichen Dialekt Mul-Mersi). Man meint, jedoch ohne genügenden Grund, dafs er ursprünglich nichts mehr war als der lokale Sonnengott, aber als Ackerbau- und Kriegsgott, „König der Waffen", welcher erst später nach seiner Kombination mit dem verwandten Gott Nin-dara eine allgemeinere Bedeutung empfing. Thatsächlich ist er ebenderselbe unter einem lokalen Namen. Ebenso wie dieser ist er der Kriegsmann und Sohn des Herrn der Geister (Ellilla aus En-lilla, Mullilla), des alten Bel der Semiten, und das schon unter der Regierung des alten Königs Uru-Kagina.

Neben ihm wird gleichmäfsig in den Inschriften aller Fürsten die Göttin genannt, deren Namen die meisten Ninâ lesen, die Lokalgottheit der Stadt oder des Quartiers Ninâ-ki. Sie steht neben Nin-girsu als seine Schwester, aber nicht als seine Gattin, und scheint viel eher als die Ištar, mit welcher sie später identifiziert wird, eine unvermählte Göttin der fruchtbaren Wasser zu sein. Von der ältesten Zeit an, aber minder häufig, begegnet man dem Namen der Muttergöttin von Širbulla, Gatum-dug, welche die Gattin des Himmelsgottes Ana gewesen sein mufs, denn sie heifst die Mutter und er der Vater von Nin-girsu's Gemahlin Ba'u. Ihr Haupttempel stand in der dritten Stadt (bezw. Stadtviertel) Uru-azagga. Von dem vierten Quartier mit seinem dunkelen Namen Gišgalla-ki, wo sich ein Heiligtum für Ninni, die Göttin der Feldschlachten, befand, welche später durch die kriegerische Ištar repräsentiert wurde, und dem Stadtkönige, dessen Name unsicher ist, weifs man wenig. Auch diese Göttin gehörte zu dem Kreise Ana's.

In den Texten des ältesten uns bekannten Königs von Širbulla werden nur drei Gottheiten, Nin-girsu, Ninâ und Gatum-dug, genannt. In den späteren Texten, sowohl

denen des Königs Uru-kagina als denen der Hohenpriester
Ur-Bâ'u und Gudêa, vor allem denen des letzteren, trifft
man ein reiches Pantheon an. Man hüte sich jedoch
hieraus voreilige Schlüsse zu ziehen, als sei die älteste
Religion von Širbulla sehr einfach gewesen und der Polytheismus dann beständig gewachsen. Die Ursache des
Unterschiedes liegt lediglich darin, dafs die Inschriften
des einen Königs seltener und lakonischer, die des anderen zahlreicher und ausführlicher sind. Man würde
sonst annehmen müssen, dafs die Nachfolger Gudêa's,
die von den meisten dieser Götter schweigen, ihren
Dienst wieder abgeschafft hätten. Die Tempel und Kulte
mögen und werden wahrscheinlich vermehrt sein, aber
es ist kein Grund zu der Vermutung vorhanden, dafs die
meisten Gottheiten, welche der Patesi Gudêa erwähnt,
dem ältesten König Ur-ninâ unbekannt waren. Vor
allem vergesse man nicht, was bislang der Beachtung
entgangen zu sein scheint, dafs die drei von diesem
letzteren erwähnten Gottheiten gerade die göttliche Trias
Ellilla (Bel), En-ki (Êa) und Ana (Anu) repräsentieren,
welche in den übrigen Inschriften von Tello genannt
wird und alle Jahrhunderte hindurch an der Spitze des
Göttersystems von Babylonien steht.

Ebensowenig ist die allgemein verbreitete Annahme
gerechtfertigt, dafs das alte Reich jahrhundertelang von
unabhängigen Königen regiert, darauf geraume Zeit einem
mächtigeren Staate unterworfen gewesen und von Statthaltern verwaltet worden sei. Es ist wahr, die Inschriften der
Könige von Širbulla sind älter als diejenigen der Fürsten,
welche sich patesi (išakku) von Širbulla nennen.
Aber dieser Titel, ob nun mit dem Namen eines Landes
oder einer Stadt oder mit dem eines Gottes verbunden,
hat immer eine geistliche Bedeutung und bedeutet niemals Statthalter eines Oberkönigs. Der Patesi oder
Išakku ist immer der irdische Repräsentant, der Stellvertreter einer meist lokalen Gottheit, möge er nun

zugleich der regierende Fürst gewesen sein oder nicht [1]). Die Veränderung zu Širbulla wird also keine andere gewesen sein als die, dafs die Regierung aus den Händen einer weltlichen in diejenigen eines geistlichen Herrn, eines Priesterfürsten überging. Vielleicht wechselte man auch den Titel nach Belieben [2]).

Der mächtigste aller Fürsten, welche auf diesem Throne safsen, war gerade ein Patesi, nämlich der berühmte Gudêa. Er, der in seiner Hauptstadt soviel prächtige Gebäude errichtete und soviel Kunstwerke meifseln liefs, der durch seine Schiffe die hierzu erforderlichen Bausteine und Materialien aus allerlei, teilweise weit entfernten Gegenden herbeischaffen liefs, der einen siegreichen Kriegszug nach dem benachbarten Anzan machte, kann von niemand abhängig, sondern mufs ein selbständiger Souverän gewesen sein. Erst nachdem sein Sohn und wenigstens noch ein anderer Priesterfürst regiert hatten, wird Širbulla von Dungi, dem Könige von Ur, unterworfen und verliert für immer seinen Rang und seine Macht [3]).

Aus den ziemlich zahlreichen Inschriften Gudêa's lernt man die Religion dieses alten Reiches am vollständigsten kennen. Hier findet man, wenn nicht alle, so doch die wichtigsten Götter und diese selbst in einer bestimmten Folge angeordnet, wobei nicht der meistverehrte, der lokale Hauptgott Nin-girsu, sondern die höchste Trias

---

1) Die Beispiele für das Gegenteil, welche Hommel, Geschichte, S. 295 anführt, beweisen nur, dafs es auch abhängige Priesterfürsten gab, aber nicht, dafs patesi Vasall bedeutet.

2) Vgl. L. Heuzey, Généalogies de Sirpourla, in Revue d'Assyriologie, 1891, II, p. 80 suiv.

3) Der Vašall des Dungi, Ghala-lamma, der Sohn Lukani's, nennt weder sich selbst, noch seinen Vater Patesi von Širbulla. Vgl. für das Ganze: L. Heuzey, Le roi Dounghi à Tello, Paris 1886 (Rev. arch. Avril—Mai 1886), der auch eine geraume Zeit zwischen Gudêa und Dungi annimmt.

obenangestellt wird [1]). Zu ihnen gehören Ana, der hohe
Himmelsgott; Ellilla, der Herr der Geister und der Unterwelt, mit seiner Gattin Ghar-šag, der Göttin der hohen
Berge, der Göttermutter; En-ki, der Herr der Erde und
der Wasser, bei dem Patesi Ur-Bâ'u ausdrücklich König
von Eridu genannt, der Orakelgott, „dessen Wort un-
veränderlich ist"; der Mondgott En-zu, „dessen Namen
niemand ausspricht"; Nin-girsu, „der König der Waffen";
Ninâ, „die Herrin der (Orakel-)Auslegung"; Nin-dara,
„der göttliche Streiter"; die erhabene Göttin Gatum-dug,
die Mutter von Širbulla, mit ihrer und Ana's ältester
Tochter Ba'u, der Gattin Nin-girsu's; Ninni, die Göttin
der Schlachten; der Sonnengott Babbar und der Feuergott, „der Werkmeister der Menschen" Pasagga, beide
Söhne En-ki's; zwei Söhne Nin-girsu's: Gal-alimma und
Dun-šagana; die älteste Tochter der Ninâ: Nin-Mar-ki,
die Göttin einer südbabylonischen Stadt, und Duzi-abzu,
die Herrin einer anderen, unbekannten Stadt Kinunir.
Die Liste wird beschlossen durch Nin-giš-zida (der Herr
des Zauberstabes?), den Gudêa mit Nachdruck hier und
anderswo „seinen Gott" nennt. Solch einen persönlichen
Gott hatten auch die anderen Fürsten, sowohl die Könige
als die Priester; nur einmal geht er vom Vater auf den
Sohn über. Es waren jedoch Schutzgeister, sicherlich
keine Stammväter [2]). Soweit man nach diesen Daten
urteilen darf, war die Götterlehre Gudêa's noch kein
monarchischer Polytheismus, denn von einer Obergewalt
Ana's ist nichts zu sehen; selbst die drei vornehmsten
Götter bilden noch keine allbeherrschende Trias. Man
ist über den Standpunkt der patriarchalen Religionen,

---

1) Arthur Amiaud giebt in Records of the Past 2. Serie, Vol.
I u. II eine nahezu vollständige Übersetzung der Tello-Inschriften.

2) Das Pantheon von Širbulla ist damit noch lange nicht vollständig.
Aus anderen Inschriften als denen Gudêa's kennt man noch den Gott
Šidlamtaêna, eine Form Nin-girsu's, später mit Nergal identifiziert,
sieben Söhne der Ba'u und verschiedene andere.

wie man ihn aus den ural-altaïschen Religionen kennt, noch nicht hinaus; der eine Gott ist mächtiger und älter als der andere, aber jeder wirkt selbständig in seinem eigenen Bereich.

Für diese Götter baut oder restauriert oder schmückt Gudêa eine grofse Anzahl Tempel in den verschiedenen Quartieren seiner Stadt oder in den Städten seines Gebietes und weiht ihnen prächtige Bilder seiner eigenen Person in anbetender Haltung mit verschiedenen Weihinschriften und dazu bestimmt, ihnen seine beständige Verehrung zu beweisen. Der wichtigste dieser Tempel war der des lokalen Hauptgottes Nin-girsu, welcher nach einem Beinamen seines Vaters En-ki (Êa) Ê-ninnu [1]) hiefs. Verschiedene Heiligtümer der verwandten Götter müssen innerhalb des Hofes dieses Tempels gesucht werden, unter anderen sicher der Turmtempel von sieben Stockwerken, Ê-ghud, von dessen Spitze herab der Gott seine Segnungen ausschüttete und wo er mit seiner Gattin Ba'u und mit Gudêa's Schutzgeist zusammen verehrt wurde. Nachdem der Tempel erneuert war, stiftete er ein grofses Fest, bei welchem Amnestie gewährt und Geschenke verteilt wurden und die Sklaven die Stelle ihrer Herren einnahmen. Ob dieses Fest dasselbe ist wie das grofse Neujahrsfest, das auch schon damals und hier zur Ehre Ba'us gefeiert wurde, ist nicht mit Sicherheit zu sagen, aber das Gegenteil ist wahrscheinlicher.

Gudêa war ein echter Priesterkönig. Mehr als einmal wird des Friedens gedacht, den er in seinem Reiche aufrecht erhält. Er wacht über die Befolgung der göttlichen Gebote, bezähmt die Willkür der Reichen und Mächtigen, beschirmt die Schwachen und — sofern die Übersetzung einer Stelle aus einer der Inschriften richtig ist — vertreibt allerhand Zauberer und

---

1) Ninnu = 50 ist ein Name Êa's, wie Eš = 30 ein Name Sin's, des Mondgottes.

Beschwörer, nötigenfalls mit Gewalt. Er selbst wurde mit Offenbarungen der Gottheit beglückt. Aus der Inschrift eines seiner grofsen Cylinder, an deren vollständige Übersetzung sich noch niemand gewagt hat, geht soviel deutlich hervor, dafs die Gottheit ihm im Traum erschien, und dafs die Göttin Ninâ ihm diesen erklärte [1]).

Müssen wir diese Form der Religion und die Herrschaft der Priesterfürsten in Süd-Babylonien als semitisch betrachten, weil wir viele der genannten Götter unter anderen Namen, aber oft sehr stark modifiziert, in dem späteren semitischen Pantheon wiederfinden? Es wird behauptet; aber obwohl man es nicht als unmöglich verwerfen darf, bewiesen ist es nicht. Bis dieser Beweis geliefert ist, bleiben wir dabei, die Kultur und Religion, von welcher diese Urkunden erzählen, als nichtsemitisch zu betrachten.

### 3. Alte Sagen von der Seeküste.

Unter den alten Kultuszentren, welche in den Texten von Tello erwähnt werden, kommt neben dem gänzlich unbekannten Kinunir und dem wenig mehr bekannten Larak (Bar-bar-ki, nicht zu verwechseln mit Larsa = Bar-bar-unu-ki) das heilige Eridu vor, wo En-ki (Êa), der Gott der Erde und der irdischen Gewässer, über alles verehrt wurde. Eine andere alte Stadt, von der man nicht weifs, ob sie wirklich existiert hat oder vielleicht rein mythisch ist, ist die Stadt des Schiffes (Má-uru) Surippak oder Surûppak. Beide gehören zur Seeküste, an die Mündung der Ströme, und dort müssen in uralter Zeit die Sagen entstanden sein, in welchen der genannte Gott die Hauptrolle spielt.

---

1) H. Zimmern, Das Traumgesicht Gudea's in ZA. 1888, S. 232 ff.

Die Aussprache seines Namens ist unsicher — Ê-a, „Wasserhaus", wie die Semiten ihn schrieben, ist ein Wortspiel, das jedoch seinem Klange nach vielleicht der Aussprache nahekam — aber er ist der Weise und Mächtige, der durch seine Zauber- oder Wundermacht alles schaffen kann [1]), der Gott der Künstler und der Schmiede, der für alles Rat weifs und Rettung bringt und vor dem man nicht zittert wie vor dem furchtbaren Ellilla (Bel), dem Herrn der Unterweltgeister, den man vielmehr anruft in der Not. Lange nachdem Eridu seine Bedeutung verloren hatte, blieb er noch der Gott der Küstengegend, und von altersher wurde er halb in Fischgestalt dargestellt; noch Sinacherib wirft als Opfer für ihn einen goldenen Fisch und ein goldenes Schiff in die See. Neben ihm wurden Damkina, „die Herrin der Erde", als seine Gattin aber doch als selbständige Göttin, und sein Sohn, der spätere Maruduk, mit vielen Beinamen — dessen ältere Benennung jedoch noch unsicher ist [2]) — als Stadtgötter von Eridu und zweifellos auch die anderen Götter seines Kreises, vor allem seine Mutter Gur, die Herrin des kosmischen Ozeans, verehrt.

In dem grofsen Gott der Künstler und Weisen, der an der See oder eigentlich in ihr wohnte, erkennt man den Oannês des Berossos wieder, welcher am Morgen aus den Wellen auftauchte und die Menschen, als sie noch wie die Tiere lebten, in allerlei Kenntnissen und Handfertigkeiten unterwies. Selbst in Sagen, welche wahrscheinlich aus anderen Gegenden stammen, wie der Höllenfahrt der Ištar und dem Streit der sieben bösen Geister gegen Sin, mufs er Rat schaffen. Als die Göttin der Fruchtbarkeit und des Lebens in der Unterwelt ge-

---

1) Als derjenige, welcher die Menschen aus Lehm formt, erinnert er an Chnum mit seiner Drehscheibe. Vgl. Jensen, Kosmologie, S. 324.

2) Mê-u-ru-dugga? „Herr von Eridu".

fangen gehalten wird, erschafft Êa ein Wesen, welches
die wütende Göttin der Finsternis nötigt, ihre Neben-
buhlerin wieder auszuliefern. Vor allem aber in der
bekannten Sintflutsage [1]) ist Er der Retter. Viele Züge
dieser Erzählung, welche wir nur in jüngerer und bestimmt semitischer Form besitzen, und die vielleicht aus
mehreren Stücken zusammengesetzt ist, sind antik. In
Suruppak, der „alten Stadt", wie sie nachdrücklich genannt wird, halten die Götter zwar Rat, ehe sie be-
schliefsen, die Menschheit durch eine grofse Flut zu ver-
tilgen, aber Vater Anu zieht sich sogleich in seinen
Himmel zurück, und Êa ist sofort darauf bedacht, so viele
als möglich zu retten; Bel und seine Trabanten sind die
hauptsächlichsten Zerstörer, aber Söhne Anu's und Êa's
helfen mit. Jeder handelt also für sich, auf eigene Hand,
und sie ersparen einander dann auch später die Vorwürfe
nicht, als sich herausstellt, wie sie einander entgegen-
gearbeitet haben. Direkt darf Êa den Beschlufs der
Götter seinem Getreuen, dem Sohne des Ubaratutu (Verehrer des Maruduk) [2]), nicht verraten. Er thut es mit List,
durch einen Zauberspruch und einen Traum, in welchem
er ihm die Erbauung eines Schiffes mit einem Hause
anbefiehlt, und ebenso rät er dem Auserkorenen, den
Argwohn seiner Mitmenschen durch falsche Zusagen zu
beschwichtigen. Als die Flut endlich alles bedeckt und
die grofse Muttergöttin ihre Kinder ertrinken sieht, bricht
sie in Schreien aus, und als später, nachdem die Wasser
gesunken sind, die Geretteten das Schiff verlassen und
den Göttern ein Opfer zurüsten, will sie Bel davon aus-

---

1) Transskription und Übersetzung des Textes mit Kommentar von
Paul Haupt, in Schraders KAT [2], S. 55 ff. Die jüngste Bearbeitung in
Jensens Kosmologie der Babylonier, S. 367 ff.

2) Der Name des babylonischen Noach, ideographisch Ud-zi, wird
verschieden gelesen. Jensen schlägt vor: Şit-napištim, „der mit dem
Leben davonkam, der Gerettete", Ḫasis-atra, „der sehr Gescheite",
würde dann sein Beiname sein.

schliefsen, weil er in grundlosem Zorn Gute und Böse
zusammen vernichtet hat. Mit Verwunderung sieht
dieser, dafs noch Menschen erhalten geblieben sind, und
als sein Krieger Nindar bemerkt, dafs allein Êa, der alle
Beschwörungen kennt, dies bewirkt haben könne, zieht
er ihn zur Verantwortung. Doch als Êa ihm sehr ein-
dringlich seine Übereilung und sein Unrecht vorgestellt
hat, bemüht er sich es wieder gut zu machen und
führt nicht allein das gerettete Ehepaar aus der Arche,
sondern nimmt sie in den Kreis der Götter auf und
weist ihnen eine ewige Wohnung bei der Mündung der
Ströme an.

Diese Erzählung, in welcher die Götter auf solche
Weise miteinander verkehren, in welcher der Held sein
Vorhaben zu erkennen giebt, nach dem Gebiet eines
derselben zu flüchten, um der Verfolgung des anderen
zu entgehen, in welcher die Götter selbst, vor dem Orkan
sich fürchtend, nach Anu's Himmel fliehen und „wie
Hunde" niederkauern an der Umzäunung des Himmels
und später wie Fliegen auf das Opfer herabschwärmen,
mufs aus einer Zeit herrühren, als die Kluft zwischen der
Götter- und Menschenwelt noch nicht weit und die erstere
noch nicht hoch über die letztere erhaben, zudem noch
auf patriarchalem Fufse eingerichtet war. Dafs sie in
Süd-Babylonien entstanden sein mufs [1]), ist nicht zu bezweifeln; von dort aus hat sie sich über alle semitischen
Länder und selbst bis nach Indien hin verbreitet.

#### 4. Magie und Kultus.

Die Vorstellung, dafs der Kultus bei den alten Sumeriern lediglich aus Beschwörungen und Zauberpraktiken

---

[1]) Nicht in Babel selbst, obschon das dort gefeierte grofse Akitu-
fest in Zeile 71 erwähnt wird. Dieses Fest gehört zum Dienste Êa's
und Maruduk's und ist mit ihnen nach Babel gelangt.

bestanden habe, wird durch nichts gerechtfertigt. Aber
dafs die Magie in demselben einen wichtigen Platz einnahm, kann ebensowenig geleugnet werden. Eine Anzahl
alter Texte, Zauberformeln und Lieder, die zur Vertreibung
der bösen Geister, Vernichtung ihres Einflusses, Abwehrung
eines Fluches und dergleichen mehr bestimmt und noch
erhalten sind, beweisen das. Sind sie uns auch in einer
Form überliefert, welche sie erst nach dieser Periode bekommen haben können, so gehören sie jedoch ursprünglich sicher zu ihr, und sehr viele der nicht am wenigsten geschätzten stammen aus Eridu. Die Beschwörung
von Eridu wird als die kräftigste ausdrücklich genannt.
Eine sehr gewöhnliche Einkleidung ist, dafs der Kranke
oder Heimgesuchte sich an den Sohngott (Maruduk)
wendet, der dann nach seinem Vater Êa geht, um seinen
Rat zu hören, worauf dann stets die Antwort erfolgt,
dafs der Sohn alles weifs wie sein Vater und daher
selbst das Heilmittel bezeichnen kann, wie denn auch
geschieht. Meist scheint das Aussprechen, wahrscheinlich Singen des magischen Textes durch den Beschwörer,
bisweilen teilweise durch den Kranken selbst, genügend
gewesen zu sein, aber nicht selten werden materielle
Mittel oder Reinigungszeremonieen hinzugefügt und gerade
diese gehören zu dem Ritus von Eridu. Bei allen diesen
Mitteln: einer des Nachts gepflückten Pflanze, Wolle,
Ziegenhaar, Milch und Butter von reinem Vieh, Zweigen
von heiligen Bäumen oder Schilfstengeln aus dem heiligen Weiher, Weihwasser, mit Wasser aus der See und
den heiligen Strömen vermischt, oder was es mehr sei,
ist die Wirkung immer eine zauberhafte, und zu diesem
Zwecke mufs auch über sie vorher eine Beschwörung
gesprochen werden.

Die bösen Geister, gegen welche diese Handlungen
gerichtet sind, werden oft bei Namen genannt oder treten
in Scharen, in der Regel in der Siebenzahl auf. Ihr
gewöhnlicher, allgemeiner Name ist Uduk, ein Wort,

das jedoch nicht notwendig eine ungünstige Bedeutung
hatte, sondern Geist überhaupt bezeichnet zu haben
scheint. Dasselbe gilt von Šed, dem Blutdürstigen, mit
seinem Heer von Dienern. Einer der am meisten gefürchteten ist Namtar, buchstäblich das Verhängnis, den
man jedoch gewöhnlich als Pestgott betrachtet, und
kaum weniger furchtbar ist Ašakku (Id-pa), der auch
Seuche bringt. Eine besonders sorgfältige Behandlung
erfordert eine Kopfkrankheit (muruṣ ḳaḳḳâdi im Assyrischen, wahrscheinlich ein Fieber mit Phantasieen,
sicher nicht Wahnsinn). Aber auch gegen die Dämonen
des Krieges, welche Nergal anführt, und gegen die reißen-
den Tiere, welche den Mond zu verschlingen drohen,
sind die Zaubersprüche und Zeremonieen gerichtet.

Alle diese Wesen gehören nicht, wie im Pârsismus,
zu einem den Göttern feindlichen Reiche der Finsternis.
Götter, selbst der höchste, senden sie. Sie selbst werden noch verehrt. Man steht hier noch durchaus auf
animistischem Boden. Aber gegen sie ruft man die
Hilfe anderer, mächtiger Geister an, oft aus ihrem eigenen
Bereiche, um sie zu beschwören. Lange Listen derselben, Geister aus allerlei Teilen des Weltalls und der
höchsten Götter, beschließen die Inkantationen. Immer
gehen der Geist des Himmels und der der Erde voran und
stehen bisweilen allein, obschon wahrscheinlich ist, daß
dies zur Abkürzung geschah und die anderen aus dem
Gedächtnis hinzugesetzt wurden. Es ist also noch immer
die alte animistische Magie, aber schon auf jener höheren
Stufe der Entwicklung, auf welcher man die Bundes-
genossenschaft mächtiger Geister und vor allem der höchsten Götter sucht, um die gefürchteten Dämonen, wenn
auch durch Zauberwirkung, unschädlich zu machen. Die
niedere scheint nunmehr verboten und verfolgt zu sein,
wie die schon erwähnte Maßregel Gudêa's zeigt. Aber
diese chaldäische Magie war dazu bestimmt, nicht
allein bis zum Ende des babylonischen Reiches fortzu-

leben, sondern sich auch nach dem fernen Westen zu
verbreiten.

Indessen ist es sicher, daſs dieses nicht die einzige
Weise war, auf welche sich die altchaldäischen Frommen
zu den höheren Wesen in Beziehung setzten. Die Texte
von Tello beweisen, daſs sie durchaus nicht primitive
Tempel, einzelne mit Terrassentürmen und mit einer heiligen Lade, für ihre Götter errichteten. Die weitgeför-
derte Kunst, von welcher die Bilder Gudêa's und auch
kleinere Bronzegegenstände, Cylinder und Reliefs aus
dieser Zeit zeugen, läſst vermuten, daſs die Bilder der
Götter denen ihrer Diener nicht nachstanden. Diese
Diener waren nicht nur Magier oder Zauberer, sondern
auch ordentliche Priester. Auſser dem Stellvertreter der
Gottheit, dem Patesi oder Išakku selbst, wird von hohen
Priesterwürden allein die des k a l û genannt, der hier
an der Spitze der Musikanten und Sänger gestanden zu
haben scheint. Noch Jahrhunderte später bekleidet der
Kalû am babylonischen Hofe einen hohen Rang. Wie
in Ägypten wurden die Priesterämter verschiedener Götter
bisweilen in einer Person vereinigt. So war Ur-nin-girsu,
der Sohn des Gudêa, zu Lebzeiten seines Vaters, also
bevor er selbst regierte, Priester Ana's, En-ki's und geliebter Priester Ninâ's. Zum Unterhalt sowohl der Priester wie des Opferdienstes schenkt Gudêa dem Tempel
Gatum-dug's, der Göttermutter, zahlreiche Herden und
stellt Hirten für sie an. Ferner verordnet er reiche Opfergaben an Tieren, Früchten, Sahne und Kleidern zugunsten
verschiedener Tempel, und mit groſsem Glanz werden die heiligen Feste, vor allem das Neujahrsfest, zu
Ehren der Göttin Ba'u gefeiert. Jedes der Bilder, welche
er weiht, ist mit einem Namen versehen, der ein frommes
Gebet ist. Kurzum, der Kultus stand nicht tiefer als der
ägyptische und, wiewohl mit Magie verbunden, ist er
nicht so von ihr durchsetzt gewesen als dieser. In
der Hauptsache scheint er damals schon derselbe

gewesen zu sein, wie in all' den späteren Jahrhunderten.

Auch mufs damals schon das Fundament zu der
religiösen Spekulation gelegt sein, welche den Inhalt
jüngerer Produkte der babylonischen Litteratur ausmacht.
Vieles, was wir darin antreffen, die Weltanschauung, die
Götterhierarchie, eine gewisse Kosmogonie, gehört unzweifelhaft schon in diese Zeit. Aber es ist schwierig,
wenn nicht unmöglich, mit Sicherheit zu eruieren, wieviel davon jetzt schon festgestellt war und wieviel zu
dem späteren Ausbau gehört. Werden die bereits
gefundenen Urkunden erst noch besser verstanden und
vielleicht neue dazu ausgegraben, so wird sich auch
hierüber ein neues Licht verbreiten. Vorläufig können
wir nur versuchen, was in diesem Abschnitt geschehen
ist: die religiösen Vorstellungen und Gebräuche, die entweder sicher oder höchstwahrscheinlich schon in dieser
Periode existierten, in Kürze zu beleuchten.

## 5. Religion und Sagen von Agade und Uruk.

Bleibt es zweifelhaft, inwieweit zu Širbulla, und ist
es sehr unwahrscheinlich, dafs zu Eridu schon in dieser
Zeit semitischer Einflufs sich fühlbar machte: ganz anders ist es in Agade und in Uruk. Darf man Nabunâid
glauben, so regierten schon im 38. Jahrhundert v. Chr.
in Agade semitische Könige, und die wenigen Denkmäler, welche aus Uruk auf uns gekommen sind und
sicher noch zu dieser Periode gehören, beweisen für
dieses Reich dasselbe. Das chronologische Problem
können wir hier ruhen lassen, wenngleich wir konstatieren
dürfen, dafs beide Fürstentümer sowohl zeitlich als ihrem
Kultus nach zusammen gehören. Die Mehrheit der Bevölkerung mag noch sumerisch gewesen sein, die Könige
und die herrschende Rasse waren Semiten und, wie die
späteren semitischen Herrscher von Ur, grofse Verehrer

des Mondgottes Sin, was ihre Namen (Naram-Sin, Sin-gašid) beweisen. Der Haupttempel von Agaḍe trägt denselben Namen wie einer der beiden Haupttempel von Uruk, und in beiden wurde dieselbe Göttin, wenn auch in anderer Gestalt verehrt. Aus Agaḍe stammende Cylinder endlich beweisen, dafs die Sage, welche wir hauptsächlich aus der Tradition von Uruk kennen und dort lokalisiert finden, auch in Agaḍe bekannt war.

An beiden Orten [1]) fanden die neuen Herrscher keinen Anknüpfungspunkt für ihren Monddienst, wohl aber für denjenigen von Sin's Tochter Ištar, welche in dem Tempel Ê-ulbar (ulmaš?) zu Agaḍe mit der dort verehrten Anu-nit, der mit Bogen und Pfeil bewehrten Göttin der Schlachten, verschmolzen und als die Herrin des Morgensternes angebetet, in dem gleichnamigen Tempel zu Uruk dagegen mit der üppigen Göttin der Blüte und Fruchtbarkeit identifiziert und als die Herrin des Abendsternes betrachtet wurde. Aber wie Morgen- und Abendstern, so waren auch die beiden Göttinnen nur Eine, welche sich auf verschiedene Weise offenbarte. In Uruk jedoch war auch die andere Seite der Göttin in Nanâ repräsentiert, welche in dem Tempel Ê-ana (Haus des Himmels) angebetet wurde und die düstere Göttin der Vernichtung und des Todes war [2]). Sie blieb ein Gegen-

---

1) Über die Lage von Agade besteht Meinungsverschiedenheit. Da es von Sippar ša Šamaš (S. des Sonnengottes) wohl als Sippar ša Anunit unterschieden wird, hält man es gewöhnlich für einen Teil der erstgenannten Stadt, deren Überbleibsel in den Ruinen von Abu-Habba wieder aufgefunden sind. Aber man glaubt noch mehr Sippars auf der Spur zu sein. Jedenfalls lagen beide Orte nicht weit voneinander entfernt, in dem nördlichen Winkel Babyloniens, wo Euphrat und Tigris sich einander am dichtesten nähern. Uruk ist das heutige Warka, viel südlicher, nicht weit von Ur und Larsa, aber wie dieses letztere östlich vom Euphrat gelegen.

2) II. R. 59, 21 a. f. wird ihr Name mit einem Ideogramm geschrieben, welches abatu, verwüsten und lapatu, vernichten, zu Boden werfen bedeutet.

stand der Verehrung, auch nachdem der elamitische König
Kudurnanḫundi im Jahre 2280 v. Chr. ihr Bild nach
seinem Lande geschleppt hatte, welches erst 1635 Jahre
später von Ašurbanipal nach Uruk zurückgebracht wurde.
Die Stadt war denn auch sowohl die Totenstadt *κατ᾽*
*ἐξοχην*, wo man sich gern begraben liefs, als die Stadt
des wollüstigsten Kultus, welcher mit heiliger Prostitution
verbunden war. Dafs die beiden Göttinnen später stets
unterschieden werden, beweist nichts gegen ihre wesentliche und ursprüngliche Einheit.

Ištar oder Ištaritu, die Tochter Sin's, die Schwester des
Šamaš, war eine Göttin, welche von den Semiten sicher
schon vor ihrer Ansiedlung in Babylonien und bis in
späte Zeiten in ganz Westasien verehrt wurde. Daher
kommt es, dafs ihr Name sehr oft einfach „Göttin" bedeutet, und dafs sie mit den verschiedensten Lokalgottheiten Babyloniens und Assyriens verbunden wurde. Daher
auch, dafs sie wohl zu einem anderen Götterkreis gerechnet
wurde und z. B. in Uruk Tochter Ana's, in Aga̦de Mullilla's
(Ellilla's) war. Ob sie nun schon bei den Semiten die
unvermählte Muttergöttin war, welche sich zeitweilig einen
Geliebten nach ihrem Gefallen wählt, oder die jungfräu-
liche, welche jedes eheliche Verhältnis verschmäht — der
Doppelcharakter, durch welchen sie sich stets auszeichnen sollte — oder ob dies den sumerischen Göttinnen,
mit denen man sie verband, entlehnt ist, ist schwer
zu entscheiden. Sicher ist, dafs solch' eine Göttin in die
Zeiten der Herrschaft des Matriarchats gehört.

Die Ištar von Uruk spielt eine wichtige Rolle in dem
babylonischen Epos. Die bedeutenden Fragmente, welche
noch von demselben erhalten sind, datieren aus viel
späterer Zeit als der Periode, welcher dieses Kapitel gewidmet ist, und sind in dieser Form sicherlich semitischen Ursprungs. Aber der Stoff ist viel älter. Es
klingen in ihm Erinnerungen an die Befreiung der Stadt
aus den Händen der Elamiter nach, aber die Personen,

welche in dieser Erzählung handelnd auftreten, sowohl
der Held Isṭubara (?) wie sein Freund und Mitstreiter,
dessen Namen man Êa-bani (En-ki-ru) liest, und auch
der elamitische König Ḫumbaba, sind halbmythische
Wesen, und halbmythisch ist die Geschichte des Krieges.
Die Sintflutsage, nach vielen auch die Erzählung von
Iŝtars Höllenfahrt, sind als Episoden in das Werk ein-
geflochten. Der Held, den man ohne sonderlichen Grund
mit Nimrod identifiziert, ist eine Art Hêraklês, ein Be-
zähmer wilder Tiere und Befreier des Landes, über
welches er dann König wird, auch wie Hêraklês von Hêra,
so von Iŝtar verfolgt, aber ihr siegreich widerstehend.
Darauf — wieder wie der griechische Heros — von einer
schrecklichen Krankheit befallen, welche die Göttin Nanâ
ihm zusendet, geht er zu seinem Vorfahren, dem babylonischen Noach, um bei ihm Genesung zu suchen, und
findet sie. Doch ist der Schluß des Berichtes zu sehr lädiert,
um wissen zu können, wie es ihm zuletzt ergeht, ob er
zurückkehrt, oder vielleicht unter die Götter versetzt wird.
Dies ist auch unsicher bezüglich seines Gesellen, eines
therianthropischen Wesens, von Êa geschaffen und von
ihm mit der Fähigkeit, Träume zu erklären, wie mit
Macht über die wilden Tiere begabt, bei denen er sich
anfänglich aufhält. Für uns ist am bedeutsamsten, was
wir hier von Iŝtar hören. Zuerst unterstützt sie den
jungen Helden. Zwei ihrer Hierodulen, Ḫarimtu, die
Geweihte, und Šamḫatu, die Blühende, begleiten den
Jäger Zaidu, um Êa-bani zu verführen. Hieraus geht
der Charakter ihres Dienstes in Uruk deutlich hervor.
Doch als sie nach der Besiegung des Ḫumbaba (Humba
oder Umman ist ein elamitischer Hauptgott) Isṭubara
ihre Hand anbietet, weigert er sich sie zu ehelichen,
überhäuft sie mit Schmach und wirft ihr alle ihre Lieb-
schaften vor; Mensch und Tier mache sie zum Opfer von
Leidenschaft und Wollust.

Nicht alle die Mythen, auf welche hier angespielt

wird, sind deutlich erkennbar. Eine von ihnen gleicht der
von Artemis und Aktaion, welcher von seinen Hunden zer-
rissen wird.   Aber wohlbekannt ist der erste Liebhaber,
der genannt wird, nämlich Dumuzi (Tammuz), der jugend-
liche Frühlingsgott, welchen sie Jahr für Jahr liebt, und
der beständig stirbt und wieder ins Leben zurückkehrt.
Derselbe Ritus, den man in ganz Westasien wiederfindet
und den die Griechen von den Phöniziern übernahmen,
das bekannte Adonisfest, welches sie dann mit ihrer
Aphroditê in Verbindung brachten, war also mehr als
20 Jahrhunderte früher zu Uruk in Gebrauch.  Nachdem
Iṣṭubara die Hand Ištars verschmäht hat, entbrennt der
Streit zwischen beiden.   Auf ihre Bitte erschafft Anu
für seine Tochter einen gewaltigen Stier, der von den
beiden Helden getötet wird.   Aber dann kommt ihr
Nanâ mit verzehrender Krankheit zuhilfe, und der lei-
dende Recke verläfst das Land.

Es würde voreilig sein, bestimmen zu wollen, was
hier zur alten Mythe, was zu der dichterischen Einkleidung gehört.  Dafs die Sage von dem Lichtheros, dem
Retter der Menschen und Sieger über alle Ungeheuer,
standhaft gegenüber der Verlockung der Wollust, kämpfend gegen die ihm feindlichen Himmelsmächte, aber
endlich selbst ermattend, der Erzählung zugrunde liegt,
kann schwerlich geleugnet werden.  War vielleicht der
Gott Lugal-banda (der junge [?] König), welchem neben
Ningul, seiner Gattin, der König von Uruk Singašid eine
Inschrift weiht [1]), den er seinen Gott und dessen Sohn
er sich nennt, der göttliche Prototypus des Helden unseres
Epos?

Wir sahen bereits, dafs die Sage von Iṣṭubara und
seinem Helfer auch in Agaḍe bekannt gewesen sein
mufs.  Obendrein lebte dort noch die halbmythische
Überlieferung von dem alten Sargon, dem Könige der

---

[1]) Vgl. IV. R. 35, Nr. 3, und damit Pinches in RP.[2] I, 78 ff.

Gerechtigkeit, der nach seines Vaters Tode aus Furcht vor einem Oheim heimlich geboren und als Findling in einem aus Rohr geflochtenen, mit Asphalt bestrichenen Körbchen dem Strome anvertraut, von einem Wasserbeamten (a b a l, assyr. n a k m ê = der Wasser ausgießt) aufgenommen und zum Gärtner gemacht, durch die Gunst Ištars zum König erhoben, fünfundvierzig Jahre regierte und ein mächtiges Reich stiftete. Dieser ist also ein Günstling der Ištar, aber der strengen, kriegerischen, welche in Agade hauptsächlich verehrt wurde. Es ist die älteste uns bekannte Form der Sage, welche sich bei so vielen alten Völkern findet, sowohl auf mythische wie auf historische Personen zugeschnitten, und sicher auch in einer Mythe wie der von Osiris und Horos ihre Grundlage hat. Der gefürchtete Blutsverwandte oder Tyrann, die verborgen gehaltene Geburt, die Erziehung in niederem Stande und die wunderbare Erhebung sind die Züge, welche überall wiederkehren, der Held möge nun Kr̥šṇa oder Perseus, Romulus oder Siegfried, Sargon oder Cyrus heißen. Das aus Rohr geflochtene Kästchen hat diese Erzählung mit der bekannten von der Geburt des Moses gemein.

# Drittes Kapitel.

## Die Religion in dem Reiche von Ur und dem alten Reiche von Babel.

---

### 1. „Die Tage des Sin".

Wann die alten Babylonier und Assyrer von „den Tagen des Sin" sprachen, dann meinten sie ohne Zweifel die Zeit, in welcher die Stadt des Mondgottes, Ur (uru-unu-ki), die Hauptstadt eines mächtigen Reiches und ihr Gott in gewissem Sinne der nationale war. Das Ende dieser Periode fällt ungefähr in den Beginn des 22. Jahrhunderts v. Chr.; den Anfang derselben setzt man gewöhnlich sechs bis sieben Jahrhunderte früher. Verschiedene Dynastieen, aus Ur selbst, aus Nipur-Nisinna, aus Larsa, selbst aus Elam stammend, wechselten miteinander ab, aber Ur blieb Hauptstadt und vor allen Dingen die heilige Stadt, die selbst von denen, welche sich nicht Könige, sondern Tempelwächter (ua = zanin) oder Hirten (siba = ri'u) von Ur nannten, unter ihren Titeln zuerst erwähnt wurde. Der Umfang des Reiches wird unter all' den Fürsten, welche einander nachfolgten, nicht eben grofs gewesen sein, aber bisweilen, vielleicht in der Regel, umfafste er die Fürstentümer von Eridu, Širbulla, Uruk, Nipur und Nisinna, Larsa, ja selbst Nordbabylonien, namentlich das alte Babel und Sippar-Agade. Dies war das Reich von Šumer und Akkad, von dem allein sie, die den Norden und den Süden beherrschten, sich Könige nannten [1]), und das eine aus Sumeriern und Semiten gemischte Bevölkerung besafs, die ersteren zahlreicher im Süden, die letzteren im Norden. Die meisten dieser Könige waren, obgleich ihre Inschriften in sumerischer Sprache verfafst sind, ihren Namen zufolge Semiten; nur bezüglich der ältesten beiden, Ur-Ba'u und Dungi, kann dies bezweifelt werden. Beide bauten eifrig an all' den Haupttempeln ihres Reiches, sowohl in den alten Zentren, wie Širbulla, als in neuen, wie Larsa. Von dem ersteren glaubt man, dafs er den Tempel des Sin zu Ur und den des Šamaš zu Larsa gegründet, von dem letzteren, dafs er zu Širbulla den Dienst Nergals unter dem Namen Šidlamta-uddu eingeführt habe. Sicher ist, dafs er sehr für den Dienst dieses Gottes eiferte, dem er auch in Kuta bei Babel einen Tempel baute. In Babel selbst weihte er der grofsen Göttin ein Heiligtum. — Auch von ihren späteren, unzweifelhaft semitischen Nachfolgern, deren Regierung von der ihrigen vielleicht durch Jahrhunderte geschieden ist, weifs man, dafs sie eifrig an den Tempeln ihres Reiches bauten, und wenn auch gewifs dem Tempel ihrer Hauptstadt etwas mehr Fürsorge gewidmet und mehr für ihn aufgewendet wurde, als für die anderen, so wurde doch der Haupttempel des Reiches, der des Sin in Ur, nichts weniger als vernachlässigt.

Dieser Tempel, von Ur-Ba'u gestiftet oder wenigstens gänzlich restauriert, aber erst von seinem Sohn vollendet, hatte auf einer genau orientierten, rechteckigen, jedoch ungleichseitigen Grundlage mehr als ein Stockwerk und oben darauf das eigentliche Heiligtum. Die anderen Tempel aus dieser Zeit, namentlich die zu Uruk und Eridu, waren nach demselben Plane angelegt. Das

---

1) Dafs auch Nineve dazu gehörte, ist höchst unwahrscheinlich. Hommel, Geschichte, S. 337, ist dieser Meinung auf Grund des Cylinders mit semitischer Inschrift, den Dr. Hausknecht in Nineve fand. Nach Amiaud jedoch, der eine bessere Transskription und Übersetzung des Textes gab, stammt er aus Kuta. Vgl. ZA. 1888, S. 94 f.

quadratiche Fundament scheint jüngeren Ursprungs zu
sein. Man fand in den Tempeln auch schon heilige
Barken und Laden; in Ur hatten sowohl Sin wie seine
Gattin eine solche.

Der meistverehrte Gott dieser Periode, Sin, der männliche Mondgott der Semiten, den wir als En-zu (bêlu ša
purusi, Herr der Entscheidung, des Urteils, eigentlich
der Weisheit) schon in Širbulla antrafen, und dessen
Name im akkadischen Dialekte wahrscheinlich Agu (Krone,
Kranz?) lautete, hieſs in Ur „der Erleuchter" (Uruki,
assyr. Nannaru, der neue Mond) und hatte noch verschiedene andere ehrenvolle Beinamen. Obschon er auch
in dem Hauptzentrum als Sohn des alten Bel, des Gottes
der Unterwelt, galt, verherrlichte man ihn doch auf eine
Weise, welche ihn thatsächlich mit dem höchsten Gott
gleich und über alle anderen stellte, ja, identifizierte man
ihn zuweilen, wenigstens in der Poesie, mit keinem Geringeren als dem hohen Himmelsgott Anu. Von dieser besonderen Erhebung zeugt auch, daſs seine Gemahlin, deren
Bedeutung und eigentlicher Name uns unbekannt sind,
immer als „die groſse Gebieterin" (Nin-gal, assyr. Bêlit-
rubat) bezeichnet, und Ištar ebenso zu seiner Tochter,
als zu der des Anu, Šamaš ebenso zu seinem Sohn, als
zu demjenigen Êas gemacht wurde. Aus letzterem vor
allem geht hervor, daſs die Verherrlichung Sins als
höchsten Gottes nicht im Sinne dessen aufgefaſst werden
darf, was man Henotheismus genannt hat, nämlich als
aus dem Bedürfnis seiner eigenen getreuen Anbeter entstanden, ihrem Gott die höchsten göttlichen Attribute
zuzuerkennen, sondern in dem Sinne, daſs er in der That
der Lichtgott $\varkappa\alpha\tau'$ $\dot{\epsilon}\xi o\chi\eta\nu$ und als solcher der höchste war.
Eher als der Sonnengott wurde von vielen Stämmen,
besonders von Nomaden, der Mondgott als der vornehmste Lichtgott angesehen, dessen Wohlthaten sie höher
schätzten als die des Tagesgottes, und der obendrein ein
groſser Zauberer war. In dem System, welches durch

die Vereinigung vieler Götter entstand, mufste er sich
dann mit einer bescheideneren Bedeutung und einem
Platz — wenn auch dem ersten — in einer zweiten
Triade begnügen. Nach einer bekannten Mythe wird
Sin mit Šamaš und Ištar von Bel und Êa geschaffen,
um ein Gegengewicht gegen die bösen Geister zu bilden,
welche Anu unter der Anführung Rammâns aussendet,
läuft jedoch Gefahr, als die beiden anderen ihn verlassen
haben, das Opfer der Diener Anus, mit anderen Worten:
verdunkelt zu werden. Natürlich schafft Êa Rat. Ob
aber diese Mythe, wenigstens in der vorliegenden Form,
schon bis in die Periode von Ur zurückreicht, darf bezweifelt werden.

In dem vereinigten Pantheon wurde Šamaš, dem Sonnengott, der zweite Platz in der zweiten Triade zugewiesen,
aber im südbabylonischen Larsa und im nordbabyloni-
schen Sippar wurde er in dem Hause des Lichtes, Ê-babbara, wie sein Tempel an beiden Orten hiefs, als der
höchste Gott angebetet. Die Abbildung seines Allerheiligsten zu Sippar, welche wir besitzen, beweist, dafs
er dort in Wahrheit nicht der sichtbare Sonnengott, sondern der über dem Firmament im Verborgenen wohnende
Lichtgott war, der über Mond, Sonne und Sterne regiert.
Mit diesem alten Lichtgott (Ud, Babbar) wurde der semitische Šamšu oder Šamaš vereinigt, und so sank er in der
Hierarchie der Götter zu dem Range der sichtbaren Götter
herab, indem er bald als der Sohn Êas, bald als derjenige
Sins betrachtet wurde. Als solcher wird er in schönen
Hymnen verherrlicht, in ähnlicher Weise wie bei anderen
Völkern; er ist der wohlthätige Naturgott, welcher die
Pforten des Himmels öffnet, den frohen Tag bringt, den
Spuk der Nacht vertreibt, auf seinem mit feurigen Ren-
nern bespannten Wagen den Himmel entlang eilt oder
als Diener der grofsen Götter, ihr Vertrauter und Mittler
bei den Menschen, in seinem geregelten Lauf eine
höhere Ordnung offenbart, und deshalb Besieger böser

Geister und Krankheiten, allsehender Richter Himmels
und der Erde, Schirmer der alten Institutionen und Sitten
und Feind der Lüge und des Unrechts. Von Anunit,
seiner Gattin, wurde schon früher gesprochen.

Ein Lichtgott, aber ganz anders aufgefaßt, ist auch
der Gott, welcher als der grofse Streiter des alten Bel
neben diesem zu Nipur verehrt wurde, und dessen Name
Ninêb oder Nindar gelesen werden kann [1]. Obschon er
ein Sohn Êas heifst und zu den wohlthätigen, barm-
herzigen, lebenspendenden Göttern gehört, ist Streiten
seine Freude, und stets wird der gröfste Nachdruck auf
seine Heldenhaftigkeit und gewaltige Kraft gelegt, sodafs er vor allem ein Kriegs- und Jagdgott geworden
ist. Über seine natürliche Bedeutung sind die Gelehrten
nicht einig; man hat in ihm den verzehrenden Gott der
Mittagssonne oder die Sonne im Sturm oder die Sonne
beim Morgenrot gesehen. Dafs er auch der Gott des
Sonnenunterganges ist, wird ausdrücklich gesagt. Aber
es ist verkehrt, ihn hierauf beschränken zu wollen. Er
ist das grofse „Licht des Himmels und der Erde", aber
als der Streiter gegen alle Feinde des Lichtes, morgens
wenn die Pforte des Himmels sich öffnet, „der Gott des
Tagwerdens", und abends, wenn die der Unterwelt sich
aufthut und er „hingeht, den apsu zu erleuchten"; im
Wüten des Sturmes und im Dröhnen des Donners ringt
er mit den Bösen und „verbrennt sie wie ein eben an-
gezündetes Feuer". Aber gerade deshalb ist er der
Lebenspender, der Schirmer des Hauses, und vermählt
mit der grofsen Göttin Gula, welche auch „die Herrin
des Hellwerdens" heifst, weil sie die Toten erweckt [2].

---

1) Die Lesung A d a r mufs als gänzlich unbewiesen beiseite gelassen
werden.

2) Darf ich eine Vermutung aussprechen, dann ist es diese: das
Ideogramm MAS, mit dem sein Name meist geschrieben wird, scheint
mir die Abbildung der beiden Reibhölzer zu sein, durch welche das heilige Feuer erzeugt wurde.

Aber wenn auch Nipur dann und wann die Stadt Nindars genannt wird, in der Regel heifst sie doch die Stadt
des Gottes, dessen Krieger er ist, des Vaters des Sin, des
alten Bel, des Ellilla (eigentlich Herr des Sturmes) der
Sumerier, welcher in den Mythen eine wichtige Rolle
spielt, in der Götterhierarchie mit Êa auf eine Linie und
kaum unter Anu gestellt wird, aber im Kultus schon
frühzeitig einigermafsen zurücktritt. Ursprünglich dem
Anschein nach ebenso gut ein Himmelsgott wie Anu,
erhält er bei der Rangierung der Götter als der Schreck-
liche und Furchtbare die Unterwelt als sein Gebiet und
herrscht dort mit seiner Gattin, die nichts anderes als
sein weibliches Ebenbild und die grofse Mutter aller
Lebendigen ist. Auch sie hatte viele Tempel, deren
Namen auf die Unterwelt und auf ihren Charakter als
Lebenspenderin Bezug haben, und wenn beide der Herr
und die Herrin des Berges (ḫar-sag) genannt werden,
so ist unter diesem in historischer Zeit die Erde selbst,
früher vielleicht der Himmelsberg verstanden. Der Bote
des Bel von Nipur ist Nusku, später meist mit Nabû verwechselt, aber ursprünglich ein ganz anderer Gott. Selbst
in Babel, in dem grofsen Tempel des Bel-Maruduk, hatte
er sein Heiligtum und auch in Assyrien kommt er später
oft vor.

Zu den in dieser Periode viel verehrten Göttern gehörte noch Nergal, für welchen Dungi sowohl in Širbulla als in Kuta unter dem Namen Sidlamta-uddua einen
Tempel baute. In der historischen Zeit ist er vor allem
Kriegsgott, Gott des Schwertes (ugur, ilu namṣari) und
deshalb beständig mit Nindar verbunden, aber von ganz
anderer Herkunft als letzterer. Als Gott des Krieges,
„der Wütende“, der auch die Pest und anderes Unheil
sendet, gehört er zugleich der Unterwelt an und wird
später mit dem Planeten Mars identifiziert. Die schon
in Babylonien versuchte Etymologie seines Namens als
„Herr der grofsen Wohnung“ (nê-uru-gal), d. h. der

Totenwelt, ist lauter Spielerei, ebenso wie ein anderer
seiner Beinamen nicht als „Gott der Gräber", sondern
als „Gott der Helden" [1]) erklärt werden muſs. Daſs er
ursprünglich ein Feuergott, der Gott der versengenden
Sommerhitze mit ihren ansteckenden Krankheiten und
ihrer Dürre war, ist ausgemacht [2]), und wahrscheinlich,
daſs er in der Gestalt eines Löwen oder als Mensch-Löwe
dargestellt wurde. Von seiner Gattin Laz kennen wir
nichts als den Namen.

## 2. Babel unter Ḫammurabi und Agûkakrimê.

Nachdem ungefähr fünf Jahrhunderte lang der Schwerpunkt des Reiches im Süden gelegen hatte, verschob
er sich um 2300 v. Chr. wieder nach Norden und dies-
mal nach Babel. Hier herrschte damals eine Dynastie,
welche den Glanz des alten Reiches unter Sargon und
Naram-Sin wieder herzustellen versuchte. Einer ihrer
Könige, Zabu, hatte die Tempel von Šamaš und Anunit
in den beiden Sippars (Sippar und Agade), welche verfallen waren, restauriert. Wahrscheinlich war Agade
auch damals noch Residenz, wenn auch Babel als heilige Hauptstadt galt. Dem sechsten Könige dieses
Hauses, Ḫammurabi, gelang es sich der Herrschaft über
ganz Babylonien zu bemächtigen, nachdem er das letzte
regierende Haus von Ur, die elamitische Dynastie von
Larsa, unterworfen hatte. In den 55 Jahren seiner Regierung hat er, wie für die materielle Wohlfahrt seines
Volkes, so auch für den Dienst der Götter viel gethan.
So restaurierte er die Tempel von Larsa, welche wahrscheinlich bei der Eroberung der Stadt viel gelitten
hatten, und ebenso das Heiligtum der Nanâ zu Širbulla,

---

1) ša ḳabri, nicht mit Delitzsch, Chald. Gen. S. 274, ša gabri
zu lesen. Vgl. III R. 67, 69 sqq. c—d, die Synonyma ša uzzi, ša
rišâti.

2) Jensen, Kosmologie, S. 484.

woraus zu ersehen ist, daſs diese Stadt damals noch von
Bedeutung war. Ob die Nanâ von Uruk unter oder vielleicht vor seiner Regierung durch den elamitischen König
Kudurnanḫundi, bei einer Razzia, welche keine weiteren
Folgen hatte, geraubt und nach Elam geschleppt wurde,
ist nicht sicher. Das Erstere scheint mir am annehm-
barsten; und dann ist es sicherlich ein Racheakt für die
der verwandten Dynastie angethane Schmach gewesen.
Ḫammurabi scheint keinen Versuch gemacht zu haben,
die Göttin zurückzuholen; gelungen ist es ihm wenigstens
nicht. Sein Hauptwerk war die Erbauung oder Restau-
rierung [1]) des Tempels Ê-zida zu Borsippa, einer Stadt,
welche in der unmittelbaren Nähe Babels und nach einigen
noch innerhalb ihrer äuſsersten Festungswerke lag. In
späterer Zeit ist der Gott von Borsippa Nabû, und Nanâ
steht als seine Gattin neben ihm. Aber Ḫammurabi
erwähnt diesen Gott nicht, der auch noch viel später,
wie wir sehen werden, unter den Göttern Babels nicht
vorkommt. Er sagt ausdrücklich, daſs er den Tempel Maruduk weiht, dem Gott Babels, der ebendort
in Ê-sagila seinen Haupttempel hatte [2]). Aber wahrscheinlich bezieht sich auf diese Stiftung eine Thatsache,
welche als ein wichtiges Ereignis während der Regierung
Ḫammurabis gemeldet wird, nämlich daſs er die Gottheit Tašmêtu, die Gottheit „der Offenbarung", verkündigte, d. h. einführte. Später ist dies ein Beiname Nabûs
und auch wohl der Name seiner Gattin. Ilu Tašmêtu
scheint also damals nichts anderes gewesen zu sein, wie
Maruduk selbst als Orakelgott, welcher erst später als
sein Sohn, unter dem Namen Nabû, Prophet, von ihm
abgelöst und zu einer selbständigen Person erhoben
wurde.

---

1) Der Ausdruck banû wird für beides gebraucht.

2) Vgl. die Inschr. aus dem Louvre, herausgegeben und übersetzt
von Menant, Recueil, II, 76 suiv.

Nach der Meinung vieler hat Ḫammurabi auch den
berühmten Tempel Ê-sagila in Babel selbst gestiftet;
aber der Text, welchen man hierfür anzieht, beweist das
keineswegs. Daſs er unter der Regierung seines Sohnes
Šamšu-iluna schon existierte, geht daraus hervor, daſs
dieser König eine goldene Statue des Gottes darin auf-
stellte, wie er auch im Heiligtum Ê-babbara zu Larsa
that. Dem Sin zu Ur verehrte er einen goldenen Thron.
Man sieht, daſs diese Fürsten, wenn ihnen auch die Sorge
für die Heiligtümer der Hauptstadt zunächst am Herzen
lag, auch diejenigen der für ihr Reich neuerworbenen
Provinzen nicht vernachlässigten[1]).

Wir wollen nicht unterlassen zu erwähnen, daſs in
einer der Inschriften Ḫammurabis der Gott Dagan genannt wird, welcher auch in dem Namen eines Königs
von Ur aus dem Hause Nisinna-Nipur und später dem
eines assyrischen Hohenpriesters, außerdem bisweilen in
einzelnen Texten vorkommt. Daſs er ein semitischer
Gott und wesentlich derselbe ist, wie der Dagon der
Philister, ist nicht zu bezweifeln, aber daſs er mit dem
Bêl von Nipur identisch sei, vermag ich nicht anzunehmen;
eher könnte er eine Gestalt Êas sein.

Die Könige dieser Dynastie waren Semiten, wennschon ihre Namen in den Ohren der späteren Babylonier
so fremd klangen, daſs sie der Übersetzung bedurften.
Nichtsemitische Könige von Babel waren jedoch nicht
minder eifrig in der Fürsorge für den Dienst der großen
Götter von Šu-âna, wie das heilige Quartier der Stadt
hieſs. Zu diesen gehörte Agûkakrimê, ein Kassite,
welcher einige Jahrhunderte nach Ḫammurabi regierte.
Als er den Thron bestieg, hatte eine feindliche Bande
aus dem Norden, welche man für Hethiter (Ḫanirabbat)

---

1) Über die Einrichtung der Tempel Ê-sagila und Ê-zida sprechen
wir erst später, weil wir nicht wissen, ob sie in dieser frühen Zeit
schon dieselbe war, wie unter dem neubabylonischen Reiche.

hält, den Tempel Ê-sagila geschändet und die Bilder der Götter Maruduk und Zarpanitu, seiner Gattin, geraubt. Dies war eine der schwersten Heimsuchungen, welche eine Stadt im Altertum zu treffen vermochten. Aber Agû glückte es, sie zurückzuerlangen. Ausführlich beschreibt er den Hergang dieses frohen Ereignisses und was er gethan hat, um die verfallene Wohnung der Götter, welche solange in dem Tempel des Šamaš untergebracht wurden, wiederherzustellen; wie er sie dann, mit prächtigen Gewändern, Edelsteinen und gehörnten Kronen geschmückt, feierlich installiert und nicht allein für die Unterhaltung ihres Dienstes gesorgt, sondern auch eine Tempelwache zu ihrer Beschützung angestellt habe.

Das Denkmal, welchem diese Einzelheiten entlehnt sind, giebt noch ein systematisches Verzeichnis der wichtigsten Götter, welche unter der Regierung Agûs in Babel verehrt wurden. Obenan steht die bekannte Trias mit den drei Göttinnen. Von Anû und Antû erwartet der König Erhörung im Himmel, von Bêl und Bêlit einen Platz in dem Êkur der Bestimmung des Lebens, dem Totenreiche, von Êa und Damkina ein langes Leben. Dann folgt die Fürstin, die Herrin der hohen Berge, die Muttergöttin. Sin und Šamaš sollen ihm königliche Nachkommen und seinem Throne dauernden Frieden verleihen. Die Liste schliefst mit einem Gebet an Êa um Weisheit und an seinen Sohn Maruduk um Glück. Beide werden, bemerkenswert genug, „Herr der Quellen" (bêl-nakbi) genannt. Vollständig ist diese Liste gewifs nicht, nur die vornehmsten Götter werden aufgeführt. Aber zu den vornehmsten gehörten später Nabû und der dritte Gott der zweiten Trias Rammân. Es kann nicht zufällig sein, dafs Agû sie nicht erwähnt. Sie wurden zu seiner Zeit also noch nicht in Babel verehrt, oder ihr Kultus hatte wenigstens nicht die grofse Bedeutung, welche er in späteren Zeiten erlangte.

## 3. Maruduk.

Maruduk von Babel ist der babylonische Amun-Râ.
Vornehmster Gott der Stadt, welche nicht nur die Hauptstadt eines mächtigen Reiches, sondern auch für alle
Stammesgenossen, die Assyrer nicht ausgenommen, die
heilige Stadt κατ᾽ ἐξοχην war, bekam er von selbst eine
gröfsere Bedeutung und sein Kultus ein erheblicheres
Gewicht, als sein Platz in der Götterhierarchie zu rechtfertigen schien. Die Babylonier erklären ihn für denselben Gott, welcher in Eridu als Sohn Êas und Mittler
zwischen ihm und den Menschen verehrt wurde, und in
der That finden wir in dem grofsen Tempel Ê-sagila
eine Kapelle für Êa als Maruduks Vater. Aus dem Süden wird er also stammen und wahrscheinlich mit einer
Dynastie, welche dort zuhause war, nach Babel gekommen
sein. Aber dann hat er in Babel eine totale Metamor-
phose durchgemacht. In dem guten Boten Êas, welcher
die Klagen der Menschen seinem Vater und die Offenbarungen seines Vaters den Menschen überbringt, würde
niemand den Gott vermuten, auf welchen die Schule von
Babel all᾽ die höchsten göttlichen Eigenschaften und
Funktionen vereinigte. Hat er dies, wie man angenommen hat, der Verschmelzung mit dem anderen Lokalgott Babels, der kein anderer als der höchste Bêl selbst
gewesen sein würde, oder lediglich der Erhebung seines
Wohnortes zu verdanken? Das ist schwerlich mit Sicherheit zu entscheiden. Aber ausdrücklich wird er jetzt der
Erstgeborene und Führer der Götter (šik ilani) genannt,
der Herr des Weltalls (kiššat kal gimrêti), der König,
dessen Wille der höchse Befehl ist, welchem Himmel
und Erde gehorcht, sodafs man schliefslich zwischen ihm
und dem Herrn der Herren (Bêl Bêli) keinen Unterschied mehr macht. Ein viel befragter Orakelgott und
Gott der reinen Beschwörung, bestimmt er an seinem
vornehmsten Feste, dem Akitu-Fest, welches zu Anfang

des Jahres gefeiert wurde, umringt von den anderen
Göttern im Allerheiligsten das Schicksal des Reiches
und des Königs, welcher als sein Sohn und Stellvertreter
auf Erden betrachtet wird. Als Orakelgott hatte er, wie
Hobal zu Mekka, sieben Pfeile oder Wünschelruten in
der Hand, mit denen dem Anschein nach das Los ge-
worfen wurde.

Daß es solch einem Gott nicht an ehrenvollen Beinamen fehlte, braucht kaum gesagt zu werden, aber er
hat dieselben mit anderen großen Göttern der Mehrzahl
nach gemein. Seinen eigenen Namen, dessen Aussprache
Maruduk nicht allein durch das hebräische Merodach,
sondern auch durch phonetische Schreibweise feststeht,
hat man wohl zu erklären versucht, aber bislang ohne
besseren Erfolg, als mit welchem die meisten Etymologieen solcher vorhistorischen Namen aufgestellt sind.
Er scheint nicht bei den Sumeriern im Schwange gewesen zu sein, denn bei ihnen hieß er Tutu. Mit Nimrod
hat er nichts gemein, als daß beide Jäger genannt werden. Aus einem der vielen Ideogramme, mit welchen
sein Name abwechselnd geschrieben wird, könnte man
schließen, daß er der Gott ist, welcher als Mensch mit
Adlerkopf dargestellt wird. Andere bezeichnen ihn als
den Gott des Überflusses, den Geber alles Guten, den
Helden, den Herzenkenner und dergleichen mehr. Die
Griechen verglichen ihn, nicht ohne richtigen Takt, mit
ihrem Zeus, und als Sterne und Sternbilder mit den
Göttern in Verbindung gebracht wurden, wies man ihm
den Planeten Jupiter zu.

Daß er für die Schule von Babel und durch ihren
Einfluß für die Nation der Schöpfer selbst wurde, der
wie Zeus unter Kampf aus dem Chaos die Weltordnung
hervorgehen läßt, wird sich sogleich zeigen. Aber
ebensowenig wie Zeus kann er seine ursprüngliche Bedeutung als Naturgott verbergen. War sein Vater Êa,
obschon im System auf ein einzelnes Gebiet beschränkt

und Meergott geworden, wie viele Ozeangötter z. B.
Varuṇa, Poseidôn, Hunir und andere, ursprünglich der
Gott des in den himmlischen Wassern verborgenen
Lichtes, so war er der sichtbare Lichtgott des Himmels,
welcher sich sowohl im Morgenrot und Sonnenaufgang
als im Gewitter als Schöpfer des neuen, von den Mächten
der Finsternis bedrohten Lichtes offenbart und daher
Gott des Jahresanfangs und der Schöpfung wird. In
diesem Streit tritt er auf an der Spitze der Lichtgötter,
bewehrt mit Krummschwert und Degen und einen doppelten Blitzdreizack [1]) in jeder Hand, mit seinen vier
Hunden — wohl nicht den vier Trabanten des Planeten
Jupiter, sondern vielmehr den vier Winden [2]) — neben
sich, und überwindet natürlich immer die Ungeheuer,
welche ihm Widerstand leisten.

Neben ihm stand von altersher Zarpanitu als seine
Gattin, die Göttin der Fruchtbarkeit, welche das Kind
im Mutterschofse behütet und bei der Geburt mit ihrem
Schutz zugegen ist, selbst also Muttergöttin κατ᾽ ἐξοχήν.
Ursprünglich wird sie wohl die Göttin der fruchtbaren
Wasser gewesen sein, worauf auch ihr Name (nicht =
zir banitu) hinzudeuten scheint. Es ist nicht unwahrscheinlich, dafs sie mit geweihter Prostitution verehrt
wurde, wenn auch nicht gerade in der Form, welche
Herodot erwähnt, als hätte jedes babylonische Mädchen
im Tempel zu Babel das Opfer ihrer Keuschheit darbringen
müssen, bevor sie eine Heirat eingehen konnte. Aber
weder von dieser für unser sittliches Gefühl anstöfsigen
Institution noch von Menschenopfern, welche nach anderen
Maruduk gebracht sein sollen, sind bislang in den einheimischen Quellen irgendwelche sicheren Spuren zu finden.

1) Welche von diesen dreien die berühmte Wunderwaffe (Mulmulu)
ist, die in der Hymne II R. 19, Nr. 2 besungen wird, ist unsicher.
Wahrscheinlich wohl der Dreizack.

2) Die Sumerier zählen deren sieben, in Übereinstimmung mit ihrer
Kosmologie. Vgl. Jensen, Kosmol., S. 130 f.

## 4. Die babylonische Kosmogonie. — Maruduk als Schöpfer.

Zu den wichtigsten Resten der religiösen Litteratur der Babylonier gehören die leider sehr beschädigten Fragmente der sogenannten Schöpfungstafeln, denen man wohl den Namen der chaldäischen Genesis gegeben hat, das didaktische Epos Enuma êliš, wie es von den babylonischen Schriftgelehrten nach seinen Anfangsworten genannt wurde. Die Reihenfolge der Fragmente kann mit ziemlich grofser Genauigkeit festgestellt werden. Eine Übersetzung aus dem Sumerischen ist das Werk sicherlich nicht, wenn auch die in dasselbe verwobenen Mythen und Sagen aller Wahrscheinlichkeit nach zum Teil nichtsemitischen Ursprungs sind; aber dafs seine Heimat Babel ist, beweist sein Inhalt in überzeugender Weise. Maruduk ist nicht allein der Held des Gedichtes, der Retter der Götter, der Schöpfer, sondern niemand unter ihnen vermag, was er hier vollbringt, und er wird über alle verherrlicht. Wie alt die Redaktion ist, deren Überbleibsel in assyrischer Abschrift auf uns gekommen sind, ist unmöglich zu bestimmen; aber wenn auch die litterarische Form vielleicht jünger ist als die Periode, mit welcher wir uns jetzt beschäftigen, der mythische Stoff erinnert sicher an noch viel frühere Zeiten, und die kosmogonische Spekulation, welche sich desselben bemächtigt hat, mufs im wesentlichen schon in dieser Periode begonnen haben, als die Suprematie Maruduks sich festsetzte.

Der Gang der Erzählung ist ungefähr folgender. Als Himmel und Erde noch keinen Namen hatten, d. h. nach der Anschauung der Antike, noch nicht existierten, ebenso noch keine Götter geschaffen waren, noch irgendetwas anderes mit Namen genannt war, vereinigten Apsu, das unterirdische Weltmeer, und Tiamat (Mummu T., Mutter T.?), der überirdische Weltozean, ihre Wasser miteinander, und die Götterpaare Luḫmu und Laḫamu, Anšar und Kišar waren die ersten Spröſslinge dieser Verbindung. Darauf folgten Anu und die anderen Götter. Hier bricht die erste Tafel ab. Aber dies Wenige ist schon genügend, um dasjenige, was Damascius über die babylonische Kosmogonie mitgeteilt hat [1]), abgesehen von einem kleinen Irrtum, zu bestätigen. Deshalb dürfen wir das Fehlende aus seinem Bericht ergänzen. Als erstgeschaffene Götter nach Lachos und Lachê (wie verbessert werden muſs) und Assôros und Kissarê, nennt er neben Anu (Anos) noch Illinos und Aos, welche mit Anu die höchste Trias bilden und mithin Ellilla oder der alte Bêl und Êa sind. Dieser, sagt er, zeugt nun mit Daukê (Damki) den Demiurgen Bêlos, womit allein Bel-Maruduk gemeint sein kann, welcher auch im weiteren Verlaufe des Epos als Weltschöpfer dargestellt wird.

Die zweite Tafel ist verloren gegangen, aber aus der Fortsetzung geht hervor, daſs Tiamat sich den Göttern feindlich zeigte und Luḫmu und Laḫamu ihre Partei ergriffen, Anšar und Kišar dagegen sich auf die Seite der Benachteiligten schlugen. Die beschädigten Reste der dritten Tafel zeigen deutlich die Zurüstungen zum Streit und die ersten Versuche, ihn zu schlichten. Tiamat waffnet die Götter, welche ihr folgen, mit Schlangen, scharfzähnig und giftig, schafft elf Arten von Ungetümen und stellt sie alle unter den Befehl ihres Gemahls Kingi, des Königs derselben. Anšar sendet zur Bekämpfung dieses Heeres erst Anu, dann Êa (Nukimmud) aus, aber vergebens: der erste vermag nichts auszurichten, der zweite ist furchtsam. Nun aber bietet Maruduk sich an, um die Götter zu rächen. Man hält dann eine Mahlzeit, bei welcher die Götter, wie Indra und seine vedischen Gefährten, sich einen Rausch antrinken, worauf sie sich rüsten, sein Schicksal zu bestimmen. Wie dies

---

1) *Περὶ ἀρχῶν,* c 125.

geschieht, erzählt die vierte Tafel. Maruduk wird da mit der Autorität Anus bekleidet, zum Rächer der Götter gewählt und feierlich zum König des Weltalls erhoben. Man giebt ihm ein Wunderkleid, das auf seinen Befehl ihn bedeckt oder verschwindet, die Zeichen der königlichen Würde und verschiedene Waffen, unter ihnen einen Blitz, mit Flammenglut erfüllt, und ein Netz, welches die vier Winde festhalten, um Tiamat darin zu fangen. Die Mythe wird nun stets durchsichtiger, als Beschreibung des Gewitters. Während ein Orkan wütet und alle Winde losgelassen werden, besteigt der heldenhafte Erstgeborene der Götter seinen Wagen. Als er naht, wendet Kingi in Verwirrung sich ab, aber Tiamat hält Stand. Maruduk fordert sie zum Zweikampf heraus, und auch sie zittert, sucht sich aber durch eine Beschwörung zu retten. Aber gegen den mächtigen Gott, dessen Netz sie umstrickt, dessen Orkan ihr den Rachen öffnet, ist sie machtlos, und sein Schwert schneidet sie entzwei; ein Zug, der auch in dem Schöpfungsbericht des Berossos vorkommt. Die Bedeutung erhellt aus dem Folgenden, wo es heifst, dafs Maruduk aus der einen Hälfte der Leiche das Himmelsgewölbe macht, wohlverriegelt und von einem Wächter bewacht, damit die Wasser nicht entschlüpfen. Aus der anderen Hälfte bildet er ein Gewölbe über den Apsu, Êas Wohnung, Êsara nämlich, die Erde, und nachdem er den besiegten Göttern das Leben geschenkt, aber sie definitiv unterworfen und Kingi gefesselt hat, weist er Anu, Bêl und Êa ihre Wohnsitze an.

Dann beginnt die Schöpfung aller Dinge, die Verteilung der Jahre und Monate, die Festlegung der Pole, die Regelung der Thätigkeit Nannarus, Šamaš' und Ištars, und damit bricht dieses Fragment ab. Spärliche Überbleibsel einer folgenden Tafel berichten jedoch von der Erschaffung der Tiere und der Menschen, welche bisweilen unmittelbar Maruduk, aber meist einem andern

12*

Gott, wahrscheinlich Êa, zugeschrieben wird. Êa formt,
wie der ägyptische Chnum, die Menschen aus Thon,
mengt aber, nach Berossos, sein eigenes Blut dazwischen;
ein Bild, in welchem die Lehre, dafs die menschliche
Seele von göttlicher Natur, dafs der Mensch mit den
Göttern verwandt sei, nicht zu verkennen ist.

Die letzte Tafel — falls auch dieses Stück einen
Teil unseres Epos bildete — enthält lediglich eine Verherrlichung Maruduks als dessen, welcher die Schöpfung vollbracht hat. Eine Reihe von Ehrennamen in
der heiligen sumerischen Sprache wird aufgezählt und
erklärt; dann schenkt der alte Bêl ihm den Titel „Herr
der Länder" (bêl matâti), sonst ein Beiname von Rammân, und Êa stellt den Sohn, welcher seine Befehle
den Menschen überbringt, sich selbst gleich. Die Herrschaft des siegreichen Lichtgottes, welcher die Mächte
der Finsternis überwand und dadurch alles ins Leben
rief, wird also von allen, auch den höchsten Göttern
anerkannt, wenn sie auch, wenigstens in der Theorie,
ihren Rang und ihre Macht auf dem eigenen Gebiete
behalten [1]).

Wie bei anderen Völkern ist also auch in Babel der
grofse Lichtgott, der sowohl Gott des Morgenrots wie
der Erneuerung des Jahres ist, der Schöpfer der Welt
und aus einer Sonnenaufgangs- und Gewittermythe eine
Schöpfungserzählung geworden. Aber nicht nur der
Schöpfer selbst, auch die drei alten Götter Anu, Bêl
und Êa, die ihm voraufgingen, waren entstanden und
selbst diese gehorchen Anšar, der mit Kišar die obere
und die untere Welt repräsentiert, und bekämpfen Luḫmu
und Laḫamu, die noch vor ihnen geworden sind. Diese
werden geboren aus der Vereinigung der beiden an-

---

1) Man vgl. die neueste, ganz vortreffliche Bearbeitung der Schöpfungstafeln von Jensen, Kosmologie, S. 263 ff., der ich in der Hauptsache gefolgt bin.

fänglich noch nicht geschiedenen und ewigen Ozeane,
Apsu und Tiamat. Die Anordnung dieser Wesen ist
ein Ergebnis gelehrter Spekulation, aber es sind Spuren
davon vorhanden, dafs sie wirklich verehrte Götter und
nicht nur Phantasiegebilde waren. Dabei blieb man
jedoch nicht stehen. Noch auf andere Weise suchte
man das Problem des ersten Anfanges oder der höchsten
Gottheit zu lösen, entweder indem man eine Anzahl
dieser vorkosmischen Götter einfach mit Anu und ihre
Gemahlinnen mit Anatu identifizierte, oder indem man
noch einen Anu annahm, welcher, höher als der Anu
der ersten Trias und noch nicht in ein männliches und
ein weibliches Prinzip geschieden, der Muttervater aller
göttlichen Wesen war. Ob · diese letzte Spekulation
jedoch bis in die älteste babylonische Periode zurückreicht, ist nicht mit Sicherheit zu sagen.

# Viertes Kapitel.

## Die Religion in der assyrischen Epoche.

———

### 1. Verhältnis der assyrischen Religion zu der babylonischen.

Die assyrische Epoche beginnt erst dann, als die Herrscher von Assur, anfangs lediglich Vasallen der babylonischen Könige und von diesen — auch als sie es thatsächlich nicht mehr waren — noch lange als solche angesehen, es unternahmen, das Joch abzuschütteln und sich selbständig zu machen. Vielleicht fällt dies ungefähr mit dem Anfange der kassitischen Herrschaft in Babel zusammen, gegen Ende des 18. Jahrhunderts v. Chr. Lange dauerte der Kampf zwischen den beiden Völkern, und mit wechselndem Glück wurde der Krieg geführt. Aber beständig nahm die Macht Assyriens zu. Aus aufrührerischen und schwer zu zügelnden Vasallen wurden die Könige von Assur gefährliche Rivalen, dann die mächtigsten Herrscher in dem Westen Asiens; und wenn auch die von Babel noch bis zur Mitte des 8. Jahrhunderts v. Chr. ihre Unabhängigkeit behielten, so sahen sie doch ihr Königtum auf Babylonien und einige minder wichtige Provinzen beschränkt und die Hegemonie besafsen sie nicht mehr. Seit Tiglatpilesar III. (745 v. Chr.) wurden die Rollen vertauscht. Babylonien wird jetzt wiederholt für längere Zeit Assyrien unterthan, und nur selten gelingt es ihm, seine Selbständigkeit wiederzugewinnen und für einige Jahre zu behaupten, bis endlich Assyrien sich zum Untergange neigt und das neubabylonische Reich gegründet wird.

Die ältesten Herrscher von Assur waren Hohepriester (išakku). Um die Mitte des 19. Jahrhunderts v. Chr. stifteten Išmedagan und sein Sohn Šamši-Rammân den Tempel Anus und Rammâns in der Stadt Assur, welche, am rechten Tigrisufer gelegen, allmählich die Hauptstadt des Reiches wurde und dies wahrscheinlich bis zum 10. Jahrhundert blieb, worauf der Sitz der Regierung bald nach Nineve, bald nach Kalach verlegt wurde.

In der Religion brachte diese politische Umwälzung keine tiefgehende Veränderung zuwege. Das war natürlich. Die assyrische Religion unterschied sich doch von der babylonischen nicht wesentlich, mochte sie auch in ihrer Entwicklung meist hinter dieser zurückbleiben. Die Hauptgötter der vornehmsten Städte Assyriens waren bekannte babylonische: Anu, Dagan, Ištar in ihren beiden Gestalten, von denen die eine, die von Nineve, mit der Göttin von Uruk, die andere, die von Arbela (Arbailu), mit der Göttin von Agade übereinstimmte, Nergal, Nindar und andere. Der Name der uralten Stadt Nineve (Ninâ) wird mit dem Ideogramm der Göttin Ninâ geschrieben, die wir aus Širbulla kennen. Und die Listen der in den Tempeln Assyriens verehrten Götter, die wir noch besitzen, beweisen dasselbe. Die einzige Ausnahme bildet der nationale Gott Assur, der in Babylonien nicht verehrt wurde, und vielleicht Rammân, welcher dort erst später Eingang fand.

Anderseits sehen wir die Könige von Assyrien nach einem glücklichen Kriegszuge gegen den südlichen Nebenbuhler den Göttern von Babel und Umgegend, ja selbst von südlicheren Städten, ihre Huldigung darbringen und Opfer zu ihrer Ehre schlachten. Babel vor allem ist auch in ihren Augen eine besonders heilige Stadt, und ihre Rachsucht muß wohl bis zum Äußersten gereizt sein, ehe sie dieselbe der Plünderung und Verwüstung preisgeben. Eine andere babylonische Stadt, Dêri, deren Lage nicht genauer bekannt ist, aber in der Nähe der elamitischen Grenze gesucht werden muſs, „die Stadt Anus", wie sie hieſs, wo unter anderen eine Schlangengottheit (Sêru) verehrt wurde, scheinen beide Stämme ebenfalls als heilig betrachtet zu haben [1]); kurzum, nur wenig mehr als ihre Sprachen unterscheiden sich ihre Religionen.

Diese Verschiedenheit besteht, abgesehen von dem bereits Erwähnten, hauptsächlich darin, daſs Babel vorangeht und Assur folgt. Ersteres giebt in der Religion den Ton an. Änderungen, welche hier in der Anordnung der Götter oder im Kultus vorgenommen wurden, dringen erst später in Assyrien durch. So zählt Tiglatpilesar I. im Eingange seiner Annalen nur sieben vornehmste Götter, wenn er auch deren mehr kannte und verehrte; sein Zeitgenosse Marudukidinaḫi, der König von Babel, hat schon zwölf Hauptgötter, und daſs die Zahl hier die Hauptsache ist, geht daraus hervor, daſs die Namen der Götter nicht in allen seinen Inschriften übereinstimmen und nach Belieben geordnet werden. Erst lange danach, unter Aśurnaṣirpal und seinem Sohne Salmanassar II., treffen wir dieselbe Zwölfzahl groſser Götter auch in Assyrien an, ebenfalls ohne feste Ordnung. Der Gott Assur steht an der Spitze, wird aber nicht mitgerechnet.

Auch die Verehrung Maruduks, welcher, wie sich zeigte, schon zur Zeit Ḥammurabis und wahrscheinlich schon vor ihm der Hauptgott Babels war, und Nabûs, welcher auf den Listen Marudukidinaḫis, aber meist an letzter Stelle, vorkommt, scheint erst viel später in Assyrien heimisch geworden zu sein. Personennamen, welche mit den Namen dieser Götter zusammengesetzt sind, findet

---

[1]) Vgl. die Urkunde von Nebukadrezar I. (1125 v. Chr.), Col. I, 14 und II, 49.

man dort, wenigstens unter den hohen Würdenträgern, nicht vor dem 8. Jahrhundert v. Chr., obschon sie bereits mindestens um ein Jahrhundert früher auch dort unter die Hauptgötter gerechnet wurden. Endlich ist auch die heilige Litteratur so gut wie ganz babylonischen Ursprungs. Was man von ihr in den Bibliotheken der assyrischen Paläste gefunden hat, ist mit wenigen Ausnahmen die Abschrift babylonischer Originale. Kurzum, wenn auch Assur jetzt die Hauptrolle auf der Weltbühne spielte und nicht mehr Babel, in Religion und Kultur behielt letzteres den Vorrang, und ersteres stand zu ihm ungefähr in demselben Verhältnis, wie das weltbeherrschende Rom zu Griechenland in den Zeiten seines Verfalls.

## 2. Der Gott Ašur.

Einen Gott hatten die Assyrer nicht mit den Babyloniern gemein, ihren nationalen Gott Ašur. Wenn er bisweilen wirklich in Babel verehrt wurde, was noch sehr zweifelhaft ist, so hatte er das allein der zeitweiligen Übermacht Assyriens zu danken; thatsächlich war er dort, wenigstens in der Form, in welcher er jetzt vorkommt, ein Fremdling.

War er einfach der Eponymos des Volkes, also nach der ältesten Residenz seiner Fürsten, nach der Stadt Ašur benannt? Während einige dies meinen, halten andere am Gegenteil fest und behaupten, daſs die Stadt ihren Namen von dem Gott entlehnte, und die Bedeutung, welche sie als Hauptstadt eines mächtigen Reiches erhielt, die Erhebung ihres Lokalgottes zu dem höchsten von allen zur Folge hatte. Letzteres kommt auch mir am wahrscheinlichsten vor. Aber dann fragt es sich, ob er eine eigene Schöpfung der Assyrer, oder vielleicht ein alter, auch in Babel verehrter Naturgott war, unter anderem Namen und in etwas modifizierter Form. Man glaubte nachweisen zu können, daſs er nichts anderes

sei als eine besondere Gestalt des alten Mondgottes Sin
als des obersten der Götter. Aber dieser wird stets als be-
sonderer Gott neben ihm genannt und nur in einer späteren synkretistischen Periode mit ihm verwechselt. Viel
anziehender ist die Vermutung, daſs er identisch sei mit
dem Gotte der Kosmogonie An-šar, welcher die Götter
gegen Tiamat und ihre Helfer führt. Ašurs ältester
Name, Aušar, kann daraus entstanden und später zu Ašur
(Aššur) geworden sein. Auch ist es sicher, daſs Ašurs
Name zuweilen An-Šar geschrieben wird, und daſs die
Bedeutung dieses Namens „das Universum des Himmels“, „alles was droben ist“ (kiššat šamê) mit derjenigen Ašurs als höchsten Gottes sehr gut übereinstimmt.
Aber auch hiergegen sind Bedenken geltend gemacht [1]).
Die Sache mag vorerst unentschieden bleiben. Bemerkenswert ist, daſs meines Wissens nirgends von einem
Bilde Ašurs gesprochen wird. Die symbolische Darstellung, welche man von ihm gab und die gewöhnlich für
eine modifizierte Nachahmung der geflügelten Sonnenscheibe (Hud) der Ägypter gehalten wird, später auch
von den Persern für ihren Auramazda gebraucht wurde,
kann nicht sehr alt sein, aber beweist, daſs man ihn zu
den Lichtgöttern zählte.

Soviel ist gewiſs: in der assyrischen Epoche war
Ašur kein Naturgott mehr im alten Sinne des Wortes,
sondern der über die Natur erhabene Obergott, nicht
allein der Vater und König der Götter, sondern auch
der Bêl seines Volkes (wie in dem Eigennamen Ašur-
bêlnišišu) und als solcher mit Bêlit als seiner groſsen
geliebten Gemahlin verbunden (Tiglatplsr. I., Cyl. Col.
IV, 34 s.), auch als der Gott eines stets kriegführenden
und jagdliebenden Volkes Kriegs- und Jagdgott, aber

---

1) Die Vermutung stammt von Jensen, Zeitschr. für Assyriol.,
I, 1 ff., und Kosmologie, S. 275. Vgl. dagegen Schrader, Zeitschr. I, 209 ff. Auch Sayce, Babylonian Religion, p. 125 f.
bringt Ašur mit An-šar, Assôros in Verbindung.

nicht in dem Maße wie Nindar oder Nergal. Für Assyrien war er der nationale Gott κατ᾽ ἐξοχήν, und zwar
so sehr, daß er nach dem Sturze des Reiches gänzlich
verschwindet. Wie der Israelit von den Kriegen Jahves,
so redete der Assyrer von den Kriegen Ašurs. Er selbst
und seine Tochter, die kriegerische Ištar, zogen mit in
den Streit; und unter der Standarte, welche ihn abbildete,
innerhalb eines Ringes auf einem oder zwei Stieren
stehend und bereit, von dem gespannten Bogen den
Pfeil zu schnellen, wurde jeder Sieg erfochten. Ihm
wurde das Beste der Beute geweiht; selbst über die
Löwen, welche der König auf der Jagd erlegt hat, gießt
er ein Trankopfer zu Ašurs Ehre aus. Empörung gegen
das Reich ist Empörung gegen den hohen Gott des
Landes. Im Kriege geraubte Götter werden wohl zurückgegeben, aber nur, nachdem sie mit seinem Ruhm beschrieben sind. Ausbreitung des Reiches ist Ausbreitung
seiner Herrschaft. Ihm schwört man Treue, und auf
den Bruch dieses Eides folgt eine grimmige Rache. Und
mehrere Male kommt es vor, daß in einer unterworfenen
Provinz die religiöse Verehrung Ašurs durch den Eroberer
eingeführt wird.

Die Religion der Assyrer, obwohl nur eine Varietät
der babylonischen, war so in der That monarchischer
als diese. Zwar war Maruduk für das Volk Babels
ebenfalls der nationale Gott, und sein Tempel der heiligste des Reiches, aber man konnte niemals vergessen,
daß er in der Götterhierarchie nicht den obersten Platz
einnahm. In einer wohlbekannten, sicherlich aus Babel
herrührenden Götterliste folgt er erst auf die beiden höchsten Triaden, und in seinem eigenen Tempel hatte sein
Vater Êa ein Heiligtum. Ašur steht unverändert und
unbestritten an der Spitze der Götter, und von seinem
Vater oder seiner Mutter ist niemals die Rede. Auch
ist von ihm kein Mythus bekannt. Zwei Ursachen haben
gewiß zu dieser höheren Entwicklung der assyrischen

Religion beigetragen: zunächst die gröfsere Einheit des
assyrischen als des babylonischen Reiches, sodann die
reinere semitische Volksart der Assyrer. Es war ein bedeutender Schritt vorwärts; aber, obschon der höchste
und selbst seinem Wesen nach ein anderer Gott als die
Naturgötter, an deren Spitze er stand, der alleinige Gott
ist Ašur doch nie geworden, und bei dem einzigen, sehr
bescheidenen Anlauf zum Monotheismus, der — wie wir
gleich sehen werden — in Assyrien versucht wurde, ist
es ein anderer und wahrscheinlich ein babylonischer Gott,
welchen man zu dieser Würde zu erheben trachtete.

## 3. Rammân und Nabû.

Erst in dieser Periode kommen Rammân und Nabû
unter den grofsen Göttern in Assyrien und Babylonien
vor. Erstgenannter gehörte zu den ältesten Gottheiten
Assyriens, denn in dem Haupttempel der Stadt Assur
war er schon um 1850 v. Chr. und vielleicht schon
früher mit Anu als sein geliebter Sohn verbunden, und
der Gründer dieses Tempels oder sein Restaurator nannte
seinen Sohn nach diesem Gotte. Viel später erst, gegen
das Ende des 13. Jahrhunderts, kommen Königsnamen,
welche mit dem Namen Rammân zusammengesetzt sind,
in Babel vor und bleiben dort selten. Wir sahen, dafs
Agûkakrimê, der viel früher regierte, ihn noch nicht
unter den Hauptgöttern erwähnt, wo dieses erwartet werden konnte. Das führt auf die Vermutung, dafs er ursprünglich zum Norden gehörte und Babel fremd war,
wenn er auch hier mit dem alten sumerischen Sturmgott
Martu identifiziert wurde. Martu ist der Gott des Westens,
der auch so genannt wurde, und da Rammân unter verschiedenen Namen einer der vornehmsten Götter von
Aramäa war, Aramäer noch im 14. Jahrhundert v. Chr.
bis tief nach Assyrien hinein wohnten und erst später
nach Westen und Süden gedrängt wurden, so liegt

die Vermutung nahe, dafs wir hier einen aramäischen
Gott vor uns haben, welcher zuerst von den Assyrern
und später von den Babyloniern in ihr Pantheon aufgenommen wurde. Marudukidinaḫi, der König von Babel,
ein Zeitgenosse Tiglatpilesars I. und seines Nachfolgers
(Ende des 12. Jahrhunderts) raubte ein Bild dieses Gottes
und seiner Gattin Šala aus der übrigens unbekannten
assyrischen Stadt Êkalate (die Palaststadt?), welches erst
nach 418 Jahren von Sinacherib nach Assyrien zurückgebracht wurde.

Rammân, dessen Name in Babylonien selbst als „der
Brüller, der Donnerer" aufgefafst wurde [1]), trug dort,
wie in Aram, auch den Namen Addu (Hadad) und Barku
oder Birku, „Blitzgott", und ist der Gott aller der Erscheinungen des Dunstkreises, des Windes, Sturmes,
Platzregens, Donners und Blitzes; da nun diese Erscheinungen sowohl gefürchtet als gewünscht werden, bald
verwüstend, bald wohlthätig wirken, ist er ebenso ein
furchtbarer Gott, vor dessen Zorn man zittert, als ein
Gott der Fruchtbarkeit, dessen Segnungen man erfleht
und dankbar empfindet. Das letztere stand bei den Babyloniern im Vordergrunde, obgleich sie ihn auch in
seinem Grimme kennen; bei den Assyrern ist das Um-
gekehrte der Fall, und bislang ist sogar kein assyrischer
Text vor Sargon II. bekannt, der Rammâns als des siegreichen Gottes Erwähnung thut. Šâla, Rammâns Gattin,
wurde sehr geehrt und wird wohl eine Muttergöttin gewesen sein, die wahrscheinlich mit der Erde in Verbindung
stand, aber bezüglich ihrer Bedeutung befinden wir uns
noch gänzlich im unklaren.

---

1) Jensen, Kosmologie, S. 148, erinnert an V R. 46, 44 a. b.,
wo Rammâns sumerischer Beiname Nu-muš-da durch shagimu, „der
Brüller", erklärt wird. Die Ableitung von einer der Wurzeln r'm oder
r m m scheint also vor derjenigen von der Wurzel r v m den Vorzug zu
verdienen. Sayce, Hibb. Lect., p. 205, hält die Erklärung von Rimmon als „Granatapfel" mit Recht für eine mifsglückte Etymologie.

Aus welchem Naturgott der berühmte Nabû, der zu Borsippa seinen Hauptsitz hatte, hervorgegangen ist, kann mit den Daten, welche wir jetzt besitzen, überhaupt nicht entschieden werden. Alles was wir wissen ist, daſs ihm das Langwerden des Getreides zugeschrieben wird. Vielleicht war er ursprünglich kein anderer als Maruduk selbst als Prophet oder Orakelgott (nabû) und daher Gott der Offenbarung (ilu taśmêti), welcher, zu einem selbständigen Gott erhoben, wie das mehrere Male vorkommt, als sein Sohn betrachtet wurde. Als Prophet zeigte er sich in dem Morgenstern Mercurius, wie Maruduk in dem Planeten Jupiter. Was letztgenannter ehemals Êa gegenüber war, das wurde Nabû jetzt im Verhältnis zu ihm, „der echte Sohn, der höchste Diener oder Bote, der geliebte Überwinder". Aber vor allem muſste er als der Gott, welcher den Willen des Allerhöchsten offenbart, der gewiesene Beschützer derer sein, welche auf Erden die Dolmetscher dieser Offenbarung waren, der Priester und Propheten. Das war er auch in der That, er, der Weise, der die Ohren öffnete und den Menschen die Schreibkunst gelehrt hatte, so sehr, daſs sein Ideogramm als Sohn Maruduks auch zur Bezeichnung eines Schriftgelehrten diente. Ein anderes Ideogramm, womit sein Name sehr häufig geschrieben wird (an-pa = ilu ḫatti) kann sowohl Gott des Schreibstiftes oder Griffels als Gott des Scepters bedeuten. Absichtlich lieſs man beide Erklärungen gelten und nannte Nabû nicht nur den Gott der Schrift, sondern seinen Tempel „Haus des Scepters der Welt" und versicherte, daſs er es sei, „welcher das Scepter der Regierung giebt zur Beherrschung aller Länder"[1]). Der König herrsche und befehle, aber der Geistlichkeit hat er sein Scepter zu danken, und wehe ihm, wenn er das vergiſst! Wir sehen den Kultus des Nabû, vielleicht wohl mit der

---

1) I R. 61, Col. IV, 18 sq.

Macht der Priesterschaft, stets zunehmen, jedenfalls in
Assyrien, und gerade in demselben Mafse, wie die Macht
der Könige abnimmt. Zuletzt wagt man sogar einen Versuch, ihn zum einzig wahren Gott zu erheben. Es war
im Jahre 807 v. Chr. unter der ·Regierung Rammân-
niraris III., eines Fürsten, an dessen Hofe die Königin
Sammuramât, wahrscheinlich seine Mutter und eine babylonische Prinzessin, den Ton angab. Damals wurde zu
Kalach ein neuer prächtiger Tempel für Nabû erbaut,
und der Gott feierlich in ihn eingeführt. Zugleich weihte
der Statthalter von Kalach und anderen Gauen zu Ehren
seines Königs und seiner Königin, deren Patron Nabû
war, acht Standbilder dieses Gottes mit einer Inschrift,
in welcher er darauf dringt, auf diesen Gott allein und
auf keinen anderen sein Vertrauen zu setzen. Dafs dieses
Ziel nicht erreicht wurde, liefs sich erwarten. Wohl aber
wurde von dieser Zeit an der Nabû von Borsippa — denn
dieser war es, wie aus den Inschriften hervorgeht — mit
grofsem Eifer auch in Assyrien verehrt. Auch bleibt
der Versuch der Königin und ihrer Diener, obgleich er
nicht die Frucht trug, welche man erhoffte, merkwürdig
als ein Beispiel von Propaganda in einer Naturreligion
und in so alter Zeit.

## 4. Die Religion unter den Sargoniden.

Unter den Nachfolgern des eben erwähnten Ram-
mânnirari III. war das assyrische Reich in beständigem
Rückschritt begriffen, und schliefslich ging die seit Jahrhunderten herrschende Dynastie, unfähig die sich stets
wiederholenden Aufstände zu dämpfen, zugrunde. Aber
mit der Herrschaft Assurs war es noch lange nicht vorbei; im Gegenteil, sie sollte in den anderthalb Jahrhunderten, die nun folgten (745—606), den Gipfelpunkt
ihrer Blüte und Ausdehnung erst erreichen. Den Grund
dazu legte ein mächtiger Feldoberster, Pulu, ein Mann

von fürstlichem Blut, der sich jedoch widerrechtlich des
Thrones bemächtigte und als König den ruhmreichen
Namen Tukulti-pal-ê-šarra (Tiglatpilesar III.) annahm. Als
nun auch der babylonischen Dynastie (741) ein Ende
gemacht war, welche durch einen chaldäischen Fürsten
Ukin-zir gestürzt wurde, gelang es dem assyrischen
Könige, diesen zu vertreiben und den Thron von Babel zu
besteigen, auf welchem auch sein Sohn Ululai, als König
Šulman-ašaridu (Salmanassar IV.), sich noch fünf Jahre
lang behauptete. Dann aber wurde diese in den Augen
der Assyrer ungesetzliche Dynastie gestürzt durch einen
Fürsten, der wahrscheinlich einem Zweige des alten
Königshauses angehörte und sich Sargon (Šarru-kênu,
der echte König) nannte. Nun beginnt, während sich
unter ihm und seinen Nachfolgern die assyrische Herrschaft stets weiter ost-, nord- und vor allem westwärts
ausbreitet, ein beständiges Ringen um den Besitz von
Babel zwischen den assyrischen und den chaldäischen
Königen der Seeküste, vorzüglich denen aus dem mächtigen Hause Jakîn. Die Babylonier suchen bald bei den
einen, bald bei den anderen Unterstützung; aber sobald
sie können, machen sie sich völlig unabhängig. Gewöhnlich werden sie jedoch von einem assyrischen König
oder Unterkönig regiert.

Die Folge dieser engeren politischen Verbindung war
nicht die Unterdrückung der babylonischen Religion und
die Aufnötigung der assyrischen, sondern vielmehr eine
innige Verschmelzung beider. Bemerkt zu werden verdient, daſs nicht allein die Chaldäer — laut der Namen,
welche sie tragen, Anbeter derselben Götter wie die
Babylonier — sondern auch die Assyrer, welche doch
einen anderen Hauptgott hatten und durch die Un-
zuverlässigkeit der Babylonier sehr gereizt waren, die
Götter Babels und ihre Tempel nicht nur schonten, sondern ihnen sogar ihre besondere Verehrung und Fürsorge
widmeten. Sie folgten darin dem Beispiel der früheren

assyrischen Könige, welche dasselbe thaten, so oft ein
Kriegszug nach dem Süden sie mit Babel in Berührung
oder wenigstens in die Nähe der heiligen Stadt brachte.
Tiglatpilesar III. erwähnt nicht nur die Opfer, welche er
den Göttern Babyloniens und vor allem denen der Hauptstadt wiederholt darbrachte, unter welchen diesesmal, merkwürdig genug, auch Ašur und Šeru'a vorkommen, sondern dafs er auch die höchste Weihe der Könige von
Babel, durch „das Ergreifen der Hände des Bêl (Maruduk)" empfing. In demselben Sinne handelten Sargon,
als er den Chaldäer Maruduk-bal-iddinna II. nach einer
zwölfjährigen Regierung vertrieben hatte, Ašur-aḫi-iddinna
(Esarhaddon), sein Enkel, der zeitweise in Babel residierte
und die Stadt besonders protegierte, und selbst Ašurbanipal (Sardanapalos), nicht nur als sein Bruder, der
Unterkönig Šamaš-šum-ukin, ihm noch gehorchte, sondern auch nachdem er den gewaltigen Aufstand in allen
Teilen des Reiches, an dessen Spitze dieser sich gestellt
hatte, gedämpft und die Stadt Babel nach hartnäckigem
Kampfe hatte stürmen müssen. Zwar wurde die Stadt
gezüchtigt, aber die Götter und ihre Heiligtümer wurden
respektiert und letztere restauriert. Nur der jähzornige
und rachsüchtige Sin-aḫi-irba (Sinacherib, Sanherib) wufste
seine Wut nicht zu zügeln. Er machte das ungehorsame
Babel, das beständig abfiel oder die Regierung in die
Hände ihm feindlicher Fürsten legte, dem Erdboden
gleich, schleifte Paläste und Tempel, durchstach die
Deiche und verwandelte so den Platz, wo „die Stadt der
Gerechtigkeit" (êr kitêni), „die Wohnung des Lebens"
(šubat balaṭi) gestanden hatte, in einen Sumpf. Die
Götter selbst, nicht blofs die vor Jahrhunderten aus Assur
geraubten, sondern auch die von Babel führte er mit in
sein Land. Von dem Ärgernis, welches diese Greuel-
that ohne Zweifel bei vielen erregte, ist keine Nachricht
auf uns gekommen. In einem despotischen Staat wie
Assyrien konnte es sich nicht öffentlich Luft machen.

Der babylonische Chronist schämt sich die Erniedrigung
der Hauptstadt zu berichten und sagt lediglich, dafs
nun acht Jahre lang kein König in Babylon regierte.
In den offiziellen Dokumenten wird sie verblümt, und
die Züchtigung Babels dem Zorne Maruduks zugeschrieben,
weil der babylonische König Mušêzib-Maruduk die Hilfe
des Königs von Elam mit Geld aus dem Tempelschatze
erkauft habe. Aber kaum war der Tyrann von einem
seiner Söhne ermordet, und hatte sein geliebter Sohn
Ašuraḫiddin (Esarhaddon) den Aufruhr unterdrückt, den
Mörder bestraft und die Regierung angetreten, als er
sich beeilte, die heilige Stadt und ihre Tempel wieder
herzustellen. Persönlich leitet er das Werk, geschmückt
mit dem K u d u r, der heiligen Kopfbedeckung des Königs
als Tempelbauherrn. Mitten in seiner Thätigkeit, von
welcher wiederholte Kriegszüge, zuletzt nach Ägypten,
ihn abriefen, überraschte ihn der Tod, und erst unter
der Regierung seiner Söhne, des Oberkönigs Ašurbanipal
und des babylonischen Unterkönigs Šamaššumukin, hielten
die nach Assyrien weggeschleppten Götter ihren feierlichen Wiedereinzug in die Tempel Babels. Nach Been-
digung des Bruderkrieges hat der assyrische König sich
beeifert, die Heiligtümer in Babel und Borsippa auszu-
schmücken, hauptsächlich die Tempel Ê-sagila und
Ê-zida; diesem schenkte er u. a. vier silberne Stiere.

In Assyrien beharrten Sargon und seine Nachfolger
bei der Verehrung aller der Götter des Pantheons, auch
der jüngeren babylonischen. In seiner neuen befestigten
Sommerresidenz Dûr-Šarukin baut Sargon aufser anderen
auch einen Tempel für Nabû und nachdem er dort
Kriegsgefangene verschiedener Sprachen und Völker als
Einwohner angesiedelt hat, stellt er Weise und Schrift-
gelehrte an, um ihnen „die Furcht Gottes und des Königs" einzuschärfen. Dafs die ewig kriegführenden Assyrer
vor allem Kriegsgötter anbeteten, läfst sich denken. Besonders suchten sie neben dem Schutze Ašurs, Nindars,

Nergals denjenigen der strengen, wehrhaften Ištar von Arbela (Arba'il). Sie zieht mit ihnen in die Schlacht, erscheint ihnen im Traum, spricht ihnen Mut zu in der Gefahr und versichert sie des Sieges. Und als Esarhaddon gegen seinen aufrührerischen Bruder zu Felde zieht, ermutigen ihn Prophetinnen und ein Prophet aus der Tempelschule von Arbela in einer Reihe von Orakeln, die noch erhalten sind.

Die Sargoniden sind in der Litteratur, vor allem in der religiösen, fleißiger als ihre Vorgänger bei den Babyloniern in die Schule gegangen. Eine Anzahl heiliger Texte haben sie abschreiben lassen und in der Bibliothek oder dem Archiv ihres Palastes verwahrt. In den Urkunden ihrer eigenen Tafelschreiber, welche von einem großen Fortschritt in Stil und Abfassung zeugen, begegnet uns eine ausgesprochene Neigung zum Synkretismus, zur Vermischung und Verschmelzung verschiedener Göttergestalten. Die Hauptgötter werden kaum noch voneinander unterschieden. In ein und demselben Abschnitt einer Inschrift Ašurbanipals wird Ištar als Tochter jedes der Götter der höchsten Triade und Ašurs bezeichnet; mit anderen Worten, man gebrauchte nach Belieben als Stilschmuck die Namen aller dieser Götter als identisch, um den höchsten zu benennen. Nusku werden in einem Satze Anu, der alte Bel, Apšu und Maruduk als Vater zuerkannt, woraus hervorgeht, daß sie für den Schreiber keine numina mehr, sondern einfach nomina waren [1]). Die Verwechslung von Anu mit Nindar und Sin stammt vielleicht schon aus früherer Zeit; aber in einer Hymne aus der Regierung Ašurbanipals heißt es, daß Anu das Leben von Ašur, dem Vater der Götter, empfangen hat, und Nabû wird zum Boten An-šars gemacht, womit hier wohl

---

1) Vgl. dieses und noch andere Beispiele bei Jensen, K o s m o - l o g i e, S. 273.

sicher Ašur gemeint ist[1]). Diese Verwirrung in dem
überlieferten, sorgfältig geordneten Göttersystem, für die
offizielle Religion ein Zeichen des Verfalls, ist ein Beweis für den Fortschritt des religiösen Denkens und die
Offenbarung eines höheren religiösen Bedürfnisses.

1) Die Hymne (Brit. Mus. K. 100) ist noch unediert, aber übersetzt von Sayce, Hibb. Lect., p. 127 f., Note 3.

# Fünftes Kapitel.

## Die Religion in dem neubabylonischen Reiche.

---

### 1. Nebukadrezar der Grofse.

Nineve lag in Trümmern; das assyrische Reich bestand nicht mehr. Bevor es jedoch den wiederholten Attaquen der Meder erlag, hatte ein chaldäischer [1]) Feldoberster, Nabopolassar (Nabûpaluşur), den Verfall der Monarchie nach dem Tode Ašurbanipals benutzt, um sich auf den Thron Babels zu schwingen und durch eine Heirat seines Sohnes Nebukadrezar (Nabûkuduruşur) mit einer medischen Prinzessin sich des gefährlichen östlichen Nachbarn als Bundesgenossen zu versichern. Dieser nahm zwar das eigentliche Assyrien und alle die nördlichen Besitzungen bis an den Halys in Kleinasien in Beschlag, liefs aber dem Chaldäer frei, alle die südlichen Provinzen der gefallenen Monarchie bis an das Mittelländische Meer seinem Reiche hinzuzufügen. Dieses neubabylonische, eigentlich chaldäische Reich ist das letzte, kurze Aufleuchten von Babels Macht und Glorie gewesen.

Der König, welcher das Reich auf diese Höhe führte, war der grofse Sohn Nabopolassars, Nebukadrezar II., der schon zu Lebzeiten seines Vaters an die Spitze des

---

1) Siehe darüber H. Winckler, Untersuchungen zur altorientalischen Geschichte, S. 60 ff. und meine Babylonisch-assyrische Geschichte, S. 421 f.

Heeres gestellt die Ägypter schlug und, nachdem er
ihm gefolgt war, während seiner langen Regierung mit
fester Hand auf dem Fundamente weiter baute, welches
Nabopolassar gelegt hatte. Auf das, was er für Babel that,
legte er selbst das gröfste Gewicht. Aus anderen Quellen
wissen wir einige Details von seinen siegreichen Kriegszügen; nur ein sehr beschädigtes Annalenfragment erzählt, wie sein siegreiches Heer in Ägypten bis zu den
Nilkatarakten vordrang. In den anderen, ziemlich zahlreichen Inschriften, die von ihm erhalten sind, erwähnt
er es nur beiläufig, um seinem Gott dafür zu danken.
Selbst da, wo man am meisten die Verkündigung seines
Kriegsruhmes erwarten sollte, in den Inschriften, welche
er in Feindesland an die Felsen bei dem Nahr-el-kelb
und dem Wadi Brissa meifseln liefs, thut er dessen nicht
oder kaum Erwähnung; wohl aber berichtet er ausführlich, was er in Babel zur Verherrlichung Maruduks und
Nabûs gethan hat. Er findet kein Vergnügen an den
pomphaften Titeln, welche frühere Herrscher und auch
noch die Assyrer führten; „König von Babel" war sein
einziger, dem nur noch hohepriesterliche Würden beigefügt wurden, und die lebhafte Verehrung, welche sowohl sein Vater als er selbst für die beiden genannten
Götter hegten, liefs ihn im Gegensatz zu der Praxis
seiner Vorgänger, die meist an anderen Orten residierten,
seinen Sitz nach Babel selbst verlegen und seinen Palast
in unmittelbarer Nähe desjenigen Maruduks erbauen.

Zwar machte die eifrige Anbetung des grofsen Bel
zu Babel und des zu Borsippa weder Nabopolassar
noch Nebukadrezar exklusiv gegenüber den anderen
Kulten der Hauptstadt oder der übrigen Städte des
Reiches. Im Gegenteil: überall haben sie die verfallenen
Tempel restauriert, in Sippar, Larsa, Ur und an anderen
Orten. Aber die meiste Sorge wurde doch den vielen
Heiligtümern Babels und Borsippas zugewendet; Nebu-
kadrezar zählt ihrer, aufser den beiden Haupttempeln,

nicht weniger als zehn zu Babel und sechs zu Borsippa
auf. An dem Bau des Hauses des Ecksteins Himmels
und der Erde, der Ziḳurat oder des Turmes des grofsen
Maruduktempels Ê-sagila in Babel, nahm, wie das schon
Esarhaddon gethan hatte, der König Nabopolassar mit
seinen beiden Söhnen Nebukadrezar und Nabûšu(m)lisir
selbst teil. Er trug in eigener Person Backsteine und
Kalk auf dem Haupte, sein Erstgeborener that dasselbe, wie ein gewöhnlicher Arbeiter, und der Jüngste
schob den Wagen. Natürlich war dies nur eine Er-
öffnungszeremonie des Baues, und der König sprach
dabei den Segen. Aber es geht daraus hervor, wie
heilig dieses Werk geachtet wurde. Ohne Zweifel hat
Nebukadrezar, als er König war, dasselbe gethan. Es
gelang ihm, den Bau sowohl Ê-sagilas als Ê-zidas zu
vollenden, und seine wichtigste Inschrift, verglichen mit
einem anderen Text, giebt Gelegenheit, die Einrichtung
eines babylonischen Haupttempels einigermafsen kennen
zu lernen [1).]
Ein solcher Tempel bestand aus verschiedenen Ge-
bäuden, welche von einem oder mehreren Vorhöfen um-
schlossen waren; denn diese lagen nicht, wie in Ägypten,
in einer Reihe hintereinander, sondern die gröfseren um-
fafsten die kleineren, und in der Mitte befand sich der
eigentliche Tempel mit seinen vornehmsten Heiligtümern.
Das Zentrum bildete die eben erwähnte Ziḳurat, ein
in Terrassen sich erhebender Turm, wie er zu einem
Haupttempel gehörte, jede Stadt aber nicht mehr als

---

[1)] Vgl. hierbei meine „Bemerkungen über Ê-sagila in Babel und
Ê-zida in Borsippa, zur Zeit Neb. II.", in Zeitschr. f. Assyriol. II,
1887, S. 179 ff. Ausführlicher in den Arbeiten der K. Akad. van Wetensch., Afd. Letterk. III. III. 1886, pag. 103 vgg. Darauf erschien in
einem Appendix von A. H. Sayces Hibbert Lectures, p. 437 ff.
Smiths Übersetzung einer von ihm aufgefundenen Beschreibung des
Haupttempels, welche meine Bemerkungen grofsenteils bestätigt. Auf einen
grofsen Irrtum darin macht Jensen aufmerksam, Kosmologie, S. 492 ff.

einen besafs. Die Zahl der Stockwerke schwankte zwischen zwei und sieben; sowohl der Turm zu Babel wie der zu Borsippa hatte deren sieben. Sind die Zahlen, welche Smith angiebt, richtig, so nahmen die Terrassen an Länge und Breite von dem Fufse nach der Spitze zu ziemlich regelmäfsig ab, aber die Höhenunterschiede waren von ganz anderer Art [1]). Am Fufse des Turmes war das Hauptheiligtum des Tempels, der pâpâḫa des Herrn der Götter Maruduk, welcher den Namen Ê-kua (Haus der Ruhe oder Haus der Beschwörung?) trug; wahrscheinlich in der Nähe desselben, aber mit einem der Thore verbunden, Kâ-ḫilibu, das Heiligtum der Gattin Maruduks Zarpanitu; an einer anderen Seite, aber ebenfalls bei einem Thore, ein Ê-zida, d. h. ein Heiligtum für den Sohngott Nabû, und wieder an einer anderen Seite eine Kapelle für den Vater des Hauptgottes, Êa. Nach Smith gehörte zu dieser letzteren noch eine Kapelle für Nusku, zu der für Nabû eine für Tasmêtu, seine Gattin, und endlich noch ein Tempel für Anu und Bêl. Man hatte also hier aufser dem Gott, welchem der ganze Tempelpalast gehörte, und seinem Hofstaat die drei Hauptgötter, und weil Maruduk und Nabû beide hier einen zu vornehmen Platz einnahmen, um für Êa Botendienste zu thun, gab man diesem dafür den Boten Bêls, Nusku, bei. Das Allerheiligste des ganzen Tempels, der parakku, nicht ein Gemach, sondern ein kleinerer Gegenstand, ganz aus Silber, von Nebukadrezar mit Gold und anderem Schmuck bedeckt, stand im Adyton, welches den Namen „glänzende Wohnung, Ort der schicksalbestimmenden Götter" trug, und war entweder eine Art heiliger Lade oder ein Thronsessel, auf welchem Maruduk um die Zeit des grofsen Neujahrsfestes

---

1) Die sieben Stockwerke, von unten nach oben gerechnet, hatten dann die folgenden Dimensionen: $110 + 60 + 20 + 20 + 20 + 20 + 50 = 300 =$ der Länge und Breite der Basis.

sich niederliefs und umringt von allen anderen Göttern
das Schicksal des Königs und des Reiches entschied.
Wahrscheinlich wurde dieser Gegenstand, wenn der Gott
seinen Tempel verliefs, auf das heilige Schiff gesetzt,
welches nach Maruduks Tempel „Schiff von K u a" hiefs
und ebenfalls mit vielen Kostbarkeiten geschmückt war.

Aller Wahrscheinlichkeit nach bildete Ê-sagila einen
Teil des Königshofes, ebenso wie der Haupttempel der
neuen Stadt Sargons innerhalb der Wälle des Palastes
lag. Jedenfalls grenzte der babylonische Tempel unmittelbar an den Palast Nabopolassars und seines Sohnes.
Eine heilige Strafse verband ihn mit der Hauptstrafse
von Babel, und auch diese hatten die beiden Könige
verbessert und erhöht, um sie geeigneter für die Prozessionen zu machen, welche an hohen Festen gehalten
wurden. Dann begegneten der Hauptgott von Babel
und der von Borsippa einander, jeder in seiner heiligen
Barke, und der Sohn begleitete sicher den Vater für
einige Zeit nach Ê-sagila.

Der grofse Tempel des Sohngottes Nabû zu Borsippa hiefs, ebenso wie sein Heiligtum in Ê-sagila, Ê-zida,
vielleicht das „Haus des wahren (Sohnes)" [1]), und war,
obwohl kleiner als derjenige Maruduks, in derselben
Weise eingerichtet. Um den Turm von sieben Stockwerken, „das Haus der sieben Abteilungen des Himmels
und der Erde", waren auch verschiedene Heiligtümer
geschart, von welchen die des Nabû und der Nanâ die
vornehmsten waren. Der Turm war zu Nebukadrezars
Zeit durch die Einflüsse der Witterung und lange Ver-
wahrlosung sehr baufällig geworden und mufste beinahe
gänzlich restauriert werden, ein Werk, wodurch er sich
die Fürsprache des Mittlers bei seinem Vater Maruduk
zu erwerben hoffte.

---

1) Winckler in Schraders Keilinschriftl. Bibliothek, III, 2,
S. 35: „das gesetzliche Haus".

Dieses seinem Wesen nach zweieinige Götterpaar war, wenigstens für Nebukadrezar, das eigentliche Objekt der Anbetung. Als König konnte er den Göttern der verschiedenen Gauen, welche schon seit Jahrhunderten zu einem Pantheon verbunden waren, seine Huldigung, ihren hervorragenden Tempeln in den uralten heiligen Städten und ihren zahlreichen Heiligtümern in der Metropole seine Fürsorge nicht vorenthalten. Die Religion des Volkes und des Reiches war und blieb polytheistisch; daran konnte und wollte er nichts ändern. Aber wenn nicht in der Theorie, so doch in der Praxis war Maruduk sein eigener, einziger Gott, und Nabû verehrte er als dessen Sohn und Offenbarung. Ausdrücklich bezeugt er, daß er die Götter und Göttinnen fürchtet um des geehrten Namens dieser beiden willen. Maruduk ist der Gott, der ihn geschaffen hat und ihn liebt, in dessen Dienst er seine Siege erstreitet, die Unbotmäßigen unterwirft und das Land regiert. Inbrünstig bittet er ihn, daß er in seiner Gnade, welche er über alle ausbreitet, ihn seine hohe Herrschaft liebgewinnen lassen, die Ehrfurcht vor seiner Gottheit in sein Herz pflanzen und ihm alles schenken möge, was ihm, dem Gotte, wohlgefällig sei.

Vergleicht man die Gebete Nebukadrezars mit denen seiner Vorgänger, auch auf dem Throne von Assyrien, so ist nicht zu verkennen, daß sie diese an Reinheit und Erhabenheit bei weitem übertreffen. Eine innigere und tiefere Frömmigkeit spricht aus ihnen, die von dem Fortschritt des religiösen Bewußtseins zeugt.

## 2. Der Untergang des chaldäischen Reiches.

Nach dem Tode Nebukadrezars und der sehr kurzen Regierung seines Sohnes Amil-Maruduk (Evil-Merodach) nahm den Thron der Mörder des letzteren ein, Nergal-šar-uṣur (Neriglissar), der auf denselben Ansprüche als

Schwiegersohn Nebukadrezars erhob [1]). Es scheint, dafs er in der religiösen Politik keine andere Richtung einschlug, als sein Schwiegervater. Wenigstens lag die Erhaltung und Verschönerung der grofsen Tempel zu Babel und Borsippa auch ihm am Herzen, und er selbst scheint Ê-sagila besonders begünstigt zu haben.

Eine neue Revolution brachte die Regierung in die Hände eines anderen Magnaten aus Babel, Nabû-nâ'id (Nabonedos), unter welchem das einst so ruhmvolle Reich sich zum Untergange neigte. Er war ein frommer, aber schwacher König, in seiner Frömmigkeit selbst beschränkt und furchtsam. Er tadelt an seinen Vorgängern, dafs sie bei dem Restaurieren der Tempel so leichtsinnig zu Werke gingen und, wenn sie den alten Grundstein mit der Stiftungsurkunde nicht fanden, das Heiligtum auf einem Platze wieder errichteten, welcher vielleicht nicht der vor Alters geweihte war. Er handelt anders: weder Mühe noch Kosten scheut er, um den Grund in weitem Umkreise und bis in grofse Tiefe hinein aufzugraben; und mehr als einmal sieht er seinen Eifer glänzend belohnt. Urkunden von alten Königen, wie Naram-Sin und Šagašaltiburiyaš, kommen zutage. Das ist seine gröfste Freude. Sodann baut er Tempel in den alten berühmten Hauptstädten Sippar-Agade, Larsa, Ur, später, auf Grund eines ihm im Traum zuteil gewordenen göttlichen Befehls, in Harrân. Mit Unrecht hat man gemeint, dafs sein Bestreben gewesen sei, das drohende Unheil von seinem Reiche durch Restauration des Kultes des uralten Hauptgottes von Ur, Sin, abzuwenden, und dafs er deshalb ‚den Dienst Maruduks vernachlässigt habe. Wenigstens für den Kultus von Šamaš und Anunit hat er nicht minder geeifert, und jedenfalls in den ersten Jahren seiner

---

1) Die Meinung, dafs er ein Königssohn gewesen sei, welche ich auch in meiner Babylon.-assyr. Geschichte S. 457 und 465 noch vertreten habe, beruht auf einer verkehrten Lesung des Textes. Vgl. Winckler, Untersuchungen, S. 46.

Regierung erkannte er Maruduk als seinen Hauptgott
an, war Babel seine Residenz. Aber in den späteren
Jahren wurde das anders. Da schlofs sich der König,
während sein Sohn, vielleicht wohl derselbe Bêl-šar-uṣur
(Belšazar), der früher in Ur residiert zu haben scheint
und in der jüdischen Tradition der letzte König von
Babel geworden ist, sich an der Spitze des Heeres in
Sippar befand, in die Stadt Têma ein und begann den
Dienst Maruduks zu vernachlässigen. Obschon man fortfuhr, in Ê-sagila und Ê-zida Opfer zu schlachten, um
den göttlichen Schutz zu erflehen (ki salmu), so wurde
doch das grofse Fest des Jahresanfanges nicht mehr gefeiert, Nabû nicht nach Babel geführt, Maruduk zog nicht
aus, ihm entgegen, und der König zeigte sich nicht in
der Hauptstadt. So blieb es, auch nachdem der junge
persische Eroberer Cyrus bei Arbela den Tigris überschritten und ein kleines Königreich an den Grenzen von
Nabonedos' Gebiet erobert hatte, bis zum sechzehnten
oder siebzehnten Regierungsjahr des letzteren. Da wurde
endlich wieder ein Fest gefeiert, um Rettung zu suchen,
bei welchem Maruduk seine Wohnung verliefs; aber zugleich wurden verschiedene Götter der babylonischen
Städte aus ihren Heiligtümern nach der Hauptstadt gebracht. Nichts wollte helfen. Eine einzige Schlacht entschied
über das Los der alten Monarchie; das Heer unter der
Anführung des Sohnes des Königs wurde von den Persern geschlagen, und als nun infolgedessen ein Aufstand ausbrach, und Sippar von Cyrus ohne Schwert-
streich genommen wurde, war auch Babel bald in seiner
Macht und Nabonedos sein Gefangener.

Was Nabû-nâ'id zu einer so veränderten Haltung
gegen den Herrn der Götter, den eigentlichen Nationalgott
Babyloniens, bewogen hat, bleibt für uns dunkel. Schon
ein Jahr nachdem Astyages von Cyrus geschlagen, und
dieser König von Medien geworden war, zog sich der
babylonische König aus Babel zurück, und hörte das

grofse Fest hier auf; und doch ist dieses das Jahr, in welchem er auf Befehl Maruduks selbst den Sintempel von Harrân restauriert. Aber sicher ist, dafs er dadurch die mächtige Priesterschaft Babels und auch sein Volk sich entfremdete, und dafs ihm sowohl die Abstellung des Nisanfestes als die Überführung der Lokalgötter nach Šuana, dem heiligen Quartier von Babel, als eine grofse Sünde angerechnet wurde. Deshalb wurde Cyrus nicht nur als ein gerechter König, als Wiederhersteller von Ordnung und Friede, sondern auch als der von Maruduk selbst gerufene Retter und der Erneuerer des nationalen Gottesdienstes mit Freuden empfangen. Er beeilte sich, die nach Babel gebrachten Götter nach ihren Sitzen zurückzuführen und ihre Tempel wieder in guten Stand zu bringen, und — soviel wir aus einer beschädigten Stelle schliefsen können — hat selbst seinen .Sohn Kambyses in einem Tempel Nabûs zum Könige weihen lassen.

## 3. Die Verbreitung der babylonisch-assyrischen Religion.

Die Religion der Babylonier und Assyrer gehört ebensowenig wie die meisten antiken Religionen zu denjenigen, welche man Missionsreligionen genannt hat; sie wurde nicht anderen Völkern als eine neue Heilslehre gepredigt. Aber ihre religiösen Überlieferungen und Symbole haben sich dennoch bei anderen Nationen verbreitet, und diese haben verschiedene Kulte und Gottheiten von Babel und Assur übernommen. Geflissentliche Propaganda ist in der Regel nicht die Ursache davon gewesen, und verhältnismäfsig selten wurde die Verehrung des Hauptgottes der Eroberer den überwundenen Völkern aufgenötigt. Aber die Überlegenheit der babylonischen Kultur, der Glanz der babylonisch-assyrischen Herrschaft, die uralte Heiligkeit Babels spornten viele zur Nachfolge auch auf dem religiösen Gebiete an und liefsen sie erwarten, dafs die Götter eines so mäch-

tigen Volkes nicht vergebens verehrt werden würden.
Wie Nanâ von Uruk durch die Elamiter geraubt und
jahrhundertelang verehrt wurde, berichteten wir bereits.
Später werden wir sehen, wie der Kultus verschiedener,
zweifellos babylonischer Gottheiten, wie des Tammuz
(Dumuzi) und der grofsen Mutter der Götter, in ganz
Westasien verbreitet war. Ob auch Ištar-Aštart hierher
gehört, oder ob sie eine noch ältere Gottheit war, welche
die semitischen Völker seit vorhistorischer Zeit miteinander
und vielleicht auch mit den Ägyptern gemein hatten, mufs
vorerst unentschieden bleiben. Mythe und Kultus, welche
sie mit Tammuz in Verbindung bringen, sind sicher echt
babylonisch. Selbst die Griechen versichern noch, dafs
der Kultus von Aškelon babylonischen Ursprungs sei.

Nach Auffindung der Briefe von El-Amarna erscheint
dies nicht mehr wunderbar. Diese Briefe, von verbündeten Königen und ägyptischen Statthaltern in West-
asien an zwei ägyptische Könige der 18. Dynastie
gerichtet, alle mit mehr oder weniger modifizierter babylonischer Keilschrift und meist in babylonischer Sprache
geschrieben, beweisen, dafs vor der Oberherrschaft Ägyptens in diesen Gegenden Babel seine Macht bis an das
Mittelländische Meer ausgedehnt haben mufs, sodafs
Sprache und Schrift der früheren Suzeränin, nachdem
Ägypten sie verdrängt hatte, selbst im Verkehr mit der
neuen Herrscherin die offizielle blieben. Und wo dieses
der Fall ist, kann die Übernahme religiöser Vorstellungen,
Überlieferungen und Gebräuche kaum unterbleiben. Manche
Übereinstimmung westasiatischer Sagen mit solchen, deren
babylonischer Ursprung feststeht, wird dadurch genügend
erklärt.

Und so blieb es auch in späteren Zeiten, erst durch Vermittlung Assyriens, dann wieder unter unmittelbarem babylonischen Einflufs. In der Geschichte der Religionen
Kanaans, Phöniziens, Arâms, Israels und Kleinasiens werden wir die Spuren davon finden. Ob der Einflufs der

babylonischen Religion sich vor der persischen Herrschaft auch bei den östlichen Nachbarn, Medern, Persern, Indiern geltend gemacht habe, ist ein Problem,
welches noch nicht mit Sicherheit zu lösen ist. Wir
sahen, dafs die ersten Achämeniden Maruduk und die
anderen Götter Babels verehrten, und es wird sich her-
ausstellen, dafs unter den späteren Fürsten dieses Hauses
babylonische Kulte in die zarathustrische Religion aufgenommen wurden.

Soviel ist gewifs, nach dem Falle Babels lebte die
alte Religion noch jahrhundertelang fort. Welcher historische Wert auch der Erzählung des Buches Esther zuerkannt werden mag, merkwürdig ist, dafs die darin vorkommenden jüdischen Hauptpersonen an dem Hofe des
persischen Königs zu Susa nach Maruduk und Ištar
heifsen. Dafs in der hellenistischen Zeit unter dem Einflufs des herrschenden Synkretismus babylonische Kulte,
hin und wieder mit persischen vermischt, ihren Weg
nach dem fernen Westen fanden, und chaldäische Astro-
logen dort eine grofse Rolle spielten, ist bekannt.

# Sechstes Kapitel.

## Charakteristik und Beurteilung der babylonisch-assyrischen Religion.

---

### 1. Grad der Entwicklung.

Bei der Bestimmung des Entwicklungsstadiums, in welchem sich eine Naturreligion befindet, hat man natürlich die höchste Stufe in Betracht zu ziehen, welche sie in ihrer Entwicklung erreicht hat, und sein Urteil nicht durch das beirren zu lassen, was sie in ihren ersten Anfängen gewesen oder in den Tagen ihres Verfalls geworden ist. In den Jahrhunderten, als der sumerische Teil der Bevölkerung entweder noch unvermischt oder wenigstens dem semitischen noch durchaus überlegen war, waren die verehrten Wesen noch mehr Dämonen als Götter und wurden meistens ganz oder teilweise in Tiergestalt dargestellt; Beschwörungen und Zauberwirkungen spielten eine sehr wichtige, wenn nicht die wichtigste Rolle im Kultus. Wäre die Religion auf diesem Standpunkte verblieben, so würde man sie zu den polydämonistischmagischen und therianthropischen rechnen müssen. Aber sie ist nicht auf demselben stehen geblieben. Zwar sind, wie in Ägypten, die alten Vorstellungen und Gebräuche nicht aufgegeben, sondern sowohl in der offiziellen wie in der Volksreligion beibehalten. Aber sie sind in den Hintergrund gerückt und mit etwas Höherem verbunden. Die androcephalen Löwen und Stiere sind Thürhüter der

Paläste und Tempel, die Göttergestalten mit Adlerkopf sind Genien oder Schutzgeister, Ungeheuer mit Gliedmafsen von allerlei Getier sind böse Dämonen, verschiedene von ihnen sind Halbgötter oder Heroen der Sage geworden; die hohen Götter selbst werden ausschliefslich in rein menschlicher Gestalt abgebildet oder gedacht. Nur um sie wiederzuerkennen, stellt man sie auf ihr heiliges Tier oder verändert den alten Fischgott in ein menschengestaltiges Wesen mit einer Fischhaut als Kappe und Mantel. Von eigentlichem Tierdienst, der vielleicht den alten Sumeriern nicht fremd war, ist in der Zeit der semitischen Herrschaft keine Spur mehr vorhanden. Und bleiben auch die magischen Zauberformeln und Litaneien im Gebrauch, so werden sie nun immer mit schönen Hymnen und Bufspsalmen verknüpft. Kurzum, die alten mythischen Wesen der Sumerier und ihre Riten nehmen in der babylonisch-assyrischen Religion keinen bedeutenderen Platz ein, als die pelasgischen in der Mythologie und dem Kultus der Hellenen.

Ebensowenig, als die Überlieferungen aus dem altsumerischen Kultus dazu berechtigen, die babylonischassyrische Religion unter die magischen und therianthropischen zu rechnen, darf man sie auf Grund einiger Stellen des Alten Testamentes als nicht mehr betrachten, wie eine Anbetung der Himmelskörper, als dasjenige, was man früher mit einem zweifelhaften Namen Sabäismus nannte. Die Verehrung von Sonnen- und Mondgottheiten hat sie thatsächlich mit allen Religionen des Altertums gemein; wir sahen jedoch schon, dafs diese Götter nicht blofs die sichtbaren Himmelskörper selber, sondern höhere Lichtgötter waren, welche sich in ihnen offenbarten. Der Gestirndienst nahm, je weiter sie in der Kenntnis der Astronomie fortschritten, einen immer hervorragenderen Platz in der Religion der Babylonier und Assyrer ein. Vorzüglich die Planeten, die sie wahrscheinlich zuerst von den Fixsternen unterscheiden lernten,

brachten sie mit einigen ihrer Gottheiten in Verbindung,
Venus als Morgen- und Abendstern mit Ištar und der
grofsen Bêlit, Merkur mit Nabû, Mars mit Nergal, Jupiter
mit Maruduk, Saturn mit Nindar, und auch anderen ihrer
höchsten Götter, wie Anû, dem alten Bêl und Êa, wiesen
sie ihren Platz am Himmel in einem Stern oder Gestirn
zu [1]). Auf den Stand der Himmelskörper wurde stets
acht gegeben; und überzeugt davon, dafs dieser zusammenhing mit demjenigen, was sich auf Erden er-
eignete, und dafs die Götter hierdurch den Menschen
ihren Willen zu erkennen gaben, nahm man bei wichtigen Vorfällen sorgfältig Notiz von demselben, um aus ihm
Weissagungen bezüglich der nächsten Zukunft herzuleiten.
Die Astrologie war in Babel und Assur zu einer Art
Wissenschaft erhoben, aus welcher die Astronomie hervorgegangen ist. Auch war jeder Tag einem oder mehreren Göttern geweiht; der 7., 14., 21., 28. und obendrein der 19. Tag eines jeden Monats war ein Ruhetag
(šabattu), welcher hauptsächlich von dem Könige und
den Priestern als Fasten- und Bufstag gehalten wurde,
und jeder 10. Tag war ein Freudentag, an welchem kein
Bufspsalm angestimmt werden sollte. In diesem allen
steht die babylonisch-assyrische Religion nicht tiefer wie
alle anderen, selbst die zivilisiertesten Naturreligionen der
Antike; sogar höher, insofern es, obwohl aus animistischem Boden erwachsen, verständiger geregelt und auf
richtigere Wahrnehmung gegründet war. Und hiernach
mufs sie beurteilt werden — nicht nach den schwäch-
lichen Nachahmungen benachbarter Fürsten oder den
Quacksalbereien einer verbummelten chaldäischen Priesterschaft, welche nach dem Falle des Reichs mit ihren ver-
meintlichen Zauberkünsten aus dem Aberglauben der
westlichen Völker Kapital zu schlagen versuchte.

---

1) Man vgl. hierüber die schönen Untersuchungen von Jensen in
seiner Kosmologie, passim.

In der Theologie steht sie ebenso hoch, wie die ägyptische Religion. Wir fanden bereits, dafs sie es niemals zu einem entschiedenen Monotheismus gebracht, aber dafs sie sich doch den äufsersten Grenzen des monarchischen Polytheismus genähert hat.

## 2. Charakteristik.

Die Charakteristik einer Religion ist die Bestimmung der Richtlinie, in welcher sie sich entwickelt hat. Bei der Religion, mit der wir es hier zu thun haben, ist diese Richtung zweifellos dieselbe, welche wir bei allen sogenannten semitischen Religionen wahrnehmen. Wieviel Elemente einer früheren Religion, die so gut wie gewifs zu den nichtsemitischen zu rechnen ist, in ihr auch konserviert wurden: der Grundzug dieser Religion ist semitisch, wenn auch noch nicht so deutlich ausgesprochen, wie bei den später und höher entwickelten Völkern der Familie, namentlich den Israeliten und den Arabern.

Dafs sie sich von den Göttern im allgemeinen keine andere Vorstellung machten, als ihre Stammverwandten, bezeugt die Übereinstimmung in den allgemeinen Bezeichnungen: ilu, bêlu und bêlit, malik, die sämtlich Erhabenheit und Herrschaft andeuten. Der Glaube an ihre Immanenz fehlt nicht gänzlich, aber sie werden doch überwiegend transcendent aufgefafst, wenn dies hier auch noch nicht so einseitig geschah, wie bei jüngeren semitischen Nationen. Die Abneigung gegen die Verehrung von Göttern, welche als böse oder grausam für Ursachen des Übels gelten — eine Abneigung, welche bei den Ariern immer wächst — kennen sie ebensowenig als ihre Brudervölker. Und sie unterscheiden sich, wie diese letzteren, sowohl von den Ariern als von den Ägyptern dadurch, dafs sie fremde Götter überhaupt nicht oder nur selten duldeten; ihre eigenen Götter sind

14*

die einzig wahren, denen zu widerstehen Gottlosigkeit
ist. Auch das wichtige theokratische Dogma der Semiten, der Glaube an die unumschränkte Oberherrschaft
der Gottheit, wenn auch gemildert durch die Erkenntnis
ihrer Gerechtigkeit, Barmherzigkeit und Gnade, hatte bei
Babyloniern und Assyrern tiefe Wurzeln geschlagen.
Dieses Dogma beherrscht alle Thaten der Könige,
welche sich als ihre Stellvertreter auf Erden und die
Exekutoren des göttlichen Willens betrachten. Natürlich blieb dieser einigermafsen primitive Glaube an eine
gerechte und fürsorgliche Weltregierung auch bei ihnen
noch innerhalb der engen Grenzen des nationalen Partikularismus.

Wir sahen, dafs das Königtum bei den Babyloniern
sowohl wie bei den Assyrern aus der Priesterschaft hervorgegangen war, und gern nahmen die Fürsten immer
die Titel iššakku ṣîru oder „oberster Hoherpriester‟
und selbst šangu, einfach „Priester‟, an. Daneben
standen noch andere priesterliche Rangstufen, Magier
(maḫḫi, vgl. Jerem. 39, 3), Zauberer (iššebi, ašibi),
Sühnpriester (ramki), welche die Reinigungsopfer verrichteten, Orakel und Träume auslegten und durch Beschwörungen Kranke heilten; aber ob diese Namen verschiedene Arten bedeuteten, und die auch vorkommenden
nabê oder Propheten ebenfalls von ihnen unterschieden waren, ist jetzt noch nicht zu konstatieren. Jedenfalls haben sie in Assyrien niemals solch' eine Macht
ausgeübt, wie in Ägypten, wenn auch die Vermutung
nicht unbegründet ist, dafs sie in Babel einen bedeutenden Einflufs besafsen.

Nach den Abbildungen zu urteilen, zeichnen die Opfer
(nindabu, „Gabe‟, niḳu, „Trankopfer‟) und der Kultus
(niš ḳâtî, „Aufheben der Hände‟, auch wohl liptat
ḳâtî, „Falten der Hände‟) sich durch Einfachheit aus.
Man bringt Ziegen und Hirschkälber, Früchte und Weihgeschenke dar. Von einer heiligen Prostitution, über

deren eigenartige Einrichtung in Babel Herodot einen
nicht vollkommen glaubwürdigen Bericht giebt, und von
Menschenopfern, welche man auf Grund eines biblischen
Berichtes[1]) den Babyloniern zugeschrieben hat, ist in
den Denkmälern und Texten keine sichere Spur zu finden,
obschon wenigstens die Assyrer, welche Vergnügen
daran fanden, die grauenhaften Martern der Kriegsgefangenen abzubilden, sich nicht gescheut haben würden, auch die Menschenopfer darzustellen oder von ihnen
zu berichten.

Hinsichtlich des Unsterblichkeitsglaubens stehen die
Babylonier zwischen den Ägyptern und den anderen
Semiten in der Mitte. Er ist bei ihnen noch nicht so
sehr in den Hintergrund getreten, wie bei verschiedenen
der letzteren, aber nimmt auch nicht einen so wichtigen Platz ein, wie bei den erstgenannten. Daſs er jedoch bei ihnen vorhanden war, erhellt aus den Epitheta,
welche sie einigen ihrer Götter gaben, aus der mythischen Vorstellung der Unterwelt, wo zugleich der Born
des Lebens ist, aus verschiedenen Stellen ihrer heiligen
Lieder und aus ihrer Fürsorge für die Toten.

### 3. Beurteilung.

Die innige Frömmigkeit und der tiefreligiöse Sinn,
wodurch die Semiten sich selbst in ihren Verirrungen
auszeichnen, verleugneten sich auch bei den Babyloniern
nicht. Das ganze Leben wird auch bei ihnen von der
Religion beherrscht. Über die Weise, auf welche die
Gottheit sich den Menschen offenbart und diese mit
jener verkehren, haben sie noch dieselben Vorstellungen,
welche man überall im Altertum antrifft und die selbst

---

1) 2. Kön. 17, 24. Aber Halévy hat mit Recht bezweifelt, ob das
hier erwähnte Sĕpharwájim wohl mit Sippar in Babylonien identifiziert
werden dürfe. Er sucht den Ort mit mehr Wahrscheinlichkeit in Aramäa.

in Israel noch gangbar waren. Unmittelbare Theopha-
nieen oder Offenbarungen gehören nach ihnen zu der
Zeit, als Halbgötter und Heroen die Menschheit regierten.
Selbst die Boten der hohen Götter, ihre Söhne und
Töchter, welche in der mythischen Geschichte ihre Befehle überbringen und umgekehrt als Mittler der niederen
Wesen bei ihnen wirksam sind, Maruduk, Nabû, Nusku,
Ištar, stehen mit den Menschen nicht mehr in direktem
Verkehr, sondern erscheinen ihnen nur im Traum oder
sprechen zu ihnen durch rätselhafte Zeichen und geheimnisvolle Orakel. Aber es stand jedem frei, sich
unmittelbar an die Gottheit zu wenden und zu ihr zu
beten. Auch das hatten sie mit allen Völkern der Antike gemein, daſs sie davon überzeugt waren, sich durch
verdienstliche Werke, namentlich die Stiftung und Verschönerung von Tempeln, die Darbringung reicher Gaben
und Opfer, mit einem Worte, durch die Sorge für den
Kultus der Gunst und Gnade der Götter versichern zu
können. Aber in Religionen, die um ein gutes Stück
höher stehen als die ihrige, selbst im Christentum des
Mittelalters, und wahrlich nicht in diesem allein, begegnen wir derselben Idee und wird sie auf ebenso
naive Weise ausgesprochen. Die Religion Israels, wie sie
durch die Propheten des 8. Jahrhunderts und der späteren
Zeit geschaffen wurde, überragt diese an Reinheit und
Erhabenheit der Anschauung freilich bei weitem. Aber der
Geist, welcher sich bei den Propheten so herrlich offenbart, redet dann und wann auch in den religiösen Liedern Babels und Assurs. Vor allem in den merkwürdigen Buſspsalmen und Klageliedern, von denen eine
Anzahl erhalten blieb, und die — wie alt sie auch sein
mögen — sicherlich von semitischer Herkunft sind. Verschiedene Stellen dieser Psalmen stimmen in Ton und
Geist mit den hebräischen überein, obgleich sie sich von
ihnen in einem wichtigen Punkte unterscheiden, nämlich
darin, daſs sie noch nicht auf entschieden monothei-

stischem Boden erwachsen sind. Denn wenn sie auch in der Regel an eine, für den Dichter dann die höchste Gottheit gerichtet sind, so rufen sie doch zugleich die Vermittlung einer Anzahl anderer an. Aber weil die Götter hier auch nichts anderes als Mittler sind, so thut ihre Erwähnung der Innigkeit der persönlichen Beziehungen zwischen dem Menschen und dem Gotte, welchen er anbetet, wenig Abbruch. Obendrein wird zuweilen überhaupt kein bestimmter Gott genannt, und ist so die Grenze des Monotheismus erreicht, wenn sie auch nicht überschritten wird.

Die babylonisch-assyrische Religion ist noch eine Naturreligion und noch nicht eine von denjenigen, welche man supranaturalistische oder ethische genannt hat. Dennoch wird sie sehr bestimmt mit ethischen Überzeugungen und Gedanken verknüpft. Wir sahen schon, dafs die Götter als Beschützer von Wahrheit und Recht, als die Regenten einer, wenn auch noch so dürftig vorgestellten, natürlichen und sittlichen Weltordnung galten. Von diesen Göttern, ihren Schöpfern und Herren, fühlten die Frommen sich in allem abhängig und ihnen dankten sie ihr Heil und ihre Siege. Traf sie jedoch Unglück, Mifsgeschick, Krankheit, dann sahen sie darin eine Äufserung des Zornes der Götter, welchen sie durch ihre bewufste oder unbewufste Sünde erregt hatten, und dann thaten sie alles, was sie konnten, um für diese Vergebung und, was sie als notwendig damit verbunden betrachteten, Abwendung der Strafe zu erlangen. Die Sünde und ihre Folgen scharf voneinander zu scheiden, hatten sie noch nicht gelernt. Aber sie wurde tief empfunden und als Abweichung vom rechten Wege, Verdunkelung und Unreinheit, wie als Feindschaft gegen Gott aufgefafst. Verstehen wir die bezüglichen Stellen richtig, so stellte man sich vor, dafs jeder Mensch seinen eigenen Schutzgott hatte, der einigermafsen mit seinem besseren Ich identifiziert wurde. Sündigte er, dann verliefs ihn der Gott, aber

war doch in erster Linie sein Fürsprecher, um für ihn
Vergebung zu erlangen und den göttlichen Zorn in Gnade
zu verkehren.

So kann die Religion, welche im Stromgebiet der
beiden Flüsse blühte, die Vergleichung mit derjenigen
Ägyptens sehr wohl bestehen.  Stand sie auch in ihrer
ältesten, nichtsemitischen Form wahrscheinlich tiefer, als
die ägyptische auf der Höhe ihrer Entwicklung: die Semiten haben sie doch einen grofsen Schritt vorwärts gebracht.  Sie hat auch alte, animistische Elemente aufgenommen, aber nicht in so grofser Anzahl und nicht
in so einfältiger Form, und sie hat dieselben besser verarbeitet, als dies in Ägypten geschah.  Bei allem Abstande von der Religion Israels in ihrer vollendeten Entfaltung ist sie doch nahe mit ihr verwandt, und sie steht
am Anfange einer Entwicklungsreihe, deren Schlufs der
prophetische Mosaismus bildet.

# Drittes Buch.

## Die Religion in Vorderasien.

# Die Religion in Vorderasien.

---

## Quellen.

Die einheimischen Quellen für die Kenntnis der semitischen Religionen Vorderasiens — unter welchem Namen hier die Länder zwischen dem Euphrat und dem Mittelländischen Meer verstanden werden, mit Ausschlufs Kleinasiens — sind spärlich, für die Religionsgeschichte von geringer Bedeutung und stammen meist aus jüngerer Zeit. Sie sind so gut wie ausschliefslich epigraphisch und bedeuten schon aus diesem Grunde namentlich für die Mythologie sehr wenig. Denn sie geben uns zwar die Namen der Götter und einzelne ihrer Attribute, aber selbst die Lesung verschiedener von diesen Namen ist unsicher. Etwas mehr Licht verbreiten sie über den Kultus und diejenigen, welche ihm vorstanden; und die vielen zusammengesetzten Namen, welche in den Inschriften vorkommen, gestatten uns wenigstens den Schlufs, dafs die religiösen Begriffe der Westsemiten der Art nach nicht von denen ihrer östlichen und südlichen Stammverwandten verschieden waren. Indessen ist der Gewinn, welchen die Entdeckung und Bearbeitung dieser zahlreichen Inschriften, die jetzt zu einem Corpus gesammelt werden, für die Religionsgeschichte Westasiens abgeworfen hat, nicht zu verachten; sie lassen uns mindestens die aus anderen Quellen geschöpften Berichte besser verstehen. Neben den Inschriften kommen

15*

auch einige Abbildungen auf Monumenten und Münzen
in Betracht, von denen jedoch die meisten aus einer
Zeit datieren, als der Hellenismus die einheimischen
Traditionen schon wesentlich modifiziert hatte. Dagegen
ist der Stein des Königs Meša von Mo'ab sowohl wegen
seines hohen Alters, als wegen seines wichtigen Inhalts
ein Zeugnis von ungewöhnlichem Werte.

Es ist sehr die Frage, ob die sogenannten Fragmente
des Sanchuniathon (Sakun-yitten), welche die phönicische
Theogonie und Mythologie behandeln, einem ursprünglich phönicischen Werke entlehnt sind. Philo Herennius
von Byblos, ein Zeitgenosse Hadrians, soll solch ein
Werk übersetzt oder frei wiedergegeben haben, und Fragmente davon findet man bei Eusebius und Porphyrius.
Aber obschon verschiedene Gelehrte von Ruf es nicht
für unwahrscheinlich hielten, daſs der byblische Philo-
soph alte Urkunden benutzt und griechisch bearbeitet
habe, andere, wie Graf Baudissin[1]), zweifeln daran stark;
und es ist zuzugeben, daſs der Inhalt der Fragmente viel
Veranlassung zu solchem Zweifel bietet. Jedenfalls ist es
schwierig, das Alte und Echte von den Zusätzen Philos
zu scheiden, und noch schwieriger, die Entstehungszeit
der Vorlage zu bestimmen; schwankt man doch zwischen
der Zeit Salomos und derjenigen der Seleukiden.

Noch viel trauriger ist es mit den Quellen bestellt,
aus welchen die Kenntnis der Religionen der nichtsemitischen Völker Vorderasiens, die man gewöhnlich unter
dem Namen der Hethiter zusammenfaſst, geschöpft werden muſs. An Monumenten, von denen die meisten sogar mit Inschriften versehen sind, fehlt es nicht. Sie
zeugen von einer eigenartigen, jedoch augenscheinlich
unter babylonisch-assyrischem Einfluſs stehenden Kultur,
welche in Hamat, Aleppo und Karkemisch ihre Zentren

---

1) Studien zur semitischen Religionsgeschichte, I.
Leipzig 1876.

hatte und über ganz Kleinasien verbreitet war. Aber die Hieroglyphen, in welchen die Texte geschrieben sind, sind noch nicht entziffert, und wir sind daher genötigt, die Bedeutung der religiösen Darstellungen zu erraten. (Vgl. S. 226. 250 f.)

Was hier über die semitischen Religionen Vorderasiens und die Quellen zu ihrem Studium gesagt worden ist, gilt natürlich nicht von der mosaischen Religion. Die Urkunden derselben repräsentieren eine Geschichtsquelle ersten Ranges, obschon die Tendenz dieser Schriften, welche überall ein religiöses Interesse verfolgen, auf die Wahl und die Darstellung der historischen Ereignisse, welche sie erzählen, nicht ohne merklichen Einfluſs geblieben ist. Da wir für die eigentliche Geschichte der Religion Israels auf andere Werke verweisen müssen und dieselbe hier allein in ihrem Verhältnis zu den andern in Kanaan und dessen Nachbarschaft herrschenden Religionen behandeln, brauchen wir uns mit der Geschichte und Kritik der Bücher des Alten Testamentes nicht näher zu befassen. Daſs diese auch für die Kenntnis der alten Landesreligionen Kanaans und einiger Nachbarvölker wertvolle Daten enthalten, ist allgemein bekannt.

Die Inschriften, welche die Kriegszüge der assyrischen Könige in Vorderasien beschreiben, lehren über die Religion dieser Landstriche zwar nicht viel Neues, aber bestätigen doch das anderweitig Bekannte. Dasselbe gilt von einigen ägyptischen Quellen.

Die griechischen Schriftsteller, bei denen dann und wann ein einzelner Bericht über die Religionen vorkommt, mit welchen wir uns hier beschäftigen, sind in der Hauptsache dieselben, welche schon in den beiden ersten Büchern genannt wurden. Nur zwei andere müssen wir hier besonders nennen. Der eine ist Menander der Ephesier, von dessen Phoenicica bei Flavius Josephus, Clemens Alexandrinus und Johannes Lydus kurze Fragmente erhalten sind. Gerade über die Religion berichten

sie jedoch wenig. Viel bedeutender ist der Verfasser der
Schrift *Περι της Συριης Θεου*, eines Werkchens, welches
man gewöhnlich, jedoch mit Unrecht, Lucianus zuschreibt.
Der Verfasser, welcher sich als Assyrer bezeichnet, erzählt, was er selbst gesehen und über die alte Zeit von
den Priestern gehört hat. Er spricht von den bedeutendsten Tempeln Phöniciens, die er selbst besucht hat,
beschreibt aber vor allem ausführlich die Heiligtümer
und den Kultus der syrischen Göttin zu Hierapolis in
Syrien (Bambyke), zu deren Mysten er selbst gehörte.
Zwar schildert er die Vorstellungen und Gebräuche, wie
sie zu seiner Zeit, also erst nach dem Beginn unserer
Zeitrechnung, beschaffen waren, aber bei der bekannten
Zähigkeit religiöser Institutionen und Überlieferungen werden sich diese damals wenigstens in der Hauptsache nicht
wesentlich von dem unterschieden haben, was früher üblich war; und in jedem Fall darf seine Beschreibung
dieses Lokalkultes als ein lehrreiches Bild der religiösen
Verehrung betrachtet werden, welche in ganz Vorderasien herrschte.

# Erstes Kapitel.

Einleitung.

---

## 1. Die in diesem Buche zu befolgende Methode.

Wir sind gezwungen, in diesem Buche eine andere
Methode zu befolgen, als in den vorhergehenden. Denn
die Religionen, mit welchen wir uns nun beschäftigen
müssen, haben ja eigentlich keine Geschichte. Die
Quellen, über welche wir verfügen und von denen soeben Rechenschaft gegeben wurde, setzen uns nicht in
den Stand darzustellen, wie sie sich in den Jahrhunderten
ihres Bestehens entwickelt haben, wenn wir auch annehmen dürfen, daſs sie in verschiedenen Epochen er-
hebliche Veränderungen erlitten haben. Wir müssen
uns daher beschränken auf die Mitteilung oder besser
die kurze Zusammenfassung dessen, was uns über die
vorderasiatischen Religionen bekannt ist, mit Andeutung
desjenigen, was sie miteinander gemein hatten, und desjenigen, wodurch sie sich voneinander unterschieden.

Die einzige Religion aus diesem Kreise, für deren
Kenntnis die Quellen reichlicher fließen, und von deren
Entwicklung wir uns auf Grund der wissenschaftlichen
Untersuchungen der letzten Jahre eine wahrscheinliche
Vorstellung machen können, ist diejenige Israels. Von
ihr kann man wohl sagen, daſs sie eine Geschichte hat,
wenn auch die Auffassungen dieser Geschichte bei den
verschiedenen Gelehrten je nach ihrer Richtung weit

auseinanderlaufen. Aber obwohl die Religion Israels von
allen semitischen Religionen — die mohammedanische
nicht ausgeschlossen — die wichtigste und von allen
Religionen des Altertums die höchste ist, vermögen wir
doch hier keine ausführliche Beschreibung ihrer Geschichte zu geben. Diese würde lediglich eine oberflächliche Wiederholung der Resultate sein können, welche
die Arbeit der Spezialforscher ergeben hat — die aber
von solchen, für welche dieses Werk in erster Linie
bestimmt ist, besonders studiert werden müssen. Wir
dürfen also für die Kenntnis der israelitischen Religion
und ihrer Geschichte auf Werke, wie die von Kuenen,
Wellhausen, Stade, Kittel und Anderen verweisen und
voraussetzen, daſs diese unseren Lesern genügend bekannt sind. Was von uns bezüglich der Religion Israels
zu leisten ist und durch die Anlage dieses Werkes ge-
fordert wird, ist dies: den Entwicklungsgang dieser Religion in groſsen Zügen zu skizzieren und vor allem zu
untersuchen, in welchem Verhältnis sie während der verschiedenen Perioden ihrer Geschichte zu den Religionen
der Stammverwandten und Nachbarn Israels gestanden
hat, ferner welchen Einfluſs die Religionen der groſsen
Völker, welche einander die Hegemonie über die kleinen
Staaten am rechten Euphratufer streitig machten, sowohl
auf diejenige Israels als auf die der anderen westasiatischen Stämme ausgeübt haben. Scheint so der Umfang dieses Buches nicht im Einklang zu stehen mit der
Wichtigkeit der Religion, in welcher die semitischen
Religionen des Altertums ihren Höhepunkt erreichten:
diese Beschränkung ist beabsichtigt und hat gerade in
der auſsergewöhnlichen Bedeutung Israels ihren Grund.

## 2. Das Land und die Völker.

Das Land, welches die Völker bewohnten, mit deren
Religion wir uns jetzt beschäftigen wollen, erstreckt sich
vom Euphrat im Osten bis zum Mittelländischen Meer,

dem Meer des Sonnenuntergangs, wie die Assyrer es
nannten, im Westen und wird nördlich durch das spätere
Armenien, das alte Nairi und Urartu, südlich und süd-
östlich durch die arabische Wüste begrenzt. Sein öst-
licher Teil ist bis dicht an das Euphratufer ebenfalls
Wüste, nur für wandernde Stämme bewohnbar; sein
westlicher Teil, von hohen Waldgebirgen, Hermon, Libanon und Antilibanon, durchschnitten und nach Norden
zu in die Gebirge Amanos, Tauros und Antitauros aus-
laufend, ist an beiden Seiten dieser Gebirge und der
Flüsse Jordan und Orontes größtenteils fruchtbares Land,
wo reiche Städte blühten und kleine Staaten sich bildeten, die bisweilen vereint der Macht ihrer herrschsüch-
tigen Nachbarn, der Babylonier, Assyrer und Ägypter,
zu trotzen wagten, aber meist unter sich uneinig und
einem dieser großen Reiche unterworfen oder wenigstens tributpflichtig waren. Im Westen der hohen Berge
dehnte sich längs der Meeresküste ein schmaler, nach
Norden hin stets enger werdender Streifen Landes aus.
Dieser war besäet mit Handelsstädten, welche sich aus
kleinen Fischerdörfern entwickelt hatten, und deren Einwohner wohl dazu gezwungen waren, ihre Existenz auf
die Seefahrt zu gründen. Die ältesten religiösen Mittelpunkte in diesen Gegenden waren Quellen, sowohl in
der Wüste wie in den üppigen Thälern, aber vor allem
die Hügel der Ebene und die Höhlen oder Gipfel der
Berge, später erst die festen Siedelungen der Stämme
und die großen Handelsplätze. Man hat mit Recht bemerkt (Pietschmann), daß die wichtigsten Götter der
Küstenstädte keine eigentlichen Meergötter waren, woraus
hervorgeht, daß die religiöse Überlieferung sich schon
gefestigt hatte, ehe die Bewohner dieser Städte sich dort
ansiedelten, und daß die alten Götter hier einfach lokalisiert wurden.

Vielleicht waren die Ureinwohner dieser Länder keine
Semiten. Doch ist die Vermutung unbegründet, daß

die Hethiter (ägyptisch Ḥeta, assyrisch Ḥatti, hebräisch
Ḥittîm), mit welchen die assyrischen Könige beständig
Krieg führten, und die schon vor dem 15. Jahrhundert
nicht unbeträchtliche Staaten am rechten Euphratufer, im
13. Jahrhundert ein mächtiges Reich am Orontes gestiftet hatten, die Nachkömmlinge einer autochthonen
Bevölkerung gewesen seien. Semiten waren sie sicherlich nicht, wie die Namen ihrer Könige und die Sprache,
welche diese in ihren Briefen an die Pharaonen gebrauchen, darthun, wenn sie auch in Syrien schon frühe mit
Aramäern vermischt waren und aus diesem Grunde von
diesen nicht immer genau unterschieden wurden. Die
Reste ihrer eigenartigen Kultur, meist mit Inschriften in
noch nicht entzifferten Hieroglyphen versehen, die in
Ḥamât und in der Nähe des alten Karkemisch gefunden
wurden, stimmen ihrem Charakter nach mit alten Monumenten Kappadokiens und sogar Lydiens und Phrygiens
überein. Hieraus hat man geschlossen, daß die Herrschaft des Hethiterreiches sich bis zu diesem Umfange
ausgedehnt habe. Wie dem auch sei, jedenfalls scheinen
die Stämme, welche von Kappadokien aus ihren Einfluß
bis nach dem Westen Kleinasiens hin ausübten, Verwandte
der Hethiter am Orontes gewesen zu sein. Die Patinäer,
welche nahe beim Amanos, nicht weit von der Küste
wohnten, waren es ohne Zweifel. Jensen verspricht den
Beweis zu liefern, daß sie Arier (Indogermanen) waren,
am nächsten verwandt mit den späteren Armeniern

Die Aramäer, von den Griechen Syrer genannt, eine
Bezeichnung, welche nicht — wie meist angenommen
wird — aus „Assyrer" verdorben, sondern vielleicht
einem nahe bei Kleinasien wohnenden aramäischen Volksstamm (Suri) entlehnt ist, waren sicher Semiten. Die
frühesten Kriegsberichte der assyrischen Könige rechtfertigen die Vermutung, daß sie ehemals bis nach Nord-
mesopotamien zwischen Euphrat und Tigris vorgedrungen
waren und hier sogar Niederlassungen hatten. Sie wur-

den von dort durch die assyrischen Waffen vertrieben
und wendeten sich teils nach Süden, wo man sie in Babylonien bis östlich vom Tigris findet, teils nach Westen,
wo sie das ganze Gebiet zwischen Euphrat und Libanon,
zwischen Aleppo und der arabischen Wüste überfluteten,
sich mit den Hethitern vermischten, endlich der Übermacht derselben ein Ende machten und in Hamat, Damaskus und an anderen Orten Königssitze stifteten, die in
der Geschichte eine gewisse Rolle gespielt haben.

Im Südwesten wohnten die Kana'anäer, vom rechten
Jordanufer bis an die See, und schon in uralter Zeit
hatten sie sich von hier aus längs der Küste verbreitet.
Zu ihnen gehörten die Amoriter (wenn dies nicht ein anderer Name für das ganze Volk ist) und das berühm-
teste Handelsvolk der Antike, welches wir im Anschluß
an die Griechen die Phönicier nennen. Sie sprachen
eine semitische Sprache, die mit dem Aramäischen wie
dem Hebräischen nahe verwandt war. Von welcher Seite
her sie in das Land eingewandert sind, ist nicht mit
Sicherheit zu bestimmen. Eine alte, bei Herodot erhal-
tene Tradition nennt das Erythräische Meer, d. h. den
persischen Golf, als den Ausgangspunkt ihrer Streifzüge.
Aber man darf nicht viel darauf geben. Aller Wahrscheinlichkeit nach kamen sie aus Süden oder Südosten.

Alle diese Völker müssen kürzere oder längere Zeit
vor dem 15. Jahrhundert v. Chr. unter babylonischer
Herrschaft gestanden haben. Sonst ist nicht zu erklären,
weshalb sie, von den ägyptischen Königen der 18. Dynastie ihrem Scepter unterworfen, in ihrem Verkehr mit
dem Suzerän fast alle die Sprache, und selbst diejenigen,
welche sich ihrer eigenen Sprache bedienten, die etwas
modifizierte Schrift der Babylonier gebrauchten, wie die
in El-Amarna gefundenen Briefe beweisen. Jedenfalls
geht hieraus hervor, daß sie ihre Kultur von Babel entlehnten, eine Thatsache, welche bei der Beurteilung ihrer
religiösen Überlieferungen und Riten nicht aus dem Auge

verloren werden darf. Wenn doch Sprache und Schrift
der früheren Herrscher, auch nachdem ihre Macht längst
gebrochen war, noch immer offizielle Geltung behielten,
so muſs man ihre geistige Überlegenheit wohl tief empfunden haben, und dann kann auch ihre Religion nicht
ohne Einfluſs auf die einheimische geblieben sein.

Die letzten, welche sich in und bei Kanaan ansiedelten, waren die Philister und — wahrscheinlich etwas
früher — die Hebräer, ihre Erbfeinde. Woher die erstgenannten stammen, ist völlig dunkel, denn die Lage
ihrer Heimat Kaphtor ist unbekannt. Wahrscheinlich
kamen sie, wenn auch auf einem Umwege, aus aramäischen Gegenden; ihre Religion wenigstens weist dorthin
(Ed. Meyer). Die Hebräer nennen Ur-Kaśdîm (Ur der
Chaldäer, was man jetzt meist, doch nur auf Grund des
Gleichklangs, für Ur in Südbabylonien hält) und bestimmter Ḥarran als Wohnsitz ihrer Stammväter, was bei
ihnen eine rein nationale und nicht eine den Kanaanäern
entlehnte Tradition ist. Wir kommen darauf zurück. Ist
das Hebräische ihre eigene, ursprüngliche Sprache und
nicht die von ihnen angenommene und einigermaſsen
ihrem Dialekt angepaſste Landessprache der Kanaanäer,
dann waren sie die nächsten Verwandten dieser letzteren
und um einige Jahrhunderte länger, als diese, Nomaden
geblieben. Dies ist bei weitem das Wahrscheinlichste.
Von all' den Stämmen, welche die älteste Sage zu den
Söhnen 'Ebers rechnet, haben die meisten, Mo'ab,
Ammon, Edom, die Staaten bildeten, Ismael, der das
schweifende Hirtenleben fortsetzte, in der politischen
Geschichte nur eine sehr untergeordnete Rolle gespielt.
Nur die Söhne Israels haben ihre Zeiten der Macht und
Gröſse gehabt, war auch ihre Herrschaft, mit der von
Ägypten und Babel-Assur verglichen, unbedeutend. Aber
in der Geschichte der Religion nimmt dieses kleine Volk
den ersten Rang ein.

---

# Zweites Kapitel.

## Das Gemeinschaftliche in den Religionen Vorderasiens.

### 1. Gemeinschaftliche Vorstellungen.

Bei der grofsen politischen Zerrissenheit, die in Vorderasien herrschte, ist die bunte Mannigfaltigkeit der Göttersysteme und Lokalkulte, welche man hier bemerkt, nicht wunderbar. Die meisten Völker dieser Länder haben den Nomadenzustand überwunden und sind zum sefshaften Leben übergegangen. Nur in den Wüstengegenden schweifen noch Hirtenstämme umher. Aber die gröfseren oder kleineren Staaten, welche sich bildeten, stehen nebeneinander und meist sogar einander gegenüber; und mögen auch einige zeitweilig ihre Herrschaft etwas weiter ausdehnen und sich einzelne Nachbarn unterwerfen, keine Monarchie fafst sie jemals alle in einen mächtigen Staatsverband zusammen. So kommt es, dafs auch keine offizielle Priesterschaft die Hauptgötter der verschiedenen Städte und Stämme zu einem System vereinigt und einem nationalen Gott, dem Gott des Königs oder der Hauptstadt, unterstellt, wie das in Theben, in Babel und in Nineve geschah. Selbst eine Volkseinheit wie die der Griechen mit ihren panhellenischen Heiligtümern, Festen und Spielen fehlte hier, wenigstens in alter Zeit, gänzlich. Deshalb hat man in diesen Religionen einen durchschlagenden Beweis für die jetzt so beliebte Theorie ge-

funden, dafs alle derartigen Lokalgottheiten nicht indivi-
duelle Formen von auch sonst noch in etwas anderer
Weise vorgestellten und verehrten Göttern, sondern selbständige Schöpfungen seien, welche nichts miteinander
gemein haben und erst später durch die Spekulation
verbunden wurden. Inwiefern diese Theorie, in welcher
gewifs einige Wahrheit liegt, für einen prähistorischen
Zustand der Religion zutreffend ist, haben wir hier nicht
zu untersuchen. Sicher ist aber, dafs wir nicht die Augen
schliefsen dürfen vor dem, was die Kulte Vorderasiens
miteinander und auch mit denjenigen anderer Semiten
gemein haben, und was diese Theorie unerklärt läfst.

Dahin rechnen wir nicht die Überbleibsel von animistischen Anschauungen, wie sie nicht allein bei diesen
und anderen semitischen, sondern bei allen Völkern des
Altertums gefunden werden; z. B. dafs man alle Flüsse,
durch Form, Gröfse oder Alter merkwürdige Bäume,
Berge von besonderem Bau, wie die Vorgebirge Pni'el
und Karm'el und die beiden Bergkegel Kasios (Ḳaṣiu)
bei Antiochien und an der ägyptischen Grenze, oder
von imponierender Gröfse, wie Libanon und Hermon,
vor allem Steine, seien es nun Meteorsteine oder andere,
für Wohnungen göttlicher Wesen hielt. Solche Vorstellungen leben in allen polytheistischen und naturali-
stischen Religionen beständig fort. Spezifisch semitisch
ist allein die Verehrung einer Gottheit in der Gestalt
eines Steines (Bêt 'ol), den man salbte oder mit Blut be-
strich zu wohlgefälligem Opfer; ein Kult, der auch bei
anderen Völkern nicht ohne Beispiel ist, aber von allen
Semiten, sowohl in Vorderasien als im Zweistromlande
und in Arabien, besonders hochgehalten wurde. Dafs
man die Götter auch bei allen Semiten in der Gestalt
von Tieren oder in therianthropischer Form verehrte
— unter den aramäisch-kanaanäischen Völkern meist als
Stiere, Löwen, Fische und Vögel — ist bekannt. Aber
wiewohl aus animistischem Boden hervorgewachsen, rein

animistisch ist dies alles in der historischen Zeit nicht
mehr. Alle diese Fetische und göttlichen Tiere sind
doch nun nicht mehr als solche Gegenstände der Verehrung, sondern nur als Inkarnationen oder Symbole der
höchsten Götter, oder, wie einige Monstrewesen, Kerubim, Seraphîm und dergleichen, als ihre Trabanten und
Diener.

Unter den allgemeinen Namen für die göttlichen
Wesen befindet sich einer, in welchem alle Semiten übereinstimmen, nämlich 'El (ilu), welcher in dieser Form,
auch im Pluralis 'Êlîm und im Femininum 'Elat, in
Kanaan und Aramäa vorkommt und in Phönicien mit
dem verwandten 'Alôn (plur. 'Alonîm und 'Alonôt)
wechselt. Beschränkter ist der Gebrauch des allgemeinen
Namens Ba'al, B'el und des weiblichen Ba'alit, B'elit,
eines Ehrentitels, den nur die Nordsemiten ihren Göttern
gaben. Bei den Arabern und Äthiopiern kommt dies Wort
wohl vor, aber lediglich in der Bedeutung „Gemahl".
Der Gott Bel in Südarabien bei den Sabäern ist wahrscheinlich aus Babylonien eingeführt. Nur bei den Kanaanäern und Aramäern sind noch zwei andere Ehrennamen
für ihre Götter in Gebrauch, nämlich 'Adôn, „Herr",
und Milk (Malik, Melek), „König", denn dafs dieser letztere auch in Babylonien, namentlich für den Sonnengott,
üblich war, ist keineswegs bewiesen[1]); Babylonier und
Assyrer gebrauchten dazu ihr Wort für König: šarru,
und es könnte sein, dafs der Gott Malik, welcher in dem
Haupttempel der Stadt Assur angebetet wurde, den Aramäern entlehnt wäre. Die weibliche Form Milkat (Malkat, Melèket) kommt auch vor, besonders als die Königin
des Himmels, und ebenso Rabbat (Rubat), „Fürstin",
wenn diese nicht von den Ostsemiten übernommen ist.

---

1) Vgl. die Dissertation von Dr. B. D. Eerdmans, Melekdienst
en vereering van hemellichamen in Israël's Assyrische
periode, Leiden 1891, vor allem blz. 73 vgg., 87 vgg. und 90 vgg.

Eine solche Übereinstimmung in der Bezeichnung beweist, dafs die Semiten Vorderasiens, bevor sie sich in diesen Gegenden niederliefsen und in verschiedene Stämme und Staaten spalteten, eine engere, und dafs alle Semiten in uralter Zeit eine umfassendere Gemeinschaft bildeten. Was mehr ist: wo einzelne dieser Namen auf die Nord- und Westsemiten beschränkt sind, da sind doch die Begriffe, welche sie ausdrücken, allgemein semitisch. Wechselt auch das kanaanäisch-aramäische Milk, Malik mit dem assyrischen Sarru, das kanaanäische Adôn mit dem aramäischen Mar und dem arabischen Dhu, der Grundgedanke bleibt derselbe: man entlehnte die Ehrentitel der Götter ihrer Erhabenheit, Macht und Herrschaft, man nannte sie gern Herr, Meister, König. 'Êl, Ilu möge nun von einer Wurzel abstammen, welche „hoch sein", „Erhabenheit" oder von einer, die „stark sein", „Macht" bedeutet, der Hauptbegriff ist in beiden Fällen identisch.

Und denselben Begriff findet man in den Namen wieder, welche die Verehrer dieser Götter sich selbst in Beziehung zu ihnen gaben. Sie nennen sich mit Vorliebe ihren Diener oder Sklaven ('abd, 'obed, bod), ja sogar bisweilen ihren Hund (kelb). Auch die Wörter, welche ein Zusammenwohnen mit der Gottheit (ger oder gar, von Frauen zebel, Geliebte [1]) bedeuten, müssen im gleichen Sinne erklärt werden. Eine innigere Gemeinschaft wird durch die Benennungen angedeutet, welche den Anbeter als die Wohnstätte, das Zelt seiner Gottheit hinstellen (Ohelmilk, Ohelba'al), aber diese Benennung scheint auf die Phönicier, mindestens auf die Kanaanäer beschränkt zu sein.

Über die Bedeutung, welche diese Thatsachen für die Bestimmung des Charakters der semitischen Religionen in Vorderasien haben, ist später zu verhandeln. Jetzt

---

[1] Vgl. Corp. Inscr. Sem. I, 158, Ba'alazebel, woraus der Name der phönicischen Gemahlin Achabs, Izebel, verkürzt zu sein scheint.

wollen wir nur eine, immer noch von Einigen verteidigte
Erklärung für die allgemeine Verbreitung der Götternamen 'Êl, Ba'al, Milk u. a. entschieden zurückweisen.
Viele erblicken in den zahlreichen 'Elîm, Ba'alîm, Mela-
kim u. s. w. noch immer lokale Gestalten eines früher
von allen Semiten oder einigen semitischen Völkern
gemeinschaftlich angebeteten Gottes 'Êl oder Ba'al oder
Milku oder wie er sonst geheißen haben möge, mithin in
diesen Namen ursprüngliche Eigennamen, welche erst
durch die Zerstreuung der Stämme und die Stiftung vieler
religiöser Zentren zu Appellativen geworden sind. Diese
Ansicht ist durchaus falsch. 'Êl, Ba'al, Milk, 'Adôn sind
niemals Eigennamen gewesen, sondern stets entweder
Gattungsnamen oder Ehrentitel. Mag auch vielleicht bisweilen der eine oder andere hohe Gott von seinen eigenen
Verehrern, oder ein Lokalgott von einem fremden Volke
schlechtweg Êlos, Ba'al-Bel, Bêlos, Melek, Adonis genannt sein, so geschah das erst in späterer Zeit, als der
Synkretismus herrschte und monotheistische Tendenzen
sich schon stark geltend machten, oder unter Fremden,
welche den Ehrennamen für einen Eigennamen hielten
und auch meist die Sprache des Landes nicht einmal
kannten. Dieselben Götter tragen zugleich die Titel
'Adon und Ba'al, und dann wechselt wieder Ba'al mit
Êl (Ba'al-hamman, 'Êl-hamman). Ba'al und Ba'alit werden meist mit dem Namen eines Ortes oder mit Eigennamen verbunden, 'Adon und Mar mit possessiven Suffixen
('Adoni, 'Adonâi. 'Adonau, Marna), und die bekannteste
Zusammensetzung mit Milk ist der Name des Tyrischen
Stadtkönigs Melkart (Milk-kart) [1]).

1) Schon vor mehr als zwanzig Jahren habe ich diese Ansicht ver-
fochten in meiner Vergelijk. Geschiedenis der Egypt. en
Mesopot. godsdiensten, Amsterdam 1869—72, blz. 451—464.
Vgl. die französische Übersetzung von G. Collins, Histoire comparée des anc. religions etc., Paris 1882, p. 281 suiv. Ich stand
mit ihr damals so gut wie allein. Jetzt beginnt sie glücklich mehr und

## 2. Astarte und Adonis.

In derselben Weise wie von den 'Elim, 'Alonim,
Ba'alîm und Ba'alôt wird auch bisweilen von den Astartes
in der Mehrzahl gesprochen, wie das ja schon in Assyrien der Fall war. Dies hat die Meinung veranlaßt, daß
auch 'Aštart, 'Aštarit ('Aštoret ist eine geflissentlich aus
Abscheu veränderte Vokalisation, wie Molek, Moloch für
Milk, Mèlek und Malik) eine allgemeine Bezeichnung für
die Göttinnen war. Dem ist sicherlich nicht so, aber
doch ist es nicht unmöglich, daß mit diesem Namen
nicht eine bestimmte Göttin, sondern eine Gattung oder
Klasse von Göttinnen bezeichnet wurde, nämlich die
der unvermählten Muttergöttinnen, welche sich nur zeitweilig mit einem selbsterkorenen Geliebten vereinigen [1]).
Der Name kommt im Westen wie in Babylonien und
Assyrien (ištar, ištaritû) in zwei Formen vor — der
älteren: 'Aštar-'Athtar-'Attar-Atar und der jüngeren:
'Aštart-'Aštarit — und ist nicht sumerisch, denn in
sumerischen Texten wird er immer durch einen anderen
Namen ersetzt, sondern jedenfalls semitisch. Die Bedeutung ist noch dunkel, was bei einem so alten Namen
nicht zu verwundern ist [2]). Man findet ihn in der einen
oder anderen Form bei allen semitischen Völkern, mit
alleiniger Ausnahme der Nordaraber; denn der von einigen
Gelehrten versuchte Beweis, daß die Ištar-Mythe auch
ihnen bekannt war, ist nicht stichhaltig. Aber möge
Ištar-Aštar nun auch eine so gut wie allgemein ver-

mehr Boden zu gewinnen. Vgl. für die jüngste Zeit R. Pietschmann,
Geschichte der Phönicier, Berlin 1889 (Onken's Allg. Gesch.),
S. 184 f. Anders noch E. Meyer, Gesch. des Altertums, I, § 174.

1) Dadurch würde zugleich der Ausdruck: die Astartes des Viehs-
(צאן עשתרות) als die Mutterschafe der Herde erklärt sein.

2) Nicht ohne Bedenken wage ich die Ableitung von einer Wurzel
'šr vorzuschlagen, die noch im Arabischen vorkommt mit der Bedeutung
„eine Gemeinschaft eingehen, sich vereinigen", was für diese Göttin
besonders passen würde.

ehrte Art von Göttinnen bezeichnen, in einer Form ist
sie ohne Zweifel babylonischen und speziell sumerischen
Ursprungs. In ganz Vorderasien ist die Mythe von Aš-
tarits Liebe zu Adonis, ihrem Zusammenleben mit ihm,
seinem frühen, gewaltsamen Tode, seinem Wiederaufleben und der auf diese Erzählungen sich gründende
Kultus verbreitet. Und diese können nur aus Babylonien stammen und müssen schon während der ersten
babylonischen Herrschaft über den Westen dorthin gedrungen sein. Denn Adon ist nicht das, wofür ihn die
Griechen ansahen: der Eigenname des Gottes; die Semiten Vorderasiens nannten ihn Tammuz, und dies verrät
seinen sumerischen Ursprung, denn Tammuz ist nur die
härtere Aussprache des rein sumerischen Dumuzi (vgl.
S. 162).

Haben die meisten semitischen Göttinnen keinen sehr
selbständigen Charakter und sind sie in der Regel nicht
viel mehr als das weibliche Spiegelbild des männlichen
Gottes, so steht Aštarit nicht an der Seite oder unter
der Herrschaft eines Gemahls; sie ist Muttergöttin und
Göttin der Fruchtbarkeit, aber unvermählt, und selbst
wählt sie ihren Geliebten, den jungen Frühjahrsgott,
der jedoch nur kurze Zeit mit ihr vereinigt bleibt und
in voller Jugendblüte von dem Gotte der glühenden
Sommersonne getötet wird. Dann wird er tagelang von
den Gläubigen beweint, vor allem an Orten, wo die
Natur selbst davon zu zeugen schien. Aber sobald die
Natur wieder auflebt, Wachstum und Üppigkeit Dürre
und Mangel vergessen lassen, weiß man, daß der gestorbene Gott aus dem Totenreich zurückgekehrt ist, und
die Freude ist ebenso ungezügelt, wie vorher der Schmerz
es war.

Die Mythe ist, wenigstens in ihrer allgemeinen Bedeutung, verständlich genug und nicht schwer zu erklären.
Sie personifiziert den beständigen Wechsel von Leben
und Tod, Blühen und Welken in der Natur. Aber ob

dies auch ihre ursprüngliche Bedeutung war, oder ob
sie vielleicht, ehe sie auf die Jahreszeiten zugeschnitten
wurde, den Wechsel von Nacht und Tag, Finsternis und
Licht abbildete, ist schwerlich noch zu konstatieren. Die
Göttin mit all' ihrem Zubehör ist so alt — sie muß bei
einem Volk entstanden sein, welches noch das Matriarchat
hatte — die Erzählungen, welche sie betreffen, und die
Darstellungen, welche von ihr gegeben werden, scheinen
sich so zu widersprechen, daß auch der scharfsinnigste
Mythologe sich hier vor ein schwieriges Problem gestellt
sieht, dessen Lösung allein durch eine sorgfältige und
geduldige vergleichende Untersuchung gefunden werden
kann [1]).

Und die Daten zu solch einer Vergleichung fehlen
auch in Vorderasien nicht. Welche Modifikationen die
Göttin auch durch örtliche Verhältnisse, vor allem wahrscheinlich durch die Verschmelzung mit den Lokal-
göttinnen der Stammes- oder Staatenmittelpunkte erlitten
haben mag, dennoch ist sie es, welche unter verschiedenen Gestalten in ganz Kanaan und Phönicien, ganz
Syrien und Kleinasien verehrt wird. In den feuchten
Niederungen, wo Quellen und Seen einen üppigen
Pflanzenwuchs begünstigen, in den Grotten und auf den
Höhen des Gebirges wird ihr, nach den dort bildlich
dargestellten Symbolen, auf grobsinnliche Weise gehuldigt. In den größeren Tempeln bei oder in den Städten
ist ihr Kultus mehr verfeinert; hier werden die Künste,
die bildende sowohl als Musik und Gesang, zuhilfe ge-

---

1) Absichtlich vermeide ich hier die Lösung dieses mythologischen
Rätsels zu erwähnen, welche mir als die annehmbarste erscheint, weil
die Mitteilung derselben keinen Wert haben würde ohne die Darlegung
der Gründe, auf welche sich meine Erklärung stützt, und der Raum zu
dieser hier fehlt. Sobald ich die Zeit dazu finden kann, gedenke ich
dies bei anderer Gelegenheit nachzuholen. Vorläufig vergleiche man
meine Deutung, die ich auf dem Orientalistenkongreß zu Leiden gab:
La Déesse Ištar dans le mythe babylonien, Leiden 1884.

rufen, aber sie zeigt doch denselben Charakter. Es gab
keine ansehnliche Stadt in Phönicien, die nicht ein oder
mehrere Heiligtümer für verschiedene Formen der Aštarit
hatte, und in Byblos ist sie selbst die Ba'alit der Stadt
oder wenigstens mit dieser verschmolzen. Im eigentlichen Kanaan behalten manche Orte noch ihren Namen,
nachdem sich schon die Israeliten dort angesiedelt hatten.
Moab verehrt sie allein oder mit Kemoš zusammen. In
Aškelon dient man ihr auf die Weise der Syrer, und
im eigentlichen Syrien oder Aramäa wird sie eifrig an
gebetet. Die Hethiter haben sie unter ihre nationalen
Gottheiten aufgenommen, und wie verschiedene Namen
sie auch in Kleinasien tragen mag, je nach den Mund-
arten der dort zusammengedrängten Nationen, man erkennt sie doch überall wieder, selbst in der lykischen
Lêtô, der Ephesischen Artemis und der Aphrodite von
Troas. Dafs sie auch nach den phönicischen Kolonien
auf den Inseln und an der Nordküste Afrikas ihren Weg
gefunden hat und in Karthago nicht vergeblich gesucht
wird, versteht sich von selbst.

Wir haben hier also ein in so früher Zeit besonders
merkwürdiges Beispiel der Verbreitung eines uralten, halb-
barbarischen Kultes unter Völkern von sehr verschiedener Herkunft, deren jedes ihn in seine eigene Religion
aufgenommen und sogar zu einem Hauptbestandteil derselben erhoben hat. Ob die kanaanäischen Stämme, als
sie sich in den Küstenländern des Mittelländischen Meeres
niederliefsen, den Astartedienst dort schon vorfanden,
oder ob er erst später dort eingeführt wurde, wird wohl
immer unsicher bleiben. Gerade weil er einen so wichtigen Platz in ihrer Religion einnahm, sollte man das
erstere vermuten. Wie dem auch sei, die wollüstige
Göttin war in diesen Gegenden so sehr zur Landesgöttin
geworden, dafs auch die Söhne Israels ihr fleifsig dienten, und dafs es erst nach jahrhundertelangem, heftigem
Kampfe der Reformpartei unter der Führung der Pro-

pheten gelang, diesen Rest barbarischer Sitte aus ihrer
nationalen Religion zu entfernen.

## 3. Andere, bei verschiedenen Völkern vorkommende Gottheiten.

Auch andere Gottheiten als Astarte, wenn schon sie
nicht so allgemein wie diese verehrt wurden, kommen
doch bei verschiedenen Stämmen vor. Einige davon
können von dem einen Volke dem andern entlehnt sein.
So hat man bemerkt, dafs der Name des Gottes Je'uš,
der in edomitischen, ja auch in späten israelitischen Eigennamen vorkommt, genau demjenigen des bekannten arabischen Gottes Jagûth entspricht[1]). Er kann jedoch von
den Arabern zu den Edomitern, ihren Nachbarn, gelangt
oder sogar, da der Name die allgemeine Bedeutung
„Helfer" hat, ein ganz anderer Gott sein. Ebenfalls bei
den Edomitern begegnet man dem wohlbekannten aramäischen Gotte Hadad, welchen die Aramäer auch nach
Assyrien brachten und der zugleich bei den Phöniciern,
den Kanaanäern und den Edomitern vorkommt. Aramäische Götter wanderten weit; so der Blitzgott Rešuph
(Rešpu), den man für einen nordsyrischen hält, und der
von Cypern, wo man ihn viel verehrte, selbst nach
Ägypten übersiedelte. Neben ihm steht die kriegerische
Anat, die ihn auch nach dem Süden begleitete; aber
sie ist ursprünglich eine babylonisch-assyrische Göttin,
welche — wie aus einigen Ortsnamen ersichtlich ist —
auch nach Kanaan vorgedrungen war. Falls, was mir
noch immer am wahrscheinlichsten vorkommt, die Namen
Atergatis und Derketo zwei griechische Barbarismen für
denselben Namen 'Ater-'ata (Ter-'ata) sind, dann wird
diese aramäische Ištar auch aufserhalb ihres eigenen

---

1) Baethgen, Beitr. zur semitischen Religionsgeschichte,
S. 10, vgl. S. 67 f. Früher schon Robertson Smith und Wellhausen, un-
abhängig voneinander, vgl. Wellhausen, Skizzen und Vorarbeiten,
III: Reste arabischen Heidentums, S. 19.

Landes angebetet, vor allem in Kanaan, wo sie die Stadtgottheit von Aškelôn war, vielleicht — aber nicht bestimmt — schon vor der Ankunft der Philister. Wie diese Kulte sich verbreitet haben, ob durch Kolonisation oder auf andere Weise, wissen wir nicht. Aber weil man sie bei mehr als einem Stamme antrifft, dürfen wir noch nicht behaupten, dafs diese Götter einst gemeinschaftlich verehrte altsemitische oder auch nur nordsemitische Gottheiten waren. Sie können sehr wohl übernommen sein.

Vielleicht gehören auch die wohlbekannten Götter Sin und Nebo hierher. Wird doch Sin nicht allein in Süd-Babylonien, wo man ihn mit dem Mondgott Nannar identifiziert, in Babel, in Assyrien und in dem halb-aramäischen Harran angetroffen, sondern ebenso in Süd-Arabien bei den Bewohnern von Yemen und auf der Halbinsel Sinai, deren Name von dem seinigen abgeleitet zu sein scheint. Nebo heifst der bekannte Berg jenseits des Jordans und eine Stadt, welche abwechselnd Israel und Moab gehörte. Bislang nahm man an, dafs diese Götter aus Babylonien und Assyrien stammten und von dort nach dem Westen gewandert seien. Wir sahen bereits, dafs Nabu erst in ziemlich später Zeit in Babel eingeführt und mit einer Gestalt Maruduks identifiziert sein kann; aber ob er mit Nebo in Moab zusammen-hängt, ist unsicher. Mehr und mehr ist man dazu ge-neigt (so u. a. Winckler), auch den Ursprung des Sin-dienstes bei den Westsemiten zu suchen, wenn er auch um Jahrhunderte früher als Nabu seinen Weg nach Baby-lonien gefunden hat. Mit Sicherheit läfst sich hier keine Entscheidung treffen.

Anders jedoch ist es mit einigen anderen Gottheiten, wie Allat, oder wie die Phönicier ihren Namen aus-sprachen Ellot, einer Göttin, die bei allen Semiten vor-kommt, nicht nur bei den Phöniciern und ihren Kolonis-ten, den Aramäern und Nabatäern, sondern ebenso bei den Assyrern und Arabern. Auch Gad, der Glücks-

gott, nach welchem einer der Stämme Israels benannt
wurde, ist zwar nicht so allgemein verehrt, aber doch
sicher ein altsemitischer Gott, und desgleichen Aziz, der
Starke. Dafs alle Semiten einmal den Herrn des Himmels als höchsten Gott angebetet haben, würden wir
feststellen können, selbst wenn man dem Namen Ba'al-
šamin (Bêl-šamê) nicht bei so gut wie allen ihren Stämmen
begegnete.

Kurzum, trotz der bunten Verschiedenheit der Stammes-
religionen und Lokalkulte bei den Semiten Vorderasiens,
und obgleich der überall verbreitete Astartedienst fremdem Einflufs zugeschrieben werden mufs, darf man nicht
übersehen, was die Semiten und besonders die Nordsemiten in ihrer Religion gemein hatten. Ihre Religionen,
wie sehr auch durch lokale Eigentümlichkeiten und Vermischung mit fremden Elementen modifiziert, sind nicht
minder nahe verwandt, als ihre Sprachen; sind nicht in
geringerem Grade wie ihre Dialekte die Schöfslinge Eines
alten, in vorhistorischer Zeit blühenden Stammes. Hatten
sie auch aus Gründen, welche erst später erörtert werden können, nur wenige bestimmte Götter gemein, so
hatten doch ihre Gottheiten, die Vorstellungen, welche
sie sich von ihnen machten, und die Weisen, auf welche
sie ihnen dienten, denselben Charakter, und das schon
beweist, dafs der grofsen Verschiedenheit auch eine religiöse Einheit voraufging.

## 4. Menschen- und Kinderopfer.

Bei allen semitischen Völkern in Vorderasien, die
Araber nicht ausgenommen — über die Hethiter und ihre
Stammverwandten in Kleinasien sind wir nicht genügend
unterrichtet — herrschte einmal der barbarische Brauch,
den höchsten Göttern zu bestimmten Zeiten oder bei
besonderen Gelegenheiten Menschen und hauptsächlich
Kinder zum Opfer zu bringen. Menschenopfer sind auch
bei anderen Völkern nicht ungewöhnlich. Man findet

sie nicht nur bei barbarischen, sondern sogar bei Völkern, die an der Spitze der Zivilisation gestanden oder in dieser wenigstens eine beträchtliche Höhe erreicht haben. Auch die Arier haben sich nicht von ihnen frei gehalten. Doch dieser Brauch kommt bei ihnen nur in den Zeiten ihres Barbarentums oder in entlegenen Gegenden vor, wo man hartnäckiger am Alten festhielt. Selbst bei den Babyloniern und den sonst nicht weichherzigen Assyrern haben wir — wenigstens in historischer Zeit — keine sicheren Anzeichen davon gefunden. Daſs er bei den Arabern lange bestehen blieb und eigentlich erst durch den Islâm abgeschafft wurde [1]), erklärt sich aus der Art und dem Grade ihrer Entwicklung. Aber schwieriger ist zu begreifen, weshalb Völker, die in einer sehr verfeinerten Kultur eine solche Höhe erreicht hatten wie die Aramäer und die Phönicier, den blutigen Ritus nicht schon lange abgeschafft hatten. Und doch — weit entfernt davon, dies zu thun oder ihn lediglich aus Ehrerbietung vor dem Überlieferten formell fortzusetzen — haben sie keine Gelegenheit versäumt, ihn auszuüben. Keine Kolonie wurde ausgesendet, kein Kriegszug begonnen, ohne die Götter durch Menschenopfer zu bewegen, ihren Beistand nicht vorzuenthalten. Kehrte man im Triumph aus dem Felde heim, so schlachtete man ihnen die Kriegsgefangenen zum Dankopfer. Und alljährlich suchte man Versöhnung für die Sünden des Volkes, indem man eine Anzahl Kinder, meist aus den angesehensten Geschlechtern, auf den Altären des Himmelskönigs verbrannte, während eine höllische Musik die Schreie der Schlachtopfer und die Wehklagen der Mütter übertäubte. Dies gilt nicht allein von der phönicischen Religion im Mutterlande, sondern auch von den Kolonieen. So fest hingen die Karthager an der barbarischen Institution, daſs es den Römern, auch als sie ihrer alten

---

1) Wellhausen a. a. O., S. 112 f.

Nebenbuhler vollkommen Herr geworden waren, niemals
ganz gelang sie abzuschaffen, so strenge Verbote sie
auch gegen dieselbe erliefsen. Wenn, wie wahrscheinlich ist, Sepharwajim in Aramäa lag, so hat man hierin
einen Beweis dafür, dafs auch die Aramäer ihre Kinder
„durch das Feuer gehen liefsen". Von den Ammonitern und Moabitern ist dasselbe bekannt; und das Alte
Testament erzählt, wie Meša, der König von Moab, als
er von den Königen Judas und Israels belagert wurde,
seinen eigenen erstgeborenen Sohn dem Kemoš opferte,
um diesen Gott zu erweichen.

Kaum weniger als ihre Stammverwandten waren die
Israeliten dem Menschenopfer zugethan, und selbst Kinderopfer waren bei ihnen etwas sehr Gewöhnliches. Mag
man auch behaupten, dafs dieser Greuel niemals einen
Bestandteil des Jahvedienstes gebildet habe und ursprünglich nicht zu ihm gehörte [1]); mag man auch dabei bleiben,
dafs das In-Stücke-Hauen „vor Jahve" Agags durch
Samuel, das Aufhängen der Obersten, die an dem Dienst
des Ba'al-Pe'or teilgenommen hatten, „vor Jahve angesichts der Sonne" oder der Nachkommen Sauls durch
David, um den Zorn Jahves abzuwenden, der sich in
der Hungersnot offenbarte, Strafen und keine Opfer gewesen seien [2]): eine Sühne war jedenfalls beabsichtigt,
wenn die Leben von Schuldigen oder Unschuldigen zur
Stillung des Zornes Jahves zum Opfer gebracht wurden.
Man mag die Erfüllung von Jiphtachs Gelübde, von dem
man doch nicht leugnet, dafs es ein Opfer war, daraus
zu erklären versuchen, dafs er inmitten der Ammoniter
lebte [3]), die Berichterstatter, fromme Jahvisten, nahmen

---

1) Stade, Gesch. des Volkes Israel, I, S. 497. Das recht-
mäfsige Bestehen des Menschenopfers im alten Jahvismus, wurde es auch
nur in besonderen Fällen angewendet, ist keinem begründeten Zweifel
unterworfen. Was war denn der ḥerem sonst?

2) Baethgen, Beiträge, S. 220 f.

3) Baethgen a. a. O., S. 221.

ebensowenig Ärgernis an demselben, wie an den eben
erwähnten Thatsachen. Sicherlich darf man die bekannte
Erzählung von Abrahams Opfer nicht als Beweis dafür
anführen, daſs das Kinderopfer dem Jahvedienst fremd
war, denn Jahve befiehlt es und Abraham gehorcht; nur
zum Beweise seiner Gnade verzichtet Er auf sein Recht.
Es würde also vielmehr für das Gegenteil sprechen. Aber
jedenfalls beweist es, daſs man in Israel, und unter allen
vorderasiatischen Völkern allein in Israel, verkündigen
durfte, daſs Er seine Verehrer von dieser unmensch-
lichen Handlung entbände. Und das ist ein beträcht-
licher Schritt vorwärts.

Aber die groſse Menge dachte noch anders hierüber.
Sie sah auch weiterhin in diesem Opfer des Teuersten
einen Beweis groſser Gottesfurcht oder wenigstens ein
kräftiges Mittel, um den Zorn der Gottheit zu beschwören.
In der assyrischen Periode nahm das Verbrennen der
Kinder für den Melek stets gröſsere Dimensionen an,
vor allem als Könige damit vorangingen. Vergeblich
eiferten die groſsen Jahvepropheten, deren reinere Religion und mehr entwickeltes sittliches Gefühl gegen diese
Greuel protestierten, gegen das, was sie als mit Jahves
Ehre unvereinbar ansahen. Das Volk urteilte anders.
Von dem Tophet im Thal Ben-Hinnom, wo die Kinderopfer dargebracht wurden, begab man sich nach dem
Tempel auf Zion, in der Meinung ein Jahve wohlgefäl-
liges Werk verrichtet zu haben. Es ist nicht unmöglich,
daſs fremder Einfluſs dabei im Spiele war. Nachahmung
der Babylonier oder Assyrer kann es nicht gewesen
sein, denn es ist sehr zweifelhaft, ob das Kinderopfer
dort jemals bei den Semiten üblich gewesen ist — wenigstens hat man bei ihnen nicht die mindeste Spur davon
gefunden [1]. Ist die Anregung zum Wiederaufleben des

---

[1] Vgl. hierüber die näheren Ausführungen von Dr. B. D. Eerdmans in der oben citierten Dissertation, blz. 90 vgg. Der Verf. will hier

alten Brauches von außen gekommen, so muß sie von
Phönicien oder Aramäa ausgegangen sein. Aber er war
deshalb in Israel selbst nicht fremd; schon in der Wüste,
sagt Ezechiel, haben die Stämme ihre Kinder dem Melek
verbrannt. Es handelte sich also auch bei ihnen um eine
Reaktion, ein Wiederaufleben einer Sitte, die schon lange
geschlummert hatte. Auch werden diejenigen, welche das
schmerzliche Opfer brachten — und für den Semiten,
der den Kindersegen so hoch stellt, war es besonders
schmerzlich — sich für um ein Beträchtliches frommer
gehalten haben, als die gegen sie predigenden Propheten, deren ethisch-idealistischer Monotheismus als eine
weit bequemere Religion erschien. Erkennt man die unbeschränkte Herrschaft seines Gottes an, ist man davon
überzeugt, ihm gänzlich zu gehören, wie ein Sklave oder
Hund seinem Herrn, dann muß man das auch zeigen,
indem man ihm das Liebste preisgiebt. Was wir als den
Grundgedanken aller semitischen Religion kennen gelernt
haben, erklärt und rechtfertigt bis zu einem gewissen
Grade die Beibehaltung solcher abscheulichen Gebräuche
in sozialen Verhältnissen, zu welchen sie nicht mehr passen.
Die Frage, ob das Kinderopfer und das Menschenopfer
ursprünglich zum Jahvedienste gehörten, oder ob ihr Vorkommen als ein Überbleibsel aus einer früheren religiösen
Epoche betrachtet werden muß, ist hier von sekundärer
Bedeutung; aber wir haben Grund zu der Annahme, daß
beide Opfer Bestandteile der altsemitischen Religion und
folglich auch der vorjahvistischen Volksreligion Israels
nicht fremd waren.

nichts von einem fremden Ursprung wissen; er hält den Tophetkultus
für Jahvedienst und Melek für die Bezeichnung Jahves nach seinem
strengeren Charakter. Diese Hypothese erscheint mir wegen der Haltung der Propheten und der Errichtung des Tophets außerhalb des Jahve-
tempels unwahrscheinlich. Man vergl. ferner meine Vergelijkende
Geschiedenis, p. 508 vgg. und 692 vgg.

# Drittes Kapitel.

## Nationale und lokale Götter und Kulte.
## A. Bei den Aramäern und ihren Nachbarn.

### 1. Aramäische Götter und Kulte.

Die vornehmste Gottheit der Aramäer, die in Hierapolis (Bambyke), Ḥarran, Damaskus, später in Palmyra
(Tadmor) und, wie schon erwähnt, auch in Aškelon vor
oder nach der Ansiedlung der Philister die hervorragendsten Mittelpunkte ihrer Verehrung hatte, war die ʿAštar
des ʿAtte. Denn dies ist die wahrscheinlichste Erklärung
des Namens ʿAtar-ʿata, den die Griechen Atergatis oder
— nach der verkürzten Form Tarʿata — Derketo aussprachen. Die Spekulationen der Gelehrten, welche aus
dieser Zusammensetzung einen androgynen Charakter
der Göttin oder eine Kombination derselben mit dem
jungen Gott ableiten, entbehren jegliches haltbaren Grun-
des [1]. Sie heißt die ʿAštar des ʿAte zum Unterschied
von der des Kamoš oder der des Tammuz oder irgendwelcher anderen.

Die späteren Griechen (Pseudo-Lucian) nennen Attes
oder Attis einen Lydier, welcher den Lydiern, Phry-
giern und Samothrakern ihre Riten lehrte und sie von

---

1) So noch Baethgen a. a. O., S. 73 f. Mit Recht wendete sich
schon dagegen E. Meyer ZDMG. XXXI, S. 731 ff. Vgl. auch Nöldeke
ibd. XXIV, S. 91 f.

dort aus zu den Syrern brachte, wo man ihm und der
Göttin, deren Lob er verkündigte, in Hierapolis einen
Tempel weihte, da die Völker jenseits des Euphrat
diesen Dienst nicht annehmen wollten. Diese Vorstellung hat ebensowenig historischen Wert als die andere,
welche derselbe Schriftsteller erwähnt, nämlich dafs der
Tempel von Semiramis und Dionysos auf ihrer Reise
nach Äthiopien gestiftet sei. Vielmehr mufs man annehmen, dafs der bei den Aramäern heimische Kult von
ihnen schon bei ihrer Ansiedlung im Lande von den
früheren Bewohnern desselben übernommen und viel
später vom Osten aus nach dem Westen Kleinasiens verbreitet worden ist. Die Mythe des Attes ist sehr nahe
mit der des Tammuz verwandt und nur eine andere
landschaftliche Form derselben. Beide sind der Geliebte
der grofsen Himmelsgöttin, beide werden wegen ihrer
Schönheit gerühmt, beide personifizieren das Aufblühen
und Verwelken der Natur in Frühjahr und Herbst, beide
sterben und werden dann von der Göttin beweint und
ängstlich gesucht, aber erstehen immer wieder zu
neuem Leben. Der einzige wesentliche Unterschied besteht darin, dafs Tammuz-Adonis durch den Eber oder
einen feindlichen Gott getötet wird — Attes dagegen
stirbt, nachdem er sich entmannt hat: ein mythischer
Zug, in welchem das Aufhören der Fruchtbarkeit auf
Erden noch stärker ausgedrückt wird als in dem einfachen Töten des Frühlingsgottes. Dafs Attes sich aus
Scham und Verzweiflung über sein Liebesverhältnis zu
der Göttin, die doch seine Mutter war, verstümmelt
haben soll, ist natürlich von den Griechen erdacht, aber
es beweist, dafs er wenigstens in einigen Schulen analog
der ägyptischen Theologie als „der Gemahl seiner
Mutter“ betrachtet wurde, was von Tammuz bislang
nicht bekannt ist. Wir werden die Mythe in ihrer
kleinasiatischen Gestalt später kennen lernen. Ob alles,
was dort erzählt wurde, auch in Syrien galt, ist nicht

zu sagen; aber dafs hier die Hauptbestandteile dieselben waren, wie dort, lehrt der Kultus von Bambyke. Denn auch hier findet man die Gallen (gallaḫ,
„der Geschorene", vielleicht hier in der Bedeutung:
der Verschnittene) mit dem Archigallos[1]) an der Spitze,
Priester, welche sich nach dem Vorbilde ihres Gottes
und zur Ehre der grofsen Göttin entmannt haben und
alljährlich bei dem grofsen Feste von jungen Leuten in
fanatischer Schwärmerei nachgeahmt wurden. Ferner
gab es eine zahlreiche Priesterschaft, in Weifs gekleidet
und mit Hüten bedeckt; der Hohepriester allein trug
Purpur und eine goldene Krone. Unter jener befanden
sich solche, die mit dem Schlachten der Opfertiere,
andere, die mit den Trankopfern betraut waren, Feuer-
träger, Altardiener und obendrein eine Menge Ḳedešim,
Musikanten, rasende Frauen. Aber nur bei den Opfern
für die grofse Göttin wurde mit Flöten und Cymbeln
(Becken) musiziert und gesungen, die Opfer für den
Gott geschahen still.

Wie der Gott beschaffen war, dessen Bild neben dem
der grofsen Göttin in einem Allerheiligsten stand, das
zwar offen, aber nur für die vornehmsten Priester zugänglich war, wissen wir nicht. Der griechische Schriftsteller nennt ihn Zeus. Vielleicht war er Ramman oder
Hadad, vielleicht — aber nicht wahrscheinlich — war
er erst seit der griechischen Zeit eingeführt und wirklich
Zeus. Er stand nach assyrischer Weise auf einem Stier,
dem Tier des Ramman, die Göttin auf einem Löwen,
und ihr Bild glich zwar dem keiner einzigen griechischen
Göttin, aber erinnerte an sehr verschiedene derselben.
In der einen Hand trug sie ein Scepter, in der anderen
eine Spindel, ihren Leib umschlang der Gürtel der

---

1) Morris Jastrow Jr. hat in Hebraica, 1891, p. 257 ff. die
sinnreiche Vermutung ausgesprochen, dafs der auf einem phönicischen
Siegel vorkommende Name Adongallaḫ kein Eigenname, sondern das
semitische Original zu dem griechischen Archigallos sei.

Himmelskönigin; sie trug auf ihrem Haupte die von den Griechen so genannte Mauerkrone, die nichts anderes als die gewöhnliche Kopfbedeckung aller aramäischen und kleinasiatischen Gottheiten ist, und war ferner mit einem Steine geschmückt, der zu glühen schien und im Dunkeln leuchtete. In der Mitte zwischen beiden stand ein Bild, das von allen anderen verschieden war und über welches der Schriftsteller keine Auskunft zu geben vermag als nur die, dafs es jährlich zweimal bei der Zeremonie des Wasserholens gebadet wurde [1]. Aufser diesen waren noch verschiedene andere Götterbilder vorhanden, u. a. das eines Orakelgottes, der sich bei dem Umhertragen durch die Priester bewegte und so den Willen der Götter zu erkennen gab, und unzählige Bilder von Königen und Priestern. Ferner wies hier alles darauf hin, dafs man sich in einem Tempel der grofsen Göttermutter befand: der Weiher mit allerlei, zuweilen mit Gold verzierten Fischen, der Vorhof mit allen möglichen Arten von Tieren, selbst vollkommen gezähmten Raubtieren — alles lebendige Repräsentanten der Fische und Ungetüme, welche sie in dem kosmischen Ozean umgaben. Der heiligste Vogel dieser Göttin war die Taube; das Schwein wurde als unrein angesehen und weder geopfert noch gegessen. Das Abscheren von Haar und Augenbrauen, das Darbringen des Jünglingshaars bei dem Eintritt der Mannbarkeit — vielleicht ein Surrogat für das Opfer der Gallen — das Schlafen auf dem Boden sind Gebräuche, welchen man nicht allein hier, sondern auch bei andern Völkern begegnet.

Der Gott, welcher dem Range nach auf ʿAtarʿate folgte, der höchste der männlichen aramäischen Götter, war Hadad, dessen Name sicher so lautete und nicht,

---

1) Baethgen a. a. O., S. 73, hält es für das Bild des Attes, was nicht unmöglich ist.

wie man wohl behauptet hat [1]), Hader oder Adir, wenn
auch immerhin möglich ist, daſs dieser letzte Name als
Ehrenname, „der Erhabene", für ihn oder irgendeinen
anderen Gott gebräuchlich war. Daſs er der Gott des
Donners war, dargestellt mit reichem Haar- und Bart-
wuchs und deshalb wahrscheinlich von den Griechen für
Zeus gehalten, darf als sicher bezeichnet werden. Das
war auch der wohlbekannte syrische Gott Ramman
(nicht Rimmon, „Granatapfel", wie die Massorethen irr-
tümlich schrieben), mit welchem er in dem Lokalnamen
Hadad-Ramman kombiniert wurde. Es ist aller Grund
zu der Annahme vorhanden, daſs dieses zwei Namen für
denselben hohen Himmelsgott als den Donnerer waren
— nicht der eine aramäisch, der andere assyrisch (Baethgen), denn, wie wir sahen, hatten die Assyrer Ramman
den Aramäern entlehnt — sondern der eine dazu bestimmt, die wohlthätige, der andere, die furchtbare Wirkung des Gewitters zum Ausdruck zu bringen. Wird
doch die Wurzel des Namens Hadad, welche wahrscheinlich „in Geschrei ausbrechen" bedeutet, immer für
fröhlichen Jubel gebraucht; die des Namens Ramman,
„der Brüller, der Donnerer", bedeutet auch „zornig sein".
In welchem Verhältnis der Gott zu ʿAtarʿata stand, ist
unsicher; ihr Gemahl war er entschieden nicht, wenigstens nicht in der Zeit, mit welcher wir uns beschäftigen. Eher werden sie als Bruder und Schwester aufe-
gefaſst sein, wie es von den Babyloniern geschah, bei
welchen wenigstens die Ištar von Uruk und Ramman
beide Kinder des höchsten Himmelsgottes Anu sind.

Von andern aramäischen Göttern im Altertum ist
nicht viel mehr als der Name bekannt, so von Aziz,
dem Mächtigen, welchen einige Gelehrte mit Arês,

---

1) Die Gründe, welche man dafür beibrachte, sind schon von
Ed. Meyer, ZDMG. XXXI, S. 734 ff. genügend widerlegt. Vgl. auch
Baethgen, a. a. O. S. 67.

andere mit Apollo verglichen haben. Einige, wie der
allgemein und auch in Syrien verehrte Gott Gad, der
der Glücksgott, Ba'al-šamên, der Herr des Himmels, der
auf Cypern, aber auch in Sam'al (Nordsyrien) vorkommende Rešpu und Anat sind schon früher erwähnt. Ob
und inwiefern der Kultus in Damaskus, Ḥarran, Hamat
und anderen Zentren des Landes von dem zu Hierapolis
sich unterschied, weiß man nicht. Weit genauer sind
wir über die Religion in Palmyra (Tadmor) unterrichtet
mit ihren beiden Sonnengöttern Bel und Malakbel, ihren
beiden Mondgottheiten Aglibôl und Jarḥibôl, alle unterthan dem Ba'al-šamîn; aber weder diese Entwicklung
der aramäischen Religion, die auch schon viele Spuren des
Synkretismus zeigt, noch die Blütezeit des Nabatäischen
Reiches mit seinen meist arabischen Göttern gehören in
die Zeit vor Alexander dem Grofsen und können daher
hier nicht behandelt werden [1]).

## 2. Die Religion bei den Hethitern.

Die Hethiter (Ḥeta, Ḥatti), welche schon in der
ersten assyrischen Periode eine solche Ausbreitung und
solchen Einfluß gewonnen hatten, daß die Assyrer das
ganze Westland oft „das Land der Ḥatti" nannten,
waren zwar selbst keine Semiten, obschon sie über meist
semitische Stämme das Scepter führten (vgl. oben S. 226),
aber wie ihre Kunstwerke babylonisch-assyrischen Mu-
stern gefolgt zu sein scheinen, so haben sie sich auch
in der Religion nach ihren semitischen Nachbarn und
Unterthanen gerichtet. Schon zur Zeit der 18. ägyptischen Dynastie spricht einer der Ḥatti-Fürsten in seinem
Briefe an den Pharao von der Ištar von Nineve als einer
seiner Gottheiten. In dem Vertrag, welchen der ägyptische

---

1) Vgl. für die Kulte von Palmyra, Ḥauran und Nabatäa de Vogüé, Syrie Centrale, Inscrr. sémitiques, und bezüglich der im
Text genannten Götter vor allem p. 62 suiv.

König Ramses II. mit dem Fürsten der Ḥeta Ḥetasir
schlofs, und zwar nach einem hartnäckigen Kampfe, bei
welchem der Vorteil sicher nicht lediglich aufseiten der
Ägypter war, werden neben den tausend männlichen und
weiblichen Gottheiten Ägyptens ebenso viel hethitische
als Zeugen angerufen, alle die über die Erde, die Berge
und die Ströme des Ḥetalandes herrschen, und bestimmt
eine Reihe von lokalen Sutechs, eine Antarata (auch
Aštarta gelesen) und noch einige andere Lokalgottheiten,
die einfach Gott oder Göttin genannt werden. Sutech
ist der ägyptische Name, mit welchem die Ägypter gewöhnlich die Baʿalîm bezeichneten; unter ihnen wird der
von Tunep, einer Stadt unweit Aleppos, an erster, der
des Ḥetalandes an zweiter Stelle erwähnt. Die Antarata
des Ḥetalandes kann wohl keine andere sein als ʿAtar-
ʿata, folglich die bekannte aramäische Hauptgöttin, welche
die Hethiter also übernommen hatten. In der Stadt
Ḳadeš, einer Grenzfeste des damaligen Ḥetareiches,
wurde sie wahrscheinlich als Hauptgöttin, als die Üppige
verehrt. Vielleicht kam sie mit der hethitischen Prinzessin, welche Ramses nach Abschlufs des Friedens
heiratete, nach Ägypten, und sicherlich stammen die
kriegerische Anta und die Göttin Ḳen — dargestellt als
eine nackte Frau mit Ähren und Blumen in den Händen
und auf einem Löwen stehend — welche man auch auf
ägyptischen Denkmälern findet, ebenfalls aus Vorderasien.
Bestimmte Namen von hethitischen Göttern werden in
dem erwähnten Vertrage nicht genannt. Man meint in
den noch nicht entzifferten Hieroglypheninschriften der
Ḥittîm doch drei derselben lesen zu können, nämlich
Tarku, Sandu und Kamoš (Menant), aber dies bedarf
noch sehr der Bestätigung. Nur der erste würde mit
Sicherheit als ein rein hethitischer Gott betrachtet werden dürfen, denn sein Name kommt in denen verschiedener Ḥetafürsten vor; Sandu läfst an den kleinasiatischen Gott Sandan oder Sandês denken, dessen Herkunft

zweifelhaft ist; der dritte ist der bekannte, sicher semitische Gott von Moab, dessen Namen man auch in dem
der Stadt Karkemisch (Gar-gamišu) finden will. Die
Dürftigkeit der Berichte und die Unverständlichkeit der
hethitischen Inschriften erlauben uns nicht, über die Religion dieses Volkes mit mehr Gewißheit zu sprechen.
Aber daß diese ein Gemisch von eigenen und aramäischen Elementen war, darf wohl als höchstwahrscheinlich betrachtet werden.

### 3. Spuren von verwandter Religion in Kleinasien.

Kleinasien, seiner Form nach dazu bestimmt, die Brücke
zwischen Asien und Europa zu bilden, „eine asiatische
Hochebene in ein europäisches Küstenland gefaßt", wie
Perrot es sehr glücklich bezeichnet hat, und so der
gewiesene Ort, wo die aufblühende occidentalische Kultur
bei der uralten orientalischen in die Schule ging, gehört
nicht ganz in den Kreis, dessen Grenzen die historische
Untersuchung dieses Buches nicht überschreiten darf.
Welche Form einige orientalische Götter, Mythen und
Kulte in Phrygien, Lydien, Lykien und bei den kleinasiatischen Hellenen annahmen, kommt später zur Sprache.
Die Geschichte dieser Wandlung muß die Einleitung zu
der Geschichte der griechischen Religion bilden. Aber
zum Teil gehört Kleinasien allerdings zu dem Gebiet,
welches wir jetzt zu überschauen haben. In seinem östlichen Teile, in Leukosyrien oder Kappadokien, in Kilikien und einigen benachbarten Landschaften haben Religionen geherrscht, welche von gleicher Art wie die der
Hethiter und Aramäer waren, und selbst diese haben
sich augenscheinlich weit nach Westen verbreitet. Die
Völkerkunde Kleinasiens ist noch voller Rätsel. Soviel
ist sicher, daß schon frühe Semiten in Kilikien eingedrungen sein müssen. Dafür zeugt u. a. ein Relief
zu Ibriz, an der Westgrenze dieser Landschaft, welches

einen Mann mit unzweifelhaft semitischen Gesichtszügen und halb nach assyrischer Mode gekleidet darstellt, in Anbetung vor einem Gotte, der mit der einen Hand eine um seinen Leib geschlungene Weinranke emporhält, in der andern ein Bündel Kornähren trägt. Man sieht in diesem Fruchtbarkeitsgott den Prototypus des Dionysos, welchen die Griechen den orientalischen nannten und der in ganz Kleinasien unter vielen verschiedenen Gestalten verehrt wurde.

Semitischer Einfluß, namentlich auf dem Gebiete der Kunst, ist auch in den Ländern nördlich von Kilikien nicht zu verkennen. Aber die Bevölkerung scheint weder zu der semitischen noch zu der ario-europäischen Rasse gehört zu haben, sondern vielmehr zu der Familie der kaukasischen oder subkaukasischen Stämme. Es sind die Tibarener, die Kappadokier oder weißen Syrer und die Kataonier. Reste ihrer Kunst, die zwar eine gewisse Selbständigkeit zeigt, aber auch deutlich die Nachahmung ägyptischer und vielmehr noch assyrischer Vorlagen erkennen läßt, sind in letzter Zeit entdeckt. Die große Übereinstimmung ihrer Kunstwerke mit den zu Jerablus (Karkemisch), Ḥamat und sonst im Hethiterlande gefundenen, vor allem der Umstand, daß sie dieselbe Hieroglyphenschrift wie diese gebrauchen, legten die Vermutung nahe, daß sie Stammverwandte der Ḥatti waren, und erzeugten sogar die Hypothese, daß ein großes Hethiterreich einst ganz Nordaramäa und Kleinasien umfaßte. Die letztere ruht auf sehr schwachen Füßen. Die erstere ist nicht ausgeschlossen, aber auch nicht bewiesen. Völker mit verschiedenen Sprachen können sich derselben Schrift bedienen. Die Skulpturen in Kappadokien und die mit ihnen übereinstimmenden in den westlichen Gegenden der Halbinsel ähneln zwar sehr den echt hethitischen, sind aber bei weitem vortrefflicher, und die Übereinstimmung läßt sich teilweise daraus erklären, daß die Kunst in beiden Ländern von der assyrischen abhängig

war [1]). Der assyrische Einfluſs scheint, namentlich seit
den Kriegen zwischen Ašurbanipal und der Dynastie
Gyges' des Lydiers, beständig zugenommen zu haben,
so daſs man schlieſslich die Landessprache in modifizierter assyrischer Keilschrift schrieb und assyrische
Namen in Kappadokien vielfach vorkamen [2]). Stammverwandte der Ḥatti sind die genannten Völker allerdings
wohl gewesen: die einen etwas mehr vorgeschoben
und in Aramäa ansässig geworden, die anderen etwas
näher bei dem nördlich gelegenen Mutterlande zurück-
geblieben. Was wir von ihrer Religion wissen, spricht
dafür.

Diese bestand hauptsächlich in der Verehrung der
Muttergöttin, welche unter verschiedenen Namen in ganz
Kleinasien angebetet, aber meist mit ihrem kappadokischen Namen Ma oder Ammas genannt wurde. In den
merkwürdigen Denkmälern bei dem heutigen Öyük hat man
mit Recht die Überbleibsel eines wichtigen Zentrums ihrer
Verehrung erblickt. Das dortige Heiligtum gehörte zu
einem Palaste. Noch viele der Basreliefs, welche die
Wände desselben schmückten, sind erhalten. Was sie
darstellen, sind zweifellos religiöse Handlungen: hier ein
Stierbild mit Altar, nach welchem sich von beiden
Seiten her die Anbeter in Prozession begeben und bei
dem ein Priester und eine Priesterin oder Adorante
beschäftigt sind; dort eine sitzende Göttin, welcher ein
Priester ein Trankopfer darbringt und der sich eine
Schar von Gläubigen nähert; dort dieselbe Göttin, aus

---

1) Man vgl. gegenüber den bekannten Ansichten von Ed. Meyer,
Sayce, Perrot u. a. die einseitige, aber nicht zu unterschätzende Abhandlung von Hirschfeld, Die Felsenreliefs in Kleinasien und
das Volk der Hittiter, Berlin (Kgl. Akad. der Wissensch.) 1887.

2) Wenigstens wenn die sogen. kappadokischen Täfelchen, von
denen Pinches schon 1882 zwei und unlängst (1891) Golenischeff vier-
undzwanzig herausgab, wirklich aus Kappadokien stammen, was an sich
nicht unwahrscheinlich ist.

einer Schale trinkend, während man Widder und Schafe
ihr zum Opfer heranführt und Musikinstrumente zu ihrer
Ehre spielt. Die Göttin ist hier die Hauptgottheit,
welche ebenso wie die Ištar von Uruk den Stier als
Symbol des Fruchtbarkeitsgottes bei sich hat.

Ungefähr fünf Stunden SW von Öyük, in Jasilikaja
bei dem Dorfe Boghaz-Köi — wie man meint, dem alten
Pteria Herodots —, ist ein anderer heiliger Ort, ein in
den Felsen ausgehauener Tempel, an dessen Wänden
etwa sechzig Personen in Basrelief abgebildet sind. Hier
sieht man zwei Prozessionen, die einander begegnen, die
eine ganz oder wenigstens hauptsächlich aus männlichen,
die andere aus weiblichen Figuren bestehend, mit der
einzigen Ausnahme, daſs hinter der Göttin, welche den
einen Zug anführt, ein junges göttliches Wesen steht.
An der Spitze des andern erblickt man einen Gott, das
einzige männliche Wesen, das einen Bart trägt; hinter
ihm kommen allerhand mythische Gestalten, einige ge-
flügelt, andere mit Bocksfüſsen und Hörnern, viele — wie
der junge Gott in der anderen Prozession — bewaffnet mit
der Doppelaxt des karischen Labrandeus. Wie die assyrischen Götter auf den Reliefs von Bavian und Maltai,
stehen auch hier die vornehmsten Wesen nicht auf dem
Boden, sondern die Göttin und ihr junger Gefährte auf
Panthern oder Löwen, der höchste Gott auf zwei gebückten
menschlichen Gestalten, ein anderer auf zwei Erhöhungen,
die wahrscheinlich die beiden Horizonte bedeuten. Daſs
hier eine heilige Hochzeit, die Begegnung zweier an
verschiedenen Orten verehrter Gottheiten, wie des Horos
von Edfu und der Hathor von Dendera, abgebildet ist,
leidet keinen Zweifel. Die Göttin ist sicherlich identisch mit
der 'Atar'ate der Aramäer, und ihr Attes folgt ihr; ebenso
sicher identisch mit der Hauptgöttin von Öyük, denn in
ihrem Gefolge kommt auch die sonderbare, auf einem
Doppeladler stehende Figur vor, welche man in dem
Tempel zu Öyük antrifft. Auch die Priester, mit langem

Frauengewand und bartlosem Gesicht, wahrscheinlich
Gallen, zeigen an beiden Orten denselben Typus. Aber
in Jasilikaja ist die Wohnung des Gottes, welche die
ihm verwandte Göttin nur gastweise aufnimmt. Das geht
aus den Darstellungen an der Wand des kleineren,
schwerer zugänglichen Gemaches hervor, welches das
Adyton gewesen sein muſs, wo keine Göttin, sondern
nur der Gott, seinen Priester (?) umarmend und von den
heiligsten Symbolen umgeben, und am Eingange die
Tempelwache abgebildet ist[1]). Höchst eigenartig ist hier
eine symbolische Göttergestalt mit Menschenkopf und
spitzer Tiara, deren Körper jedoch durch vier Löwen
gebildet wird, was augenscheinlich mit den vier Himmelsgegenden in Verbindung zu bringen ist.

Über das Alter dieser Heiligtümer ist nicht viel zu
sagen. Vielleicht sind sie aus derselben Zeit wie die gleichartigen Skulpturen aus Sinaḥeribs Regierung (704—681),
sicher nicht älter; aber ebenso sicher jünger als die
groben Bilder der Göttermutter, welche in Troas, auf
Kypros und auf den Kykladen gefunden wurden. Die
rauhen Horden der Kimmerier, welche im 7. Jahrhundert
Kleinasien beunruhigten, werden sie wohl nicht gestiftet
haben (gegen Krall). Der Fürst, welcher die mit den
Heiligtümern verbundenen Paläste bewohnte, kommt in
den Reliefs nicht vor, woraus man geschlossen hat, daſs
er selbst der Hohepriester war (Perrot). Die hier dar-
gestellte grofse Göttin ist nach ihrer Kleidung und
sonstigen Unterscheidungszeichen identisch mit derjenigen des kappadokischen Komana an der Iris und des
kataonischen Komana am Saros, und wahrscheinlich
wurde sie auf ebendieselbe orgiastische Weise, mit hei-

---

[1]) Eine ausführliche Beschreibung mit vorzüglichen Abbildungen
u. a. bei Perrot et Chipiez, Histoire de l'Art dans l'Antiquité,
Vol. IV, p. 623 suiv. Vgl. auch das grofse Werk (Expédition archéologique de la Galatie etc.) von Perrot, Guillaume und Del-
bet, das auf Staatskosten 1872 in Paris herausgegeben wurde.

liger Prostitution, gewiſs durch Gallen verehrt. Aber
diese Vermutung ruht nur auf dem, was die Geschichte
bezüglich der Zähigkeit religiöser Bräuche lehrt. Die
Berichte über den Kultus in den beiden Komanas sind
weit jünger als die Tempel in Boghaz-Köi und Öyük.
Und es ist zuzugeben, daſs die Skulpturen in beiden
Tempeln weder rasende Korybanten noch grobsinnliche
Symbole noch üppige Göttergestalten aufweisen.

### 4. Die Götter der Philister und ihr Kultus.

Es würde nutzlos sein, eine Untersuchung über die
Herkunft der Philister und die Lage ihres Stammlandes
Kaphtor anzustellen, für welche alle Daten fehlen. Nur
das darf man wohl als über jeden gegründeten Zweifel
erhaben betrachten, daſs sie Semiten waren und mit den
Pelasgern nichts zu thun haben[1]). Als sie sich in Kanaan ansiedelten, fanden sie dort natürlich die Landes-
gottheiten, die kanaanäisch-phönicische Astarte und
verschiedene lokale Ba'alîm, wie den Ba'al Zebub von
'Ekron, in Verehrung und hüteten sich wohl, ihren Kultus
abzuschaffen; aber sie stellten ihre eigenen Götter daneben, selbst wenn sie ursprünglich mit jenen identisch
waren. So findet man neben der einheimischen Astarte
in 'Aškelôn die Göttin, deren Namen die Griechen Derketo aussprachen, augenscheinlich nach der dialektischen
Form Tir'ata des bekannten aramäischen Namens 'Atar-
'ata. Die Berichte über diesen Kult sind sehr jung und
obendrein dürftig. Daſs er von dem lokalen Astartedienst unterschieden wurde, steht fest, denn der Tempel
Derketos lag auſserhalb, der andere in der Stadt. Wir
dürfen auch annehmen, daſs die Göttin hier anders als in
Bambyke dargestellt wurde, wohl in ichthyanthropischer

---

1) Gegen Hitzig, der sie für Arier hält, und Stark, der sie mit
den Pelasgern identifiziert. Siehe weiter oben S. 228.

Form. Auch wurde von ihr in 'Aškelôn zwar eine ähnliche Mythe erzählt wie von der aramäischen Göttin,
nämlich ihre unglückliche Liebe zu einem Jüngling aus der
Zahl der Opfernden; doch weicht diese in den Details so
sehr ab, daſs sie nicht aus derselben Gegend herstam-
men kann. Die Griechen reden ferner von ihrer Tochter
Semiramis und nennen diese eine andere Gestalt der
himmlischen Aphroditê, d. h. der Astarte, die in der
Stadt verehrt wurde. Daſs in diesem Kultus aramäische
Elemente den Hauptbestandteil bilden, ist klar, und wie
der Name der Göttin, so ist auch der des Gottes, welchen die Philister in Gaza und an anderen Orten verehrten, Marnas (Mar-na, unser Herr), nicht kanaanäisch,
sondern aramäisch. Semiramis jedoch hat ihre Heimat
in Babylonien und Assyrien (Šamuramat). Ebenso gehört dorthin der männliche Hauptgott der Philister, Dagon, der zu Gaza seinen Haupttempel, aber auch in
anderen Städten seine Heiligtümer hatte. Er war keine
kanaanäische Gottheit; wenn sein Name auch noch in
ein paar Ortsnamen auſserhalb des philistäischen Gebietes vorkommt, so können wir doch nichts anderes
darin sehen als Spuren der einst von den Philistern
über den gröſsten Teil Kanaans ausgeübten Herrschaft.
Eine junge Überlieferung beschreibt sein Bild als eine
Zusammensetzung aus dem Körper eines Fisches mit
Kopf und Händen, vielleicht auch Füſsen eines Menschen. Obgleich die älteren Berichte hierüber schweigen,
so ist doch kein Grund vorhanden, es zu bezweifeln;
um so weniger, als auch Derketo eine Fischgestalt hat,
und der Name Dagon selbst mit dag „Fisch", nicht
aber, wie Philo von Byblos will, mit dag „Korn" zusammenhängt. Über seinen Kultus wissen wir nur, daſs
er seine Priester und Wahrsager hatte. Was seine Bedeutung anlangt, so werden wir uns nicht weit von der
Wahrheit entfernen, wenn wir ihn zu den alten schöpferischen Göttern des kosmischen Ozeans rechnen und mit

dem babylonischen Ea in Verbindung bringen, wenn er
vielleicht auch in der Götterhierarchie auf einer niederen
Stufe stand als dieser. In Babel und Assur wird er
mehrmals mit dem höchsten Himmelsgott Anu verbunden, und aus einer der Inschriften des Königs Sargon II.[1]) hat man geschlossen, daſs er vor allem in
Ḥarran verehrt wurde. Dies würde eine Vermengung
von aramäischen und assyrischen Kulten wenigstens
einigermaſsen erklären. Aber wir können nicht leugnen,
daſs alles das sehr unsicher ist. Nur so viel steht
fest, daſs der Gott oft neben dem Baume des Lebens
abgebildet wird und daſs er bei der Bestattung der
Toten eine Rolle spielt; er gehört also zu den Göttern,
die Leben wecken aus dem Tode[2]).

1) Khorsab. revers des plaques 8. Es steht jedoch nicht da, daſs
der Wille Anus und Dagans, deren Gesetze Sargon für Ḥarran aufzeich-
nete, gerade nur dort allein galt.

2) Man vgl. dazu u. a. die von J. Menant mitgeteilten Abbildungen,
Le Mythe de Dagon, in RHR. 1885, XI, p. 295 suiv. Meine Auffassung Dagons als Gottes der Philister steht direkt gegenüber derjenigen Pietschmanns, Geschichte der Phönicier, S. 144 ff.,
welcher Dagon für einen kanaanäischen Gott hält und die Etymologie
von Philo Byblios acceptiert.

# Viertes Kapitel.

## Nationale und lokale Götter und Kulte.
## B. Bei den Phöniciern, den Kanaanäern und ihren Nachbarn.

---

### 1. Die phönicischen Volksgötter.

Unter den Religionen der Antike gehört die der Phönicier nicht zu den höchstentwickelten. Viel höher steht die babylonische, mit deren gelehrter Priesterschaft die phönicische sich nicht messen konnte; geschweige denn die israelitische, stets reformiert und gereinigt durch mächtige Propheten, welche mit gerechtfertigter Geringschätzung auf die armen Ba‘alspriester von Tyrus und Ṣidon herabsahen. Die Ursachen dieser geringen Entwicklung liegen auf der Hand. Den Phöniciern fehlte die politische Einheit. Auf einem langen, schmalen Küstenstreifen angesiedelt, hatten sie eine Anzahl kleiner Staaten gebildet, unter denen sich zwar einige zeitweise eine gewisse Autorität über die andern anmaßten und den Titel einer „Mutter in Kanaan" beanspruchten, die aber alle immer ein gewisses Maß von Selbständigkeit und Unabhängigkeit behielten. Deshalb hatten sie auch kein religiöses Zentrum, wo die vornehmsten Landesgötter um einen höchsten geschart und mit ihm zu einem hierarchischen System vereinigt wurden, kein Babel oder Theben oder Jerusalem, und ohne das muß

eine polytheistische Religion auf gewisser Höhe stehen
bleiben.

Dazu kommt, dafs sie fast ausschliefslich für Handel
und Gewerbe lebten, die ihnen Vorteil versprachen. In
Kunst und Kunstindustrie waren und blieben sie zurück.
Die Überbleibsel ihrer Architektur und Plastik zeigen
einen vollständigen Mangel an Originalität und sind nicht
viel mehr als ungeschickte Nachahmungen ausländischer
Modelle. Was sie auf dem Gebiete des Kunstfleifses
lieferten, kann nicht entfernt den Vergleich mit den
geschmackvollen und zierlichen Produkten der aramäischen Industrie aushalten. Es war, wie Pietschmann
richtig bemerkt hat, für die phönicischen Krämer weit
vorteilhafter, schlechte Imitationen als kostbare Originale
auszuführen und zu verhandeln. Selbst auf ihre politische
Unabhängigkeit legten sie wenig Wert, so lange man
ihnen Handel und Schiffahrt frei liefs, und nur wann
diese Gefahr liefen oder ihren Städten der völlige Untergang drohte, verteidigten sie sich bis aufs Messer. Der
Mangel eines kräftigen Volksbewufstseins verhinderte bei
ihnen die Bildung einer nationalen Religion. Zwar sagt
man zu viel, wenn man behauptet (Pietschmann), dafs
sie, zu Küstenbewohnern und Kaufleuten geworden,
immer dieselben Götter weiter verehrten, welche sie
anbeteten, als sie noch schweifende Hirten oder noch
binnenländische Bauern waren, und dafs Meergötter bei
ihnen nur eine untergeordnete Rolle spielten. Sie haben
thatsächlich ihre Religion der neuen Lebensweise angepafst. Wohl aber werden sie charakterisiert durch
eine Passion für die Übernahme fremder Götter und
Kulte und die Vermischung derselben mit den ihrigen,
was sicherlich zur Reinigung ihres eigenen Glaubens
nicht beitrug.

Endlich mufs auch berücksichtigt werden, dafs sie
zwar die Makler der höheren Kultur des Ostens waren
und sich durch ihren Reichtum allerhand Luxusgegen-

stände und verfeinerte Genüsse verschaffen konnten, dafs
sie aber die Zivilisation sich nicht wirklich angeeignet
und selbständig verarbeitet hatten. Dicht unter der
Oberfläche schlummerte der alte Barbarismus, so dafs
sie gar nicht das Bedürfnis empfanden, das Unmensch-
liche in ihren religiösen Gebräuchen abzuschaffen oder
auch nur zu mildern.

Die Theologie der Phönicier ist ausgesprochen polytheistisch. Alle die Götter, welche sie verehrten, aufzuzählen würde unmöglich sein, denn was der israelitische
Prophet von Juda sagte, gilt auch in vollem Mafse von
den Phöniciern: die Zahl ihrer Götter war ebenso grofs
als die ihrer Städte; ja, man könnte sagen, dafs sie noch
weit gröfser war. Der Ursprung dieses Polytheismus
wird auf zweierlei Weise erklärt. Nach der älteren und
noch ziemlich allgemein verbreiteten Meinung haben die
Phönicier, bevor sie sich an der Küste niederliefsen, wenn
auch nicht gerade einen Ba'al, so doch einige höchste
Götter gemeinschaftlich anerkannt und verehrt. Die vielen
Götter aber, aus welchen ihr Pantheon besteht, sind
eigentlich nur die lokalen Formen dieses einen Ba'al oder
dieser einen Ba'alit oder 'Aštarit oder wie die allgemeinen
Gottheiten sonst noch heifsen mochten. Obgleich nun
der Ba'al von Tyrus in der That kein anderer war als
der von Şidon oder Tarsos oder irgendeines anderen
Ortes, so waren diese doch für das Volksbewufstsein
ganz verschiedene Gottheiten; ebenso wie die weniger
gebildeten Glieder der römisch-katholischen Kirche die
Madonna des einen Ortes als eine eigene Person von
der eines anderen unterscheiden. Dem gegenüber gewinnt eine andere Erklärung mehr und mehr an Boden.
Nach ihr hat die phönicische Religion anfangs lediglich
aus kleinen Stammes- und Lokalkulten bestanden. Die
Götter waren weder eigentliche Naturgötter, noch selbst
mythische Wesen. Sie waren Stammesgötter, Schutzgeister kleiner Gemeinschaften; wurden sie dann Götter

einer Niederlassung, so wurden sie natürlich einigermafsen mit der Natur in Verbindung gebracht und Mythen für sie geschaffen. Auch geschah es wohl, dafs
durch die Zunahme der Macht und des Einflusses einer
Stadt oder durch die Gründung von Kolonieen der Dienst
ihres lokalen Schutzpatrons sich über die Grenzen seines
ursprünglichen Gebietes hinaus verbreitete, aber dies
machte ihn nur scheinbar zu einem Volksgott, in Wirklichkeit war er nichts anderes als der alte Stammesgott,
der die Herden schützte, Seuchen und Raubtiere ab-
wehrte, die Nahrung für Menschen und Vieh wachsen
liefs und sich von einem anderen Stammesgott lediglich
deshalb unterschied, weil der eine Stamm sich eine
etwas andere Vorstellung von dem Göttlichen machte
als der andere. Roh waren diese Vorstellungen ursprünglich jedenfalls; das beweist die Auffassung der
Götter als fruchtbarer oder starker Tiere: Stiere, Kühe,
Löwen, hauptsächlich „Fresser" und „Verschlinger".
Erst nach und nach wurde alles, was man sich als gött-
lich dachte, in solch einem Stammesgott vereinigt, und
einige so hoch erhoben, dafs sie in Menschengestalt mit
den wilden Tieren kämpfen und diese ihnen von selbst
gehorchen und sie willig tragen. Hier und dort mag
ein Versuch zur Erklärung von Naturerscheinungen mit
unterlaufen, aber die meisten Mythen sind blofse Er-
dichtungen [1]. — Weder die eine noch die andere Hypothese vermag den phönicischen Polytheismus zu erklären,
wenn auch beiden eine gewisse Wahrheit nicht abzusprechen ist. Ba‘al, Milk, ’El, ’Alon sind, wie wir bereits sahen, nicht die Namen bestimmter, erst später mit
verschiedenen Orten in Verbindung gebrachter Götter,
sondern allgemeine Bezeichnungen im Übrigen scharf
geschiedener, aber artverwandter Gottheiten. Ebenso-

---

[1] Diese Theorie ist zuletzt ausführlich verteidigt von Pietschmann
in seiner Geschichte der Phönicier.

wenig sind sie lauter charakterlose Stammesgötter, die
nur zufällig differierten und von denen der eine infolge
des gröfseren Ansehens des Stammes oder der Stadt, zu
welcher er gehörte, eine höhere Bedeutung erlangte als
der andere. Der phönicische Polytheismus verdankt seine
Entstehung weder der Lokalisierung einzelner Naturgötter,
noch der Kombinierung einiger Hunderte von Lokalgottheiten, sondern in gewisser Weise beidem.

Denn dafs einige phönicische Götter entschieden
Naturgötter sind, ist nicht zu verkennen. Um von ʿAštarit,
welche alle Nordsemiten mit einander gemein haben,
nicht mehr zu reden, so gehören zu diesen Naturgott-
heiten sicherlich: in erster Linie Baʿal-šamen (Boʾšamîm),
der Herr des Himmels, mit Zeus verglichen, vielleicht
dem Range nach der höchste, wenn er auch wenig verehrt wurde; Ešmun, in welchem die Griechen ihren
Asklêpios sahen, weil er ein Gott der Genesung war; Sakun,
den sie mit Hermes identifizierten und dessen Name ihn
als „den Vertrauten, den Naheseienden" bezeichnet;
ferner, obgleich sie nur in Eigennamen vorkommen,
Šamš, der Sonnengott, und Gad, der Glücksgott, in dem
Planeten Jupiter verkörpert; endlich Ṣephôn oder Ṣaphôn,
der Gott des Nordwindes, und einige andere, von denen
wir nur die Namen, nicht aber die Bedeutung wissen,
deren Kultus aber zu allgemein verbreitet erscheint, um
sie nur unter die Stammesgötter zu rechnen.

Das gilt namentlich von dem schon erwähnten Gott Ešmun, der besonders zu Berytos und Ṣidon, aber doch auch
überall, wo Phönicier wohnten, verehrt wurde. Davon
zeugen die zahllosen Eigennamen, die mit dem seinigen
komponiert sind. Seine Tempel legte man gern auf
Bergspitzen oder Höhen und in der Nähe warmer oder
heilkräftiger Quellen an. So in Ṣidon und Karthago,
wo sein Haus auf dem höchsten Punkt der Byrsa oder
Akropolis stehend die Stadt beherrschte und das reichste
von allen war (Strabo 17, 3, 14). Am Tamyras, zwischen

Berytos und Ṣidon, einem Adonis geweihten Bächlein,
hatte er einen heiligen Hain (Strabo 16, 2, 22). Alle
die Etymologieen des Namens Ešmun, welche im Altertum selbst und von neueren Gelehrten aufgestellt sind,
lassen unbefriedigt. Aber daſs er, welcher der Geliebte
der Astronoê d. h. der ʿAštarit naʿamat heiſst und mit
Tammuz und Attês, wenn nicht identisch, so doch nahe
verwandt ist, den wohlbekannten, von allen Semiten angebeteten Gott der wohlthätigen Wärme und der fruchtbaren Wasser darstellte, der im Lenz mit der Mutter Erde
verbunden Alles zu neuem Leben erwachen läſst, kann
keinem Mythologen zweifelhaft sein. Deshalb gehört er
auf die Spitzen der Berge, wo der Himmelsgott sich mit
der Erdgöttin vereinigt, deshalb sind ihm Quellen und
Ströme heilig, deshalb ist er der Gott des Lebens und
der Genesung. Philo von Byblos und Damascius machen
ihn zum achten Kinde des Sydykos (Sadykos), des
Vaters der Kabiren; ob dies noch in etwas anderem
seinen Grund hat, als in einer mehr als zweifelhaften
Erklärung des Namens Ešmun, vermag ich nicht zu sagen;
auch über Ursprung und Bedeutung der Kabiren (der
Mächtigen) sind wir noch dürftig unterrichtet. Aber
daſs Sydykos nichts anderes als Ṣedek (Ṣadik), ein
Gottesname, der in alten kanaanäischen Eigennamen vorkommt, und daſs dieser „Gerechte" kein lokaler oder
Stammesgott, sondern nur ein Volksgott sein kann, darf
wohl als sicher angenommen werden. Über seine Bedeutung als Naturgott kann man allerhand Vermutungen
aufstellen, von denen wohl die wahrscheinlichste ist, daſs
er dem nächtlichen Himmelsgott, dem Gott der Unterwelt, dem strengen alten Bel von Nipur gleichzusetzen
sei; aber man weiſs von ihm eigentlich nichts.

## 2. Die Lokalgötter der Phönicier.

Die zahlreichen Baʿalîm und Baʿalôt der bedeutenderen Städte oder anderer berühmter Kultuszentren

— mögen sie nun ursprünglich lokale Schutzgötter gewesen sein, oder möge man sie als lokale Gestalten
der grofsen Nationalgottheiten betrachten müssen — be-
kamen auch wohl eigene Beinamen und einen selbständigen Charakter, und wenn ihre Stadt an Macht und
Ansehen wuchs und Kolonieen gründete, so wurden sie
auch allgemeiner verehrt. Die Göttin von Byblos, Ba'alat-
Gebal, von welcher schon früher die Rede war, blieb
zwar eine Lokalgottheit, aber sie war weitberühmt, und
ihr Tempel ein Heiligtum, nach dem man von nah und
fern wallfahrtete. Die Griechen nannten sie bald Dionê,
bald Aphroditê; Aphroditê wegen des unzüchtigen Charakters ihres Kultus und der Adonismythe, die aus Byblos
stammte, Dionê mehr in Übereinstimmung mit ihrem
Charakter; in der Zeit, als man alles Ägyptische in
Phönicien nachahmte, wurde sie natürlich mit Isis
identifiziert. Beispiele lokaler Ba'alîm sind der von Şidon
(Ba'al-Şidôn), von Tyrus (Ba'al-Şûr), von Ḥaldîm (Ζεύς
Ἀλδεμιος), vom Libanon (Ba'al-Libnan, Ζεύς ὄρειος), von
Šaʿarni bei Byblos, der selbst vollständig Ba'al-šamîm hiefs
und in griechischer Übersetzung der himmlische, aller-
höchste Zeus Saarnaios genannt wird; von etwas anderer
Art dagegen sind der Ba'al Markod, in welchem man
einen Herrn von Spiel und Tanz sehen will, und Ba'al
Merpa, der Ba'al der Genesung. Zufall ist es entschieden nicht, dafs die Griechen diese Ba'alîm in der Regel
mit ihrem Zeus verglichen; sie werden daher wohl alle
Himmelsgötter gewesen sein, wenn es auch nicht ausdrücklich von ihnen ausgesagt wird, wie von dem Sa-
ʿarnischen.

Von durchaus anderer Art war der grofse Stadtkönig
Milkart (aus milk-kart, König der Stadt) von Tyrus,
den sie nicht Zeus, sondern Herakles nannten, und der
meiner Überzeugung nach von dem Ba'al-Şûr zu unterscheiden ist. Keiner der phönicischen Götter hat seine
Herrschaft so weit ausgedehnt wie er. Tausende, nicht

nur in seiner eigenen Stadt und deren Gebiet, sondern
auch in den Kolonieen und Niederlassungen nannten sich
nach ihm. Er war, seit Tyrus Sidon überflügelt und
die Hegemonie erlangt hatte, so sehr der nationale Gott
geworden, dafs die Erzählungen von den Seefahrten und
Entdeckungen seiner Anbeter mit seinen eigenen Mythen
verschmolzen wurden. Ist es auch gewifs eine Über-
treibung, seinem Tempel dieselbe zentrale Bedeutung
für Phönicien zu vindizieren wie dem Jerusalemischen
Tempel für Juda — verehrt wurde er jedenfalls, vor
allem in den letzten Jahrhunderten vor Beginn unserer
Zeitrechnung, mehr als irgend ein anderer der phöni-
schen Götter. Karthago, die Tyrische Kolonie, erkannte
seine Herrschaft an, obschon es seine eigenen Lokalgottheiten hatte, und bezeugte das durch jährliche Über-
sendung von Opfergaben und Weihgeschenken für seinen
Tempel.

Der Stadtkönig von Tyrus war ein ganz anderer Gott
als der wohlthätige, Wachstum und Leben schenkende
Ešmun der Sidonier, welchen an ihrer politischen Selbständigkeit nicht viel gelegen war, wenn sie nur ruhig
ihre Handelsinteressen verfolgen konnten, ebenso wie die
strenge Tyrische ʿAštarit eine ganz andere war als die
üppige Baʿalat von Byblos. Die Tyrier, ebenfalls Kauf-
leute und Seefahrer, standen der Politik nicht so gleichgültig gegenüber. Eine Anzahl kleinerer Staaten und
Städte, unter den letzteren sehr mächtige und berühmte,
erkannten Tyrus als eine Mutter in Kanaan an. Jahrelang — und nicht selten siegreich — wufsten sie ihre
Unabhängigkeit gegen keine geringeren als die assyrischen oder babylonischen Heere zu verteidigen, und in
mancher Seeschlacht errangen sie die Palme. Und wie
sie selbst, so war auch ihr Gott wohlthätig gegen seine
Verehrer, aber der Schrecken seiner und ihrer Feinde,
ein Held, dessen mächtige Thaten die Vergleichung
mit Herakles nahelegten, und der sich kämpfend und

beständig siegend längs der Meeresküsten einen Weg bis
nach dem fernen Westen gebahnt hatte, wo die beiden
Riesensäulen von seiner wunderbaren Kraft Zeugnis ab-
legten. Dafs er ein Sonnengott war, ist allgemein anerkannt — wahrscheinlich der glühende Sonnengott —
und die Menschen- und Kinderopfer wurden ihm zu
Ehren dargebracht.

Blieb Melkart auch bei den Karthagern wie in den
übrigen Tyrischen Kolonieen hochgeehrt, ebenso wie
Ešmun, der den Mythen zufolge der beständige Gefährte
Melkarts auf seinen Zügen war und ihm sogar einmal
das Leben wiedergab — die Griechen nannten ihn deshalb als Herakles' Bruder und Begleiter Jolaos — die
Göttin Tanit und ihr Gemahl oder Geliebter Ba'al Ham-
man scheinen in der „Neuen Stadt" die meiste Verehrung genossen zu haben. Das geht hervor aus einer
unzähligen Menge von Weihinschriften, welche man zu
ihrer Ehre in dem grofsen Tempel anbrachte, und in
denen, mit einer zweifelhaften Ausnahme, in Karthago
wenigstens die Göttin voransteht. Aber trotz dieser
Tausende von Inschriften tasten wir im Dunkeln, sobald
es sich darum handelt, die Bedeutung dieses Götter-
paares zu eruieren. Man hat sie für Lokalgottheiten
gehalten, welche die Tyrische Kolonie von der älteren
Berberbevölkerung übernommen, und diese aus Ägypten
mitgebracht hatte (Renan). Hammân würde dann Amun
(Ammon) von Theben, Tanit Neith von Saïs sein. Diese
Annahme ist nicht dadurch zu widerlegen, dafs die Semiten den Thebanischen Hauptgott niemals Hammon,
sondern immer Ammon schreiben, und dafs Neith oder
Nit im Ägyptischen niemals Tanit genannt sein kann
— denn die Karthagischen Formen könnten durch den
Berberdialekt verdorben sein. Ebensowenig aber liegt
darin ein durchschlagender Beweis für die Richtigkeit
jener Identifizierung, dafs in dem Tempel der Oase El-
Hargeh der Thebanische und der Karthagische Gott wirk-

lich gleichgesetzt wurden — denn das kann Synkretismus aus späterer Zeit sein. Nur soviel steht fest, dafs
von der Verehrung Tanits aufserhalb Karthagos und
seiner Kolonieen keine sichere Spur zu finden ist[1]). Hier
ist sie demnach eigentlich zuhause, und sie ist unzweifelhaft die Gottheit, welche Polybius die Schutzgottheit der
Karthager (δαιμων Καρχηδονιων) nennt. Es spricht also
viel dafür, dafs die Göttin eine berberische war, welche
die Gründer der neuen Stadt aus Pietät beibehielten,
weil sie die Herrin des Ortes war; aber sicherlich war
es nicht die Saïtische Gottheit, wenn es auch wahr ist,
dafs die Berber diese ägyptische Göttin gern verehrten,
wahrscheinlich weil sie ihre Nationalgottheit in ihr wiederzuerkennen meinten. Die Griechen fanden in ihr ihre
Artemis, die Römer ihre Diana, die virgo caelestis, eine
Mondgöttin, auch wohl — weil sie zugleich Muttergöttin
war — ihre Juno wieder. Mehrmals heifst sie Pen- oder
Pnê-Baʿal, „Angesicht Baʿals", d. h. nicht des einen
oder andern Baʿal, sondern der Gottheit überhaupt[2]),
ein Beiname, der fast zu einem Eigennamen geworden
ist. Sie heifst so nicht nach einem Orte (Halévy), aber
auch nicht nach der Erklärung des Apulejus, dessen
pantheistische Vorstellungen zu einer berberischen oder
altsemitischen Göttin wenig passen, als deorum dea-
rumque facies universa, ebensowenig als sie ursprünglich die rerum natura parens, elemen-
torum omnium domina, seculorum progenies
initialis ist. Das sind lauter Spekulationen aus späterer
Zeit. Sie heifst so in demselben Sinne, wie von einem
Şalam-Baʿal, „Bild Baʿals", die Rede ist, als die sichtbare Gottheit, in welcher der hohe, verborgene Him-

---

1) Nur ist daran zu erinnern, dafs unter den wahrscheinlich ausländischen Gottheiten, welche Ramses II. erwähnt, neben einer ANT
eine TNT vorkommt. Die Aussprache des Namens ist hier wie in
Karthago unsicher.

2) So mit Recht Baethgen.

melsgott sich offenbart, vielleicht speziell als Mondgöttin.

Mag nun auch die große Göttin von Karthago ursprünglich die berberische Göttin des Ortes sein, so
haben doch die Tyrischen Kolonisten sie augenscheinlich
für identisch mit der großen ʿAštarit oder Baʿalat des
Mutterlandes gehalten, denn Tanit wird auf einer Menge
ihr geweihter Steine mit demselben Symbol bezeichnet,
welches sonst der großen asiatischen Göttin eignete.

Baʿal-Ḥamman dagegen, ihr beständiger, aber an
Rang ihr nachstehender Gefährte, ist ein altphönicisch-
kanaanäischer Gott, der in Phönicien auch wohl ʾEl-
Ḥamman genannt wurde und sowohl dort als in verschiedenen Karthagischen Kolonieen, auch auf numidischen Monumenten, selbständig auftritt oder die große
Göttin als Zweite neben sich hat oder auch mit einer
der bei den Phöniciern so gewöhnlichen Doppelgottheiten
Milk-ʿAštarit verbunden ist. Er war ganz entschieden
ein Gott und nicht nur ein zu einem Gott erhobenes
Symbol. Die Ḥammanîm oder Sonnensäulen, die verschiedentlich im Alten Testament und auch in westasiatischen Inschriften erwähnt werden, sind ihm geweihte
Sinnbilder, welche auf oder bei seinem Altar aufgestellt
wurden und entlehnten von ihm diesen Namen, nicht
umgekehrt. Abbildungen auf numidischen Steinen lassen
keinen Zweifel über seine Bedeutung bestehen. Er ist,
wie ja auch sein Name andeutet, der Gott der glühenden, aber wohlthätigen Sonnenwärme, der Pflanzen und
Blumen aufsprossen und Baum- und Feldfrüchte, besonders die Weintraube, reifen läßt — kurzum ein Gott der
Fruchtbarkeit im weitesten Sinne. Er war demnach
nicht einer der Lokalgötter, die infolge des wachsenden
Einflusses ihrer Stadt allgemeiner verehrt wurden, sondern eine alte, bei allen oder doch den meisten semitischen Stämmen bekannte Gottheit, von welcher die
Karthagische nur eine Lokalgestalt darstellt. Mag er

auch bisweilen, wahrscheinlich wegen des Gleichklangs
der Namen, mit dem Thebanischen Amun-Râ gleichgesetzt sein, so war doch keine wesentliche Übereinstimmung zwischen ihnen vorhanden, und ihrem Ursprunge nach waren sie durchaus verschieden.

### 3. Ausländische Götter bei den Phöniciern.

Nichts ist natürlicher, als daſs ein Handelsvolk wie
das phönicische nicht nur fremde Sitten nachahmte,
sondern auch fremde Kulte sich aneignete. Der Handel,
vor allem wie er im Altertum betrieben wurde, als er
mit ausgedehnten Expeditionen zu Lande und zu Wasser
verbunden war und die Gründung von Comptoiren,
Niederlassungen und Kolonien erheischte, macht von
selbst duldsam und hindert die Entwicklung eines religiösen Partikularismus, der nur bei einem ackerbau-
treibenden Volke vorkommen kann, und auch dann erst,
wenn dieses ein gottesdienstliches Zentrum hat und
eifersüchtig auf seine Nationalität ist. Daſs aramäische
und durch Vermittlung der Aramäer auch babylonisch-
assyrische Götter zu den Phöniciern gelangen muſsten,
liegt auf der Hand. Zu den ersteren gehört mit Ausnahme der nordsyrischen 'Atar-'ate die in Philistäa und
Kanaan als Derketo verehrte Göttin, von deren Kultus
einzelne Spuren in Phönicien und auf Cypern gefunden
sind, wie der Gott Rešuph oder Aršuph, der hauptsächlich
auf Cypern angebetet wurde und von dort sogar seinen
Weg nach Ägypten fand. Sein Name kennzeichnet ihn
als den Gott des Blitzes; und er kommt in zwei Gestalten vor, nämlich als Rešuph mit dem Pfeil (Rešuph-ḥeṣ)
und als Rešuph-mikal, den man als eine phönicische Form
des Amykläischen Apollon ansieht. Aber alles dies
ist noch recht zweifelhaft, obschon die jüngsten Entdeckungen bewiesen haben, daſs er ein nordsyrischer
Gott war. Die Göttin Anat, welche neben ihm steht

und mit der kriegerischen Athenê verglichen wird, wurde auch in Kanaan sehr verehrt, wie aus Ortsnamen zu schliefsen ist, und ist vielleicht von babylonischer Herkunft, Anu weiblich gedacht.

Ist nun auch assyrischer Einflufs in der Kunst der Phönicier nicht zu verkennen, so ist er doch in der Religion nicht ausschlaggebend gewesen. Einige Inschriften bezeugen, dafs die Phönicier den babylonischen Göttern Bel und Nergal gedient haben; aber ob sie diese in uralter Zeit direkt von den Babyloniern oder vielleicht später durch Vermittlung der Assyrer empfingen, ist nicht festzustellen. Beachtung verdient die trotz aller Verschiedenheiten vorhandene grofse Übereinstimmung zwischen der babylonischen und den vier phönicischen Kosmogonieen, welche wir kennen. Zwei derselben kommen bei Damascius, die beiden anderen bei Philo von Byblos vor, und alle tragen einige Merkmale der Echtheit. Die beiden bei Philo unterscheiden sich von einander in der Ausführung und in der Anordnung der obersten Prinzipien, stimmen aber darin überein, dafs sie Alles aus dem Chaos (Ba'au) und dem Atem oder Geist ($\pi\nu\varepsilon\nu\mu\alpha$, k o l p i a) als ersten Ursachen ableiten. Auch in den Kosmogonieen des Damascius spielen, obschon diese in wichtigen Punkten abweichen, neben $\pi o \vartheta o \varsigma$, das Verlangen, der Wind oder Atem und die Luft ($\check{\alpha}\nu\varepsilon\mu o \varsigma$ und $\dot{\alpha}\eta\varrho$) eine bedeutsame Rolle; beide lehren die Entstehung der Welt aus dem Ei. In jedem Falle beweisen sie, dafs die verschiedenen Priesterschulen sich auch damit beschäftigten, über den Ursprung des Weltalls zu philosophieren.

Viel tiefer war der Eindruck, welchen die ägyptische Kultur mit ihrer Kunst und Religion auf die Phönicier gemacht hatte. Und das ist nicht wunderbar. Schon sehr frühe standen sie in lebendigem Verkehr mit Ägypten, welches selbst einige Jahrhunderte lang über Kanaan und einige angrenzende Länder, vorüber-

gehend sogar über ganz Westasien bis an den Euphrat
herrschte; und sie hatten sich ihrerseits in Unterägypten
angesiedelt, in dessen Hauptstadt Memphis sie sogar
ein besonderes Quartier besafsen. Kleine Inschriften
aus sehr alter Zeit beweisen, dafs die Phönicier auch
tief in Oberägypten hinein vorgedrungen waren. Kein
Wunder, dafs viele von ihnen sich dem Dienst ägyptischer Götter widmeten und ihre Kinder nach diesen
nannten, ohne deshalb mit der Verehrung ihrer von
den Vätern her ererbten Gottheiten zu brechen; wofür
die letzteren dann auch umgekehrt einen Platz in der
ägyptischen Götterwelt erhielten. Die ägyptischen Götter, welche die Phönicier mit Vorliebe verehrten, gehören fast alle zu den Kreisen des Osiris und des Ptah
von Memphis, selten zu den „Herren von Heliopolis".
Vielleicht haben sie ihre bekannten Zwerggötter, Kabiren, Pygmäen oder Pataiken den Ägyptern entlehnt,
bei welchen sie jedoch nach gewöhnlicher Ansicht auch
nicht heimisch, sondern aus dem Süden eingeführt sein
sollen. Aber dies kommt mir noch sehr zweifelhaft
vor. Es kann sich hier um eine zufällige Übereinstimmung und dann um eine Vermischung des Gleichartigen
handeln. Zwerggötter findet man in allerlei alten Religionen, auch wo von Übernahme nicht die Rede sein
kann. In der Regel sind es kunstfertige Götter, Personifikationen kosmischer Kräfte, im Verborgenen wirkende Erdgeister. Speziell phönicisch ist jedenfalls,
dafs das Bild solch eines Zwerggottes die Pflicht
jedes Schiffes verzierte, ein Brauch, der sich gerade
sehr gut erklären läfst, wenn sie göttliche Wunder-
künstler und Baumeister waren; und wenn der Name
Pygmäen, welchen die Griechen ihnen gaben und natürlich als „Faustgötter" deuteten, eine griechische Form
des bekannten phönicischen Götternamens Pu'm (auch in
Pygmalion) ist, dann würde dieser Name „Hammergott"
ausgezeichnet für solche Wesen passen, und die ganze

Vorstellung nicht von Fremden entlehnt sein. Einen aus-
giebigen Gebrauch machten die Phönicier dagegen von
all' den heiligen Symbolen der Ägypter, unter anderem
von dem Lebenszeichen (anḫ), dem Sonnenauge (uza),
der Uräusschlange, dem Käfer, aber mehr als Zierraten,
deren Bedeutung sie augenscheinlich nicht immer verstanden, wie als religiösen Sinnbildern. In der Periode,
als sie alles, was ägyptisch war, nachäfften, mußten diese
Hieroglyphen natürlich auch häufig verwendet werden,
aber um ihren Gedankeninhalt bekümmerten sie sich
nicht.

Soviel sie auch nachahmten, ist doch die Meinung,
daß sie ihre Religion selbst hauptsächlich den Ägyptern
verdankten, sicherlich ungegründet. Selbst der Adonis-
dienst von Byblos ist nicht eine Kopie des Osirisdienstes,
obgleich er in der mythischen Grundlage und manchen
Gebräuchen mit diesem übereinstimmt. Sie wurden miteinander verglichen und in späteren Jahrhunderten sogar
vermischt, aber sie sind bei beiden Völkern selbständig
entstanden und erwachsen, wenn sie auch beide in einem
gemeinschaftlichen Boden wurzeln: in der religiösen Tradition aus vorgeschichtlicher Zeit.

## 4. Die wichtigsten Götter der Kanaanäer und ihrer Nachbarn.

Über die Religion Kanaans besitzen wir nur spärliche
Berichte, die fast alle aus der Zeit stammen, als das
Land schon längst unter der Herrschaft der Hebräer
stand. Aber man darf wohl als sicher annehmen, daß
sie von der Religion der Phönicier nicht wesentlich verschieden war und mit der aramäischen vieles gemeinsam hatte. Auch hier eine Anzahl lokaler Baʿalîm, wie
Baʿal-Ḥamôn, Baʿal-Ḥazôr, Baʿal-Ḥermôn, Baʿal-Meʿôn,
Baʿal-Perazîm und verschiedene andere. Sichem hatte
seinen Bundes-Baʿal, Baʿal-Berith, und Baʿal-Peʿôr wurde

durch einen sinnlichen Kultus in der Nähe des gleichnamigen Berges im Moabiterlande verehrt. Von etwas
anderer Art war vielleicht der Ba'al-Tamar, welcher als
Zeus Demaros bei Phylo Byblios vorkommt; und Ba'al-
Gad ist einer der ziemlich allgemein verehrten semitischen Götter, nach welchem selbst einer der israelitischen Stämme benannt ist. Ba'al-Zebub, der berühmte
Orakelgott von 'Ekron, welcher die Ehre gehabt hat, in
späteren Jahrhunderten zu dem Obersten der Teufel erhoben zu werden, mag ursprünglich der Herr und deshalb der Abwehrer der schädlichen Fliegen oder auch
etwas ganz anderes gewesen sein: jedenfalls war er eine
altkanaanäische Gottheit, wenn er auch seinen Sitz in
einer Stadt hatte, welche in historischer Zeit den Philistern gehörte. Wie hoch er sogar bei den Israeliten in
Ehren stand, beweist die Erzählung von 2 Kön. 1, welcher unzweifelhaft eine historische Erinnerung zugrunde
liegt. Der kranke König von Israel, Ahasja ('Aḥazjā),
sucht aus seinem Orakelspruch die Mittel zu seiner Genesung zu erfahren. Vielleicht war auch Bezek ein alter
lokaler Blitzgott, denn die Erklärung des Namens des
Königs Adonibezek als „Herr der Stadt Bezek" ist ganz
unmöglich. Ṣedek, der Gerechte, ist in rein hebräischen
Eigennamen sicherlich nichts anderes als ein Ehrentitel Jahves; aber ob er in den Namen Malkiṣedek und Adoniṣedek
nicht eine engere Bedeutung hatte und einen bestimmten
Gott, vielleicht Jerusalems, bezeichnete — diese Frage
ist wohl nicht unberechtigt. Ferner geht aus verschiedenen Ortsnamen hervor, daſs auch allgemein verehrte
semitische Götter in Kanaan ihre Lokalheiligtümer hatten.
Nach der mehrfach erwähnten Anat hieſs die Priester-
stadt 'Anatôt, der Geburtsort Jeremias; nach Aštarit die
Stadt der Rephaiten in Basan Aštarit-Karnaîm, wo sie
also in der Gestalt einer Kuh verehrt zu sein scheint,
und B'aštarâ, d. h. Haus Aštara's, eine Levitenstadt jenseits des Jordans, in dem Gebiet Manasses; und nach

dem Sonnengott Šemeš einige Städte, von welchen die
bekannteste zu den Priesterstädten Judas gerechnet wird,
aber mehrfach in der Gewalt der Philister war und auch
eigentlich zu ihrem Gebiet gehörte. Hadad - Rimmon
(Ḥadad-Ramman), in der Ebene von Megiddo, wurde bislang allgemein für eine alte aramäische Niederlassung
gehalten, deren die Israeliten sich bemächtigt hätten;
seit man jedoch Beweise dafür gefunden hat, daß die
Verehrung dieses Gottes ehedem auch in Kanaan nichts
Seltenes war, braucht man nicht mehr seine Zuflucht zu
dieser Hypothese zu nehmen.

Die alten Lokalkulte wurden nicht abgeschafft, als
junge, kräftige Nomadenvölker die zivilisierten, aber
durch den Luxus verweichlichten Stämme unterjochten
und ebenfalls zu dem seßhaften Leben übergingen. Was
sich schon bei den Philistern herausstellte und später auch
mit Israel geschah, nämlich daß sie über dem nationalen
Stammgott und seinem Kreise die uralte Landesreligion
nicht vernachlässigten: das war gewiß auch bei den
Moabitern und höchstwahrscheinlich bei den Ammonitern
und Edomitern der Fall. Für Moab, das sich östlich
vom Toten Meere niederließ und sich immer mehr nach
Norden auszubreiten suchte, hatte Kamos (Kemôš) dieselbe Bedeutung, wie später Jahve für Israel. Er war
der echt nationale Hauptgott, der sicher noch seinen
Trabanten neben sich hatte und dessen Verehrung diejenige anderer Götter nicht ausschloß, aber so sehr der
eigentliche Volksgott, daß Moab das Volk des Kemôš
heißen konnte. In der bekannten Inschrift des Königs
Mêšaʿ, eines Zeitgenossen Aḥabs von Israel, ist von dem
Verhältnis zwischen dem Gott und seinem Volke in nicht
anderer Weise die Rede, als im Alten Testament von
dem Verhältnis zwischen Jahve und Israel. Daß ʿOmrî
Moab jahrelang unterdrücken konnte, erklärt Mêšaʿ daraus, das Kemôš zornig auf sein Volk war; aber auch die
Rettung aus der Erniedrigung und den Gefahren, welche

ihm drohten, schreibt er Kemôš zu. Dieser befiehlt ihm,
Israel die Stadt Nebo zu entreißen, giebt sie in seine
Hand, vertreibt die Israeliten aus Jahaṣ, wo sie sich gelagert hatten, und bringt Ḥôrônain wieder unter Meša's
Gebot. Ihm weiht er die Altargeräte Jahves, welche er
aus den eroberten Städten weggeführt hat, und zu einem
Schauspiel, welches Kemôš und Mô'âb ergötzt, tötet er
vor ihm alle Kriegsgefangenen aus 'Aṭârôt. Neben dem
Gott steht seine Gattin 'Aštar-Kemôš — denn dies ist
die einfache Bedeutung dieser Zusammenstellung, und
an androgyne Vorstellungen braucht hier nicht gedacht
zu werden — und für sie spricht Meša' den Ḥerem über
die Stadt Nebo aus. Männer und Knaben werden um-
gebracht, Frauen, Mädchen und Dirnen (r ḥ m t) der Göttin
geweiht, aber die Altargeräte Jahves, wie sich's gehört,
Kemôš selbst zugeeignet. Kemôš, dessen Name ,, der
Überwinder, der Bezwinger" bedeuten kann und vielleicht
in dem der Stadt Karkemisch (Gar-gamišu) enthalten ist,
was jedoch lange nicht sicher ist, war jedenfalls ein Kriegsgott, möglicherweise Sonnengott und muß zu der Kategorie der Melakîm gerechnet werden, wie der Name von
Meša's Vater Kemôšmelek andeutet. Ihm hat der König
wahrscheinlich seinen Sohn geopfert, als die Könige von
Israel und Juda seine Hauptstadt belagerten, wie 2 Kön.
3, 26 f. berichtet wird. Monotheismus wird jedoch Niemand den Moabitern zuschreiben [1]. Der nationale Gott
war das Haupt der moabitischen Elohîm; und daß der

---

1) Baethgen, a. a. O. S. 14, warnt vor der Schlußfolgerung, daß
die Moabiter Monotheisten gewesen sein müßten, weil Meša' von seinem
Gott gerade so redet, wie die Israeliten von Jahve. Aber auch der
Monotheismus der Israeliten war derzeit noch in der Entstehung begriffen und nicht allein die Überzeugung nur weniger, sondern auch bei
diesen noch lange kein strenger. Wenn Stade, Geschichte des
Volkes Israel I, S. 114 von dem Monotheismus der Moabiter spricht,
meint er natürlich keinen höheren, als den der alten Israeliten. Doch
auch so kann ich ihm nicht gänzlich beipflichten.

üppige Kultus des Fruchtbarkeitsgottes Ba'al-Pe'ôr und anderer Lokalgottheiten (z. B. Ba'al-Me'ôn, vielleicht auch Nebo) neben dem seinen gepflegt wurde, harmoniert durchaus mit dem, was bei allen verwandten Semiten, auch in Israel geschah. Man braucht keineswegs hieran die Vermutung zu knüpfen (Stade), dafs die Moabiter in diesen Göttern nur Lokalgestalten des Kemôš sahen.

Über die Ammoniter und Edomiter sind wir weit dürftiger unterrichtet. Die ersteren, ein Bruderstamm von Moab, hatten sich nordöstlich von diesem angesiedelt, lagen natürlich ebenfalls beständig mit Israel im Streit und wurden von dem Volke Jahves ebenso grimmig gehafst — ein Hafs, der sich, wahrscheinlich mit Anspielung auf eine mögliche Bedeutung ihrer Namen, ausspricht in der Legende von ihrer Herkunft aus Blutschande. Ihr Hauptgott wird gewöhnlich Milkom (nur dialektisch verschieden von Milk) genannt, einmal, Richt. 11, 24, auch Kemôš, was man in der Regel einem Versehen zuzuschreiben pflegt. Jedoch ist sehr wohl möglich, dafs die Götter von Ammon und Moab sich nur durch ihre Namen unterschieden. Aus dem Namen des ammonitischen Königs Ba'alîs, des Zeitgenossen Jeremias, hat man schliefsen wollen, dafs sie Isis verehrten (Baethgen), was aber, zumal in dieser Zeit, höchst unwahrscheinlich ist, und jedenfalls nicht mit dem phönicischen Abdîs, Isisdiener, in Parallele gestellt werden darf. Von ihren anderen Göttern wissen wir nichts.

Nach 2 Chron. 25, 14 hat der König von Juda Amazja die Elohîm von Še'îr, die Götter der Edomiter, nach Jerusalem geschleppt und dort verehrt. Wie diese Götter beschaffen waren, und vor allem worin ihr Wesen bestand, ist schwer zu sagen; am allerwenigsten steht fest, welchen Charakter der nationale Hauptgott besafs. Sie nannten ihre Götter Ba'al und Malak, wie die Namen Ba'al-Ḥanan und Ḳaušmalaka beweisen, von denen der letztere einer assyrischen Inschrift entstammt. Aber das sind allgemeine Titel, ebenso wie g a b r i in Ḳaušgabri [1]). Viele meinen, daſs ihr alter Volksgott Edom hieſs, nach dem ein philistäischer Kriegsmann Davids 'Obed-Edom, Diener Edoms, und sie selbst „Söhne Edoms" genannt wurden, und erblicken auch in Esau, dem Ousoos des Philo von Byblos, einen alten Gott. Andere leugnen das und sehen in den Bnê-Edom einfach „Menschen-söhne" [2]). Sicher ist, daſs Ušu in Assyrien als Gott an-gebetet wurde [3]). Aber es bleibt die Frage, ob er, wennschon als Gott, bei ihnen den Platz einnahm, wel-chen Kemôš bei den Moabitern, Milkom bei den Ammo-nitern, Jahve in Israel behauptete. Die Edomiter bildeten nicht ein so geregeltes Staatswesen, wie die genannten Völker, und waren noch gröſstenteils Nomaden, auch mit einer Anzahl anderer, vorzüglich kanaanäischer und arabischer Stämme vermischt. Deshalb ist es nicht wunderbar, daſs verschiedene fremde Götter, wie der syrische Hadad, der mit dem arabischen Jagut ver-wandte Je'uš und andere bei ihnen Verehrung fanden. Vielleicht war der sehr viel bei ihnen vorkommende Gott Ḳôs, der Ḳauš der assyrischen Inschriften, arabischen Ursprungs und identisch mit Ḳais. Aus der Zusammen-setzung Ḳosbaraka geht hervor, daſs er ein Himmels-gott war, der über den Blitz gebot.

Von der Religion der Araber vor Mohammed können wir hier nicht sprechen. Sowohl diejenige Mittelarabiens, als die der Sabäer in Jemen sind Nebenflüsse, welche erst in einer Zeit, die auſserhalb unserer Betrachtung

---

1) Die Lesung Malikrammu eines edomitischen Königsnamens in einer Inschrift von Sinaḫerib ist höchst unsicher. Dort steht Airammu, und daſs Ai = Malik sei, ist keineswegs bewiesen. Gegen Schrader KAT², S. 150. Baethgen, S. 11.

2) Stade, GVI. I, S. 120 f. Dagegen Baethgen, S. 8.

3) III R. 66 obv. col. 1, l. 15 und 25. Vgl. Lenormant, F r a g m. cosmogon. de Bérose, p. 127 und Sayce, A c a d. March 20, 1875, p. 299 f.

liegt, in den grofsen Strom der Entwicklung einmünden.
Nur mit den Kedarenern und den Nabatäern müssen wir
eine Ausnahme machen, weil sie schon in der Periode,
mit welcher wir uns beschäftigen, mit den führenden semitischen Völkern in Berührung kamen. Beide standen
augenscheinlich unter starkem aramäischen Einflufs. Für
die Kedarener (Kidrâi) beweist das die aramäische Form
des Namens ihrer vornehmsten Gottheit, Atarsamain, der
in assyrischen Inschriften erwähnt wird und wohl nichts
anderes als die Aštarit des Himmels, die grofse Himmelskönigin bedeuten kann. Der Hauptgott der Nabatäer,
deren Wohnsitze sich von Hauran bis tief nach Arabien
hinein ausdehnten, trägt keinen aramäischen Namen, obschon sie die aramäische Sprache angenommen hatten;
aber sein Charakter war nicht rein arabisch, und er ist
auch kein Nomadengott mehr, sondern der Gott der
Fruchtbarkeit des Ackers, der Obst- und Weingärten,
welcher in ganz Aramäa bis nach Kleinasien hin Verehrung genofs und meist mit Dionysos verglichen wird.
Sie nannten ihn Dhu-Šara (Dusarês), ,,der Herr von
'Sara'', worin man gewöhnlich das Gebirge Šara oder
Sera sieht, welches für das höchste Arabiens gehalten
wurde. Zwar hat Wellhausen dagegen geltend gemacht,
dafs sein Kultus dort nicht vorkommt, und sein Name
daher vielleicht von einem fruchtbaren Orte in der Wild-
nis abzuleiten sei. Aber das ist kein durchschlagender
Grund. Auch Jahve wurde weder am Sinai, noch am
Horeb, noch überhaupt am Gebirge Se'ir mehr verehrt,
obgleich er nach dem Deboraliede von dorther seinen
Getreuen zuhilfe eilt, und auch Jahve ist, als seine Verehrer zu sefshaftem Leben übergingen, ein Ackerbaugott
geworden. Wie dem auch sei, der Name scheint nur
ein Beiname zu sein, ebenso wie vermutlich Orotal, wie
Herodot den Hauptgott dieser Araber nennt, der meist
für identisch mit Dusarês gehalten wird. Wenn er der
alte Stammgott der Nabatäer war, dann ist er vielleicht

nach dem Vorbilde des aramäischen Ackerbaugottes modifiziert und hat den Charakter desselben angenommen. Was vor allen Dingen Veranlassung dazu giebt, Dusarês und Orotal gleichzusetzen, ist die Thatsache, daſs neben beiden dieselbe Göttin steht, Allat, die Alilat Herodots, „die Göttin", wie der Name allein heiſsen kann. Man streitet darüber, ob sie Mond- oder Sonnengottheit gewesen sei. Eigentlich war sie weder das eine noch das andere. Ursprünglich von Al-ʿUzza, der Göttin des Morgensterns nicht verschieden, ist sie die kriegerische Astarte, die Göttin des aus der Finsternis hervorbrechenden Lichtes und deshalb von den Griechen in der Regel mit Athênê verglichen. Bei der so gewöhnlichen Verschmelzung der beiden Gestalten dieser Göttin ist es nicht zu verwundern, daſs sie ein einziges Mal auch als Muttergöttin vorkommt.

Natürlich übernahmen die so weit verbreiteten Nabatäer manche Götter von anderen Völkern und Stämmen, besonders aramäischen, später selbst griechischen, sobald sie meinten, daſs sie mit ihren eigenen Göttern übereinstimmten, oder sobald sie die Götter des Ortes waren, an dem sie sich ansiedelten. So pflegten die Einwohner der Sinaihalbinsel noch mehrere Jahrhunderte nach dem Beginn unserer Zeitrechnung den Monddienst in einer eigentümlichen Form. Aber wir wollen hier nicht seinetwegen von unserer Aufgabe abschweifen.

## 5. Kultussitten, Kultusstätten und Kultusdiener.

Wie der Kultus der Westsemiten entstanden und welcher Art er in vorhistorischer Zeit gewesen ist, kann hier nicht untersucht werden. Es genüge die Bemerkung, daſs er in der historischen Zeit noch viele ursprünglich animistische Gebräuche bewahrt hatte. Die aufgerichteten Steine — ehedem ohne, später mit Inschriften, Symbolen und bisweilen Abbildungen — aus welchen wiederum

später nach dem Beispiel anderer, in der Kultur weiter
fortgeschrittener Nationen Bilder entstanden, ḥammanîm
oder Sonnensäulen; das Salben dieser Steine mit wohl-
riechenden Ölen, wodurch sie geweiht, nach der früheren
Auffassung aber verehrt wurden; die ašêra's oder heiligen Baumstämme neben dem Altar, welche die weibliche Gottheit repräsentierten — all' dergleichen Dinge sind
Überlieferungen aus einer Zeit, in welcher man die lokalen
und andere Geister in seiner Nähe zu halten bestrebt war,
indem man ihnen einen Körper verschaffte, in welchem
sie wohnen konnten. Baityle (bêt-ʿêl), Maṣṣeben und wie
sie mehr heißen mögen, sind ursprünglich nichts anderes als Fetische. Nun aber, nachdem man eine höhere
Entwicklungsstufe erreicht und die alte Bedeutung vergessen hatte, wurden sie mehr symbolisch aufgefaßt,
d. h. als Unterpfänder der Gegenwart der hohen Götter,
und immer mit einem von diesen in Verbindung gebracht.
Die meisten Götter hatten nur ein solches, Melḳart
immer deren zwei (die bekannten Säulen des Hêraklês),
und mehrmals kommen drei Obelisken auf Einer Basis
vor, die zweifellos eine göttliche Dreieinigkeit repräsentieren.

Auch die Vorstellungen, welche man sich über das
Leben nach dem Tode bildete, über die Fortexistenz,
den Zustand und die Macht der Seelen der Verstorbenen,
ruhten bei allen nordwestlichen Semiten, die Israeliten
nicht ausgenommen, noch auf animistischer Grundlage
und scheinen sich bei ihnen noch nicht zur Vergeltungslehre und zu der Vorstellung eines Himmels und einer
Hölle entwickelt zu haben. Die große Sorge für die
Leichen, die Unantastbarkeit der Gräber, die reichen
Geschenke, welche dem Toten zu seinem Wohlbefinden
und zu seinem Unterhalt mitgegeben wurden, die lärmen-
den Trauerklagen, die Haaropfer, die Wunden, welche
man sich bei dem Begräbnis beibrachte, und in denen
man ein Surrogat für frühere Menschenopfer hat sehen

wollen — das Alles war eingegeben durch den Wunsch,
die Seelen zufriedenzustellen, und durch die Furcht, sie
möchten sich sonst wegen der erlittenen Vernachlässigung
rächen. Auch bei anderen, höher kultivierten Völkern
des Altertums blieben diese Bräuche im Schwange; die
Phönicier und ihre Stammverwandten stehen damit also
nicht allein. Bemerkenswert ist nur dies, daſs bei ihnen
nicht, wie bei den anderen Völkern, auſserdem andere
Gebräuche vorkommen, welche von erhabeneren und
vernünftigeren Anschauungen zeugen. Das Grab war das
ewige Haus (bêt-ʿolâm), von dort aus ging der Tote
zur Ruhe in den Šeʿol bei den Rephaïm, den Schatten,
und aus der dunkelen Unterwelt konnte sein Schatten,
wie der Samuels in Endor, durch Beschwörung herauf-
gerufen werden. War der Tote unbegraben oder sein
Grab geschändet, dann muſste der arme Schatten umher-
irren und spuken, ohne Ruhe zu finden.

In der Fürsorge für die Leichen, wie auch in allerlei
anderen Dingen, haben die Phönicier die Ägypter zum
Muster genommen, wenn auch ihre Nachahmung ebenso
sklavisch als dürftig ausfiel. Eine Anzahl phönicischer
Sarkophage, von denen viele in dem Kopfstück des
Deckels noch rein ägyptische Gesichtszüge aufweisen,
zeugen davon. Berühmt ist vor allem der Sarkophag
des Ṣidonischen Königs Ešmun-ʿazar, auf welchem eine
wichtige Inschrift eingegraben ist. Daſs sie mit diesem
Brauch auch die detaillierte Unsterblichkeitslehre der
Ägypter übernommen haben, muſs ich sehr bezweifeln.

Man hat auch auf sie die bei vielen jetzt so beliebte
Theorie anwenden wollen, daſs, wenn nicht ihr Glaube
an die Existenz von Göttern, so doch ihre Verehrung
der Götter aus der der abgeschiedenen Seelen entstanden
sei (Pietschmann). Aber die für diese Hypothese angeführten Beweise sind noch schwächer, als die, welche
man sonst wohl beizubringen pflegt. Ein Zusammenhang
und eine Übereinstimmung besteht sicherlich zwischen

beiden. Aber sie sind nebeneinander aus gleichartigen Bedürfnissen entstanden. Nach einer anderen Theorie[1]) sollen die ältesten Opfer der Semiten unblutige Opfergaben und Weihgeschenke gewesen, und die blutigen, die Brandopfer, vor allem die Holokausten, ebenso wie die gemeinschaftlichen Opferfeste bei ihnen jüngeren Datums und aus der Idee der Stammverwandtschaft von Göttern, Menschen und Haustieren entstanden sein. Diese Fragen sind Sache der vergleichenden psychologischen und philosophischen Untersuchung der Religion und können in einem rein historischen Werke, wie diesem, nicht behandelt werden. Überzeugende historische Beweise können für solche Hypothesen nicht geliefert werden. Wir lassen daher diese Fragen unbeantwortet und erwähnen nur das Wenige, was man von den Opfern bei den Phöniciern weiß und was auch wohl auf die der Kanaanäer passen wird. Von dem Kultus der Aramäer und von den Menschenopfern war schon früher die Rede.

Man kennt die phönicischen Opfer eigentlich allein aus zwei Opfertafeln, die wahrscheinlich beide aus Karthago stammen, obgleich nur die eine ebendort, die andere in Marseille gefunden ist[2]). Aus ihnen ersehen wir nicht nur, welche Opfer gebracht wurden, sondern auch welchen man den meisten Wert beilegte, und wieviel man für jedes derselben dem Priester schuldig war. Es gab drei Arten von Opfern: ein Brandopfer (holocaustum, kalil), ein Sühnopfer (ṣauʿat) und ein Dankopfer, wel-

---

1) Diese Theorie ist aufgestellt von W. Robertson Smith in seinem Artikel Sacrifice in der Encyclopaedia Britannica und später ausführlich verteidigt in seinem bedeutenden Werke: Lectures on the Religion of the Semites. First Series. The fundamental Institutions, Edinb. 1889. New Edition, London 1894. Pietschmann S. 216 schließt sich ihr teilweise an. Sie ist nachdrücklich bekämpft von H. Oort, Theol. Tijds. XXIV, 1890, blz. 152 vgg.

2) CIS. Nr. 165 und 167. — Nr. 170, welche von ähnlichem Inhalt war, ist zu sehr beschädigt, um verglichen zu werden.

ches auch ein Holocaustum war (šelem kalil) — die
jedoch in einer der Inschriften auf zwei reduziert werden;
derselbe Unterschied, wie zwischen Num. 15, 3. 8 und
Exod. 20, 24. Diese Arten stimmen zwar nicht dem
Namen, wohl aber ·ihrer Beschaffenheit nach ziemlich
mit den jüdischen überein. Die Tiere, als die kostbar-
sten Opfer, werden zuerst genannt: Ochsen, Kälber,
Widder, Böcke und Ziegen, Jungvieh. Die Vögel, sowohl zahme als wilde, dienten lediglich zu Dankopfern,
Zauberei und Wahrsagerei. Dann folgen die Gaben:
ein Vogel, Erstlinge der Früchte, Kuchen, Öl, endlich
Opferkuchen, Milch und Fett. Für alle diese Opfer ist
der Anteil des Priesters und dessen, der das Opfer weiht,
sorgfältig, aber in beiden Tafeln verschieden bestimmt.
Nur weisen beide einen, wenn auch etwas schwankenden
Satz zugunsten der Armen auf. Die Priester, welche
mehr fordern, als ihnen zusteht, und die Opfernden,
welche die Bestimmungen ignorieren, werden mit Strafen
bedroht. Der Opferdienst war also streng geregelt, wenn
auch im Detail für die verschiedenen Kulte und Tempel
nicht in derselben Weise. Wir dürfen annehmen, daß
dies nicht nur in Karthago, sondern auch im Mutterlande der Fall war. Ob wirklich eine Sammlung von
solchen Gesetzen, eine Art Leviticus bestand, von dem
diese beiden Tafeln nur Auszüge waren, wie Renan vermutet hat, müssen wir unentschieden lassen.

Große Künstler waren die Phönicier nicht, und vielleicht standen in dieser Hinsicht die Kanaanäer noch
tiefer. Das Originale, was sie lieferten, bestand nur in
geschmacklosen Symbolen und widerlich abstoßenden
Götzenbildern, sodaß sie gewöhnlich zu ungeschickter
Nachahmung meist ägyptischer, aber auch anderer, in späteren Zeiten griechischer Modelle ihre Zuflucht nahmen.
Soweit wir darüber urteilen können, bedeuteten sie auch
als Baumeister nicht viel, und die Kunst muß in Salomos
Reiche recht tief gestanden haben, daß er für seinen

Jahvetempel die Hilfe phönicischer Architekten und Werk-
leute erbitten mufste. Aber sie besafsen Übung und eine
gewisse Kunstfertigkeit, wenn ihnen auch die grofsen
Traditionen von Babel oder Memphis fehlten, und ebenso
der gute Geschmack, welchen die Aramäer wenigstens
im Kunsthandwerk bewiesen. Dennoch haben sie, wie
ihre Nachbarn, viel gebaut. Meša' von Moab erwähnt
eine verhältnismäfsig grofse Anzahl von Heiligtümern,
welche er errichtet bezw. restauriert hat. Ešmun-'azar
von Ṣidon spricht von nicht weniger als vier Tempeln,
an denen er in seiner Residenz baute. Auch Tyrus
besafs mehr als einen. Aber die meisten sind verloren
gegangen. Von einzelnen sind einige Reste gefunden,
wie von dem zu Amrit, und von einem Paar, denen zu
Byblos und Paphos, besitzen wir dürftige Abbildungen
auf Münzen, in denen gleichwohl der Einflufs griechischer Vorlagen zu spüren ist. Wenn man ihn von allen
den fremden und späteren Zuthaten befreit, so ist der
Plan der phönicisch-kanaanäischen Tempel sehr einfach:
nichts anderes als das eigentliche Heiligtum (mkdš-bt,
oder mit einem vermutlich ausländischen Worte teba),
in welchem die Gottheit, Fetisch, Symbol oder Bild,
wohnte, umgeben von einem nach allen Seiten hin ab-
geschlossenen Raume, zu dem ein oder mehrere Thore
Zulafs gewährten. Bisweilen, so zu Amrit, stand das
Heiligtum mitten in einem Teiche, sodafs es nur mit
dem heiligen Boote zu erreichen war. War der Fetisch
oder das Symbol der Gottheit klein, so bestand das
ganze Adyton wohl aus einem Monolithen; war es aber
ein grofser konischer Stein, dann stand er, wie in Gebal,
frei inmitten des umzäunten Hofes, nur durch ein Gitter
oder eine Balustrade vor unehrerbietiger Berührung geschützt. Längs der Innenseite der Umhegung lief eine
auf Säulen ruhende Galerie, wo die Weihgeschenke, Bilder und andere Gaben aufbewahrt wurden. Das Ganze
ist offenbar das in ein festes Gebäude verwandelte hei-

lige Zelt der Nomaden mit seiner Umzäunung, dessen
Charakter auch der grofse Tempel von Mekka bewahrt
hat. Aufser diesen Heiligtümern hatte man noch die
Altäre auf den Höhen (bamôt), welche auch Meša' erwähnt, zuweilen von einem heiligen Hain umgeben, und
wahrscheinlich auch andere Tempel in der Ebene, die
von den früheren Bewohnern des Landes gegründet waren,
sich aber unserer näheren Kenntnis entziehen. Sie werden, jedoch in kleinerem Mafsstabe und einfacherer Ausführung, denselben Charakter wie die aramäischen Tempel
gezeigt haben, von denen schon früher die Rede war.

Die Kultusdiener in den bedeutenden Tempeln waren
sehr zahlreich. Einen Beweis dafür liefert eine bei dem
alten Citium auf Cypern gefundene Inschrift, in welcher
aufser den dienstthuenden Priestern mit ihren Unter-
gebenen und noch anderem Opferpersonal die Baumeister, die Vorhangswächter, die Thürwächter, die
Haarscherer, der Herr der Schreiber, die Lustknaben
(klbm), die Tempelsklaven, welche die niederen Dienste
verrichteten, und die Dirnen, welche wahrscheinlich auch
Sängerinnen und Tänzerinnen waren, aufgeführt werden [1]).
Aber von der Rangordnung und Einrichtung der Priesterschaft in Phönicien und Kanaan ist so gut wie nichts mit
Sicherheit bekannt. Wir wissen nur, dafs Priestertum
und Königtum in Phönicien zwar unterschieden wurden,
aber doch oft zusammenfielen; dafs Priester wohl Mit-
regenten oder Gouverneure minderjähriger Fürsten waren,
und unter anderem der oberste Melkartpriester in Tyros
von Rechts wegen Šôphêt und mit dem königlichen
Purpur bekleidet war. In ihren Schulen beschäftigten
sie sich mit den kosmogonischen und mythologischen
Spekulationen, deren Nachklang wir bei Damascius und

---

1) CIS. Nr. 86 A und B. Aufser den Genannten werden noch
Seelen (nphš) des Hauses bei den Säulen Mikals (Ršp, Apollon Amy-
klaios) erwähnt, deren Bedeutung wir jedoch nicht kennen.

Philo Byblios vernehmen. Dafs wir nicht weniger als vier verschiedene Kosmogonieen der Phönicier besitzen, beweist schon, dafs die Priesterschaft es bei ihnen noch nicht zu einer Einheit gebracht hat, und selbst ein Papsttum wie das der Thebanischen Amunpriester in Ägypten ihnen unbekannt war. In jedem Staate hatten die Priester der Hauptstadt einen hohen Rang und mächtigen Einflufs, aber dieser erstreckte sich nicht weiter als auf solch' ein beschränktes Gebiet. Neben den Priestern, vielleicht nicht einmal scharf von ihnen unterschieden, standen die Propheten (nbi), aller Wahrscheinlichkeit nach auch Prophetinnen: eine Art von Sehern, welche von dem göttlichen Geiste beseelt waren und in ihrer Ekstase die Orakel der Götter verkündigten. Man ist zu der Vermutung berechtigt, dafs sie zugleich die Hüter und Pfleger der heiligen Litteratur, der Hymnen und Mythen waren und dafs sie auch wohl gemeinschaftlich lebten. Diese Formen des Prophetismus, welche bei vielen anderen, unzivilisierten und barbarischen wie selbst zivilisierten Völkern des Altertums ihre Analogieen haben, standen gerade in den Küstenländern des Mittelländischen Meeres besonders in Blüte. Vielleicht ist dieser Prophetismus mit dem Gotte Nabû zu den Babyloniern, sicherlich mit dem kleinasiatischen Apollo zu den Griechen und Römern gebracht. Israel hat ihn, wie wir später sehen werden, von den Kanaanitern übernommen und, indem es ihm seinen ethischen Jahvismus aufpfropfte, den Prophetismus zu seiner reinsten und erhabensten Offenbarung entwickelt.

Zu einer solchen Entwicklung vermochte die Religion der Phönicier nicht zu gelangen. Die Zersplitterung der Staaten, das Übergewicht der lokalen Aristokratieen, welche die alten Bräuche und Überlieferungen konservierten, die wichtige Stellung, welche Handel und Industrie in ihrem Leben einnahmen und, als Folge davon, der lebhafte Verkehr mit Fremden — das alles trug

nicht zur Entwicklung und Reinigung der Religion, sondern eher zum Gegenteil bei [1]). Soweit die spärlichen
und lückenhaften Quellen es uns gestatten, ein Urteil
über die in diesem Kapitel behandelten Religionen zu
fällen, können wir nur sagen, dafs ihre Götterlehre noch
stark naturalistisch und ihr Kultus noch sehr barbarisch
war, und das trotz der weitgeförderten materiellen Kultur
der Völker, zu welchen sie gehören. Dafs sie jedoch,
bei aller Verschiedenheit der Entwicklung, in der That
mit der Religion Israels verwandt waren, bezeugen die
vielen theophoren Eigennamen der Phönicier, welche mit
israelitischen übereinstimmen und den Beweis liefern,
dafs sie das Verhältnis zwischen der Gottheit und dem
Menschen in derselben Weise auffafsten [2]).

---

1) Vgl. hierüber meine Vergel. Geschiedenis, blz. 521—523.
Histoire Comparée (trad. Collins), p. 323—325.

2) Vergel. Geschiedenis, blz. 518—521. Histoire Comparée, p. 322 suiv.

# Fünftes Kapitel.
## Jahve und die Götter der Völker.

### 1. Ursprünge.

Es würde mit der Anlage dieses Werkes nicht übereinstimmen, hier eine vollständige, wenn auch kurz zusammengefaßte Geschichte der israelitischen Religion und eine Beschreibung ihrer Vorstellungen und Gebräuche auf den verschiedenen Stufen ihrer Entwicklung einzuschalten. Was sollte es nützen, einen doch immer nur oberflächlichen Auszug aus den Werken derjenigen zu geben, welche sich speziell mit der Untersuchung von Israels Religion, Altertum und Geschichte befassen? Auch muß diese Religion, zumal von denen, für welche unsere Geschichte in erster Linie bestimmt ist, besonders und aus den Quellen selbst studiert werden.

Doch würde unser Abriß der Geschichte der Religion in Vorderasien unvollständig sein, wollten wir von der wichtigsten der Religionen, welche dort entstanden und herrschten, gänzlich schweigen. Es ist zwar nicht unsere Aufgabe, eine Erklärung der merkwürdigen Thatsache zu versuchen, daß der Gott eines in der politischen Geschichte wenig bedeutenden Volkes, welcher ursprünglich vielleicht einem kleinen Stamme gehörte, sich nicht nur so hoch über die früheren Götter des Landes erhebt, daß diese schließlich als Götzen vor ihm versinken, sondern daß er auch endlich für die Hervor-

ragendsten seiner Bekenner der Eine, wahrhaftige Gott
wird, aus dessen Verehrung zwei mächtige Weltreligionen
entspriefsen, von denen die eine in wechselnden Formen
den unsterblichen Keim der reinen, allgemein menschlichen Religion bewahrt. Was uns hier zu thun obliegt,
ist allein, den Platz zu bestimmen, welchen der Jahvismus unter den verwandten Religionen einnimmt, und in
den Hauptzügen zu skizzieren, in welchen Beziehungen
er mit diesen übereinstimmt, in welchen andern er von
ihnen abweicht, vor allem aber unsere Aufmerksamkeit
zu richten auf den Kampf zwischen Jahve und den Göttern der Völker.

Wir müssen einen Augenblick bei den Ursprüngen
des israelitischen Volkes verweilen, soweit wir über sie
aus Überlieferungen und Legenden etwas zu erschliefsen
vermögen. Vielleicht ist ein historischer Kern in der
Erzählung, dafs Abraham, der Stammvater der Hebräer,
unter welchem Namen man Israel und die ihm nächst-
verwandten Völker verstand, aus Ur-Kašdim stammte
und dafs er von Ḥâran, der bekannten Stadt am Baliḫ
n Mesopotamien, westwärts zog. Dafs die alten Schriftsteller bei Ur-Kašdim nicht an die bekannte Stadt Ur
in Süd-Babylonien dachten, die gar nicht den Chaldäern
(Kašdim) gehörte, erhellt aus der Mitteilung, dafs Ḥâran,
Abrahams Bruder, die Personifikation der Stadt, in Ur-
Kašdim starb, mit anderen Worten: dafs ein Teil des
ursprünglichen Stammes sich in Ḥâran ansiedelte und
seit dieser Zeit mit den westlichen Stammverwandten
keine Beziehungen mehr unterhielt, d. h. für sie wie tot
war. Ḥâran liegt daher in Ur-Kašdim, und dies wird
wahrscheinlich identisch sein mit Arpakšad (der Kreis der
Kašdim)[1], welcher der Stammvater aller Hebräer heifst.

---

1) Wegen der älteren Form k a s d i m, k s a d, welche erst unter
dem Einflufs des Babylonischen k a l d i wurde, müssen diese Überlieferungen alt sein.

Beide sind dann Eponymen von Mittel-Mesopotamien,
von wo aus Chaldäer und Aramäer, wie wir aus der
babylonisch-assyrischen Geschichte wissen, wahrscheinlich erst viel später nach Süden zogen. Unmöglich ist
es jedoch nicht, daſs schon von altersher zwischen Ḫâran
und Ur in Süd-Babylonien Beziehungen bestanden. Beide
Orte waren Mittelpunkte der Verehrung des Mondgottes.
Ein anderer Bruder Abrahams ist Naḫôr, welcher der
Vater aller Aramäer genannt wird, und mit dem die Abra-
miden lange in Beziehung blieben, was in der Vorstellung zum Ausdruck gelangt, daſs die Frauen der beiden
jüngeren Patriarchen Jiṣḥâḳ und Jaʿaḳob von aramäischer
Abkunft waren. Bei den Israeliten erhielt sich also die
Überzeugung, daſs sie ursprünglich den Aramäern am
nächsten verwandt waren und mit ihnen wie in ehelicher
Gemeinschaft lebten, während die Beziehungen zu dem
halb aramäischen, halb aṣṣyrischen Ḫâran einer ferneren
Vergangenheit angehörten.

Abraham, Isaak und Jakob repräsentieren drei Perioden in der Stammesgeschichte der von den Aramäern
getrennten Hebräer. In die erste fällt die Ansiedlung
von Ammon und Moʾab, in die zweite die Abstoſsung der
Išmaʾeliter, in die dritte die der Edomiter. Jakob repräsentiert die übriggebliebenen sieben Stämme, welche
erst später in Kanaan auf zwölf gebracht wurden, und
unter Israʾel, einem Namen, der ihm erst jenseits des
Jordans gegeben wurde, sind die Stämme zusammen-
gefaſst, die von Nordosten aus in Kanaan einzogen, oder,
wie Ruben und Gad, am linken Ufer des Flusses ihr
Nomadenleben fortsetzten. Gad, Dan, Aśer und Naph-
tali betrachtete man als fernere Verwandte, was die
personifizierende Legende dadurch ausdrückt, daſs sie
dieselben zu Söhnen von Nebenfrauen macht. Solch
eine Vorstellung kann erst in Kanaan entstanden sein,
denn der Grund dafür, diese Stämme nicht zu den Kindern der rechtmäſsigen Frauen zu rechnen, kann allein

der gewesen sein, daſs sie nach ihrer Niederlassung die
Kanaanäer nicht beherrschten, sondern unter diesen die
Minorität bildeten und demzufolge wahrscheinlich auch
von ihrem Kultus und ihren Sitten mehr übernommen
hatten, als die anderen. Schon seit alter Zeit waren die
Stämme in zwei Gruppen gespalten, die Söhne der Lea
(wilde Kuh?) und der Rahel (Schaf), eine Unterschei-
dung, die sich in dem Gegensatze Juda und Joseph
fortsetzt. Šime'ôn und Levi, welche dem Anschein nach
zuerst einen Einfall in das begehrte Land unternommen
hatten, aber dabei so roh und verräterisch zu Werke
gingen, daſs sie geschlagen und verjagt wurden und alle
Selbständigkeit einbüſsten, verschmolzen mit Juda; die
anderen scharten sich um Joseph, welchem die Hegemonie verblieb. Die Scheidung zwischen Juda und Joseph,
welche selbst noch bis tief in die Richterzeit hinein so
vollkommen war, daſs Juda in dem Deboraliede nicht
einmal erwähnt wird, beherrscht die gesamte folgende
politische und religiöse Geschichte des Volkes. Juda
mit Simeon und Levi scheint sich erst später und allein
mit Hilfe ganz fremder, meist ķenitischer Stämme von
Süden aus ein eigenes Gebiet in Kanaan erworben zu
haben.

Mit unserer Darstellung von Abraham, Isaak und Jakob
als Stammvätern, d. h. mehr oder weniger historischen
Personifikationen alter Stammverbände, ist die andere,
welche sie zu alten Göttern macht, nicht schlechthin unvereinbar. Selbst waren sie solche nicht. Aber als die
sicher unhistorische Sage entstand, daſs sie bereits Kanaan
durchzogen und sich hier zeitweilig niedergelassen hätten,
wurden alte einheimische Kultuszentren zu ihren früheren
Aufenthaltsorten gemacht und so für den Jahvedienst
geheiligt.

Die Frage, ob die Hebräer im engeren Sinne ursprünglich eine andere Sprache als die, welche wir heutzutage die hebräische nennen, und die von der kanaa-

näisch-phönicischen nur dialektisch verschieden ist, z. B.
eine aramäische Mundart sprachen, ist für die Religionsgeschichte von untergeordneter Bedeutung und würde
von uns unbeantwortet gelassen werden können, selbst
wenn sie einer befriedigenden Lösung fähig wäre [1]).

## 2. Die vorjahvistische Religion der Israeliten.

In Israel selbst hatte man noch das Bewußtsein, daß
Jahve erst seit Moses der gemeinschaftliche Volksgott
geworden war, und daß man ihn vor dieser Zeit wenigstens unter einem anderen Namen verehrte — nach einzelnen, aber sehr jungen Stellen des Pentateuch unter
demjenigen des El-šaddâi. Diese Vorstellung ist, wenn
wir den Namen auf sich beruhen lassen, sicher richtig.
Es ist sehr wohl möglich, daß Jahve — obschon der
Name vielleicht anders ausgesprochen wurde — ein altsemitischer Gott ist, wenn auch der Versuch, ihn in
einem der babylonischen Götter wiederzuerkennen, als
mißglückt betrachtet werden muß, und wenn auch die
Spuren seines Namens bei aramäischen Stämmen mindestens sehr schwach und jedenfalls sehr jungen Datums
sind. Aber für die Hebräer war er unter dem Namen
Jahve ein neuer, sogar ein fremder Gott, obgleich sie
wahrscheinlich seit alter Zeit einen verwandten Himmelsgott unter anderem Namen verehrt haben.

Bevor dies näher erläutert wird, müssen wir einen
Augenblick bei der Frage verweilen, was sich bezüglich
ihres Gottesglaubens vor Moses mutmaßen läßt. Nach
den Einen (zuletzt Baethgen) sollen sie damals schon
Monotheisten gewesen sein, wenigstens die Erzväter.
Nehmen wir nun auch an, daß hier nicht Monotheismus

---

1) Von großer Bedeutung für dieses Problem ist der Umstand,
daß die Sprache der Moabiter, wie wir aus dem Mesaʾ-Stein wissen, so
nahe mit dem Hebräischen verwandt ist.

im strengen Sinne des Wortes gemeint sei; geben wir
ferner zu, dafs verschiedene Beweise, welche man für
einen uralten Polytheismus der Israeliten angeführt hat,
wenig Kraft besitzen und zum Teil sogar nichts besagen [1]);
wenn wir nicht mit Worten spielen wollen, so dürfen wir
bei rohen Nomaden nicht eine Religionsform voraussetzen, welche nur die reife Frucht einer hohen religiösen
Entwicklung sein kann. Strikt monotheistisch ist selbst
der Jahvismus erst seit· den Propheten des 8. Jahrhunderts v. Chr., Israel als Volk niemals, als Gemeinde erst
nach dem Exil gewesen.

Wenn also keine Monotheisten, dann Polytheisten?
Von den meisten Geschichtschreibern, welche die kritische Methode anwenden, wird diese Frage in bejahen-
dem Sinne beantwortet. So auf der linken Seite Kuenen,
auf der rechten Baudissin. Aber nachdrücklich widersetzen sich dem Andere, vor allem Stade. Nach diesem
mufs die vorjahvistische Religion der Hebräer animistisch
gewesen sein. Dieser Animismus ist dann durch die
Erhebung Jahves zum Volksgott in seiner Entwicklung
zum Polytheismus gestört, hat den Jahvedienst lange
Zeit verunreinigt, ist aber endlich gröfstenteils ausgerottet

---

1) Baethgen, Beiträge, S. 132 ff., bekämpft die Ansicht von Kuenen,
Baudissin und Anderen, dafs die Form 'Elôhîm ein Beweis für früheren
Polytheismus der Israeliten sei, weil es von diesem Worte keinen Sin-
gularis giebt, mit Ausnahme eines später gebildeten. Das neupersische
Yazdân allein ist genügend, um diese Schlufsfolgerung aller Beweiskraft
zu entkleiden. In der Sache hat er jedoch Recht. Wenigstens können
die Israeliten diese Form den Kanaanäern entlehnt haben, welche in
ihren Briefen an Amenothes III. und IV. den König als ilani, plur.
mit der sing. Bedeutung „Gott", anreden. Richtig ist seine Bemerkung, dafs mit Ba'al und Melek zusammengesetzte Namen hier nichts
beweisen. Ba'al und Melek sind allgemein gebräuchliche Ehrennamen
für alle Götter, beide einst auch für Jahve. Seine anderen, äufserst
schwachen Beweisführungen können wir hier nicht widerlegen. Sobald
er mit irgendeiner Spur von Polytheismus in Israel keinen Rat weifs,
mufs er von den Kanaanäern oder Anderen übernommen sein.

oder mit den höheren Ideen in Übereinstimmung gebracht. Hier liegt offenbar eine Begriffsverwirrung vor.
Einen Polytheismus, wie den Ägyptens oder Babyloniens,
Griechenlands oder Roms wird niemand den hebräischen
Hirten- und Jägerstämmen vor Moses zudiktieren, weil
bei ihnen der Kulturgrad, welcher allein die Entstehung
eines solchen ermöglicht, noch nicht vorhanden war.
Aber animistische Religionen sind thatsächlich polytheistisch, oder wenn man will — was hier auf dasselbe
hinausläuft — polydämonistisch.

Welche Götter die vormosaischen Hebräer verehrten, ist schwerlich noch mit Sicherheit zu bestimmen,
weil auch da, wo sich in ihren Sagen alte Götter wieder-
erkennen lassen, Noah, Henoch, Simson u. a., nicht mehr
festzustellen ist, ob diese ihnen ursprünglich eigen (ich
meine aus dem Stammlande mitgebracht) oder entlehnt
sind. Was wir mit Sicherheit sagen können, ist dies,
daſs die Religion der Stämme vor ihrer Vereinigung
durch Moses sich in ihrem Wesen und ihrer Entwicklung
nicht von der der übrigen Semiten unterschieden haben
wird, welche sich auf derselben Stufe der Kultur oder
vielmehr der Barbarei befanden. Und wenn wir in Betracht ziehen, daſs die heiligen Handlungen in Israel sich
in zwei Klassen zerlegen lassen, einmal solche, welche
zum Ackerbau gehören, mit den drei hohen Festen
Mazzôt, Wochen- und Herbstfest, also erst bei den
Israeliten eingeführt sein können, nachdem sie sich als
ackerbauendes Volk in Kanaan angesiedelt hatten, und
dann solche, welche mit dem Mond und seinem Laufe
in Verbindung stehen, wie das Osterfest, die Neumonds-
feste, der Sabbat — dann wird wahrscheinlich, daſs die
Hebräer ehemals, ebenso wie die ältesten Semiten Mesopotamiens in Babylonien, besondere Verehrer des
Mondgottes Sin waren, der ja in Ḥâran ein wichtiges
Kultuszentrum gefunden hatte. Hieraus hat sich nun
sicher kein eigener israelitischer Polytheismus entwickelt,

da dies durch den Einfluſs des Jahvismus verhindert
wurde. Den Polytheismus, welcher bei ihnen, wie jeder
sieht, wirklich bestanden hat, haben sie von Anderen
übernommen. Dies beweist jedoch, wie sehr derselbe
für sie ein Bedürfnis war, ein notwendiges Durchgangs-
stadium, um zum vollständigen Bekenntnis des streng
monotheistischen Jahvismus zu gelangen. Vom Animismus kann man unmöglich ohne Übergang zum Monotheismus kommen.

Auf der anderen Seite ist es ebenso unrichtig zu
sagen, daſs der Jahvismus sich aus dem Polytheismus
entwickelt habe. Er war die Schöpfung eines hohen
religiösen Geistes, der an dasjenige anknüpfte, was er
in der Naturreligion der Westasiaten vorfand, und dann
darauf fortbaute. Der Jahvismus hat sich entwickelt
neben, in und durch Kampf mit dem Polytheismus, von
dem er nicht immer rein blieb, gegen den er aber von
Anfang an seiner Art nach gerichtet war. Nichtsdestoweniger war die groſse Mehrzahl der Israeliten polytheistisch und blieb das auch noch lange, wennschon
es richtig ist, daſs sie den Stoff dieses Polytheismus
hauptsächlich von Anderen entlehnten.

### 3. Die Entstehung des Jahvismus.

Der Ursprung des Jahvedienstes liegt nicht so vollkommen im Dunkeln, als man meist anzunehmen geneigt
ist. Auch nach Anwendung der strengsten Kritik auf
die bekannte Überlieferung bleibt immer noch ein historischer Kern übrig, zu dessen Verwerfung kein Grund
vorhanden ist. Ob zu diesem der Aufenthalt in Ägypten gehört, ist für uns eine Frage von sekundärem Interesse. Die Tradition ist zu stabil, zu detailliert, zu innig
immer mit der Verehrung Jahves verbunden, „des Gottes,
der Israel aus Ägyptenland geführt hat", um sie als
reines Phantasieprodukt zu betrachten. Man übersehe
dabei nicht, daſs der Aufenthalt in Ägypten in zwei,

unabhängig von einander entstandenen und erst viel
später mit einander in Verbindung gebrachten Legenden,
der von Abraham und der von Jaḳob - Joseph, gleichmäfsig vorkommt. Auch Moses, obschon die verherr-
lichende Sage für ihn aus alten Mythen und freier Dich-
tung der Phantasie eine wunderbare Lebensgeschichte
gewoben hat, ist ohne irgendwelchen Zweifel nicht nur
eine historische Person, sondern auch der, welcher die
zerstreuten Stämme um das Heiligtum seines Gottes
vereinigt, ihnen dort in den Orakeln den Willen dieses
Gottes verkündigt und letzteren zu dem gemeinschaftlichen Volksgott erhoben hat, welchem sie ihre Rettung
aus der ägyptischen Sklaverei verdankten und unter
dessen oberster Leitung sie nun auszogen, sich ein
neues Vaterland zu erobern. Ihre Rettung aus der
Knechtschaft waren sie diesem Gotte schuldig, weil sein
Orakel Moses befohlen hatte, die in Ägypten zurückgebliebenen Brüder aus ihrer traurigen Lage zu befreien,
und weil Moses als sein Gesandter aufgetreten war. In
diesem Allen findet sich nichts, was die Kritik uns als
unhistorisch zu beanstanden zwänge. Um den entgegengesetzten Beweis zu liefern, würde man zunächst zu
erklären haben, wie solch' eine gänzlich aus der Luft
gegriffene Erzählung, welche mit solcher Ausführlichkeit
berichtet ist, und in der so viel genaue Mitteilungen aus
dem ägyptischen Leben vorkommen, in einer Zeit entstehen konnte, als man keinen Grund mehr hatte, Ägypten zu hassen, und in ihm sogar oft einen Bundesgenossen begrüfste. Wie dem auch sei, darin stimmen
Alle überein: auf der Sinaihalbinsel, am Fufse des Gebirges, wahrscheinlich in Ḳadeš, ist ein religiöser Stämme-
bund gestiftet, auf Grund dessen jeder Stamm dem Anschein nach vollkommen unabhängig blieb und nur mit
allen anderen zu gewissen gemeinschaftlichen religiösen
Handlungen verpflichtet und den Aussprüchen des Orakels
in dem gemeinschaftlichen Heiligtume unterworfen wurde.

Der Begründer und Führer dieses Bundes war Moses,
im vollsten Sinne des Wortes die Seele desselben. In
dem Heiligtume — sicher nicht mehr als ein einfaches
Zelt — war er der Priester und Prophet, hütete er die
heilige Lade, auf welcher bei dem Orakelgeben die
Gottheit thronte und der sie in jedem Fall eine geheimnisvolle Macht mitteilte, und richtete er Alle, welche
ratsuchend oder zur Schlichtung entstandener Streitig-
keiten, mit einem Worte: um den göttlichen Willen zu
vernehmen, zu ihm kamen. Wenn er, wie die Überlieferung
berichtet, die Fundamentalsätze des Jahvebundes auf
steinerne Tafeln eingegraben hat, dann waren es sicher
nicht die Zehn Worte in der Form, wie wir sie aus Exodus
und Deuteronomium kennen, aber etwas Ähnliches kann
es gewesen sein. Soviel ist sicher, der Bund blieb bestehen, trotz der Trennung der Stämme, innerer Kriege
und politischer Scheidung zwischen Nord und Süd, und
die Verherrlichung seines Stifters war in beständiger
Zunahme begriffen.

Der Gott, in dessen Namen er diesen Bund begründete,
war natürlich der dortige Lokalgott, der Gott der Stämme,
als deren Priester und Haupt Moses' Schwiegervater
Jethro genannt wird. Vielleicht bildeten letztere einen
dreigliedrigen Stammverband, und ist dies die Ursache
davon, daß der Name Jethro mit Rehu'el und Ḥobab
wechselt, und daß derselbe bald als Midianiter, bald als
Keniter bezeichnet wird. Schon vor vielen Jahren [1]) habe
ich die Vermutung geäußert, daß Jahve ursprünglich
der Gott der Keniter gewesen sei; zuerst weil Jethro bestimmt als Priester bezeichnet wird, und Moses während
seines Aufenthaltes bei ihm keinen anderen Gott verehren konnte, als den des ersteren, sodann wegen der
bedeutenden Rolle, welche die Keniter immer in der

---

1) Vergel. Geschiedenis der egypt. en mesopot. godsdiensten, blz. 588 vgg. Histoire Comparée, p. 350 suiv.

israelitischen Geschichte spielen. Von den Israeliten als
Brüder betrachtet, welche sie auf ihren Kriegszügen begleiten und im Frieden ihr schweifendes Hirtenleben
in ihrer Mitte fortsetzen, werden sie selbst als Muster-
bilder der echten, unverfälschten Jahvediener der alten
Zeit hingestellt. Mit Freude sehe ich, dafs einer der
neuesten Geschichtschreiber Israels (Stade), natürlich
ohne mein Werk zu kennen und somit ganz unabhängig,
zu demselben Resultat gelangt ist. Es ist nicht unmöglich, dafs die Keniter ihren Jahve, oder wie der Name
sonst ehedem gelautet haben mag, mit anderen benachbarten Stämmen gemein hatten, und dafs dieser Gott in
der Wüste um den und auf dem Sinai zuhause war; dafs
man seine Wohnung auf den höchsten Gipfeln des Gebirges suchte, beweisen das Deboralied, in welchem
Jahve von Šeʿir herauf kommt zum Streit, und die
spätere Erzählung von Elia's Wanderung nach dem Berge
Gottes Horeb, wo er mit einer Theophanie begnadigt
wird. Als Naturgott unterscheidet er sich nicht wesentlich von dem Gotte, der in ganz West-Asien unter allerlei
Namen, jedoch meistens unter dem des Hadad (Addu,
Daddu), „der laute Jauchzer" oder des Rammân, „der
zornige Brüller", bisweilen auch als Birku, „der Blitz",
angerufen wird, und nach welchem babylonische, assyrische, aramäische, phönicische und kanaanäische Fromme
ihre Kinder zu nennen liebten. Er ist der Gott, in dem
sich alle Erscheinungen der Atmosphäre oder, nach
der Anschauung des Altertums, des Himmelsgewölbes
vereinigen, weil er der Gott des Sturmes und des Gewitters ist, in welchem alle diese Erscheinungen zu-
sammenwirken. Wohlthätig als der, dessen Regen die
Felder erquickt und das Getreide reifen läfst, gefürchtet
als der, dessen Blitz tödlich trifft, dessen zornige Stimme
im Donner Zittern einflöfst, dessen Atem im Sturme
Alles vernichtet, ist er doch immer der Gott, welcher
das Licht über die Finsternis, die guten Himmelsmächte

über die bösen triumphieren läfst. Auf Jahve als den
alten Naturgott trifft dies Alles in gleicher Weise zu,
wie eine Anzahl Schilderungen des Alten Testaments beweisen. Im Feuer erscheint er den Seinen, im Donner hört
man seine Stimme; von den Kerubim, den Gewitter-
wolken, wird er getragen, von Seraphim, Blitzschlan-
gen, ist er umgeben. Deshalb ist er ein kriegerischer
Gott, Herr der Heerscharen, nämlich der Sterne, welche
im Deboraliede neben und für ihn kämpfen, später
auch der Scharen seiner Getreuen, der Gewaltige, vor
dem alle seine Feinde zittern. Aber als der Gott des
Lichtes und des Lebens ist er zugleich ein gnädiger und
wohlthätiger Gott, der den Landmann segnet, das Korn
und den Weinstock gedeihen läfst. Es mag sein, dafs
diese Seite seines Wesens bei den nomadisierenden Stämmen in der Wüste in den Hintergrund trat und durch die
mehr furchtbare, vor allem die kriegerische verdunkelt
wurde; aber beide Auffassungen gehörten von Anfang an
zu dem Begriffe dieses Gottes. Die Ansicht, dafs Jahve,
ein wilder und unerbittlicher Wüstengott, erst durch Verschmelzung mit einem kanaanäischen Ba'al habe gemildert und so zu einem Gott des Ackerbaues werden
können, mufs sicherlich zurückgewiesen werden.

Jahve ist durch Moses nicht der Natur ferngerückt: im
Gegenteil, er beherrschte sie und offenbarte sich in ihr
auch noch fernerhin. Aber der Prophet hat ihn über
die Natur erhoben, indem er ihn zu dem Bundesgott der
sieben Stämme machte, nachdem er — und das ist die
Hauptsache — für ihn selbst der Gott seines Lebens,
sein Retter und Helfer geworden war. Die ganze reiche
Entwicklung des Jahvismus über die verwandten Religionen hinaus, von denen er sich anfangs wenigstens
äufserlich nicht unterschied, hat ihren Ursprung in der
Person des Moses. Worin das Neue der Religion bestand, welche er seinem Volke gab, ist jetzt nicht mehr
zu konstatieren, da man die Frucht jahrhundertelanger Er-

fahrung und religiösen Denkens schon ihm in den Mund
gelegt oder in die Feder gegeben hat. Aber dafs er eine
Vereinfachung des Kultus vornahm und die Heiligkeit,
d. h. Unnahbarkeit seines Gottes in den Vordergrund
stellte, läfst sich vermuten. Strenge und Einfachheit
bildeten stets den Charakter des Jahvismus, für welchen
die Propheten in Israel und Juda stritten, und wenn sie
sich dabei beständig auf alte Institutionen und göttliche
Gebote beriefen, so wird dies wenigstens nicht durch-
gängig ohne Berechtigung geschehen sein.

### 4. Kanaan im vierzehnten Jahrhundert [1]).

Es ist vollkommen unmöglich zu bestimmen, wann
die hebräischen Stämme in Kanaan eingewandert sind
und sich dort angesiedelt haben; nur so viel ist sicher,
dafs dies stückweise und allmählich, wahrscheinlich,
dafs es nicht immer auf kriegerische, sondern auch auf
friedliche Weise geschah. Die Überliefernng, dafs diese
Züge erst nach Moses' Tod begannen, ist wohlbegrün-
det. So lange der grofse Stifter des Jahvebundes noch
lebte, blieb man in der Umgebung seines Heiligtums,
und hielt seine Autorität als Richter und Gesetzgeber
die Stämme zusammen. Dafs sie sich darauf zerstreuten und, ein jeder für sich oder in kleineren Gruppen,
auf die Suche nach reicheren und fruchtbareren Wohnsitzen gingen, ist natürlich.

Man hat in den bereits mehrfach erwähnten Briefen,
welche zu El-Amarna in den Ruinen der Residenz Ḫu-n-
aten's (Amenothes IV.) gefunden wurden und an ihn, wie
seinen Vater Amenothes III. gerichtet sind, einzelne Andeutungen zu entdecken gemeint, dafs die Hebräer damals
schon in der Nachbarschaft Kanaans umherschweiften

---

1) Vgl. Westasiens Vergangenheit im Lichte der Funde
von El Amarna. Nach einer akademischen Rektoratsrede von Prof.
Dr. Tiele in Leiden (Beilage zur Allgemeinen Zeitung, München
1895, Nr. 209—210). Deutsche Bearbeitung von G. G. (Georg Gehrich).

und sogar schon teilweise wenigstens glückliche Versuche machten, einige Gaue des gelobten Landes zu erobern.

Das ganze Land stand zu jener Zeit noch unter der Herrschaft Ägyptens, das auch noch über ganz Aramäa gebot und seinen Einfluß bis an den Euphrat geltend machte; obgleich unter der Regierung des Schwärmers Hu-n-aten seine Macht schnell abnahm und bald gänzlich zugrunde ging. Der Oberkönig übte seine Herrschaft in den Provinzen durch ihm untergebene Fürsten oder von ihm angestellte Statthalter aus, die unter der Aufsicht hoher ägyptischer Beamten standen; aber ihre Autorität wurde wenig respektiert: die Statthalter dachten mehr an ihre eigenen Interessen, als an die der Monarchie, bekriegten einander unaufhörlich, plünderten die Gesandtschaften der befreundeten Könige der Staaten am Euphrat und Tigris, liefsen sich Thaten von grauenhafter Unmenschlichkeit zuschulden kommen und strebten danach, ihre Unabhängigkeit wiederzugewinnen, während auswärtige Feinde, vor allem das stets an Macht zunehmende Reich der Hethiter (Hatti), sich beeilten, aus der allgemeinen Verwirrung und der Schwäche des Suzeräns Kapital zu schlagen. Zu diesen, dem Anschein nach fremden Eindringlingen gehört ein Volk, welches mit Hilfe einiger Stadtvögte und Stammeshäupter, von Geser, Aškelon und Lakiš mit Lebensmitteln, von anderen, darunter Gath, mit Truppen unterstützt, in kurzer Zeit einen grofsen Teil des südlichen Kanaans besetzte, widersetzliche Statthalter tötete und nun sogar Jerusalem (Urusalîm), damals schon eine mächtige Festung und Zentrum der Regierung, bedrohte. Der Gouverneur dieser Stadt, Abdihiba, der in der Reihe der ägyptischen Landvögte einen höheren Rang bekleidete und über einen ziemlich grofsen Distrikt gebot, klagt in Brief auf Brief, dafs bald von Še'ir an bis Gaza und von Gaza bis Geser kein treuer Statthalter mehr übrig und, wenn ihm nicht bei-

zeiten Hilfstruppen gesendet würden, Alles verloren sein
werde. Diese furchtbaren Feinde nennt er die Ḥabiri,
welche sicherlich ein bestimmtes Volk waren ¹), und in
denen man nicht ohne Wahrscheinlichkeit die Hebräer
wiederzuerkennen meint ²). Dazu kommt, daſs der ehr-
geizige und aufrührerische Landvogt des Amoriterlandes
(Amurri), welches nördlich von Kanaan lag und vielleicht auch einen Teil desselben umfaſste, Aziru, in einem
seiner Briefe von den Männern Juda's (Yaudu) spricht, als
von Kriegsleuten, die er im Interesse Ägyptens aus der
Stadt Tunep in Syrien verjagt habe ³). Es ist richtig,

---

1) Prof. Sayce hielt das Wort für „ die Verbündeten, Verschworen-
nen“, was sprachlich sehr wohl möglich ist, aber sowohl durch den
Zusammenhang, als dadurch widerlegt wird, daſs der Name wenigstens
einmal mit dem Determinativum von Ort oder Volk geschrieben ist.

2) So u. a. H. Zimmern in seiner Antrittsvorlesung: Palästina
um das Jahr 1400 v. Chr. nach neuen Quellen. Man würde
im Babylonischen eher Ḥibiri = 'Ibrîm erwarten, aber in fremden
Eigennamen verfuhr man sehr frei mit den Vokalen. Scharfsinnig ist
die Vermutung von Morris Jastrow jr., Egypt and Palestine 1400
v. Chr. in Journal of Bibl. Literature 1891, welcher bemerkt,
daſs die Ḥabiri in den Briefen mit Milkili verbunden vorkommen, und
Ḥeber und Malki'el als zwei Familien des Stammes Aser genannt werden, weshalb er die Ḥabiri als Söhne Ḥeber's betrachtet. Aber es
ist schwierig, in einer unbedeutenden Familie eines im fernen Norden
wohnenden Stammes die Abkömmlinge eines mächtigen Kriegervolkes zu
erblicken, welches im Süden so viel Schrecken verbreitete. Jedenfalls
würden sie dann doch Hebräer gewesen sein.

3) Die Orthographie des Namens Ya-u-du, welche in Berl.
Nr. 39 Winkler-Abel l. 24 und 28 vorkommt, ist dieselbe wie in den
späteren assyrischen Texten. Irre ich mich nicht, so hat Pater Scheil
zuerst auf den Namen aufmerksam gemacht in Journ. Asiat. Mars-
Avril 1891. Pater A. J. Delattre jedoch sucht die leider sehr beschädigten Stellen des Briefes ganz anders und den Stamm Juda aus ihnen
hinaus zu interpretieren. Aber seine Beweisführung stützt sich auf ein
sonderbares Versehen, welches er bei der Lesung von Reihe 28 begeht.
Er liest dort ṣabi Yaudu und übersetzt: les soldats (ou offi-
ciers!?) ont temoigné, aber es steht da ameluti Yaudu, was
in diesem Zusammenhange nichts anderes als die Männer Juda's
bedeuten kann.

dafs die Erstgenannten, falls sie thatsächlich Hebräer
sein sollten, deshalb noch nicht mit Bestimmtheit unter
die Kinder Israels zu rechnen sind, aber in Verbindung
mit der Erwähnung der Männer Juda's gewinnt diese Vermutung doch an Wahrscheinlichkeit. So viel mufs indessen zugestanden werden, dafs aus ein paar so kurzen
und nicht vollkommen deutlichen Mitteilungen keine
weittragenden historischen Folgerungen abgeleitet werden dürfen.

Was aber mit Sicherheit aus diesen Briefen erhellt,
ist zunächst dies, dafs der politische Zustand Kanaans
in den Jahren, welche der Ansiedlung der Israeliten dort
nicht lange voraufgingen, sehr verwirrt, und die Sitten
bei einer vielleicht hochentwickelten materiellen Kultur
roh und barbarisch waren. Der Verfall der ägyptischen
Hegemonie, die Wühlereien und Aufstände, die wechselseitigen Fehden und Kriege machten es den abgehärteten
Wüstenbewohnern leicht, ihre Absicht auszuführen; aber
als sie einmal festen Fufs gefafst hatten, wirkte die
Üppigkeit der höheren Kultur wenigstens anfangs er-
schlaffend auf ihre Sitten, ohne sie von ihrer Barbarei
zu kurieren.

Was die Religion anlangt, so wurden — abgesehen
davon, dafs einige Städte ägyptische Kulte angenommen
hatten, und im übrigen alle ihren lokalen Ba'als und
Ba'alits dienten — zwei Götter vor allem, Rammân und
Šamaš, der Gott aller atmosphärischen Erscheinungen
und der Sonnengott, nicht nur in Kanaan, sondern in
ganz West-Asien allgemein verehrt, und neben ihnen
die Göttin, deren Dienst noch weiter verbreitet war,
Aštarte. Ašera, welche man in den letzten Jahren ziemlich
allgemein für ein Symbol des männlichen Gottes gehalten
hat, und die lange Zeit mit dem israelitischen Jahvedienst verbunden war, kommt hier in der babylonischen
Form Aširti bestimmt als Göttin vor. Mit diesen Religionen kam der Jahvedienst nun bald in Berührung,

und obwohl er sich schon früh dem Sonnenkultus feindlich gegenüberstellte, so konnte es doch nicht ausbleiben,
dafs manche Elemente und Riten der anderen, besonders der Anbetung Rammâns, des Gottes, der mit dem
Naturgott Jahve so nahe verwandt war, in den Kultus
des letzteren übergingen, vor allem als auch Kanaanäer
die Religion ihrer Besieger annahmen. Ferner lernen
wir aus den genannten Urkunden, dafs es auch damals
schon Sitte war, den Prinzessinnen, welche einen fremden Souverän heirateten, ihre eigene Schutzgottheit mit-
zugeben, für welche dann in ihrem neuen Vaterlande
mindestens eine Kapelle errichtet wurde; das Beispiel
Salomos und Aḥabs beweist, dafs die Israeliten, als
sie ebenfalls die monarchische Verfassung angenommen
hatten, sich trotz ihres Jahvismus dem anbequemt haben.

Endlich verdient noch eine Thatsache hervorgehoben
zu werden, aus welcher ein wichtiger Schlufs auf die
frühere Geschichte West-Asiens gezogen werden mufs.
Alle jene Briefe, mit nur drei Ausnahmen, welche aus
besonderen Gründen resultieren, sind nicht in der Sprache
des obersten Landesherrn; auch nicht in den Landes-
sprachen der Provinzen — der phönicischen, kanaanäischen, aramäischen, oder welche es sonst noch sein
mochten — sondern in der babylonischen Sprache, gewöhnlich die assyrische genannt, und in etwas modifizierter babylonischer Keilschrift verfafst. Nur die Fürsten
von Babel und Assur, und ein einziges Mal auch die
von nichtsemitischen Staaten am Euphratufer, schrieben
also in ihrer eigenen Sprache; aber die Sprache Babels
war so sehr die offizielle ganz Vorderasiens geworden,
dafs die Ägypter sie nicht durch die ihrige verdrängen
konnten und genötigt waren, sie durch einige ihrer
Beamten erlernen zu lassen. Auch die Briefe aus Kanaan
sind babylonisch geschrieben, obschon hier und dort
mit einem einzelnen einheimischen Ausdruck gemischt.
Diese Thatsache ist von grofser Bedeutung. Denn sie

beweist, daſs die uralte Kultur Babels der Kultur aller
dieser Reiche und Stämme ihren Stempel tief aufgeprägt
hatte. Die Frage, ob dies die Folge einer früheren, und
dann sehr langen Oberherrschaft oder von anderen, fried-
lichen Beziehungen war, können wir hier unentschieden
lassen, obwohl sie für die allgemeine Geschichte von
Bedeutung ist. Sicher ist, daſs dieser Einfluſs Babels
schon alten Datums gewesen sein muſs. Im 14. Jahrhundert kann es denselben nicht mehr ausgeübt haben.
Es stand damals unter der Herrschaft der Kaššiten, eines
Volkes, dessen Herkunft noch dunkel ist, dessen Sprache
aber nicht zu der semitischen Familie gehört. Die Macht
Babels war damals auf Babylonien beschränkt; selbst
Assyrien besaſs schon eine gewisse Unabhängigkeit. Die
Zeit, in welcher das Babylonische die offizielle Verkehrs-
sprache West-Asiens wurde, lag also schon in der Vergangenheit. Aber mit der Sprache muſs sich wenigstens
in irgendeinem Maſse die Kenntnis der Litteratur, der
Wissenschaft, der Überlieferungen und selbst der Religion der alten heiligen Stadt nach dem Westen verbreitet
haben. Man muſs das berücksichtigen, wenn man im
alten Israel Traditionen und Legenden, Gebräuche und
Institutionen findet, welche groſse Übereinstimmung mit
babylonischen zeigen, und von denen man daher nicht
anzunehmen braucht, daſs sie erst in ziemlich später Zeit
direkt übernommen seien, da die Israeliten ihnen ja schon
bei den Kanaanäern begegnen konnten.

## 5. Die Einführung des Jahvedienstes in Kanaan.

Als die israelitischen Stämme unter der Führung des
schon früh in zwei Teile, Ephraim und Manasse, gespal-
tenen Stammes Joseph in den Norden, Juda mit Šime'ôn
und Levi, unterstützt von Ḳenitern und den nichtisraelitischen Stämmen Kaleb und Jeraḥme'el, in den Süden
Kanaans eingedrungen waren und sich teils auf friedliche
Weise als mehr oder minder abhängige Beisassen dort

angesiedelt, teils mit den Waffen in der Hand ein Gebiet
erobert hatten, wo sie sich als die Herren und Meister
benahmen, vertauschten sie ihren Gott Jahve nicht mit
den Göttern des Landes. Auf den Befehl seines Orakels,
mit seiner Hilfe hatten sie ihre neuen Wohnsitze erlangt,
er hatte für sie das gelobte Land erobert, er es ihnen
geschenkt; es gehörte nun ihm, und er war ebenso gut
oder vielmehr, weil er sich als der Mächtigere gezeigt
hatte, mit mehr Recht wie die alten Götter von nun an
der Landesgott. Aber sie hätten sich schon damals über
die allgemeine Anschauung des Altertums erhoben haben
müssen, um den Dienst der hier vorgefundenen Götter
sofort abzuschaffen. Das war nicht geraten. Sie würden
sonst zwar das Land besessen haben, aber die Segnungen, welche doch von den Lokalgöttern abhingen,
hätten gefehlt. Obendrein würden sie, hätten sie es
auch gewollt, noch nicht die Macht dazu besessen haben.
Hier und da waren die Kanaanäer noch viel zahlreicher
und stärker, als sie selbst. Nur an einigen Orten, wo
sie heftigen Widerstand leisteten, wurden sie unterworfen,
in der Regel verschmolzen sie mit den Siegern. Ausgerottet im eigentlichen Sinne des Wortes wurden sie
niemals; erst nach der Vernichtung der verbündeten
Kanaanäer durch den Sieg Barak's und Debora's, aber
dann auch definitiv, wurde ihre Macht gebrochen, wurden sie selbst zur unterliegenden Partei, zur beherrschten
Nation.

Aber auch dann noch wollte man den Dienst der
kanaanäischen Götter nicht missen. Durch ihre Ansiedlung in Kanaan waren die Israeliten aus nomadisierenden
Hirten Ackerbauer geworden. Einige Stämme, welche
kein fruchtbares Ackerland erhalten hatten, nicht allein
jenseits des Jordans, sondern auch in einigen Gegenden
des eigentlichen Kanaans, unter ihnen die Ḳeniter, setzten die alte Lebensweise fort und galten denn auch für
echte, den väterlichen Institutionen getreue Jahvediener.

Aber Jahve war ursprünglich kein Ackerbaugott und bevor er das werden konnte, mufste sein Kultus bedeutende Modifikationen erleiden, wozu ja seine doppelte Natur als wohlthätige, Fruchtbarkeit schenkende, wie als gewaltige, strenges Gericht haltende Gottheit Gelegenheit gab. Dies geschah auf zweierlei Weise.

Es ist eine allgemein verbreitete, aber dennoch unrichtige Ansicht, dafs der Volksgott Israels sich nun einem einzigen kanaanäischen Landesgott gegenübergestellt sah, der Ba'al hiefs. Ba'al, der Herr, eigentlich immer mit dem Artikel Habba'al, war der Ehrenname, welcher verschiedenen Göttern gegeben und auch von Jahve selbst noch Jahrhunderte lang getragen wurde, bis der Kampf gegen die Einführung des Ba'al von Tyrus unter der Regierung des Hauses 'Omri dazu nötigte, Jahve diesen Titel nicht mehr beizulegen, sondern lediglich den ebenso gebräuchlichen „Adonâi" beizubehalten. Es gab, abgesehen von dem auch in Kanaan besonders verehrten Rammân, viele lokale Ba'al's, die sicher nicht nur dem Namen, sondern auch ihrem Charakter nach verschieden waren, und neben ihnen 'Aštarit's und 'Ašera's — von der letzteren weifs man nunmehr, dafs sie wirklich eine Göttin und nicht nur, wie man verkehrterweise ziemlich allgemein annahm, ein Symbol gewesen ist. Die Namen der meisten gingen verloren; die Priester und Propheten, welche die historischen Bücher des Alten Testaments schrieben bezw. bearbeiteten, waren wohl darauf bedacht sie zu verschweigen; selbst Ba'al änderten sie bisweilen in Bošet (Schande), und 'Aštarit scheint man später wenigstens, laut der verkehrten Vokalisation 'Aštoret, ebenso gelesen zu haben. Meist scheinen sie Sonnen- und als solche Fruchtbarkeitsgötter gewesen zu sein, die man unter dem allgemeinen Namen Šamaš zusammenfafste. Nur von einigen Ba'alîm in Städten, welche die Philister erobert hatten, wissen wir die Namen, so von Dagon, dem Gotte von Ašdod und Gaza, Ba'al-

Zebub, dem Gotte von 'Eḳron, und von einigen anderen, wie Ba'al-Gad, Ba'al-Tamar und Ba'al-Šemeš. Die übrigen werden nach den Orten benannt, wo man sie verehrte. Aus solchen und anderen Ortsnamen, wie Anatôt auf dem Gebiete von Benjamin, 'Aštarôt-ḳarnaim, Be'eštera in Manasse jenseits des Jordans, Bêt-šemeš, deren wir mindestens drei kennen, Ḥadad-Rammân in der Ebene Megiddo u. a. geht hervor, daſs unter den Göttern der Kanaanäer groſse Mannigfaltigkeit herrschte.

Anfangs blieben nun sicherlich die einheimischen Kulte neben dem Jahvedienste bestehen, und daſs an den ersteren auch die Israeliten teilnahmen, ist allgemein anerkannt. Aber auch der Jahvedienst fand Anhänger unter den mit den neuen Bewohnern gemischten alten Landsassen, vor allem an den Orten, wo, wie es meist der Fall war, bestehende Heiligtümer Jahve geweiht wurden. Dies hatte zur Folge, daſs beide Weisen der Gottesverehrung sich gegenseitig beeinfluſsten. Muſste sich einerseits der kanaanäische Polytheismus dem strengeren Geiste des Jahvismus fügen, und wurden, wo Israel Meister war, die gröbsten Äuſserungen des Naturdienstes eingeschränkt und gemildert, so nahm anderseits auch die Religion der Eroberer neue Elemente in sich auf, die ihr ursprünglich durchaus fremd waren. Die Maṣṣeba's, die aufgerichteten Steine, waren vielleicht beiden Religionen eigen, aber die Ašera, in der Gestalt eines Baumstammes, welche jetzt neben Jahvealtären stand, gehörte keineswegs dorthin. Von den Ackerbaufesten, welche nun mit den echtjahvistischen heiligen Tagen verbunden und Jahve ebenfalls geheiligt wurden, sprachen wir bereits. Auch nahmen die Meisten keinen Anstoſs daran, daſs in einigen Heiligtümern Jahve durch ein Stierbild veranschaulicht wurde, obwohl diese Vorstellung dem Kultus des Ba'als der Fruchtbarkeit und des Überflusses, wahrscheinlich Rammâns, entlehnt war.

Vielleicht wurde die alte mosaische Form der Gottesverehrung in relativer Reinheit noch im Heiligtume zu
Silo gepflegt, wo man die Lade aufbewahrte, das Palla-
dium der wandernden und streitenden Stämme, obschon
sich auch dort, wie das Beispiel der Söhne Elis beweist,
grobe Mißbräuche einschlichen. Sonst nahm man die
Sache nicht sehr genau. Micha, auf dem Gebirge
Ephraim, hatte zwei Bilder in dem von ihm errichteten
Gotteshause; und der Priester, welchem er den dortigen
Kultus anvertraute, der ihn aber bald beraubte und
verließ, um den vorteilhafteren Posten eines Stammes-
priesters der Daniten zu übernehmen, war wohl noch
ein Levit aus Juda, ein Nachkomme des Moses selbst.
In dem Heiligtume, welches Gideon, der eifrige Jahvediener, zu ʿOphra gründete, stand es nicht viel besser.
Die Geschichte Simsons, des danitischen Streiters für
Jahve, eine Art Epos, in welchem ein historischer Kern
unter allerlei Mythen sich versteckt, ist wenig erbaulich
und beweist, daß der Jahvismus der alten Daniten sich
weder durch sittliche Strenge, noch durch religiöse Reinheit auszeichnete; und Jephta hat durch die Opferung
seiner Tochter zu Ehren Jahves gezeigt, daß er von
seinem Gott nicht anders dachte, als die Ammoniter von
Milkom oder die Moabiter von Kemoš. Vielleicht, wahrscheinlich sogar, gab es in Israel noch eine kleine Minder-
zahl von Getreuen, welche diese Erschlaffung nicht bil-
ligten und dadurch, daß sie sich strenger an die alten
mosaischen Institutionen hielten, es verhinderten, daß
der Jahvismus wieder gänzlich auf die Stufe des Naturdienstes herabsank. Aber das Volk als solches machte
zwischen dem Volksgotte und den alten Landesgöttern
kaum einen Unterschied.

Bei der Mehrzahl bestand dieser Unterschied denn
auch lediglich darin, daß Jahve der eigene Gott und
die anderen fremde waren. Übrigens differierte die Vorstellung, welche man sich von ihm bildete, nicht so sehr

von dem, was die Kanaanäer von ihren Göttern dachten, und beide wurden auf ungefähr dieselbe Weise verehrt. Man konnte ihre Gunst gewinnen und ihren Zorn
stillen, indem man sie den Opferduft riechen ließ. Heilige Steine waren für beide Gotteswohnungen (b ê t-'e l).
Jahve hatte seine Lade, das Unterpfand seiner Gegenwart, ebenso gut als Maruduk in Babel und Amun-Râ
in Theben. Nahm die Mantik einen wichtigen Platz in
dem Kultus aller anderen Semiten ein: den Willen Jahves
lernte man kennen, indem man das Los warf. Als man
nun sah, wie viel mehr die alten Einwohner des Landes
für ihre Götter übrig hatten — wie sie ihnen das Teuerste
zum Opfer brachten — wie sie die für dieselben bestimmten Wohnungen mit gewisser Pracht einrichteten
und viel Geld aufwendeten, um sie auszustatten — da
mußte man wohl zu der Schlußfolgerung kommen, daß
man seinem eigenen Gotte doch nichts weniger verpflichtet sei und daß man ihn nicht hinter den anderen
Göttern zurückstehen lassen dürfe, damit diese nicht
reicher und mächtiger würden, als er. Was einige Jahrhunderte später — und auf der Stufe, welche man damals erreicht hatte, mit Recht — als Abfall angesehen
wurde, war jetzt vielmehr ein unverständiges, aber ehr-
liches Eifern der Frommen für Jahves Ehre. Wie viel
höher die strenge Einfachheit des alten Jahvismus stand,
vermochten in dieser Zeit erst wenige einzusehen, und ist
thatsächlich niemals dem Bewußtsein des ganzen Volkes
klar geworden.

Auch die Religionsdiener in den Jahve geweihten
Heiligtümern unterschieden sich nicht wesentlich von den
Priestern der Baʿalîm. Wie diese waren sie beauftragt
mit der Verkündigung und Erklärung der Orakel, mit
der Leitung der Opfer und der Pflege des wahren Ritus
und der religiösen Gebote, worin hauptsächlich ihre
t ô r a, Unterweisung, bestand. Viele von ihnen gehörten zum Stamme Levi, welcher, zu schwach um sich

auf einem eigenen Gebiete unter selbständigem Regiment
zu behaupten, für den besten Kenner der mosaischen
Tradition galt. Neben ihnen standen die Seher (ro'eh)
oder Schauer (ḥozeh), welche im Besitz einer höheren
Erleuchtung waren, in älterer Zeit von den Priestern nicht
scharf unterschieden, sodaſs manche beide Würden in
sich vereinigten (wie ja auch später ein Mann aus priesterlichem Geschlecht, wie Jeremias, und ein wirklicher Priester, wie Ezechiel, zugleich Prophet sein konnte), aber
oft lagen sie auch miteinander im Streit. Einige Arten
von Wahrsagung, Zauberei und Mantik, vor allem die,
welche mit Totenbeschwörung verbunden waren, scheinen
von vornherein durch den Jahvedienst ausgeschlossen
und von seinen Repräsentanten verboten zu sein. Aber
eine bekannte Form des Prophetismus, wie man annimmt, von kanaanäischem Ursprung, drang schon zur
Zeit der Richter in den Jahvismus ein und behauptete
fernerhin einen wichtigen Platz in demselben. Es ist die
Form, welche der Name nabi' bezeichnet, ein Name,
der allmählig die älteren verdrängte und von uns mit
„Prophet" übersetzt wird. Auch die Ba'alspropheten
tragen diesen Titel. Die Wurzel, aus welcher er gebildet ist, kommt in ihrer ursprünglichen Bedeutung noch
in der Sprache von Babel und Assur vor; nabû heiſst
dort „nennen, verkündigen, ausrufen", wobei man beachte, daſs Nennen nach animistischer Auffassung eine
mystische Handlung ist, verwandt mit Beschwören, Be-
zaubern. Es ist unsicher, ob die Babylonier hiervon
auch einen Namen für ihre Propheten abgeleitet haben;
aber wenn sie ihren „Gott der Offenbarung" (ilu tašmêtu), den Orakelgott par excellence, Nabû nannten,
so erhellt daraus, daſs sie ihn als den Verkündiger
des Willens der hohen Gottheit, ursprünglich vielleicht
als den Gott des mächtigen Zauberwortes betrachtet
haben. Deshalb ist die Erklärung nabi = der Spre-
cher, obschon von den meisten Gelehrten verworfen,

thatsächlich die richtige, wenn wir das Sprechen im antiken, orientalischen Sinn auffassen und nicht vergessen, dafs sie nicht ihre eigenen Worte aussprachen, sondern dasjenige, was ihnen von der Gottheit eingegeben war.

Hiermit stimmt überein, was von den Nebi'îm in Israel berichtet wird. Sie bildeten Vereine oder Schulen, in denen Musik und Gesang geübt, wahrscheinlich die alten Lieder gesungen und neue in Ekstase gedichtet wurden, sodafs sich hier eine Art prophetischer Tradition erhielt. Dem ursprünglichen Jahvismus fremd, war dies eine Nachahmung dessen, was man bei den Kanaanäern gefunden und nur auf den eigenen Boden verpflanzt hatte. Die grofsen, alleinstehenden Propheten, wie Samuel, Elia, Elisa, standen zu diesen Vereinen in Beziehung und hielten sie unter einer gewissen Aufsicht, lebten aber nicht immer in ihrer Mitte. Ob die strengen Jahvisten der alten Zeit, ein Samuel z. B., für sie eingenommen waren, darf bezweifelt werden. Diese Institution gehörte doch ursprünglich zu dem allgemein in West-Asien verbreiteten Dienst des Fruchtbarkeits-Baʿals, des Spenders von Korn und Wein, und stand deshalb nicht nur im Geruche der Heterodoxie, sondern war auch oft mit allerhand Ausschweifungen gepaart. Deshalb thaten die Seher weise daran, etwas, was sie nicht abschaffen konnten, unter ihre Leitung und Aufsicht zu nehmen und so für die Entwicklung des Jahvismus fruchtbar zu machen. Es ist ihm in der That förderlich gewesen. Denn sind auch die grofsen Propheten der späteren Zeit nicht aus diesen Vereinen hervorgegangen, wies auch ein Amos z. B. den Titel **nabî'** und **ben-nabî'** mit gewisser Entrüstung von sich: die Art und Weise ihrer Prophetie war doch nicht die der alten Seher, wohl aber eine veredelte Form des Sprechens aus göttlicher Inspiration und in Ekstase, welches die Prophetensöhne den Baʿalspropheten abgesehen hatten.

## 6. Die jahvistische Bearbeitung der alten Überlieferung.

Wenn die Prophetensöhne die Hüter der alten Überlieferungen sowohl der Hebräer als der früheren Bewohner Kanaans waren, so sind wahrscheinlich in ihrem
Kreise diese Überlieferungen in jahvistischem Geiste
zu ethischen Erzählungen umgestaltet. Götter werden
durch diese Umgestaltung zu Stammvätern, Stammväter
zu Vorbildern von Frömmigkeit und Edelsinn, wie Abraham, oder zu Prototypen des aus ihnen entsprossenen
Volkes, wie Jakob. Unter diesen Erzählungen finden sich
einige so allgemein verbreitete Sagen, dafs man nicht
mehr entscheiden kann, ob sie ursprüngliches Eigentum
der Israeliten oder von ihnen anderen Stämmen entlehnt
sind, was sich ja bezüglich der meisten, auch der spezifisch semitischen, nicht mehr nachweisen läfst. Wird
man jetzt auch nicht mehr, wie früher, in all' den
Patriarchen und Helden der alten Legende ehemalige
Götter sehen und nicht mehr versuchen, alle Erzählungen auf ursprüngliche Mythen zu reduzieren, so ist
doch nicht zu verkennen, dafs sich Götter und Mythen
in ihnen verstecken. Selbst konservative Gelehrte, wie
Baethgen z. B., erkennen an, dafs Henoch (Ḥanôk), der
365 Jahre lebt und dann nicht stirbt, sondern von Gott
hinweggenommen wird, ein alter Lichtgott des Sonnen-
jahres ist, nach welchem mit ʿIrad eine neue Weltperiode
beginnt. Die Vorstellung, dafs die älteste Menschheit oder
wenigstens ein Rest derselben plötzlich hinweggenommen ist und noch irgendwo in fernen mythischen Gegenden oder in einer Art Elysium fortlebt, ist sehr allgemein; wir brauchen nur den Helden der Sintflut bei
den Babyloniern und den Yima des Avesta zu nennen.
Der Sintflutheld bei den Israeliten ist Noaḥ geworden,
aber er war es ursprünglich nicht. Die älteste Erzählung von ihm schildert ihn als Ackersmann und Erfinder

des Weinbaues, wie als Vater dreier Söhne, der Eponymen der in Kanaan beisammen wohnenden Völker,
Kanaan's selbst, Šem's, hier noch Repräsentant der
Kinder Israel allein, und Japhet's, unter welchem Namen
Wellhausen die Philister, Budde die Phönicier versteht,
während man weit eher an die nichtisraelitischen, aber
mit Israel naheverbundenen Stämme, wie die Keniter,
zu denken hat. Der Baʿal der Fruchtbarkeit des Ackers
und des Weinberges, der von ihnen allen, von den
Kanaanäern allein auf unzüchtige Weise verehrt wurde,
ist hier Aller Stammvater geworden. Erst viel später,
als man ihn zu dem aus der Sintflut Geretteten gemacht,
und gleichzeitig der Horizont der Israeliten sich erweitert hatte, wurde er der Vater eines neuen Menschen-
geschlechtes, Šem der Repräsentant aller durch Sprache
und Abstammung mit Israel verwandten, Japhet der der
nördlichen, sowohl arischen als nichtarischen Völker,
während man Kanaʿan im Hinblick auf die Ägypter und
ihre Verwandten in Ham änderte. Daſs sich in den drei
Erzvätern Abraham, Isaak und Jakob ebenfalls frühere
Stammesgötter verbergen, glaube ich jetzt bezweifeln zu
müssen, obschon bedeutende Autoritäten dieses noch
behaupten. Aber als nach der Ansiedlung Israels und
Judas in Kanaan die Namen dieser Stammväter mit
einigen alten Heiligtümern kanaanäischer Baʿalîm verbunden waren, und man diese als ihre früheren Aufent-
haltsorte oder ihre Gräber zu verehren begann, werden
einheimische Tempellegenden auf sie übertragen sein. Ein
treffendes Beispiel hierfür ist die Erzählung von Abrahams
Kinderopfer, von der Gottheit befohlen und im Moment
der Ausführung verhindert, eine Erzählung, welche in
ihren Grundzügen genau mit ähnlichen übereinstimmt,
welche man bei den Griechen und den vedischen Brah-
manen antrifft, während sie nach Philo von Byblos bei
den Phöniciern noch eine reine Mythe war, die von Gott
selbst erzählt wurde. Merkwürdige Parallelen zu der Ge-

schichte von Joseph und Potiphars Weib findet man in dem ägyptischen Märchen von Batau und Anpu und in der südindischen, auch dramatisch bearbeiteten Legende von Saranga. Und wie Moses, um ihn vor Verfolgung zu schützen, in einem Körbchen dem Flusse anvertraut und aus ihm gerettet wurde, um später der Retter und Führer seines Volkes zu werden, so war es nach einer altbabylonischen Legende lange vor ihm auch dem König Sargon ergangen.

Noch viel allgemeiner verbreitet sind die Erzählungen von einem Paradiese mit dem Baume des Lebens, wo die ersten Menschen in der Nähe der Gottheit selbst lebten, von dem Brudermorde, von Halbgöttern, Gibborîm, die aus Ehen zwischen Göttern, hier Söhnen Gottes, und irdischen Müttern, den Töchtern der Menschen, entsprossen waren, und eine Anzahl anderer.

Kanaanäischen Ursprungs ist die Vorstellung von dem Anfange und dem Fortgange der Kultur, wie sie in der Kainitischen Stammtafel hervortritt, in welcher Kain den Ackerbau, Henoch den Städtebau, Lemek mit seinem Sohne Tubal-Kain die Erfindung der metallenen Waffen und seine beiden anderen Söhne das Nomadenleben und die Musik repräsentieren. In den bei Philo Byblios erhaltenen phönicischen Sagen sind es noch Götter, welchen die Menschen alle diese und andere Erfindungen zu danken haben. Auch in die Heldengeschichte Simsons sind Mythen verwoben, welche die Erzähler von den Kanaanäern übernahmen; diese hatten sie mit einer Anzahl stammverwandter Völker gemein, und auch sonst ist ihr Vorkommen bezeugt. Nach Babel dagegen weisen die Legenden von Nimrod, dem grofsen Jäger vor Jahves Angesicht, für welchen der babylonische Gott der Jagd und des Krieges, zugleich der grofse Städtegründer, ˙Nindar, der Streiter Bels, als Modell gedient hat, und die vom Turmbau und der Sprachverwirrung. Letztere kann nicht im Exil entstanden sein, denn angesichts der von Nebukadrezar restaurierten und vollendeten Terrassentürme von Babel und Borsippa konnte man solche Vorstellungen nicht bilden, und das Niedersteigen Jahves, um das Werk der Menschen zu beschen und zu vernichten, ist ein archaistischer Zug, welcher das hohe Alter der Sage beweist. Sie kann nur entstanden sein aus der Erinnerung an Babels uralte Macht und Herrschaft über viele Nationen, und die Sprachverwirrung beruht auf einer Volksetymologie. Ob die zehn Erzväter vor der Sintflut in der sethitischen Stammtafel nach dem Muster der zehn babylonischen Könige vor der Flut angeordnet sind, ist schwer zu entscheiden.

Aber die gröfste Übereinstimmung besteht zwischen den beiden ineinander verarbeiteten biblischen Sintflutserzählungen und der babylonischen. Im Einzelnen kann das hier nicht aufgezeigt werden [1]. Soviel ist sicher: die übereinstimmenden Punkte sind so zahlreich und betreffen oft so untergeordnete Details, dafs wir hier nicht eine doppelte Bearbeitung ein und derselben alten, mündlich überlieferten Traditon vor uns haben können, sondern dafs eine babylonische Sintflutslegende, wenn auch vielleicht in anderer Redaktion als der, welche wir noch besitzen, den Verfassern der biblischen Erzählungen bekannt gewesen sein mufs. Minder stark ist die Übereinstimmung zwischen der babylonischen Kosmogonie und der jüngsten Schöpfungserzählung des Alten Testaments in Gen. 1. Doch sind alle Elemente der ersteren in der letzteren vorhanden, und die Reihenfolge der Schöpfungen ist in der Hauptsache dieselbe [2].

Wenn nun auch die jahvistischen Schriftsteller einen

---

1) Vgl. die sorgfältige Arbeit von W. H. Kosters, Theol. Tijds. XIX, 1885, blz. 161 vgg. und 321 vgg.

2) Vgl. die interessante Monographie von H. Gunkel, Schöpfung und Chaos in Urzeit und Endzeit. Eine religionsgeschichtliche Untersuchung über Gen. 1 und Apc. Joh. 12. Mit Beiträgen von Heinrich Zimmern. Göttingen 1895.

Teil des Stoffes, den sie bearbeiteten, kanaanäischen, babylonischen und gemeinsemitischen Überlieferungen entlehnten, so haben sie doch auf Alles den Stempel eines neuen Geistes gedrückt, und selbst wo sie nicht viel veränderten, waren sie bestrebt, die grofsen Thaten ihrer Helden ausschliefslich Jahves Ehre dienstbar zu machen oder wenigstens strikten Gehorsam gegen sein Gesetz einzuschärfen. Jahve war es, der seine Getreuen begeisterte, der ihnen den Sieg über ihre Feinde schenkte, der in der Bestrafung ihrer Übertretungen seine Gerechtigkeit, in der Erfüllung seiner Verheifsungen seine Treue, in allen seinen Führungen beide, seine Macht wie seine Barmherzigkeit zeigte. Herrscher über die Natur ist er kein Naturgott mehr, sondern der Gott, der sich hauptsächlich in der fürsorglichen Regierung seines Volkes, also in der Geschichte offenbart, und Alles kommt von Ihm allein. Er ist noch Volksgott, neben welchem die anderen Volksgötter ihre eigenen Stämme und Nationen regieren, obschon mehrmals deutlich durchschimmert, dafs er über ihnen steht. Es ist noch lediglich die Geschichte eines einzelnen Volkes, in welcher man seine Macht und Weisheit erkennt; der Gedanke, dafs er die ganze Welt regiere, sollte Israels Frommen erst später zum Bewufstsein gebracht werden, wenn er auch schon darin beschlossen lag, dafs er der Schöpfer aller Dinge und der Erzieher wenigstens der ältesten Menschheit war. Aber an sich ist jede Erzählung, auch wenn sie aus den Überlieferungen polytheistischer Religionen geschöpft wurde, rein monotheistisch geworden. Nirgends sieht man dies deutlicher, als z. B. bei einem Vergleich der babylonischen Schöpfungsberichte und Sintflutslegenden mit den israelitischen. Dort ist der Schöpfer aller Dinge, der grofse Maruduk von Babel, ein gewordener Gott mit einer Reihe von Ahnen, die schliefslich mit allem, was besteht, aus einer Ehe zwischen den oberen und den unteren kosmischen Wassern hervorgegangen sind; hier

ist es der Eine, aus sich selbst seiende Gott, auf dessen
Befehl Alles sich ordnet und ins Dasein tritt. Dort wird
die Vertilgung der Menschheit wegen ihrer Sünden im
Rate der Götter beschlossen, und jeder erfüllt dabei seine
eigene Aufgabe: der höchste Gott zieht sich in seinen
Himmel zurück und ein Anderer ist der Vollstrecker des
Strafgerichtes, ein Anderer der Retter, der wenigstens
einige bewahrt, ohne Wissen und zum grofsen Ärger
jenes (vgl. S. 153 f.) — hier ist es einunddieselbe Gottheit, welche straft und rettet. Von der ganzen Theogonie, von dem Streit zwischen den himmlischen Mächten, von der Verteilung der Thätigkeiten unter sie ist
nichts übrig geblieben. Auch der sittliche Gehalt der
biblischen Erzählungen über das frühste Altertum, wenngleich nicht immer in Übereinstimmung mit der durch
den christlichen Geist entwickelten Ethik, steht höher,
als derjenige gleichartiger Überlieferungen bei anderen
Völkern der Antike. Aus welchem Material die alten
Traditionen Israels auch gebildet sein mögen: sie sind
eine durchaus neue Schöpfung, anziehend durch ihre
Naivität, erhaben in ihrer Einfalt. Gestalten, wie die des
Vaters der Gläubigen und die des Mannes Gottes, der
sanftmütiger war als irgendein anderer, stehen in der vorchristlichen Welt allein, nicht nur unübertroffen, sondern
auch unerreicht. Sie sind nicht für Ein Volk oder für
Eine Religion, sondern für alle Zeiten klassisch im wahren
Sinne des Worts. Man braucht sie nur mit den Heiligen
und Frommen, den Göttern und Heroen selbst der übrigen heiligen Bücher des Altertums zu vergleichen, um
den Wert der Religion zu ermessen, deren Geist sie zur
Anschauung bringen.

## 7. Der Jahvismus als Staatsreligion unter den ersten Königen.

Wir haben etwas vorgegriffen, denn die schöne Bearbeitung der Erzväterlegenden, von welcher oben die

Rede war, gehört erst zu einer viel späteren, nämlich zu der litterarischen Periode. Solch' reine und erhabene religiöse Begriffe besafs man in der Zeit der Richter, welche man sehr richtig als die Zeit der theokratischen Anarchie charakterisiert hat, und selbst unter den ersten Königen noch nicht.

An dem Ende der Richterperiode stehen Jahre tiefer Erniedrigung. Die siegreichen Philister, in deren Hände selbst die heilige Lade von Silo gefallen war — nach der auch in Assyrien herrschenden Sitte wurde sie als Unterpfand der Gegenwart Jahves in die Schlacht mit-geführt — herrschten wenigstens über die nördlichen Stämme. Joseph verlor die Hegemonie, die erst auf Benjamin, dann auf Juda überging. Die Eliden flüchte-ten mit Ephod und Teraphim nach Nob bei Jerusalem. Das waren dunkele Tage für Israel. Aber gerade diese schwere Prüfung ist der Entwicklung des Jahvismus zu-gute gekommen. Die in dieser Zeit zuerst kräftig auf-tretenden Nebi'îm weckten durch ihren Enthusiasmus das Nationalbewufstsein und die Liebe zur nationalen Religion. Samuel, der grofse Seher von Rama, eiferte für diese Religion, wenn auch nicht, wie der spätere Geschicht-schreiber es sich vorstellt, durch Abschaffung aller Lokalkulte kanaanäischen Ursprungs, so doch durch Be-festigung und Reinigung des Jahvedienstes und durch Ausbreitung seiner Macht. Aufserdem veranlafste er einen angesehenen Benjaminiten, Saul, den Sohn des Kiš, sich an die Spitze einer rasch zusammengerafften Kriegsmacht zu stellen und die Befreiung des von den Ammonitern belagerten Jabes in Gilead zu unternehmen. Nach seinem ersten Siege zum Könige ausgerufen, wagte er es, auch die Philister anzugreifen, und es gelang ihm, diesen Erb-feind einige Jahre lang im Zaum zu halten. Mit der Begründung des Königtums wurde der Jahvismus Staats-religion, d. h. soweit man zu dem Gebrauch dieses Aus-drucks befugt ist für eine Zeit, in der Königtum noch nichts

anderes bedeutete, als die ständige Verwaltung des Ober-
befehls über das Heer und des höchsten Richteramtes:
Staatsreligion also die Religion des königlichen Hauses,
welche von dem Könige protegiert und geschützt wurde.
Man erzählt von Saul, dafs er sehr gegen die Wahrsager
und Totenbeschwörer eiferte, vor denen der Jahvismus
stets Abscheu zeigte; aber dafs es ihm nicht gelungen
war, sie gänzlich auszurotten, geht daraus hervor, dafs
er kurz vor seinem tragischen Ende, von schwermütigen
Ahnungen gequält, zu einer dieser von ihm verfolgten
Zauberinnen seine Zuflucht nahm, um den Schatten Samuels herbeizurufen. Nicht minder als Saul war David
ein warmer Freund der Religion Israels. Die Überführung der Lade, welche in einem judäischen Grenzorte
geblieben war, nachdem die Philister sie in abergläubi-
scher Angst aus ihrem Lande entfernt hatten, nach Jerusalem, wo nunmehr die Residenz sich befand, verlegte
nicht nur den Schwerpunkt des Königreiches nach Juda,
sondern machte auch die neue Hauptstadt zum Mittelpunkt der reinsten Form der Jahveverehrung, von welchem einst nach langem Kampfe die wichtigsten Reformen ausgehen sollten. War das Zelt, in welchem die
Lade auf Șion niedergesetzt wurde, thatsächlich noch
nichts Anderes, als die königliche Hofkapelle: gerade
weil es dem Könige gehörte, war es das vornehmste
Heiligtum des Landes, welches denn auch Allen offen-
stand. Auch die ruhmreichen Siege Davids, unter welchem das Reich seine gröfste Ausdehnung erlangte und
aufser den kleinen Nachbarstaaten selbst Edom und Aram-
Șoba umfafste, erweiterten nicht nur den Gesichtskreis
des Volkes, sondern trugen auch zur Erhöhung der Ehrerbietung vor Jahves Macht bei, mit dessen Hilfe diese
Siege erfochten waren, und der durch sie Sein Gebiet
ausgebreitet hatte. Der prachtliebende Salomo, unter
dessen Regierung das Königreich an Umfang verlor, aber
nach innen straffer organisiert wurde, bedurfte für seinen

neuen Palast ein glänzendes Gotteshaus. Mit scheelen Augen werden die Freunde des alten, einfachen Jahvedienstes den Bau dieses Tempels angesehen haben, der nach fremdem Modell angelegt, von ausländischen Künstlern gebaut, mit phönicischen Symbolen geschmückt und mit allerhand phönicischen Einrichtungen versehen wurde, aber in den Augen des Volkes entlehnte die Volksreligion demselben einen neuen Glanz, und für ihre Zukunft war diese Gründung von der gröfsten Bedeutung. Beide, David und Salomo, sind von den späteren Geschlechtern über Gebühr verherrlicht, während Sauls Andenken mit ebenso unverdienter Schmach bedeckt wurde. Dafs ihr Jahvismus der Religion der Propheten des 8. Jahrhunderts und der späteren Zeit noch wenig glich, und dafs sie noch nicht imstande waren, die Psalmen zu dichten und die Sprüche zu sammeln, welche man ihnen zuschreibt, wird nur von solchen geleugnet, welche meinen, jede fromme Überlieferung als wirkliche Geschichte annehmen zu müssen.

Rein, unvermischt mit kanaanäischen Elementen war ihr Jahvismus sicher nicht, und die einzige Religion des Landes war er ebensowenig. Es scheint in diesen Tagen ein gewisser Synkretismus zwischen dem Jahvedienste und dem Dienste der Baʿalim zustande gekommen zu sein, wodurch der erstere noch mehr als der letztere modifiziert wurde. Und dafs die Landesgötter neben Jahve, mehrmals sogar in seinem eigenen Tempel und mindestens in ihren überall verbreiteten Heiligtümern und auf den Höhen verehrt wurden, steht fest. Niemand erblickte damals etwas sonderlich Unrechtes darin. Ein Stamm, eine Familie, ein Ort mufsten ihren eigenen Göttern treu bleiben, wenn auch der Landesgott über allen stand und die höchste Verehrung forderte. Man betrachtet die religiösen Verhältnisse Israels vor dem Exil viel zu sehr in dem Lichte dessen, was man über die spätere jüdische Gemeinde weifs. Man feierte selbst die grofsen Feste nicht als Glied solch' einer Gemeinde, sondern an verschiedenen Orten, bei den uralten Heiligtümern des Stammes oder des Gaues, und selbst in den gröfseren religiösen Zentren nicht gemeinschaftlich, sondern gruppenweise wallfahrtend. Und man fürchtete, wenn man diese Pflicht erfüllt hatte, ebensowenig die Ehre Jahves zu verkürzen, indem man den eigenen Lokalgöttern auch das Ihre gab, als man den Gehorsam gegen den König zu verletzen geglaubt haben würde, indem man den Häuptern des Gaues oder des Ortes die altüberlieferte Huldigung darbrachte.

Eine andere Frage ist, inwieweit die Könige sich daran beteiligten. Dafs aus dem Vorkommen von Namen, die mit Ba'al zusammengesetzt sind, in den Familien Sauls und Davids nicht gefolgert werden darf, dafs sie anderen Göttern als Jahve dienten, wurde bereits gesagt. Unter Ba'al kann hier sehr wohl Jahve selbst verstanden sein. Michal's teraphîm beweist ebensowenig; Jahve hatte solche Bilder überall, ohne dafs es jemanden ärgerte, und auch dieser Hausgott brauchte kein anderer Gott zu sein. War er es aber, so nahm er innerhalb des Jahvismus denselben Platz ein, wie ein Schutzheiliger im Katholicismus. Es ist sehr wohl möglich, dafs David, als er sich bei den Philistern aufhielt, sich dazu verpflichtet fühlte, auch ihre Götter zu verehren, nach dem noch im Buche Ruth ausgesprochenen Prinzip: „Dein Volk ist mein Volk und (folglich) dein Gott mein Gott." Aber als Könige haben Saul und David keinem anderen Gott gedient als Jahve. Nicht aus bewufstem Monotheismus, sondern weil er als oberster Landesgott selbstverständlich der Gott des Königs war, und sie ihm Alles verdankten. Nur von Salomo wird berichtet, dafs er, alt und schwach an Geist geworden, sodafs seine Weiber ihn beherrschten, den Göttern opferte, für welche er den fremden Fürstinnen seines Harems zuliebe kleine Tempel auf dem Ölberge

erbaut hatte. Ich kann darin weder mit Kuenen eine
beschönigende Beschreibung dessen erblicken, was er
sein ganzes Leben lang mit allerhand Göttern gethan
hätte, noch mit Stade eine unverdiente Beschimpfung
seines Andenkens. Dafs er für die Götter seiner Weiber,
wenn diese zu einem regierenden Hause gehörten und
Prinzessinnen von Geblüt waren, Kapellen errichtete, war
etwas so Gewöhnliches, dafs sich Niemand daran stiefs;
diese Heiligtümer blieben selbst unter Hiskia unversehrt
und wurden erst bei der grofsen Reform des Josia entweiht. Aber dafs er seinen Frauen zu Gefallen an dem
Kultus, den sie dort übten, sich beteiligte, kann Ärgernis
erregt haben. selbst zu seiner Zeit; nicht weil es andere,
sondern weil es fremde Götter waren. Was ihn dazu
veranlafste, war vielleicht nicht einmal die schwache
Nachgiebigkeit des Alters, sondern eher das Mifsgeschick,
welches ihn in seiner letzten Regierungszeit betraf und
ihn nötigte. nun Jahve ihm nicht mehr so kräftig half
als früher, den Schutz anderer Gottheiten zu erflehen.
Es war natürlich, dafs man später die Spaltung des
Reiches unter seinem Sohne als eine Strafe für diese
Sünde betrachtete.

## 8. Jahve gegen Melkart.

Nach der Teilung konnte der Jerusalemische Tempel
nicht mehr das vornehmste Heiligtum für das nördliche
Reich bleiben; es verstand sich von selbst, dafs Jerobe-
be'am ein eigenes königliches Heiligtum nötig hatte.
Zwei der ältesten Kultuszentren seines Landes, das zu
Betel und das zu Dan, bestimmte er dazu. Nur ersteres
hat in der Geschichte eine Rolle gespielt. In beiden
wurde Jahve in der Gestalt eines jungen Stieres verehrt,
was sicher nicht erst von Jerobe'am eingeführt ist. Ob
dies schon eine ältere Form des Jahvedienstes oder ein
Produkt aus der Verbindung desselben mit der Verehrung

eines früheren Landesgottes war, ist schwerlich mit Bestimmtheit zu entscheiden; das letztere ist am wahrscheinlichsten. Der Stier war sowohl in der Mythologie,
wie im Kultus das heilige Tier des Gottes, welcher die
Erscheinungen der Atmosphäre, die schrecklichen wie
die wohlthätigen, Sturm, Gewitter, Regen verursachte:
des allenthalben geehrten Hadad-Rammân; und dieser
gerade der Gott, mit welchem Jahve als Naturgott
in Ursprung und Bedeutung so gut wie ganz übereinstimmte. Obschon die Möglichkeit nicht ausgeschlossen ist, dafs auch Jahve ehedem durch dieses
Symbol dargestellt wurde, so legt doch der lokale
Charakter dieser Kultusform die Vermutung nahe, dafs
sie erst dann auf ihn übertragen wurde, als er in einigen
Heiligtümern den aramäisch-kanaanäischen Gott verdrängt hatte und mit ihm zusammengeschmolzen war.
Das war es denn auch, was den Gechichtschreibern so
viel Ärgernis gab und sie von der Sünde Jerobeams,
des Sohnes Nebats, sprechen liefs. Man wufste sogar
zu erzählen, wie tief entrüstet Moses und wie erzürnt
Jahve selbst gewesen sei, als das ungehorsame Volk in
der Wüste, während der Abwesenheit des Gottesmannes
und unter Konnivenz seines Bruders, solch' einem goldenen Stierbilde geopfert hatte. Aber alles dies ist
spätere Reflexion. Ob wenigstens eine Minorität thatsächlich schon Anstofs nahm an Jerobeams Thun? Sehr
wohl möglich. Dafs der eigenartige Kultus in Betel
und Dan unterhalten wurde, konnte derzeit niemand hin-
dern; auch Saul und seine Nachfolger hatten ihn nicht
abgeschafft. Aber dafs diese nun die Haupttempel des
Landes, die königlichen Heiligtümer wurden, und nicht
ein anderes Gotteshaus, wo man, wie voralters zu Silo
oder noch jetzt in Jerusalem, Jahve in reinerer Form verehrte, kann schon damals von einigen mifsbilligt sein.

Mit 'Omri begann eine neue Dynastie, und bestieg
ein energischer und kriegerischer König den Thron

Israels. Aber in der von jahvistischen Propheten bearbeiteten Geschichte sind er und seine Nachfolger, vor
allem sein Sohn Aḥab, mit düsteren Farben gemalt.
Wurde doch unter ihnen der Dienst eines fremden Gottes
in Israel eingeführt und von der königlichen Familie
begünstigt. Es war der Dienst des Tyrischen Ba'al,
Melkart, für welchen Aḥab selbst in der neuen, von
'Omri gegründeten Haupt- und Residenzstadt Samaria
einen eigenen, prächtigen Tempel erbaute, wo er von
einem zahlreichen Stabe von Propheten umgeben war.
Izebel, die phönicische Prinzessin, mit welcher Aḥab
vermählt war, eiferte für diesen Kultus und zog ihren
Gatten mit sich. Alle die Thaten des Königs, welche
das religiöse und nationale Gefühl der Jahvisten kränk-
ten, schrieben diese und das Volk aus Abneigung gegen
das Fremdländische den Einflüsterungen der Phönicierin
zu, gerade wie alle Mifsgriffe Louis' XIV. von dem
französischen Volke der Autrichienne auf Rechnung gesetzt
wurden. Man erzählte selbst, dafs sie die Propheten
Jahves verfolgen und töten liefs, sodafs viele von ihnen
gezwungen waren, sich zu verstecken, und sogar Elia,
nach einem grofsen Triumphe über die Ba'alspropheten
von ihrer Rache bedroht, sein Heil in der Flucht suchte.
Diese Berichte sind wahrscheinlich sehr übertrieben.
Nicht alle Jahvepropheten wurden verfolgt, denn am Ende
seines Lebens fragt Aḥab sie um Rat, wobei Hunderte
seinem Aufrufe Gehör geben. Nur diejenigen, welche
ihm zu widerstehen wagten und seine Politik mifsbilligten,
wurden getroffen. Denn sicher ist die Ansicht richtig[1]),
dafs die Gründung des Ba'alstempels in Samaria die
Besiegelung eines Bündnisses darstellte, welches Aḥab
mit seinem Schwiegervater schlofs, und das demzufolge
— wenigstens auf seiner Seite — mehr aus politischen,
als aus religiösen Beweggründen hervorging. Den öffent-

---

1) Stade, GVI. I, S. 523.

lichen Jahvedienst schaffte der König gewiſs nicht ab
und er scheint denselben auch nicht vernachlässigt oder
gehindert zu ħaben.  Seine Kinder, 'Atalja, 'Aħazja,
Joram tragen Namen, welche mit demjenigen Jahves
zusammengesetzt sind.  Daſs er Jahvepropheten zurate
zog, wurde bereits erwähnt.  Sogar von dem „Aufwiegler
Isra'els", seinem grimmigen Widersacher Elia, läſst er
sich dann und wann etwas sagen und demütigt sich vor
ihm, d. h. vor Jahves Wort und Gericht.

Die erhabene, geheimnisvolle Gestalt des Tiŝbiters
ist von der dichtenden Sage verherrlicht.  Plötzlich tritt
er auf und ebenso plötzlich verschwindet er.  Wo er
sich befindet, geschehen Wunder, oder verrichtet er
selbst solche.  Jahve redet mit ihm wie mit Moses auf
dem heiligen Berge.  Raben speisen ihn in der Wüste.
Wo er eintritt, mangelt weder Mehl im Fasse, noch Öl
im Kruge, obschon überall die Hungersnot wütet.  Selbst
der Tod hat keine Macht über ihn: in einem feurigen
Wagen, von Feuerrossen gezogen, fährt er gen Himmel,
wie früher auf sein Gebet oder seinen Befehl Feuer vom
Himmel herabflammte, um das Opfer auf dem Karmel
zu entzünden oder die Beleidiger Jahves zu vernichten.
Kein Wunder, daſs diese mächtige Gestalt auf die Phantasie des Volkes einen tieferen Eindruck gemacht hat,
als selbst der Gröſste der Propheten nach ihm.

In der That bezeichnet Elia einen Wendepunkt in
der Geschichte der Religion Israels.  Nicht daſs er sich
schon zu dem Gedanken einer von Israels Nationalität
losgelösten Jahvegemeinde erhoben und den Sieg der
treuen Minderheit seiner Verehrer ersehnt hätte, wenn
auch das Reich und die Selbständigkeit des Volkes
darüber zugrunde ginge.  Das ist noch nicht einmal in
der Erzählung von der Theophanie auf dem Horeb
deutlich ausgesprochen, und jedenfalls ist diese grofs-
artige Schilderung viel jüngeren Datums, nicht vor der
Zeit Jerobe'ams II. gedichtet.  In ihr liegt sogar eher

eine unwillkürliche, leise Kritik seines Auftretens und
der harten Mafsregeln und Strafgerichte, welche Elisa
ankündigte und Jehu ausführte: erst in dem stillen
Friedenswehen, welches nach diesen Stürmen herrscht,
ist Jahve. Sein Aufenthalt bei der Phönicierin in Şar-
pat beweist vielmehr das Gegenteil. In Phönicien
mochte man den Baʿal verehren: hier würde er nicht
daran gedacht haben, dies zu mifsbilligen. Es liegt
sogar nicht der mindeste Beweis dafür vor, dafs er
gegen den alten einheimischen, kanaanäischen Baʿaldienst geeifert hat, sofern dieser innerhalb der Grenzen
blieb, in welchen er bislang bestand und als mehr oder
weniger mit dem Jahvedienste verbunden galt. Aber
dafs ein König von Israel in seiner neuen Hauptstadt
einen Tempel für einen fremden Gott, den Tyrischen
Baʿal-Melkart baute: das war es, was seinen heiligen
Zorn entflammte. Vielleicht würde er es schon mit mifs-
günstigen Augen angesehen haben, wenn Aḫab für seine
phönicische Gemahlin einen kleinen Haustempel errichtet hätte, um ihr Gelegenheit zu geben, die Götter
ihrer Ahnen weiter zu verehren. Aber ein Tempel, der
für den öffentlichen Kultus bestimmt war, mit einer
zahlreichen Priesterschaft, die auf Kosten der Jahvepropheten protegiert und bevorrechtet wurde; ein Tempel, dessen Pracht und sinnberückender Kultus, um zu
schweigen von der Anziehungskraft alles Neuen und
Fremden, Viele zum Abfall von dem Dienste ihres
eigenen Volksgottes verleitete — das hiefs Jahves Ehre
verkürzen und war eine grofse Thorheit in Israel. Man
stelle sich nicht vor, dafs Izebel die Verehrung ihres Gottes
zu der einzigen in Israel erheben und die Jahves abschaffen wollte. Davon ist keinen Augenblick die Rede.
Nur die Jahvepropheten, welche sich der Einführung des
fremden Kultes widersetzten, werden verfolgt sein; der
nationale Gottesdienst wurde nicht abgeschafft, nach-
giebige Propheten des Gottes ihres Gemahls duldete sie

am Hofe und liefs zu, dafs ihre Kinder unter Jahves
Schutz gestellt wurden. Die ansässigen Bauern und die
wandernden Hirten mochten ihren Gott behalten, wenn
sie es wünschten, aber in die Hauptstadt, wo sie, die
Tochter des alten Tyrischen Königshauses, residierte,
gehörte ein Heiligtum für den mächtigen Gott, der die
Meere beherrschte und seinem Volke die Schätze aller
Erdteile zuführte. Es ist das gröfste Verdienst Elia's, die
drohende Gefahr erkannt und mutig den ungleichen
Streit gegen die Macht des Königs, die Ränke der Königin und die Indifferenz der grofsen Menge begonnen
zu haben. Diese Gefahr bestand in der Einbürgerung
eines Polytheismus in Israel, wie er in den gröfseren
und kleineren Nachbarstaaten herrschte und vor allem
bei den Phöniciern zu finden war. Der Kampf war so
ungleich, dafs er sich für von Allen verlassen, allein
von allen Getreuen übriggeblieben halten konnte. So
schlimm stand es nicht. Er hatte Bundesgenossen, mehr
als er glaubte; unter ihnen einen Propheten wie Micha
ben Jimla, selbst Hofbeamte und Kriegsobersten, und in
Elisa fand er seinen Nachfolger. Selbst hat er sein
Hauptziel nicht erreicht, wenn es ihm auch einmal gelang, blutige Rache an den Propheten des fremden Ba'al
zu nehmen; doch nur um unmittelbar darauf vor der
Wiedervergeltung der Phönicierin flüchten zu müssen.
Das Ärgernis blieb bestehen, so lange das Haus 'Omri
regierte; erst als dieses auf Elisa's Befehl durch Jehu
ausgerottet war, war auch das Schicksal des phönicischen
Königstempels besiegelt. Er wurde dem Erdboden
gleich gemacht, und sein Platz verunreinigt. Aber ohne
Elia's Auftreten würde dies niemals geschehen sein. Er
gab den Anstofs, rüttelte die Gewissen der treuen, aber
noch furchtsamen Jahvediener wach, beunruhigte den
König, auf den sein Wort doch immer Eindruck machte,
und der ihm sicher gefolgt wäre, wenn er sich nicht
von seiner Frau hätte regieren lassen; und wenn Elia

auch den Sieg seiner Sache nicht mehr sah: als er um
Jahre später errungen wurde, war er doch die Frucht
seines Wirkens. Das Volk, obschon es ihm tiefe Ehrerbietung entgegenbrachte, verstand ihn wahrscheinlich
nicht, ausgenommen da, als er dem schändlichen Ge-
waltakte und der Rechtsverdrehung Aḥabs entgegentrat.
Das Wort, welches er damals sprach, prägte sich unauslöschlich der Erinnerung des Feldobersten ein, welcher später, als Elisa, der Fortsetzer des Werkes seines
Meisters, die Zeit für gekommen hielt, dessen Befehle
ausführte und die Sünden Aḥabs an seinen Nachkommen
auf eine Weise rächte, welche den unversöhnlichen
Gottesgesandten völlig zufriedengestellt haben würde.
Fremde Götter scheinen nach dieser Zeit, wenigstens
von Staats wegen, in Israel nicht mehr verehrt zu sein.
Und was mehr ist: wenn auch Elia's Eifer sich nicht
gegen die einheimischen Baʿalim gerichtet hatte, so begann man doch zu fühlen, daſs sie mit dem fremden
verwandt waren. Ihr Kultus blieb zwar bestehen, aber
den gewissenhaften Jahvisten war er fremd geworden,
und an dem Namen Baʿal, den man jetzt nicht mehr
auf Jahve anwendete, klebte ein Makel.

## 9. Der Jahvismus Israels bis zu dem Untergange des Reiches.

Unter blutigen Greueln war das Haus ʿOmri dahin-
gesunken. Joram, Aḥabs Sohn und zweiter Nachfolger,
fand wenig Gnade in Elisa's Augen, obgleich er den
ausländischen Baʿaldienst nicht begünstigt zu haben
scheint. Er befragte ihn, erhielt auch unwillige Antwort; aber er stand mit dem Propheten auf dem Fuſse
eines bewaffneten Friedens. Dieser wartete nur auf eine
günstige Gelegenheit, um die Dynastie zu stürzen. Erst
als der König verwundet aus dem syrischen Kriege nach
Jizreʿel zurückgekehrt war, hielt er sie für gekommen

und forderte seinen Gesinnungsgenossen, den Reiter-
hauptmann Jehu, in Jahves Namen auf, sich des Thrones
zu bemächtigen. Wie dieser den erhaltenen Befehl zur
Ausführung brachte, braucht hier nicht erzählt zu werden. Es war ein Blutbad, keine Reformation, ein Hin-
morden des gesamten königlichen Gechlechts, den verwandten Davidssohn nicht ausgenommen, ein Nieder-
metzeln der Verehrer des Tyrischen Gottes, nachdem
sie verräterisch nach Samaria gelockt waren. Der spätere Geschichtschreiber kann, obschon er diese Greuel
mit gewissem Wohlbehagen erzählt, doch seine Enttäuschung darüber nicht gänzlich verbergen, dafs Jehu
es bei der Ausrottung dieses Ba'aldienstes belassen und
den Jahvismus Israels nicht reformiert hat, ebensowenig
wie einer seiner Nachkommen. Dies verdient um so
mehr Beachtung, als Elisa bis an seinen Tod, unter
Joas, der Ratgeber der Könige aus dem Hause Jehu
blieb und demgemäfs mit der Verbannung des fremden
Kultes zufrieden gewesen zu sein scheint. Das Hauptziel war erreicht: der nationale Jahvedienst hatte gesiegt,
aber die Art und Weise, auf welche er diesen Sieg
errungen hatte, bewies, dafs er wenigstens in Israel noch
nicht viel höher stand, als sein phönicischer Nebenbuhler.

Die neue Dynastie war nicht glücklich. Jehu zeigte
sich geschickter dazu, verwundete Könige, Frauen, Kinder
und wehrlose Ba'aldiener, als die Heere Hasaels zu vernichten. Zwar wurden die Syrer während seiner Regierung von dem assyrischen Könige Salmanassar II.
schwer gezüchtigt, sodafs Jehu es für ratsam hielt, dem
grofsen Eroberer einige kostbare Geschenke zu senden,
aber als die Assyrer abgezogen waren, ohne Damaskus
erobert zu haben, und lange Zeit hindurch in anderen
Gegenden beschäftigt wurden, erhoben die Westaramäer
wieder das Haupt und rächten an ihrem alten Feinde
Israel die durch Assur erlittene Schmach. Unter Jehu's

Nachfolger Joahas war Israel durch wiederholte Niederlagen zu völliger Machtlosigkeit herabgesunken. Aber
unter Joas wendete sich das Blatt. Die Syrer, gänzlich
erschöpft durch die wiederholten Züchtigungen, welche
die Nachfolger Salmanassar's II. ihnen angedeihen liefsen,
konnten jetzt sogar den Kriegerscharen Israels nicht
mehr widerstehen. Selbst der plötzliche Verfall des
assyrischen Reiches in den letzten Jahren Ašurdan's III.
und unter der Regierung seines Nachfolgers Ašurnirari II.,
mit welchem dieser Dynastie das Scepter entsank, sodafs an Feldzüge nach dem Westen nicht mehr zu denken war, kam den westaramäischen Reichen nicht zugute.
Ihre Kraft war gebrochen. Israel benutzte diese Ohn-
macht und, nicht mehr gehemmt durch die Scheu vor
der furchtbaren Macht, welche so lange der Schrecken
Asiens gewesen war, dehnte es seine Grenzen bis nach
Hamat aus und schien einer Epoche des Reichtums
und des Glückes, der Blüte und der Wohlfahrt entgegenzugehen. Unter der Regierung Jerobe'am's II. konnte
es sich einbilden, wieder einen Platz unter den Mächten
zweiten Ranges in Vorderasien erlangt zu haben, und
schmeichelte es sich mit dem Gedanken, dafs Jahve sich
jetzt nicht mehr abwendete von seinem Volke, sondern
es zu bisher ungekannter Gröfse bestimmt habe.

Es war notwendig, eben einen Blick auf die politischen Verhältnisse zu werfen, um die religiösen begreifen zu können. Denn nicht alle liefsen sich blenden
durch die schöne Luftspiegelung, welche die oberflächliche Menge in falsche Ruhe einwiegte. Der Luxus gab
Veranlassung zu groben Mifsbräuchen. Der Hof, die
übermütigen Grofsen, die königlichen Priester und Propheten bekümmerten sich wenig um das wahre Wohl
des Volkes. Von ersteren wurde der geringe Mann
unterdrückt, der Arme mit Füfsen getreten, das Land
ausgesogen. Die Priesterschaft Jahves, nun geehrt und
vor fremder Nebenbuhlerschaft nicht mehr besorgt,

dachte mehr an ihre eigenen Interessen, als an die
Unterweisung in der Lehre Jahves und die Handhabung
des Rechtes und guter Sitte. Die nationale Religion
herrschte wieder: Jahve gehörte Land und Volk, ihm
dankte es die Befreiung von der Übermacht seiner
Feinde und seine äußere Gröfse, die Opferfeste wurden
mit grofsem Jubel und Gepränge in der ungebundenen
Freude sinnlichen Genusses gefeiert. Aber es war noch
der alte, mit kanaanäischen Elementen vermischte Jahvedienst mit seinen Bildern und Ašera's, seinen Kedešîm
und Kedešôt, welche Vater und Sohn zugleich zu Gottes
Ehre besuchten, mit all' den Riten und Gebräuchen,
welche ihn von den Religionen der umwohnenden Völker
und dem einheimischen Ba'aldienst sich nur wenig unterscheiden und der ehemaligen strengen Verehrung des
Volksgottes nur wenig gleichen liefsen.

Das mufste die ernsteren Frommen nachdenklich
stimmen. Es gab sicher solche, welche aufrichtig meinten, dafs nun nach Sturm und Unwetter das sanfte
Säuseln wehe, in welchem Jahve war. Aber die Armen
und Bedrückten im Lande konnten sich schwerlich einbilden, dafs mit dem Falle des ruhmreichen aber herrsch-
süchtigen Hauses 'Omri Unrecht und Gewaltthat in Israel
aufgehört hätten, und die Ära der Freiheit und des
Friedens angebrochen sei. Auch die ethische Entwicklung des Volkes hatte, wahrscheinlich teilweise unter
dem Einflufs der grofsen Unglücksfälle in der vorhergehenden Zeit, Fortschritte gemacht, und die unreinen
Formen des königlichen Kultus mufsten demnach Ärgernis
erregen. In der Stille begann sich eine tiefere und
reinere Auffassung des Wesens Jahves und seines Kultus
zu bilden. Und einige, deren prophetischer Blick etwas
weiter reichte, als das trügerische Heute und die engen
Grenzen, in denen sich die Politik der kleinen Staaten
des Westens bewegte, waren überzeugt, dafs der Untergang einer Dynastie nicht den Untergang des kriege-

rischen assyrischen-Reiches bedeutete, und dafs die
unermefslichen Streitkräfte der Monarchie nur auf einen
geschickten und mutigen Führer warteten, um sich den
ganzen Westen zu unterwerfen und nicht nur an Irraels
Feinden die Urteile Jahves über das seinem Volke zu-
gefügte Unrecht, sondern auch an Israel selbst die Strafe
für seine Sünden zu vollstrecken.

Der erste, der in Israel, und zwar an dem Mittelpunkte des halbkanaanäischen Jahvedienstes im Norden,
in Betel, diese neuen Gedanken aussprach, war — bezeichnend genug — ein Hirt aus Juda, Amos von Tekoa, der weder Prophet noch Prophetensohn heifsen
wollte, aber auftrat als von Jahve gesandt, um Israel zum
Bewufstsein seiner Sünden und zur Bekehrung zu bringen.
Mit ihm beginnt die Reihe der reformatorischen Propheten, welche nicht blofs, wie Elia und Elisa, die nationale Religion gegenüber der von aufsen eingeführten
vertreten, sondern sie auch reinigen wollten, und deren
Gottessprüche in die Sammlung der Bücher Alten Testaments aufgenommen sind. Wurde er auch auf königlichen Befehl durch die offizielle Priesterschaft als Un-
ruhstifter verbannt: sein Wort fand Wiederhall. Bald
nach ihm stand ein anderer Prophet, ein angesehener
Mann, vielleicht aus priesterlichem Geschlecht, Hosea
ben Be'eri auf und zeugte in demselben Geiste. Was
nützte es, dafs man Jahve diente, wenn man das Recht
vergewaltigte und nicht mit reinen Händen und reinem
Herzen seinen Altären nahte? Auch die Stierbilder und
die in die Jahveverehrung eingeschlichenen heidnischen
Gebräuche erregten bei ihm Anstofs. Und dafs er
nicht allein stand, sondern Gesinnungsgenossen fand,
beweisen Erzählungen, wie die von dem goldenen Kalbe
in der Wüste, dessen von Aaron zugelassene Anbetung
die Empörung des Moses wachrief, und von Abrahams
Opfer, welche die Abschaffung der Kinderopfer als von
Jahve gewollt darstellt — Erzählungen, welche wahr-

scheinlich in dieser Zeit entstanden und aufgezeichnet
sind. Dafs das nun so übermütige Israel dem Untergange nicht entgehen, dafs es ebenso wie verschiedene
seiner Nachbarn ins Exil geführt werden würde, war die
feste Überzeugung dieser Männer, wenn sie sich auch
dessen versichert hielten, dafs es nach einer Zeit schwerer
Prüfung gesichtet und geläutert zu neuem Leben wieder-
erstehen würde. Ob sie noch andere Gründe zum
Ärgernis hatten, mit anderen Worten, ob die fremden
Kulte, welche wir bald in Juda antreffen werden, um
diese Zeit bereits in Israel eingedrungen waren, ist eine
Frage, welche nicht mit voller Sicherheit beantwortet
werden kann. Ein paar Äufserungen Hosea's (10, 7;
13, 1 f.)[1]) und die bekannte Amosstelle (5, 25 ff.) sollten
es denken lassen. Von einem abgöttischen Kultus in
der Wüste ist bei Amos nicht die Rede. Dafs man
dort Jahve geopfert habe, konnte Amos nicht leugnen,
und besondere Berichte über diese so gut wie vorhistorische Zeit standen ihm sicherlich nicht zugebote.
Das Tragen der Sikkut (sicher „das Zelt", der heilige
parakku) ihres Königs und ihres Sterngottes Kêvan
bezieht sich entweder auf die Zukunft oder, was mir
wahrscheinlicher vorkommt, auf die Gegenwart[2]). Wegen

---

1) Vgl. über diese Stellen Eerdmans, a. a. O. blz. 22 vgg.

2) Die gewöhnliche Übersetzung, welche die Perfecta in v. 26 als
Vergangenheit auffafst, ist an sich sehr wohl möglich. Der Gegensatz:
Habt ihr mir geopfert? Nein, ihr habt anderen Göttern gedient, ist
vollkommen logisch. Aber weshalb die Strafe für das, was die Ahnen
einige Jahrhunderte früher gethan haben, jetzt erst an den Nachkommen
vollzogen werden soll, als letztere sich dieser Abgötterei nicht mehr
schuldig machten, ist unerfindlich. Die Beziehung der Perfecta auf die
Zukunft hat an sich etwas Gewaltsames und giebt als Gegensatz keinen
Sinn. Man fasse die Perfecta präsentisch, so wird der Sinn wenigstens logischer. Im Text folge ich der jetzt allgemein angenommenen
Korrektur von Kijjûn in Kêvan (Saturn). Sie ist jedoch nicht absolut gesichert, und die Übersetzung „die Säule des Sterns eures
Gottes" vielleicht vorzuziehen.

dieser Sünden gegen Jahve sollen sie weggeführt werden bis über Damaskus hinaus. Wenn diese Stelle
nicht ein späteres Einschiebsel ist, worauf jedoch nichts
hindeutet, so müssen wir wohl annehmen, dafs der Prophet von Tekoa schon ausländische Kulte im Reiche
Israel antraf.

Jedenfalls geschah, was sie voraussahen. Israel,
durch Bürgerkrieg, Revolution, Bruderkrieg gegen Juda
und nationalen Hochmut geschwächt, wurde die leichte
Beute assyrischer Eroberer wie Tiglatpilesar's III. (Pulu)
und Salmanassar's IV. (Ulula'i), und der Kern des Volkes
wanderte ins Exil. Machte auch Sargon II. dem Im-
perium dieser ungesetzlichen Herrscher ein Ende, so
beginnt mit ihm doch die ruhmreiche Dynastie, unter
deren Regiment Assyrien den Gipfel seiner Macht und
Blüte erst erreichen und in Wahrheit eine Weltmonarchie
werden sollte. Mit den Luftschlössern irdischer Gröfse
war es in Israel für immer vorbei, und wenn Juda,
welches über ein Jahrhundert länger bestand, sich noch
zuweilen mit ähnlichen Hoffnungen schmeichelte, so
sollte es die Eitelkeit derselben schliefslich ebenfalls
erkennen.

Von den israelitischen Exulanten hat man nichts
mehr gehört. Sie bildeten zwar den am meisten entwickelten und angesehensten, aber doch nur den klein-
sten Teil der Nation. Die einfältigen Versuche, die
sogenannten Zehn Stämme in allen möglichen Weltteilen
wieder aufzufinden, sind längst von allen ernsthaften
Geschichtsforschern aufgegeben. Die aus Israel Weggeführten sind sicher nach und nach mit der Bevölkerung verschmolzen, in deren Mitte die Eroberer sie
verpflanzt hatten. Und dies ist ein Beweis dafür, dafs
sie dem Weckrufe der Amos, Hosea und ihrer Geistesverwandten kein Gehör gegeben haben. Sie haben ihren
nationalen Jahvekultus nicht gereinigt, und dieser unterschied sich zu wenig von den Kulten ihrer neuen Wohn-

sitze, um sie dort ihre Selbständigkeit als Nation oder
als religiöse Gemeinschaft behalten zu lassen. Der Jahvismus mußte unter der Führung der großen judäischen
Propheten noch eine lange Entwicklung durchlaufen,
ehe er ein solches Widerstandsvermögen sich aneignete.
Die israelitische Form desselben aber, wenn sie auch
offenbar die Keime der höheren Entwicklung in sich
trug, war in Wahrheit noch nicht viel mehr als ein na-
tionaler Kultus, der in der Fremde wie ein von seiner
Wurzel losgerissener Baum verdorren mußte.

Bei den Zurückgebliebenen dagegen, also bei der
großen Mehrheit des Volkes, blieb die Verehrung Jahves
unverändert erhalten. Das war nicht allein in den nördlichen, schon von Tiglatpilesar III. unterworfenen Landschaften der Fall, welche später mit dem gemeinschaftlichen Namen Galiläa bezeichnet wurden — einem Namen, welchen man der bei Phönicien gelegenen Landschaft entlehnte, die vor dem Exil wegen ihrer gemischten Bevölkerung Galîl der Gojîm hieß. Hier, vor allem
in der südlichsten Gegend, fanden die zurückgekehrten
Judäer schon eine dichte israelitische Bevölkerung vor,
deren Anschluß an die judäische Gemeinde sie sich nicht
widersetzten, wenn man auch in Jerusalem wohl mit einiger
Geringschätzung auf sie herabblickte. Noch mehr trifft
das Obenerwähnte auf die Landschaft zu, welche Sargon II. nach der Eroberung Samariens seinem Reiche
einverleibte, das spätere Samaria. Hier war die Gefahr,
daß der Jahvismus aufgegeben wurde, viel bedeutender,
weil der Eroberer nicht nur den angesehensten und ge-
bildetsten Teil der Bewohner weggeführt, sondern die
Lücke auch schnell durch Kriegsgefangene verschiedener
Abstammung und Religion wieder gefüllt hatte. Diese
Maßregel, von welcher das zweite Buch der Könige berichtet (17, 24 ff.), wird durch verschiedene Stellen aus
den Inschriften Sargons bestätigt. Nur in den Details
finden sich Abweichungen; man kann jedoch sagen,

dafs die Berichte sich mehr gegenseitig ergänzen, als widersprechen. Nach dem jüdischen Geschichtschreiber kam ein Teil der neuen Bewohner aus Babel und Kuta; und Sargon meldet, dafs er nach der Züchtigung Maruduk-bal-iddin's, des Chaldäers, der sich der Herrschaft über Babel bemächtigt hatte, eine Anzahl babylonischer Gefangener nach dem Ḥattilande verpflanzt habe, unter welchem Namen auch Samaria verstanden sein kann. Von Hamat, ʿAvva (Iva) und Sepharvaim, die im zweiten Buch der Könige noch erwähnt werden, sagt er nichts. Aber vielleicht gehören diese zu einer späteren Verpflanzung von Stämmen, denn der Rabšaḳe des Sinaḥerib nennt sie mit Arpat und Hena als Eroberungen seines Herrn (2 Kön. 18, 34; 19, 13). Dagegen spricht Sargon wiederholt von arabischen Stämmen, die er nach Bit-ʿOmri, wie es das eine Mal, oder nach der Stadt Samírina, wie es das andere Mal heifst, überführt habe [1]). Esra (4, 2) schreibt die Ansiedlung fremder Stämme in Samarien dem Esarḥaddon zu. Jedenfalls steht fest, dafs eine bunte Menge von nichtisraelitischen Kriegsgefangenen auf samarischem Gebiete den Platz der von Sargon weggeführten Bewohner eingenommen hat. Und wenn es auch von dem Verfasser der Königsbücher nicht ausdrücklich hervorgehoben würde, so dürften wir doch wohl nicht daran zweifeln, dafs die Einwanderer ihre eigenen Stammesgötter mit sich brachten und in ihren neuen Wohnsitzen weiter verehrten.

Über die Kutäer — wahrscheinlich die zahlreichsten unter den Fremdlingen, denn die Samariter wurden von ihren Feinden so genannt — ist der biblische Autor richtig instruiert. Nergal, der Todes- und Kriegsgott, ist der Gott der Stadt Kuta bei Babel. Von den anderen Kulten, welche er aufzählt, vermögen wir nichts mit Sicherheit zu sagen. Ob die Sukkôt-benôt der Babylonier

---

1) Vgl. Schrader, KAT² z. d. St.

etwas mit der heiligen Prostitution zu thun haben, oder ob dieses Wort entstellt überliefert und eine Korruption von Zar-panit (Zer-banit), der Muttergöttin (LXX sok-ḫôth-benith), der Gemahlin Maruduks ist, wird wohl immer unsicher bleiben. Der Ašîmâ von Hamat und der Nibḫaz und Tartâḳ der Avväer sind uns völlig unbekannt; nur haben diese beiden Namen einen un-semitischen, der letztere einen sogenannten hittitischen Klang. In der Meinung, daß unter Sepharvîm oder Sepharîm die beiden babylonischen Sippars zu ver-stehen seien, hat man in Adrammelek und Anammelek, denen dieser Stamm Kinderopfer brachte, den Sonnen-gott des einen Sippar und den hohen Himmelsgott Ana (Anu), von dessen specieller Verehrung sich dort keine Spur findet, oder eine Entstellung der Anunit-malkat, der Göttin des anderen Sippar, sehen wollen. Aber daß ein babylonischer Gott den Namen Adar trug, ist eine unbewiesene Vermutung, und ob in Babylonien ein-heimischen Göttern der Titel Malik und Malkat gegeben wurde, ist ebenfalls zweifelhaft. Obendrein ist, wie schon früher betont wurde, aller Grund zu der Annahme vor-handen, daß Sepharîm in Aramäa gesucht werden muß, worauf die Stellung des Namens in 2 Kön. 17 und die Ewähnung desselben bei den aramäischen Orten in 2 Kön. 18 und 19 hinweist, während die in Vorderasien allgemein verbreiteten Kinderopfer in Babel und Assur längst abgeschafft zu sein scheinen.

Wichtiger ist für uns die Nachricht, daß diese Fremd-kulte und ihre Pflege in Samarien den Jahvedienst nicht verdrängt haben, sondern ihm untergeordnet wurden. Als Veranlassung dazu nennt der Erzähler des zweiten Königsbuches den Schrecken, welchen die Löwen, die sich in dem seit der Wegführung schwach bevölkerten Lande vermehrten, unter den neuen Ansiedlern erregten. Man schrieb dies dem Zorn des Landesgottes zu und erbat und erhielt die Erlaubnis, durch einen aus dem

Exil zurückgesandten Priester den uralten Kultus in Betel
wieder erneuern zu lassen. Die Verehrung Jahves wurde
also wieder die Hauptreligion des Landes, und alle,
Eingeborne wie Fremde, fügten sich dieser Thatsache.
In der Art des israelitischen Jahvismus lag kein unüber-
steigliches Hindernis für diese Verschmelzung mit ausländischen Elementen; die letzteren blieben doch auf
die Religion der Einwanderer beschränkt und wurden in
die Volksreligion als solche nicht aufgenommen. Die
Samariter hatten wenigstens nicht das Bewufstsein, keine
ächten Jahvediener zu sein, und verlangten deshalb
später auch in die jüdische Gemeinde aufgenommen zu
werden. Aber diese, einer so unreinen Form des nationalen Gottesdienstes entwachsen, wies sie mit Entrüstung
ab. So viel ist sicher, dafs der Jahvismus der Samariter
eine Landesreligion geblieben ist, welche für die religiöse Entwicklung der Menschheit keine bleibende Frucht
abgeworfen hat.

## 10. Aḥaz und die Reform des Hizkia.

Konnte auch die von Amos und Hosea ausgestreute
Saat in Israel nicht mehr aufkeimen, so ging sie des-
halb doch nicht verloren. Jesaja und andere grofse
Propheten nahmen in Juda alsbald dieselbe Arbeit auf
und setzten sie in ihrem Geiste fort. Die Zeit zwischen
dem Untergange des Reiches Israel und dem des
Reiches Juda ist eine der wichtigsten in der Religionsgeschichte. Sie umfafst den Kampf auf Leben und
Tod zwischen dem reformierten und zu seiner höchsten
Entwicklung gediehenen Jahvismus und einer fanatischen
Reaktion, durch welche er stets mehr verunreinigt wurde:
einen Kampf, der gewissermafsen auf kleinerer Bühne
das Vorspiel des gewaltigen Ringens bildete, welches
mit dem Untergange der antiken Religion und dem
Siege des Christentums endigte. Auch hier hat die

Reformation zuletzt triumphiert, aber erst nachdem der
Sieg mehr als einmal ihren Widersachern verblieben
war, und nur auf Kosten der Unabhängigkeit des Volkes. Es liegt aufserhalb unserer Aufgabe, diesen Streit,
vor allem soweit er die Geschichte der religiösen Ideen
innerhalb des Judentums betrifft, ausführlich zu schildern; für uns kann es sich nur darum handeln, den
Sieg des gereinigten Jahvismus über die fremden und
die ethnischen Elemente überhaupt zu skizzieren.

Um die Bedeutung dieses Kampfes zu fühlen, müssen
wir seinen eigentlichen Charakter richtig verstehen. Er
ist keineswegs ein Ringen zwischen höherer Intelligenz
und Unwissenheit, zwischen Liberalismus und Orthodoxie,
nicht einmal zwischen einer hoch entwickelten religiösen
Anschauung und einem zurückgebliebenen, abgöttischen
Fanatismus, am allerwenigsten zwischen religiösem Ernst
und Leichtsinn. Beide Parteien waren gleich ernst, gleich
religiös. Beide waren tief durchdrungen von der Not
der Zeiten und voll von düsteren Erwartungen für die
Zukunft. Aber sie suchten sich auf verschiedene Weise
gegen diese Not zu waffnen und dies drohende Unheil
entweder abzuwenden oder sich gegen dasselbe zu stärken.
Die eine, die der grofsen Propheten und ihrer Geistesverwandten unter Königen und Volk, suchte ihr Heil in
der Reinigung des Kultus und der unbedingten Befolgung des Sittengesetzes Jahves — die andere, die der
grofsen Mehrheit und einiger anderer unter ihrem Einflufs stehender Könige, in der Bereicherung des Pantheons wie des Kultus und der Erschwerung der Opfer.
Beide suchten dasselbe, strebten nach demselben Ziel:
das Volk zu erhalten und die Gottheit zu versöhnen;
aber die eine erwartete das Heil von der Gesinnung,
die andere von den religiösen Zeremonieen. Es war ein
Streit zwischen einer ethischen und einer ritualistischen
Religion.

Deshalb ist es verkehrt, die Verbindung von aller-

hand ausländischen . Kultusbräuchen mit dem nationalen
Jahvedienste Synkretismus zu nennen, wenn man nicht
diesem Worte eine ganz andere als die gewöhnliche Bedeutung unterlegen will. Die Anhänger dieser Richtung
suchten die fremden Kulte zwar, so gut es gehen wollte,
mit dem heimatlichen in Übereinstimmung zu bringen
und waren gewifs davon überzeugt, durch diese Hand-
lungsweise nicht in Konflikt mit demselben zu geraten.
Aber sie thaten es, um neben Jahve, der sich augenscheinlich von seinem Volke abgewendet hatte, die
Gunst der mächtigen Götter zu erlangen, welche ihren
Anbetern den Sieg auch über Jahves Volk geschenkt
hatten und mithin vorsichtigerweise nicht vernachlässigt
werden durften. Jahve war und blieb der höchste, der
eigentliche Volksgott, die anderen kamen erst in zweiter
Linie in Betracht. Von irgendwelcher Verschmelzung,
sodafs man in den fremden Göttern nur anderen Gestalten des eigenen Gottes, diesem selbst nur unter anderen Namen und mit anderen Opfern zu dienen meinte,
findet sich nicht die mindeste Spur. Solch' eine philosophische Theorie — denn das ist der Synkretismus
thatsächlich — stimmte weder zu dem Charakter des
Volkes, noch zu dem Geiste dieser Zeit. Man wurde
mehr durch Angst und Leidenschaft, als durch Nach-
denken und Überlegung beeinflufst.

Der erste König von Juda, von dem berichtet wird,
dafs er zum Fremden in der Religion neigte, ist Aḥaz.
Er opferte seinen Sohn, „nach den Greueln der Völker,
welche Jahve vor den Kindern Israel vertrieben hatte",
wie es im Königsbuche heifst: also nach dem alt-
kanaanäischen Ritus, wie er im Hinnomthal bei Jerusalem geübt wurde. Es läfst sich viel für die Vermutung
sagen, dafs er dies in den bangen Tagen that, als Pekaḥ
von Israel und Raṣon von Damaskus ihn belagerten, und
die assyrische Hilfe noch nicht erschienen war. Sicher
mufs es etwas Ungewöhnliches gewesen sein, sonst würde

es nicht ausdrücklich berichtet werden; eine Neuigkeit,
die hier noch ziemlich bestimmt als eine Nachfolge der
Könige von Israel bezeichnet wird. In der That war
dort das Gleiche schon früher im Schwange, wenigstens
wenn wir die Anklagen des Amos und Hosea richtig
verstehen. Wenn nun auch Aḫaz der erste judäische
König gewesen zu sein scheint, der ein solches Opfer
darbrachte, so folgt doch daraus keineswegs, daſs er das
Tophet, den Ort, wo man seine Kinder für den Melek
„durch das Feuer gehen liefs", im Thal der Söhne
Hinnoms eingerichtet hat. Es bestand ohne Zweifel.
Hizkia kann es nicht gestiftet haben, und unter seiner
Regierung erwähnt es Jesaja als eine bekannte Sache.
Aber es kann viel älter sein als Aḫaz. Wir kommen
bei der Besprechung der Regierung Manasses darauf
zurück.

Von geringerem Belang, obschon in den Augen des
jüdischen Geschichtschreibers verabscheuungswürdig, war
die Ersetzung des alten bronzenen Altars im Jerusalemischen Tempel durch einen steinernen Altar, der auf Befehl des Königs von dem Priester Uria erbaut wurde.
Dabei folgte man einem Modell, welches Aḫaz in Damaskus gesehen hatte, als er dort Tiglatpilesar III., dem
Besieger Raṣon's und seinem Schutzpatron, seine Reverenz
erwies. Nach seiner Rückkehr von Damaskus wurde der
Altar von ihm selbst eingeweiht und fortan bei der Darbringung aller königlichen und öffentlichen Opfer benutzt,
während der frühere Altar von seiner Stelle gerückt und
zu weiterer Verfügung gehalten wurde. Der Priester hat
sich augenscheinlich nicht hieran geärgert, aber für viele
strenge Jahvisten wird es eine Schändung des Heiligen
gewesen sein.

Weit bedenklicher war jedoch, daſs er das Dach
eines Obergemaches in seinem Palaste für den Dienst
der Himmelskörper einrichtete, wenn er auch noch nicht
wagte, ihn — wie später Manasse that — in den Tempel

Jahves selbst einzuführen [1]). Auch von diesem Kult wird
später noch die Rede sein.

Hizkia (Jeḫizkijahu, Ḫizkija), Aḫaz' Sohn und Nachfolger, war ein Mann von ganz anderer Gesinnung. Sein
Freund und Berater war der große Prophet Jesaja, dessen
Ideale er sicherlich nicht völlig zu realisieren vermocht
hat, dessen Rat er aber allezeit begehrte und dessen
Aussprüchen er gern sein Ohr lieh. Deshalb ist er für
den prophetischen Geschichtschreiber ein König nach
seinem Herzen, und werden ihm allerlei Reformen zugeschrieben, an welche er vielleicht nicht einmal gedacht
hat. Gesetzt den Fall, er hätte wirklich alle Bamôt,
Maṣṣeben und Ašeren zerstört, an denen Jesaja, soweit
wir sehen können, keinen Anstoß nahm, und die obendrein zu dem uralten Jahvedienst gehörten — wie hat
er dann in der unmittelbaren Nähe seiner Hauptstadt das
Tophet und die von Salomo erbauten Heiligtümer der
fremden Götter schonen können? Hizkias Reform scheint
vor allem gegen die Bilder Jahves gerichtet gewesen zu
sein, welche er zunächst im königlichen Tempel und
dann, soweit ihm dies möglich war, auch sonst fort-
nehmen ließ, wenn es ihm auch gewiß nicht gelungen
ist, sie aus allen Privatheiligtümern und -Häusern zu entfernen. Zu diesen Bildern gehörte auch die cherne
Schlange, der Kupfergott (Neḫuštan), welche der Überlieferung nach aus der Zeit der Wüstenwanderung stammte
und noch immer in Jahves Tempel zu Jerusalem verehrt
wurde. Man braucht weder den Totem des Hauses David
(Robertson Smith), noch einen Ahnengeist (Stade) in ihr
zu suchen. Es kann sich um die Blitzesschlange, eine
Art Seraph, aber ebensogut, in Übereinstimmung mit

---

1) Direkt wird nicht behauptet, daß Aḫaz diesen Fremdkult aus-
übte. Aber wenn später gesagt wird, daß Josia die hierzu bestimmten
Einrichtungen auf dem Dache des Obergemaches Aḫaz' zerstörte, so
kann das schwerlich einen anderen Sinn haben. Abweichend Eerdmans,
a. a. O. blz. 51.

dem, was der Bericht des Buches Numeri (21, 5 f.) auf
seine Weise erzählt, um einen Schlangenfetisch handeln,
welchem man opferte zum Schutz gegen schädliche Ot-
tern. Wie dem auch sei: für das religiöse Bewußtsein
Jesajas und seiner Geistesverwandten war dieser animistische Kultus ein Anstoß geworden.

Mit der verhältnismäßig noch sehr bescheidenen Reform Hizkias war eine Hebung des Nationalgefühls verbunden. Im Vertrauen auf Jahves Hilfe wagte es der König,
sich mit einigen Nachbarfürsten der Autorität Assyriens zu
widersetzen, diejenigen, welche dieser Eidgenossenschaft
nicht beitreten wollten, mit den Waffen zu züchtigen und
sogar mit dem aufrührerischen chaldäischen Lehnsfürsten
Maruduk-balidinna (Merodach-baladan) Beziehungen an-
zuknüpfen. Hierdurch brachte er sein Reich an den
Rand des Abgrunds. Sinaḥerib war nicht der Mann
dazu, solche Unabhängigkeitsgelüste ungestraft zu lassen;
und bald hatten die assyrischen Truppen ganz Philistäa
und Juda sich unterworfen. Ägypten, auf welches Hizkia
gegen Jesajas Rat sich verlassen hatte, kam, wie immer,
zu spät und würde auf keinen Fall den assyrischen Heeren
Stand gehalten haben. Wie ein Vogel im Käfig war
der judäische König in seiner Hauptstadt eingeschlossen
und sah sich genötigt, seinen Tempel aller Kleinodien
zu berauben, um den schweren Tribut an den Sieger ent-
richten zu können, welcher sein Hauptquartier in Lakiš
aufgeschlagen hatte. Ein plötzliches Unglück, welches
die assyrische Kriegsmacht traf, wahrscheinlich eine pest-
ähnliche Krankheit, bewog diese zum Abzuge und verschaffte Juda wieder verhältnismäßige Ruhe. Aber der
schöne Traum von Freiheit und Herrschaft war zerflossen,
und die Macht des Reiches gebrochen. Diejenigen, welche
mit den strengen Maßregeln des Königs nicht einver-
standen waren und sich ihnen nur unwillig gefügt hatten,
konnten in den Heimsuchungen, welche Juda getroffen
hatten, nur einen Beweis dafür sehen, daß Jahve selbst

die Änderungen im herrschenden Kultus verabscheute,
ebenso wie sie dieselben nicht als eine Reinigung der
Religion, sondern vielmehr als irreligiös und vermessen
betrachteten. Nicht wenige werden sogar in den Siegen
Sinaḥeribs einen Beweis für die Macht der assyrischen
Götter gesehen haben. Der Weg zu einer Reaktion war
gebahnt, und nur das Ansehen des alten Königs, welches sich nach dem Abzuge des Feindes wieder einigermafsen hob, hielt sie noch auf. Kaum war er jedoch
zu seinen Vätern versammelt, als sie mit ungeahnter
Energie auftrat.

## 11. Die Reaktion unter Manasse und Amon.

Manasse kehrte zu der Politik seines Grofsvaters
zurück, indem er sich Assyrien unterwarf und dadurch
Ruhe und Frieden im Lande schaffte, aber zugleich Alles
aufbot, um sich der Gunst der himmlischen Mächte zu
versichern. Niemals sind alte, längst in Vergessenheit
geratene und ausländische Kultusformen in Juda so zahlreich gewesen, niemals sind sie mit einem so fanatischen
Eifer ausgeübt, niemals ist dann auch der Zorn der
Reformpartei und der strengen Jahvisten so heftig ent-
brannt, als unter der Regierung Manasses und seines
Nachfolgers Amon. Von dem Opferplatze Tophet im
Thal der Söhne Hinnoms stieg täglich der Rauch der
Kinderopfer zur Ehre des Melek zum Himmel empor,
und als ob sie sich dadurch nicht an dem Gott Israels
versündigten, begaben die Opfernden sich von dort aus
mit bluttriefenden Händen sogar am Sabbattage nach
dem Tempel Jahves, um auch diesem ihre Huldigung
darzubringen. Und das war noch nicht das Schlimmste.
In diesen Tempel selbst wurden nun allerlei abgöttische
Kulte eingeführt. Das Haus des Heiligen war ein polytheistischer Metropolitantempel, die Wohnung eines wahren
Pantheons geworden. Das ganze Heer des Himmels,

Sonne, Mond und Sterne, bislang nur in den Häusern
angebetet, wurde jetzt hier öffentlich verehrt. Mit dem
Rücken nach dem Heiligtum und dem Angesicht nach
Osten gewendet, begrüfste man ehrerbietig den Sonnengott. Seine Wagen und Rosse standen am Eingange
neben der Halle Natanmeleks, des Eunuchen. An einem
anderen Thore safsen Frauen, um den gestorbenen Tammuz zu beweinen. Anderswo stand ein Bild, welches
Ezechiel, mit einem Wortspiel auf den noch unerklärten
Namen, ein Bild des Eifers nennt, weil es Jahves Eifer
erwecken mufste. Endlich gab es dort noch ein geheimes,
dunkeles Gemach, dessen Wände mit den tierischen Gestalten aller der „Dreckgötter Israels" verziert waren,
und wo ihnen selbst die Angesehensten in Juda ihre
Devotion bezeugten[1]).

Es ist nicht zu bezweifeln, dafs die meisten dieser
Gebräuche, der Dienst des Himmelsheers, namentlich
des Sonnengottes, die Verehrung des Tammuz (Dumuzi)
und Alles, was damit zusammenhing, nicht zum Jahvismus gehörten, ja im Gegensatze zu ihm standen, und
dafs diese Fremdkulte von den Assyrern übernommen
waren, in deren Religion von Alters her die Verehrung
der Himmelskörper als Offenbarungen der Götter eine
wichtige Rolle spielte. Kein assyrisches Königsbild, auf
dem nicht die Symbole von Sonne, Mond und Sternen
angebracht wären, wie sie auch sein Staatskleid schmückten. Damit stimmt überein, dafs Manasse sich viel mit

---

1) Ein Teil dieser Details ist Ezechiel 8 entlehnt. Ich bin mit
Kuenen (G. v. I. I, blz. 491 vgg. HCO², II, blz. 278) und Anderen
davon überzeugt, dafs der Prophet hier nicht von etwas spricht, das
noch zu seiner Zeit im Jerusalemischen Tempel geschah, sondern ein
Bild der Abgötterei aus der Zeit vor Josia zeichnet. Wenn unter Jojakin
und Zedekia dergleichen Mifsbräuche wieder in den Tempel eingeführt
wären, so würden wir wohl auch bei Jeremia eine Spur davon finden.
Dafs der Kultus der fremden Götter damals im Volke wieder auflebte,
werden wir sehen; aber dafs er wieder offiziell im Tempel zugelassen
sei, ist eine grundlose Vermutung.

Magie, Mantik, Totenbeschwörung und all' den animistischen Gebräuchen befaßte, als deren Meister und Pfad-
finder gerade die Chaldäer betrachtet wurden. Daß auch
Tammuz nach Babel und Assur gehört, bedarf nicht des
Beweises. Die zoomorphen oder therianthropischen Götterbilder in dem geheimen Gemach hat man mit ägyptischen Religionsformen in Verbindung gebracht. Das ist
sehr wohl möglich: nirgends waren reine oder gemischte
Tiergestalten für die Götter so üblich als dort, und da
man in Juda nun einmal danach trachtete, sich der Hilfe
aller göttlicher Wesen zu versichern, kann man es wohl
für rätlich gehalten haben, auch die ägyptischen nicht
zu vernachlässigen, betete sie aber dann, um die Herren
in Ninive nicht zu ärgern, im Verborgenen an. Doch
sind dies alles Vermutungen; die Tiergottheiten könnten
auch babylonisch-assyrische, die Ungeheuer aus dem
kosmischen Ozean der Tiavat, oder mit anderen Worten,
die Sternbilder des nächtlichen Himmels gewesen sein;
nur soviel ist sicher, daß sie, obwohl von dem Propheten
„Dreckgötter des Hauses Israels" genannt, nicht zum
Jahvedienst gehörten.

So bleibt trotz der relativ ausführlichen Berichte über
Manasses Abgöttereien doch noch immer Vieles ungewiß.
Ob neben den Priestern Jahves eine andere Priesterschaft
oder vielleicht sogar verschiedene Kollegien standen,
welche den Kultus der fremden Gottheiten wahrnahmen,
ist z. B. nicht mehr auszumachen. Daß Jahve der eigentliche Gott des Tempels, der höchste Himmelsgott blieb
und nicht neben sondern über die anderen gestellt wurde,
und daß man diese als seine Trabanten, seine σύμβωμοι
betrachtete, versteht sich wohl von selbst. Im Altertum
war das nicht anders möglich.

Aber eine schwierigere Frage ist die nach dem Ver-
hältnis zwischen Jahve und dem Melek, welchem auf dem
Tophet die Kinderopfer gebracht wurden. Schon früher
(S. 243 Anm.) habe ich ausgesprochen, daß ich denen

nicht zustimmen kann, welche den in Rede stehenden
Melek für eine besondere Gestalt Jahves selbst halten.
Das ist jetzt näher zu erläutern. Daſs man ehemals, und
in der Theorie auch noch im 8. Jahrhundert v. Chr.,
Kinder- und Menschenopfer für dem Jahvismus nicht
durchaus widersprechend hielt und solche zuweilen dem
Gott Israels geweiht hat, in der Meinung ein ihm wohl-
gefälliges Werk zu thun, ist nicht zu leugnen, obwohl
jetzt auch die höher entwickelten Jahvisten sich gegen
sie aussprachen. Ebensowenig ist zu verkennen, daſs
diese Opfer schon ein Jahrhundert früher, wenigstens
im Reiche Israel, wieder häufig dargebracht und in
Betel gerade für Jahve geschlachtet wurden. Aber wenn
auch dieser neuerwachte Eifer nach Juda verpflanzt sein,
und der Melekdienst von Ge-Hinnom in ihm einen Anknüpfungspunkt und eine Rechtfertigung gefunden haben
kann: dieser Melek war ein anderer Gott als Jahve. Es
wurde sogar nicht einmal der Versuch gemacht, ihn in
den Tempel auf dem Șion einzuführen, und ursprünglich
stand er offenbar durchaus nicht mit ihm in Verbindung.
Alle Propheten unterscheiden stets scharf zwischen den
beiden Göttern. Der Melek, der Baʿal ist immer ein anderer als Jahve, wurden auch früher beide Titel ihm
beigelegt. Wenn die Verehrer beider sie für einundd-
denselben Gott gehalten hätten, so würden die Propheten
wenigstens bisweilen diese Meinung erwähnt und bekämpft
und nicht so konsequent, ohne Furcht vor Widerspruch,
den Melek als nichtisraelitische ʿGottheit zu den Abgöt-
tern, den Dreckgöttern gerechnet haben. Sie eifern nur
gegen die, welche den Dienst des einen für verträglich
mit dem des anderen hielten. Wenn Șephanja (1, 5) von
denen spricht, „welche sich vor den Sternen beugen
und bei Jahve schwören und bei ihrem Melek", so ist
das keine Verbindung, sondern ein scharfer Gegensatz.
Wenn Ezechiel seine Entrüstung darüber zu erkennen
giebt, daſs man, nachdem man dem Melek Kinderopfer

gebracht, sich mit blutigen Händen nach Jahves Tempel
begab und das obendrein wohl noch am Sabbattage, so
würde er sich anders ausgedrückt haben, wenn man ihm
hätte antworten können: „Es ist Jahve, den wir auf beide
Weise verehren, und deshalb gehört sich dies gerade
am Sabbat." Und wenn man einen Beweis dafür will,
dafs dieser Prophet das Opfern auf dem Tophet nicht
nur als einen barbarischen Ritus, sondern auch und
mehr noch als die Anbetung eines fremden Gottes verabscheute, dann achte man auf diese Worte (16, 20 f.):
„Du nahmst deine Söhne und Töchter, die du mir geboren hattest, und opfertest sie den gillulîm zur Speise.
Du schlachtetest meine Söhne und gabst sie ihnen,
indem du sie ihnen überliefertest", als ob er sagen wollte:
„wenn ihr, was mir gehörte, wenigstens mir geopfert
hättest, so würdet ihr minder sündig sein". Der Prophet
hätte nicht so sprechen können, wenn der Melek von Ge-
Hinnom Jahve selbst und sein Dienst ein wiedererstan-
dener alter einheimischer Kult gewesen wäre [1].

Die Verehrung des Melek durch das Schlachten und
Verbrennen von Kindern war also ein fremder Kult. Er
war nicht babylonisch-assyrischen Ursprungs, denn in
der Religion der damaligen Oberherrscher Israels findet
sich keine sichere Spur desselben. Auch bestand er wahrscheinlich schon, ehe sich ihr Einflufs geltend machen
konnte. Von einer Errichtung des Tophets hören wir
nichts. Wenn Aḥaz sich ihrer schuldig gemacht hätte,

---

1) Ezech. 20, 25 f. kann hier nicht in Betracht kommen. Scheint
der Prophet hier anzuerkennen, dafs Jahve selbst in der Wüste die Darbringung der Erstgeborenen geboten hat, so hatte er Grund dazu wegen
der bekannten Stelle des Bundesbuches und sucht nun das dort gegebene
Gebot zu erklären und zugleich als ein schlechtes Gesetz zu brand-
marken. Weder Wellhausen, noch Kuenen (HCO², II, 284) legen irgend-
welches Gewicht darauf und betrachten es mit Recht nicht als unparteiische Geschichte. Das Kinderopfer gehörte als ausdrückliche Vor-
schrift sicherlich nicht zu dem alten mosaischen Jahvismus und kommt
in Juda und Israel denn auch nur ausnahmsweise vor.

so würde das sicher in seinem Sündenregister bemerkt
sein. Unter Hizkia bestand es, und dieser dachte nicht
daran, es abzuschaffen. Es muß also zu der alten kanaanäischen Landesreligion gehört haben, und dort wurde
ein Kultus ausgeübt, den man duldete, ohne sich selbst
an ihm zu beteiligen, wenigstens ohne ihn mit der nationalen Religion zu verbinden. Vielleicht war er schon
längst in Verfall geraten. Da trieb der erwachte religiöse
Fanatismus zu der Schlußfolgerung: Wenn alle Erstgeburt Jahve gehört, dann auch die von dem Teuersten,
was wir haben, unsern Kindern. Juda folgte diesem Beispiel, aber als fühlte man hier, daß diese Opfer, wenn
sie auch dem Stiergott von Betel geheiligt wurden, in
dem Jahvetempel auf Șion doch am unrechten Platze
sein würden, schlachtete man sie, einen Kompromiß vor-
ziehend, vor dem alten kanaanäischen Melek, dessen
Heiligtum in der Nähe der heiligen Stadt bislang für
nicht unvereinbar mit dem Jahvedienste gehalten wurde.
Wie dem auch sei, möge diese Vermutung den Sach-
verhalt treffen oder nicht: Jahve und Melek dürfen nicht
identifiziert werden und wurden auch von denen, welche
sie verehrten, nicht für identisch gehalten.

Was für die Reformationspartei in Juda eine greu-
liche Abgötterei war und was wir die Reaktion nannten,
war doch nicht eine einfache Rückkehr zu alten Religionsformen, die durch allerlei gleichartige Elemente fremder
Religionen verstärkt wurden, sondern eine mächtige religiöse Bewegung, aus der Not der Zeit entstanden und
darauf angelegt, durch fromme Werke das gefürchtete
Urteil noch abzuwenden. Daß man vor allem das Assyrische nachahmte, war natürlich in einer Epoche, als die
babylonische Kultur, jetzt in ihrer assyrischen Form und
durch die assyrischen Waffen verbreitet, wieder den Ton
angab und die ägyptische überflügelte, und stand in
Verbindung mit der Politik Manasses und Amons, welche
ihrem Lande Frieden und eine relative Wohlfahrt sicherten.

Diese Kultur mit ihrer reichen Tradition, ihrer Wissenschaft und Kunst war auch für die treuen Jahvisten nicht bedeutungslos; auch ihr Gesichtskreis wurde erweitert, ihre Weltkenntnis vermehrt, was von selbst auch ihre religiösen Anschauungen weitherziger und minder partikularistisch machen mufste. Manche schöne Erzählung, die offenbar die selbständige jahvistische Bearbeitung babylonischer Vorlagen ist — aber eine Bearbeitung, welche sowohl in litterarischer als in religiöser Beziehung das Original weit übertrifft, zeigt noch immer, wie auch die Anhänger des unvermischten väterlichen Glaubens sich das Fremde zu Nutze zu machen wufsten. Die unentwickelte Menge dagegen entlehnte diesem vor allem das Inferiore, das, worin Babel und Assur bei all' ihrer höheren materiellen und intellektuellen Kultur gerade hinter Israel zurückstanden, und buhlte mit Kultusformen, die bei unzivilisierten oder barbarischen Völkern ein gewisses Existenzrecht besitzen, nun aber alle Bedeutung verloren hatten und deshalb nichts als häfslicher und, was das Schlimmste ist, unmenschlicher Aberglaube waren. In fanatischem Eifer ging Manasse jedenfalls seinem Volke voran; und er scheint diejenigen, welche sich gegen diese Ärgernisse aufzulehnen wagten, verfolgt und nicht wenig Blut vergossen zu haben. Seine Politik war bei dem dermaligen Zustande der zivilisierten Welt die verständigste und brachte auch gute Früchte für sein Volk; diejenigen, welche aus einem achtungswerten, aber wenig gerechtfertigten Nationalitätsgefühl ihr opponierten, sollten unter den folgenden Regierungen erfahren, wie jämmerlich jeder Versuch Judas, eine politische Rolle zu spielen, scheitern mufste. Aber diese weise und vorsichtige Politik forderte durchaus nicht die Preisgabe des Besten, was Israel besafs, die Verunreinigung seiner ererbten Religion. Die Geschichtschreiber haben deshalb die Könige, welche den religiösen Fanatismus der obersten und der untersten Stände nicht zügelten, sondern

ihn durch ihr Beispiel anfeuerten und den Kern der Nation bedrückten, mit düsteren Farben gezeichnet. Und
dazu hatten sie das gröfste Recht.

## 12. Von der Reformation Josias bis zum Exil.

Die Geschichte der Reformation Josias nach ihrem
Ursprung und ihrer Bedeutung für die Entwicklung des
Jahvismus muſs hier, dem Plane dieses Werkes entsprechend, als bekannt vorausgesetzt werden. Wie sie in
der Stille vorbereitet wurde durch reformatorisch gesinnte
Priester und ihre Geistesverwandten unter den Propheten,
welche die Grundzüge derselben in ein Gesetzbuch zu-
sammengefaſst hatten, das den Kern des Deuteronomiums
bildet und zu günstiger Stunde dem gutgesinnten Könige
vorgelegt wurde, als die letzten Ermahnungen des grofsen
Religionsstifters an sein Volk, also mit göttlicher Autorität bekleidet; wie sie, von Josia mit voller Überzeugung
und durchgreifendem Eifer ins Werk gesetzt, den Keim
der Hierokratie in sich trug, welche in ihrer nach dem
Exil erfolgten Konsolidierung die praktische, jedoch
immer sehr dürftige Realisation der Ideale der Propheten
war, aber zugleich dem Prophetismus den Todesstoſs
versetzte, weil sie seine Freiheit in Banden schlug —
an das Alles kann hier nur erinnert werden. Wir haben
diese Reformation hier lediglich als eine wichtige Episode
in dem Kampfe zwischen Jahve und den Göttern der
Völker zu würdigen.

Im Gegensatz zu der noch etwas schüchternen Reform des Hizkia war die Josias radikal. Sie war nicht
nur gegen die Bilder der Gottheit und einzelne Gebräuche
gerichtet, sondern gegen Alles, was zu den kanaanäischen, gemischt kanaanäischen und fremden Kulten welcher Art auch immer gehörte, also nach der Auffassung
der reformatorischen Propheten mit dem echten Jahvismus sich nicht vertrug. Der Tempel auf Ṣion wurde

von allen polytheistischen Riten gesäubert, die Heiligtümer, welche Salomo für seine fremden Weiber errichtet hatte, wurden geschleift, das Tophet verunreinigt,
der Dienst der Himmelskörper, selbst in Privatwohnungen,
verboten, und die Einrichtung, welche Aḥaz zu diesem
Zwecke im königlichen Palaste getroffen hatte, zerstört;
sogar die Jahveverehrung auf den Bamôt wurde nicht
länger geduldet, und auf diese Weise der Dienst des
Nationalgottes im Jerusalemischen Heiligtum zentralisiert.
Maṣṣeben wurden umgeworfen, Ašeren verbrannt. Auch
aufserhalb Judas, in dem vormaligen Reiche Israel, suchte
der König die Vorschriften des neugefundenen Gesetzes
seines Gottes zur Ausführung zu bringen. Vor der sinken-
den assyrischen Macht nicht mehr in Besorgnis und sich
wenig darum kümmernd, dafs sie bald auf eine andere,
nicht minder furchtbare Herrin übergehen sollte, zog
Josia nach Betel, um dort alles zu vernichten, was zu
der seit Jahrhunderten hier üblichen Form des Jahvedienstes gehörte. Die Alleinherrschaft Jahves in Israel
schien definitiv gesichert, und allgewaltig thronte er in
seinem erwählten Heiligtum zu Jerusalem.

Über den Eindruck, welchen diese gewaltsamen Mafsregeln auf das Volk machten, berichten die uns zugebote
stehenden Quellen nichts. Dafs man sich — wenn auch
noch so unwillig — unterwarf, versteht sich in einer
orientalischen Monarchie von selbst. Aber dafs mancher
verfehmte Gott noch in der Stille verehrt, und der verbotene Kultus noch in manchem abgelegenen Winkel
ausgeübt wurde, ebensosehr. Dafs auch diese, lediglich
lich aufgezwungene Reformation nicht von Bestand sein
konnte, sobald die Autorität dessen, der sie durchgesetzt
hatte, ein Ende nahm, weil sie in dem Herzen des Volkes
nicht Wurzel geschlagen hatte, sollte sich bald zeigen.

In der festen Überzeugung, dafs Jahve, dessen Ehre
er wahrgenommen und dessen Gebote er so treulich befolgt hatte, nun ihm und seinem Volke beständige Un-

abhängigkeit verbürgen und ihn bei allen seinen Unter-
nehmungen segnen würde; im Vertrauen darauf, dafs Jahves Hilfe mächtiger sei als zahlreiche Heere, war Josia
mit seinem bescheidenen Kontingent ausgerückt, um den
ägyptischen König Neko in seinem Zuge nach dem Euphrat zu hemmen, als dieser sich beeilte, für sich und
sein Reich die Provinzen mit Beschlag zu belegen,
welche jetzt der mächtigen Faust Assurs entglitten und
in früherer Zeit zu Ägypten gehörten. Der Ausgang
ist bekannt. Ägypten war zwar nicht mehr, was es
früher gewesen war, aber jetzt mehr als ehedem eine
Militärmacht, deren Heere gröfstenteils aus tapferen Ber-
bern und anderen Soldtruppen bestanden, welche das
Soldatenhandwerk aus dem Grunde kannten. Um diese
zu schlagen, bedurfte es eines Feldherrn, wie des
grofsen Nebukadrezar, und eines Heeres, wie des assyrisch-babylonischen; eine schwache Kriegsmacht, wie
sie ein König von Juda, und zudem in jener Zeit, ins
Feld stellen konnte, bedeutete demgegenüber nichts,
wenn er sich auch vielleicht nicht strikt an die echt
priesterlichen, aber wenig praktischen Vorschriften über
Heeresbildung gehalten hat, welche das 20. Kapitel
des Deuteronomiums umfafst. Der König fiel. Der Sohn,
welcher ihm gefolgt war, wurde von dem ägyptischen
Könige entthront und durch einen jüngeren Bruder ersetzt. Juda und die Reste Israels waren wieder abhängig
von Ägypten, bis dieses Joch mit dem Babels vertauscht
werden sollte.

Aber jetzt erhoben die kraft der Autorität des nun
gefallenen Fürsten unterdrückten Kulte, oder wenigstens
ähnliche, wieder ihr Haupt. Zwar findet sich kein Beweis dafür, dafs der Dienst der Himmelskörper und die
Kinderopfer für den Melek, welche er abgeschafft hatte,
wieder eingeführt, und der Tempel aufs Neue durch un-
jahvistische Bräuche verunreinigt wurde. Die Mifsbräuche,
gegen welche Ezechiel eifert, gehören, wie schon er-

wähnt wurde, einer früheren Periode an; wären sie noch im Schwange gewesen, so würde Jeremia sicherlich nicht von ihnen geschwiegen haben. Aber aufserhalb des Tempels gewann der Polytheismus wieder Schritt für Schritt an Boden. So viel Städte, so viel Götter, hiefs es von Juda. Das neue Verhältnis zu Ägypten scheint auch Anlafs zu der Übernahme ägyptischer Kulte gegeben zu haben, obschon die Andeutungen, aus welchen man dies schliefst, zu unbestimmt sind, um mit genügender Sicherheit von ihnen reden zu können. Aber einen Kult finden wir in voller Blüte und sogar nach der zweiten Deportation unter Zedekia und dem Falle Jerusalems zum grofsen Ärgernis Jeremias mit hartnäckiger Leidenschaft weiter gepflegt: den der Malkat haššamajim.

Schon in Jerusalem, so klagt der Prophet, war es ihm anstöfsig gewesen zu sehen, dafs man immer fortfuhr, allerhand Göttern zu opfern und das Heer des Himmels anzubeten, selbst auf offener Strafse, aber vor allem, dafs man der Königin des Himmels besondere Verehrung erwies. Männer, Frauen und Kinder nahmen an dieser Teil; die Kinder sammelten das Holz, die Männer zündeten das Feuer an, und die Frauen, die sicherlich bei diesem Kult die erste Rolle spielten, kneteten den Teig zu Kuchen, die ein Bild oder Symbol der Göttin vorstellen mufsten. Der Sinn dieses Brauches, der nicht allein bei Semiten, sondern sehr allgemein, auch bei arischen Völkern — namentlich bei den alten Germanen — vorkommt[1]), und dessen schwache Spur sich noch in unseren Weihnachtskuchen erhalten hat, ist natürlich der, dafs man durch das Essen ihres Bildes Teil an der Gottheit haben, sie womöglich in sich aufnehmen wollte. Es ist höchst bemerkenswert, dafs

---

1) Vgl. u. a. Pfannenschmid, Germanische Erntefeste (Hannover 1878), S. 215 f.

diese Kultusform schon in Juda vorkommt und dort so
besonders beliebt gewesen zu sein scheint. Dafs sie
hier von einem fremden Volke, Assyrern oder Ägyptern, übernommen sei, ist nicht nachzuweisen. Jeremia's
Mifsbilligung ist kein Beweis dafür. Sicherlich nicht
jahvistischen Ursprungs, könnte sie doch zu dem israe-
tisch-kanaanäischen Mischkultus gehören; denn wo ein
Melek ist, erwartet man beinahe eine Malkat. Aber es
ist nicht zu leugnen, dafs in den phönicischen Inschriften
die Göttinnen wohl Ba'alit, Rubat, Herrin oder Fürstin, aber niemals Malkat oder Milkat genannt werden,
wenn auch der Titel in einigen Eigennamen eine Göttin
bedeutet haben mufs, und dafs die Zusammensetzung
Malkat haššamajîm bei ihnen nirgends angetroffen wird.
Deshalb hat man vermutet, dafs der Ehrenname „Königin
des Himmels" von den Assyrern entlehnt und die mit
ihm bezeichnete Göttin folglich eine babylonisch-assyrische sei. Es thut wenig zur Sache, ob der Name Malkat
in dieser Bedeutung bei den Assyrern vorkommt; šarrat
und šarrat šamê sind bei ihnen gewöhnliche Epitheta
ihrer Ištar oder Belit, und das hebräische Malkat haššamajîm würde die richtige Übersetzung davon sein. Es
ist also wohl Grund dazu vorhanden, auch hier an assyrischen Einflufs zu denken. Dafs an eine Königin und
nicht an ein Königreich zu denken ist, mit anderen Worten, dafs man Malkat und nicht Meleket lesen mufs — vor
allem, dafs hier unbedingt nicht an den Dienst der
Himmelskörper insgesamt gedacht werden darf, kann
man als sicher annehmen.

Ob nun diese Göttin eine Mondgöttin war, oder ob man
sie in dem Planeten Venus, und zwar als Abendstern,
anzuschauen glaubte, ist eine Frage, auf die man vorerst
die Antwort schuldig bleiben mufs. Das letztere ist bei
weitem wahrscheinlicher. Sicherlich aber ist sie die
grofse Muttergöttin, die Lebenspenderin, welche das
Menschengeschlecht erhält, Gedeihen und Fruchtbarkeit

verleiht, und von der vorzüglich die Frauen Segnungen erwarten [1]).

Wichtiger ist die Frage, wie es kam, daſs die judäischen Frauen an dieser Form der Gottesverehrung und an dem, was damit zusammenhing, mit solcher Zähigkeit festhielten, daſs die ernsten Ermahnungen Jeremia's selbst in Ägypten, wohin man ihn gegen seinen Willen mitgeführt hatte, nichts dagegen vermochten. Die Antwort, welche er nach seinem eigenen Bericht auf seine Strafrede empfängt (44, 15 ff.), läſst deutlich erkennen, weshalb sie ihm nicht gehorchen wollen. In den Tagen, als ihre Väter und sie selbst getreulich der Königin des Himmels opferten, hatten sie Brot und Frieden — seit sie es unterlassen hatten, litten sie an allem Not und wurden durch den Hunger und das Schwert aufgerieben. Es half wenig, daſs der Prophet sie auf die schwere Züchtigung hinwies, welche Juda erlitten hatte, und die

---

1) Über die Bedeutung dieser Göttin ist in letzter Zeit viel geschrieben. Vgl. Schrader, Die מלכת השמים und ihr aramäisch-assyrisches Aequivalent in SB. der Kgl. Akad. Berl. 1886, XXVII, 20. Mai, gerichtet gegen Stade ZS. f. d. alttest. Wiss. 1886, S. 123—132. Dagegen wieder Stade, ebds. S. 289—339. Ferner Kuenen, De Melecheth des hemels, in Versl. en Meded. der K. Akad. van W. Amst. 1888, blz. 157 vgg., der sich mehr Schrader als Stade anschliefst und zu dem Resultat kommt: „het feit, dat de Judeërs der 7e eeuw v. C. de koningin des hemels hebben gediend, acht ik onaantastbaar." Er denkt am liebsten an Venus als Abendstern. Vom assyriologischen Standpunkt aus schliefst sich ihm an Schrader in ZA. III, 1888, S. 353 ff. und IV, 1889, S. 74 ff. Vgl. noch Stade, GVI. I, S. 630, Anm. 1.

Eerdmans, a. a. O. blz. 65—87, hat eine sorgfältige Untersuchung angestellt, deren Resultat ist, daſs Malkat Šamê in den assyrischen Texten nicht mit Sicherheit nachgewiesen werden kann, wohl aber Šarrat Šamê. Wenn wir auch dies zugeben, so muſs doch in Betracht gezogen werden, daſs in Babel-Assur Šarratu und malkatu wenigstens in der Götterhierarchie reine Synonyma waren, und die Judäer demgemäſs, als sie sich die fremde Göttin aneigneten, für ihren Ehrentitel den Ausdruck wählten, welcher am meisten mit ihrem Sprachgebrauch übereinstimmte.

ein Zeichen des Zornes Jahves über die Abgötterei seines
Volkes war; sie dachten an die glücklichen Tage Manasses und Amons und an die Schicksale, welche seit
der Reform des frommen Josia über Israel herein-
gebrochen waren, und liefsen sich nicht überzeugen.
Aber der tiefste Grund des Zwiespaltes zwischen Jeremia und seinen Gesinnungsgenossen auf der einen und
der grofsen Masse des Volkes auf der anderen Seite lag
nicht in dergleichen Erwägungen. Mit Raisonnements
wie diesen rechtfertigt man sich, aber sie gehören zu
späterer Reflexion. Die Frage ist die, was den Kampf
zwischen Jahve und den Göttern der Völker so heftig,
hartnäckig und langwierig machte; was die Mehrheit in
Israel und Juda bewog. zwar nicht an Stelle, aber doch
neben der reineren nationalen Religion, welche sie von
Alters her besafsen, immer wieder andere Götter zu verehren, sodafs jene Religion, von allem Fremden gesäubert, zuletzt nur das Eigentum einer kleinen Minder-
zahl, nicht mehr des Volkes als solchen, sondern der
jüdischen Gemeinde blieb. Man sagt zu wenig, wenn
man diese Thatsache lediglich durch den Unterschied
in der geistigen Entwicklung erklären und daraus fol-
gern will, dafs wenigstens die unteren Stände noch zu
beschränkt an Einsicht waren und zu sehr am Sinnlichen
hingen, um den grofsen Propheten in ihrem höheren
idealen Fluge folgen zu können. Die Ursache lag mit
und wohl hauptsächlich in dieser Religion selbst. Sie
war zu einseitig ethisch und zu ausschliefslich Volksreligion. In ihrem Abscheu vor den allzu sinnlichen
Formen der Gottesverehrung, in ihrer Entrüstung über den
klaffenden Widerspruch zwischen dem religiösen Fanatismus, der Opfer und heilige Feste verdoppelte, und
der noch immer herrschenden Unsittlichkeit, Rechtlosig-
keit und Gewaltthätigkeit liefsen sich die Propheten über
jeden Kultus mit einer Geringschätzung aus, die für viele
aufrichtig, wenn auch etwas beschränkt Fromme, denen

solche oder ähnliche Formen noch unentbehrlich waren,
ein Ärgernis sein mufste.  Zudem kann eine Religion,
die einzig und allein Volksreligion sein will, nicht die
Religion eines ganzen Volkes werden.  Religion ist
Sache der Gemeinschaft, aber auch des Individuums.
Stellt man den Gott, für welchen man ausschliefsliche
Verehrung fordert, dar als lediglich zu dem Volk als
Ganzem und zu dem einzelnen Menschen nur insofern
in Beziehung stehend, als er ein Teil dieses Volkes ist,
so läfst man das Bedürfnis einer persönlichen Gemeinschaft mit Gott, die jedem Frommen auf jeder Stufe der
Entwicklung eigen ist, unbefriedigt.  Und wenn man dies
so sehr übertreibt, dafs man alle gesonderten Kultusstätten
abschafft, die Heiligtümer, welche durch jahrhundertelange Tradition Stämmen, Gauen, Städten und Familien
teuer geworden sind, zerstört und den gesamten Kultus
auf einen einzigen Mittelpunkt in der Hauptstadt des
Reiches beschränkt, so zwingt man mindestens diejenigen, welche noch sinnlicher Formen bedürfen, um
sich das Göttliche zu vergegenwärtigen, dazu, die Stillung
dieses Verlangens in der Verehrung minder unnahbarer
Gottheiten zu suchen, welche man bei sich haben und
mit denen man nicht blofs ein- oder zweimal im Jahre
Gemeinschaft pflegen darf.  Die gewaltsam aufgezwungene Reformation, welche die Verehrung Eines Gottes
auf Eine Form und Eine Stätte beschränkte, war vielleicht das einzige Mittel, um den Jahvismus zu seiner
höchsten Entwicklung zu bringen, aber sie war eine
schmerzliche und gefährliche Operation, die nur die
Stärksten überleben konnten, und an der das Volk da-
hinsiechte.  Das in dem Reiche Juda verkörperte Haus
Israel ist gestorben an dem Jahvismus des Josia; aber
der mosaische Jahvismus würde, wie im Reiche Israel,
zugrunde gegangen sein, wenn Juda um den Preis von
Manasses abgöttischen Kulten verschont geblieben wäre.
Der Einzige, welcher dies klar einsah, war Jeremia —

deshalb wurde er als ein Feind seines Volkes, ein
Landesverräter angesehen. Eine rein monotheistische
Religion mit Einer Kultusform und Einem Kultuszentrum
war nur lebensfähig, wenn man sie auf eine Gemeinde
beschränkte, die den Kern des Volkes bildete, und auch
dann erst, als man ihr zugestand, überall ihre Bethäuser
zu errichten. Aber auch so war sie nur eine Über-
gangsbildung und konnte erst dann zur Religion der
Menschheit werden, als das „an Einem Orte" durch
das „an allen Orten" ersetzt, und nicht mehr Eine Form
der Anbetung vorgeschrieben, sondern alle Formen der
Anbetung je nach dem Bedürfnis des Einzelnen zugelassen waren, wenn diese nur im Geist und in der Wahrheit geschah.

## 13. Der Jahvismus nach dem Exil.

Der Jahvismus hat in der sogenannten babylonischen
Gefangenschaft seinen Höhepunkt erreicht; das Christentum hat sich zwar aus ihm, aber als ein selbständiger
Schößling, als eine neue Schöpfung entwickelt. Auf
diesem Höhepunkte steht die großsartige, tieftragische
Gestalt des edelsten der Propheten, Jeremia, dessen
Glaube nicht wankte, auch als er, einsam inmitten in
seinen Augen abtrünniger Volksgenossen, für seine Predigt kein Gehör fand und in dem götzendienerischen
Ägypten so gänzlich vergessen wurde, daß man nicht
einmal die Erinnerung an seinen Tod bewahrte. Aber
neben ihn, in mancher Hinsicht noch über ihn verdient
der Unbekannte gestellt zu werden, dessen Weissagungen,
denen Jesajas, des Sohnes Amos', angeschlossen, in religiöser und litterarischer Beziehung Alles übertreffen,
was die auf uns gekommene Sammlung von Urkunden
der israelitischen Religion enthält. Wir können das hier
nur beiläufig erwähnen. - Auch die Geschichte des Jahvismus bei den Exulanten in Babylonien, der Rückkehr

der dort gebildeten Gemeinde und ihrer Ansiedlung im Lande der Väter, der Wiedererbauung des Tempels und der Entstehung und Entwicklung des Judentums liegt außerhalb unserer Aufgabe. Der Kampf zwischen Jahve und den Göttern der Völker war noch nicht zu Ende, trotz des für immer entscheidenden Sieges, der von dem Prophetismus errungen und durch die Bildung der neuen Gemeinde befestigt war. Er sollte noch einmal wieder aufflammen, als Antiochos Epiphanês versuchte, den Juden die griechisch-römische Kultur und Sitte aufzuzwingen und ihren Jahve durch Jupiter Optimus Maximus Capitolinus in hellenischem Gewande zu verdrängen. Wenn sich nun auch manche durch den Glanz des Hellenismus blenden und zum Abfall vom väterlichen Glauben verlocken liefsen, so hat doch im allgemeinen die Verfolgung des griechisch-syrischen Königs den Enthusiasmus für diese Religion angefacht und damit zugleich das Nationalgefühl kräftig geweckt, sodafs selbst das Joch der Fremdherrschaft abgeschüttelt werden konnte. Doch gehört dies zu einer späteren Periode als der, mit welcher wir uns beschäftigen. Aber es war dennoch die Frucht dessen, was Ezra und Nehemia gethan hatten, und zugleich die Rechtfertigung ihres Werkes.

Es scheint ein tiefer Fall zu sein: von Deutero-Jesaja bis Ezra, von dem Evangelisten unter den Propheten bis auf diesen ängstlich gewissenhaften, beschränkten Schriftgelehrten, den Mann des Gesetzes, der sich nicht damit begnügte, die Ehen mit Töchtern von Nichtisraeliten zu verbieten, sondern diejenigen, welche schon mit solchen fremden Frauen vermählt waren, zwang, sie fortzuschicken — eine Mafsregel, unmenschlich und unsittlich zugleich, aber nur dazu bestimmt, die Gemeinde des Heiligen von Allem zu säubern, was Ihm nicht ursprünglich angehörte und wieder auf die Wege der Heiden zurückführen konnte. Unsere Sympathie haben weit eher die Verfasser der um diese Zeit entstandenen

kleinen Bücher Ruth und Jona, welche, sehr ungleich
an litterarischem und religiösem Wert, dennoch beide
die Tendenz verfolgen, gegen die jetzt herrschende Ex-
klusivität und die bornierte Verachtung aller Fremden
Opposition zu machen. Ruth, die Moabitin, die Witwe
eines israelitischen Mannes, welche ihrer Schwiegermutter
zuliebe sich von Vaterland und Religion lossagt und
nicht nur eine treue Dienerin Jahves zu sein scheint,
sondern sogar eine Stammmutter des gefeierten Davi-
dischen Königshauses wird, mußte den Beweis liefern,
daß die Ausweisung der fremden Frauen nicht bloß
eine barbarische, sondern auch für die Reinheit des
Jahvismus unnötige Maßregel war; und einen wie tiefen
Eindruck die Erzählung des Buches Jona, daß sich selbst
die Niniviten nicht unempfänglich für das Wort Jahves
und nicht unbußfertig nach der Predigt seines Propheten
zeigten, auf unbefangene Leser in Israel gemacht hatte,
erhellt aus der bekannten Anführung in den Evangelien
(Mt. 12, 41 und Parall.). Es gereicht der jüdischen Gemeinde zur Ehre, daß sie diese Schriften aufbewahrt
und später sogar eines Platzes in dem Kanon für würdig
befunden hat. Dennoch hat die Gemeinde richtig gesehen, als sie die Samariter abwies, und war die Politik
oder besser — denn es handelt sich hier eigentlich um
einen Kriegszustand — die Taktik des Ezra, als er die
fremden Frauen zu entlassen befahl, die wahre. Sollte
der Jahvismus, noch so schwach, noch so umzingelt von
Religionen, die, wie viel tiefer sie auch stehen mochten,
doch immer mit der jüdischen verwandt und dazu geeignet waren, auf die minder Entwickelten eine größere
Anziehungskraft auszuüben, nicht wieder seine strenge
Einfachheit und monotheistische Reinheit einbüßen und
langsam zerrinnen, wie das bei den nach Assur und Medien
deportierten Israeliten und den nach Ägypten ausgewanderten Judäern geschehen war, dann mußte er umschanzt
und umzäunt und energisch gegen alles Fremde, das

sich einzuschleichen drohte, verteidigt werden. Die Zeit
war noch nicht reif dafür, den erhabenen religiösen Gedanken, welcher das Volk Israel überlebt und in der
Gemeinde der zurückgekehrten Judäer seine letzte Ver-
körperung gefunden hatte, zum Gemeingut Aller zu
machen. Es kam vor der Hand lediglich darauf an, ihn
zu beschirmen und zu bewahren. Eigentlich begriffen
die Männer, welche sich anschickten, die jüdische Gemeinde zu reformieren, ihn auch nicht vollständig. Er
war für sie auch nicht mehr als ein Toter, den sie aber
mit tiefer Ehrerbietung betrachteten. Sie haben ihn
sorgfältig einbalsamiert und mit den Binden einer parti-
kularistischen und sektiererischen Hierokratie umwickelt,
bis er sich im späteren Judentum langsam von dieser
Hülle befreien und dann im Urchristentum mit neuem
Leben erfüllt aus dem Grabe erheben konnte.

Ein Problem, welches nicht nur für die Entwicklungsgeschichte des Judentums, sondern für die der Religion
überhaupt wichtig ist und auch der Zeit nach noch
durchaus in den Rahmen unserer Untersuchung fällt, ist
dieses: ob die Juden in und nach dem Exil einige ihnen
früher unbekannte Vorstellungen aus der Religion der
Perser übernommen und dem Jahvismus angepafst haben.
Ziemlich allgemein nahm man bislang an, dafs dies in
der That der Fall gewesen, und dafs namentlich der
Unsterblichkeitsglaube und die relativ ausgebildete An-
gelologie und Dämonologie, welche — wie niemand bezweifelt — nachexilisch sind, aus dem Mazdaismus, der
durch die Perser von den Medern oder Baktrern entlehnten Religion Zarathustra's, in den Jahvismus gelangt
seien. In letzter Zeit haben verschiedene Gelehrte diese
Meinung, welche noch von Vielen geteilt wird, bestritten
und die Vermutung ausgesprochen, dafs das Judentum
diese Vorstellungen nicht von den Persern zu übernehmen brauchte, sondern sie sehr wohl aus sich selbst
entwickelt haben könne. Die Sache mufs also wieder

von neuem untersucht, und dabei auch noch eine dritte
Möglichkeit in Rechnung gezogen werden, nämlich dafs
die Übereinstimmung zwischen diesen Vorstellungen bei
den Juden und den Mazdayasniern auch daraus zu erklären sein könnte, dafs beide in dieser Beziehung aus
derselben Quelle schöpften, der chaldäischen Religion.
Bislang hat niemand daran gedacht. In abstracto würde
auch möglich sein, dafs die Eschatologie und die Engel-
und Teufellehre der Parsen jüdischen Ursprungs wäre;
aber diese Möglichkeit wird schon durch das Alter
einiger Urkunden des Avesta, in welchen diese Lehr-
stücke vorkommen, abgeschnitten und steht mit den
bestverbürgten historischen Thatsachen im Widerspruch.
Es empfiehlt sich, die Resultate der jetzt erst wieder auf-
genommenen Untersuchung abzuwarten und zuvor die
Religion Zarathustras kennen zu lernen, ehe wir unser
Urteil in dieser Angelegenheit abgeben. Wir können
später darauf zurückkommen.

So viel ist sicher: diese Vorstellungen — ob in ihren
Grundzügen übernommen oder nicht — waren nötig,
um die Staatsreligion Altisraels auch für andere als ge-
borene Israeliten zugänglich zu machen und sie alle
Bedürfnisse des frommen Gemütes befriedigen zu lassen.
Und ebenso gewifs ist, dafs die siegreiche Macht einer
Idee sich niemals glänzender geoffenbart hat, als darin,
dafs aus den Trümmern der vernichteten israelitischen
Nation die jüdische Gemeinde wiedererstand, welche ihr
köstliches Erbteil den kommenden Geschlechtern über-
lieferte und so für die Menschheit rettete.

## 14. Charakteristik.

Bezüglich der ägyptischen und der babylonisch-assyrischen Religion konnte am Schlusse eines jeden der
vorhergehenden Bücher die erreichte Höhe der Entwicklung bestimmt, und zugleich eine Würdigung dessen

versucht werden, was sie zu der Religion der Menschheit beigetragen haben. Bildete doch jede der beiden
eine gewisse Einheit. Von der Höhe der Entwicklung
der vorderasiatischen Religionen im Allgemeinen kann
nicht die Rede sein, weil sie auf so durchaus verschiedenen Entwicklungsstufen stehen. Aber die in den vorhergehenden Kapiteln gegebene historische Skizze hat
die Art und den Grad der Verschiedenheit deutlich
genug hervortreten lassen; und die Vergleichung der
Religionen untereinander, vor allem die der phönicisch-
kanaanäischen und der ihr verwandten mit dem mosaischen Jahvismus kommt einer Beurteilung gleich und
giebt mindestens den Mafsstab zu einer solchen an die
Hand.

Auch die Ursache jener grofsen Verschiedenheit
oder, um bestimmter zu reden, des hohen Fluges, welchen der Jahvismus genommen hat und vermöge dessen
er alle Religionen der verwandten Stämme und Völker
tief unter sich zurückläfst, braucht hier nicht mehr auf-
gesucht zu werden. Soweit sie in den Bereich wissenschaftlicher Wahrnehmung und Beurteilung fällt — eine Beurteilung, welche der religiösen Betrachtung durchaus ihren
Wert beläfst und sie in ihrer Berechtigung anerkennt —
ist sie bereits im Verlaufe unserer Untersuchung mit genügender Klarheit bezeichnet. Der Jahvismus ist nicht nur
eine entstandene, sondern eine gestiftete, nicht mehr eine
Naturreligion, sondern eine ethische Religion. Er ist die
Religion einer Person, die zu einer Nationalreligion geworden ist. Auch Naturreligionen entwickeln sich nur
durch Vermittlung von Individuen; und ethische Religionen entstehen, breiten sich aus und werden reformiert ·
nur in Übereinstimmung mit den Gesetzen der menschlichen Natur. Aber unter ethischen Religionen sind
solche zu verstehen, welche von einer aufsergewöhn-
lichen, mächtigen religiösen Persönlichkeit, einem Propheten, Gesetzgeber oder Denker, oder von einer ge-

schlossenen Gemeinschaft religiös höher entwickelter
Menschen begründet und dadurch von Anfang an in
eine bestimmte Richtung gelenkt werden, weil ihnen der
Geist des Stifters oder der Stifter unauslöschlich seinen
Stempel aufgedrückt hat. So lange die Überlieferung
von ihrem Ursprunge — geschrieben oder ungeschrie-
ben — unversehrt bewahrt wird, leben sie; nur wenn
von Anderen, welche mit demselben Geist beseelt und
mit höherem religiösen Fühlen und Denken begabt sind,
auf dieser Grundlage fortgebaut wird, entwickeln sie sich.
Als Stifter ihrer Religion in vorgeschichtlicher Zeit
nennen die Verehrer Jahves als des Gottes Israels Moses, und es liegt kein Grund vor, die Zuverlässigkeit
dieser Tradition zu bezweifeln; als diejenigen, welche
Jahrhunderte später in seinem Geiste fortgearbeitet haben,
kennt man aus der Geschichte die Propheten. Dadurch steht die Religion Israels von Anfang an immer
einigermafsen, und die Religion Judas in dem letzten
Jahrhundert vor dem Exil und während desselben, als
die vollreife Frucht jener, so unendlich hoch über den
Religionen aller stammverwandten Völker, nicht nur
denen der anderen Hebräer, der Aramäer, Phönicier und
Kanaanäer, sondern auch der der Babylonier und Assyrer. Weiter kann die wissenschaftliche Untersuchung
und die wissenschaftliche Erklärung nicht gehen. Wenn
sichere Berichte über die Lebensgeschichte des Moses
vorhanden wären, so würde es vielleicht gelingen zu
bestimmen, welche Umstände und Vorstellungen seine
Bildung beeinflufst haben, und allenfalls seine geistige
Genealogie aufzuzeigen; aber auch hier würde doch
·immer, wie sonst überall — selbst wo es sich um
Personen handelt, auf welche das volle Licht der Geschichte fällt — die originale Persönlichkeit, in welcher
sich die Erfahrungen und Ideen nur gespiegelt haben,
anerkannt werden und unerklärt bleiben müssen.

Die Charakteristik dagegen umfafst alle in diesem

Buche behandelten Religionen, denn selbst der Jahvismus, der die übrigen doch so weit hinter sich läfst, verliert den eigenartigen Charakter der semitischen Religion
keineswegs. Im Gegenteil: sofern er sich in der ein-
seitigen Richtung, welcher die Entwicklung der semitischen Religionen folgt, weiter fortbewegt und die Prinzipien, von denen sie ausgehen, strenger und entschie-
dener durchgeführt hat, zeigt er die besonderen Merkmale dieser Religionen in schärferer und deutlicherer
Ausprägung. Von den beiden Hauptideen, welche das
religiöse Leben beherrschen, der Erkenntnis von Gottes
Erhabenheit über Welt und Mensch und dem Bewufstsein der Verwandtschaft des Menschen mit Gott, wird in
den semitischen Religionen die letztere durch die erstere
völlig in den Schatten gestellt. Das, was man in der
Sprache der Schule die Transcendenz Gottes zu nennen
pflegt, tritt hier mehr und mehr in den Vordergrund,
die Immanenz Gottes dagegen immer mehr in den
Hintergrund; wenn auch in keiner einzigen Religion eins
der beiden Momente gänzlich fehlen kann. So bleibt
auch Jahve für Israel der Herr, der Meister, der König,
und diejenigen, welche ihm angehören, sind seine Sklaven, Diener, höchstens Günstlinge; aber den Namen
,,Gottes Liebling", der bei anderen Semiten sehr gebräuchlich ist, dürfen sie sich nicht beilegen, und selbst
ein Davidssohn würde nicht gewagt haben, sich den
Sohn Gottes zu nennen, wie die Könige von Babel und
Assur. Nur ein Moses, ein Abraham haben das Vor-
recht, mit Jahve zu verkehren wie ein Mann mit seinem
Freunde. In unnahbarer Einsamkeit wohnt der Heilige
in dem Innersten seines Tempels, welches nur der oberste
Priester ein einziges Mal im Jahre betreten darf; selbst
in den Vorraum wird niemand zugelassen, der ungeweiht
ist — die Menge der Gläubigen mag sich glücklich preisen,
dafs ihr erlaubt wird, in seinen Vorhöfen zu weilen. Wer
seine Lade anrührt, sei es auch um sie zu schützen,

wird durch einen Blitzschlag getötet; wer Ihn sieht, muſs
sterben. Selbst die Auserwählten, welche einer Theophanie gewürdigt werden, verhüllen ehrerbietig ihr Angesicht und erblicken nur die Säume seines Gewandes
oder den Abglanz seiner Herrlichkeit. Von seiner Macht
ist nichts ausgenommen: Licht und Finsternis, Gutes und
Böses. Er schafft beides; wenn der Gezüchtigte sich
keiner Schuld bewuſst ist, so darf er doch weder klagen
noch fragen, gehorsam unterwerfe er sich und lege still-
schweigend die Hand auf den Mund. ⸱ Er ist Alles, die
Völker Tropfen am Eimer, Stäubchen an der Wagschale,
der Mensch nichts. Nichts wenigstens als das Eigentum
Gottes, welchem er mit all' dem Seinen gehört, und der
von ihm, im Gegensatz zu den tiefstgewurzelten Gefühlen
des menschlichen Herzens, die Opferung des Teuersten
fordern kann. Mit Einem Worte: der Jahvismus auf dem
Höhepunkte seiner Entwicklung ist die am entschiedensten
theokratische und die am wenigsten theanthro-
pische Religion des Altertums. Erst das Judentum,
aus dem reinsten Jahvismus entstanden, suchte durch
die Zulassung dualistischer Anschauungen und durch die
Ausbildung einer mehr persönlichen Gemeinschaft mit
dem Heiligen der anderen, zu sehr vernachlässigten
Seite des religiösen Bedürfnisses einigermaſsen zu ge-
nügen.

Einseitig mag die religiöse Entwicklung Israels gewesen sein, wie das ja nach einem ehernen Gesetz jede
Entwicklung ist; aber ihre Frucht ist nicht verloren gegangen. Es hat selbst schon anfangs versucht, das
Fehlende zu ergänzen. Es hat eins der beiden Haupt-
prinzipien der Religion zu voller Entfaltung gebracht,
ohne deshalb das andere gänzlich zu vernachlässigen.
Dafür ist es geschmäht und bedrückt als der verachtete
Knecht Gottes; dafür hat es seine Freiheit, sein Glück,
seine nationale Existenz opfern müssen. Aber gerade
dadurch erhält dieses Volk von Hirten und Bauern, in

Kunst und Wissenschaft, in äufserer Kultur und kriege-
rischem Ruhm allen seinen Verwandten nachstehend, in
der Geschichte der Menschheit eine ganz einzigartige
Bedeutung, in der der Religion des Altertums den ersten
Rang. Deshalb hat es eine Litteratur hinterlassen, ebenso
klassisch in ihrer Art, wie die der Griechen und Römer,
und für das geistige Leben der höchstentwickelten Nationen von gröfserer Bedeutung. Im Christentum, dem
es sterbend das Leben gab, lebt das Bleibende des
Jahvismus fort und ist so zum Eigentum der Menschheit
geworden. Jahve hat gesiegt, und die Götter der Völker sind vernichtet.

# Bibliographische Anmerkungen.

# Bibliographische Anmerkungen.

Der Zweck dieser Anmerkungen ist lediglich der,
die wichtigsten Werke über die in diesem Werke behandelten Gegenstände zu nennen und wenigstens einige von
ihnen mit ein paar Worten zu charakterisieren, um so
für den Studenten und denjenigen, welcher Religionsgeschichte nicht als Spezialstudium betreibt, aber sich
nichtsdestoweniger über irgendeinen Teil derselben genauer unterrichten will, als Wegweiser zu dienen. Auch
für die Bearbeiter der Religionsphilosophie und der allgemeinen Geschichte, welche bisweilen, wie aus ihren
Schriften hervorgeht, in der Wahl ihrer sekundären
Quellen sehr unglücklich sind, kann dieses Verzeichnis
seinen Nutzen haben. Doch erwarte man hier keine
Bibliographie. Nach Vollständigkeit ist nicht einmal ge-
strebt. In der Regel wird nur genannt, was der Verfasser selbst vor Augen gehabt hat; wo dies nicht der
Fall war, wie z. B. bei kürzlich erschienenen Werken
bedeutender Autoren, wird es ausdrücklich erwähnt. Die
Bibliographie, welche sich auf die in dieser Geschichte
nicht behandelten Religionen bezieht, mußte natürlich
außer Betracht bleiben. Man vergleiche dafür mein
Manuel de l'Histoire des Religions, traduction
M. Vernes, Nouvelle Edit. Paris 1885 [1]).

---

[1] Auch die allgemeinen Werke über vergleichende Mythologie sind
hier nicht aufgezählt, weil sie sich fast alle auf dem Gebiete der arischen,

* Für das Studium der Geschichte des Altertums überhaupt, somit auch für dasjenige seiner Religion, bietet
die Einleitung in das Studium der alten Geschichte von Curt Wachsmuth, Leipzig 1895, durch
ihre umfassende Aufzählung und eingehende Kritik der
bezüglichen Quellen und der wissenschaftlichen Litteratur
ein ausgezeichnetes Hilfsmittel dar, zumal dieses einen
starken Band bildende Werk durch Ergänzungshefte fortwährend auf der Höhe der Wissenschaft erhalten werden
soll (a. a. O. S. 705). Regelmäfsige und umfassende
Übersichten über die Litteratur des Gesamtgebietes der
Religionsgeschichte liefert in Deutschland vor allem der
Theologische Jahresbericht (Leipzig 1882—88,
Freiburg i. B. 1889, Braunschweig 1890 ff.) dessen religions-
historische Abteilung anfangs Pünjer, seit 1886 Furrer re-
digierte. Auch die bedeutenderen Artikel in Zeitschriften
werden berücksichtigt. Man beachte aufserdem die von
Siegfried bearbeitete Abteilung desselben Jahrbuches,
welche über die Litteratur der alttestamentlichen Wissenschaft und verwandter Disciplinen berichtet.

---

wenigstens der nichtsemitischen Religionen bewegen und in der Regel
auch mit der ägyptischen Mythologie nicht befassen. Was auf die ägyptische und semitische Mythologie Bezug hat, findet man, soweit nötig, in
den bibliographischen Anmerkungen von Buch I—III erwähnt.

# Einleitung.

## 1. Allgemeine Werke.

C. Meiners, Allgemeine kritische Geschichte der Religionen. 2 Teile, Hannover 1806—1807.

E. Renan, Etudes d'Histoire religieuse. 2. Ed. Paris 1857.

J. H. Scholten, Geschiedenis der godsdienst en wijsbegeerte. 3. dr. Leiden 1863.

F. Max Müller, Chips from a German Workshop. Vols I and II, London 1867. * Deutsch unter dem Titel: Essays I. II, Leipzig 1869.

W. D. Whitney, Oriental and Linguistic Studies. 2 vols, New-York 1873—74.

C. P. Tiele, Geschiedenis van den godsdienst tot aan de heerschappij der wereldgodsdiensten. Amsterdam 1876. — Art. „Religions" in der Encyclopaedia Britannica.

[C. Puini, Saggi di Storia della Religione, Firenze 1882.]

Geo. Rawlinson, The Religions of the ancient World, London o. J. (1882).

A. Réville, Histoire des Religions. Leçon d'Ouverture. Paris 1880. — Prolégomènes, 4. Ed. 1886. — I. Les Religions des peuples non civilisés, 1883. — II. Les Religions du Mexique, de l'Amérique centrale et du Pérou, 1885. — III. La Religion chinoise. 2 vols, 1889.

H. Preifs, Religionsgeschichte. Gesch. der Entwick-

lung des relig. Bewußtseins u. s. w.  I.—IV. Abt.
Leipzig 1888.

P. D. Chantepie de la Saussaye, Lehrbuch der
Religionsgeschichte. 2 Bde, Freiburg i. B. 1887—89.

Cte Goblet d'Alviella, Introduction à l'Histoire générale des Religions, Bruxelles et Paris 1887.

G. H. Lamers, De Wetenschap van den Godsdienst;
Leiddraad ten gebruike bij het Hooger Onderwijs.
Inleiding, Utrecht 1891. I. Historisch Deel (Geschiedenis der godsdiensten) ald. 1891 ff. * Noch nicht
vollendet. — II. Wijsgeerig Deel (Wijsbegeerte van
den godsdienst). Eerste stuk, ald. 1893. * Tweede
stuk, ald. 1894. * Derde stuk, ald. 1895.

Religious Systems of the World (by several Authors).
2. Ed.  London 1892.


Unter den obengenannten Werken ist das von Meiners nur ehrenhalber — als bahnbrechend auf einem
neuen Wege — aufgeführt, obwohl es jetzt ganz veraltet ist und im Widerspruch mit seinem Titel weder
eine allgemeine, noch eine kritische Geschichte enthält.
Renan's Aufsätze, welche über verschiedene Religionen
handeln, verdienen nicht nur wegen ihres Styls, sondern
auch wegen mancher richtigen und feinen Bemerkung noch
immer gelesen zu werden.  In Scholten's Geschichte
nimmt die der Philosophie den ersten Rang ein, und die
der Religion, obschon in dieser Ausgabe beträchtlich erweitert und vermehrt, bildet nur die Einleitung zu jener.
Von den Essays von Max Müller gilt dasselbe wie
von Renan's Études.  Sie enthalten u. a. den erweiterten
Artikel über die vergleichende Mythologie, in welchem
er zuerst die Theorie der Mythenerklärung entwickelte,
welche er später in seinen Lectures on the science
of Language, London 1861—64, Lectures on the
science of Religion, London 1873, Lectures on
the origin and growth of Religion, London 1878,

näher darlegen und auch etwas modifizieren sollte. Selbst
die, welche sich mit dieser Theorie nicht oder nicht
völlig befreunden können, müssen das glänzende Talent, die Feinsinnigkeit und das umfangreiche Wissen
des Verfassers bewundern. Sein großer Gegner ist der
amerikanische Gelehrte W. Dwight Whitney, ein nicht
minder großer Sprachkenner, der sowohl auf dem Gebiete des Sprach- wie des Religionsstudiums eine strengere
wissenschaftliche Methode befolgt. Von C. P. Tiele's
Geschiedenis sind die Übersetzungen in das Englische
von Carpenter und in das Deutsche von Weber mehr
als einmal, aber stets unverändert erschienen, während
der Verfasser bei der schwedischen und dänischen Ausgabe von Fischier und Buhl Gelegenheit hatte, Änderungen und Verbesserungen anzubringen. Die zweite
Auflage der französischen Übersetzung von M. Vernes,
Paris 1885, darf als eine neue Ausgabe betrachtet werden. Einen neuen Versuch genealogischer und morpho-
logischer Gruppierung der Religionen liefert derselbe
Autor in dem angeführten Artikel der Encyclopaedia
Britannica. Die Saggi von Puini enthalten eine selbständige Bearbeitung von Tiele's Geschiedenis, die aber
nur auf dem Gebiete der turanischen und chinesischen
Studien, Puini's Spezialität, besonders ausgedehnt ist.
Rawlinson's Werkchen ist nur für solche brauchbar,
die eine flüchtige und etwas oberflächliche Übersicht verlangen. Réville's umfangreiches Werk ist bislang nicht
weiter als bis zu den Chinesen gediehen. Mit großer
Belesenheit, scharfsinnigem Urteil und unbefangenem
Blick verbindet der Verfasser eine ausgezeichnete Klarheit der Darstellung. Namentlich die Prolégomènes sind
höchst interessant. Preis' Religionsgeschichte, deren
Ziel und Charakter schon durch den Nebentitel „eine
Geschichte des menschlichen Geistes" gekennzeichnet
wird — die also vor allem eine philosophische Geschichte
sein will, ist ein sehr lesenswertes Buch, in welchem nur

die Anordnung der Religionen seltsam ist (Brahmanismus,
Buddhismus, Mazdaismus werden zu den Naturreligionen,
die griechische und italische Religion als geistig-indivi-
dualistische zu einem höheren Stadium gerechnet), und
dessen Teile obendrein von sehr ungleichem Werte sind.
In der semitischen Welt ist der Verfasser sichtlich zuhause, in der arischen weniger, und was er z. B. über
die zarathuštrische Religion sagt, ist sehr dürftig. Das
Lehrbuch von Chantepie de la Saussaye bedarf
keiner Empfehlung. Wir können auf die Rezensionen in
Theologisch Tijdschrift XXII (1888), blz. 351 vgg. und
XXIII (1889), blz. 618 vgg. verweisen und fügen nur
hinzu, daſs der Verfasser selbst in der englischen Übersetzung seines Werkes (von Mrs. B. Collyer, née Max
Müller, London 1891) die §§ über die ägyptische Religion, soweit dies möglich war, mit den Resultaten der
neusten Entdeckungen und Untersuchungen in Übereinstimmung gebracht hat. Auch die Einleitung von Graf
Goblet d'Alviella habe ich besprochen Theologisch
Tijdschrift XXI (1887), blz. 253 vgg. Das Werk von
G. H. Lamers zeichnet sich aus durch Genauigkeit und
Hervorhebung des Wichtigsten bei der nötigen Kürze
und entspricht deshalb vollkommen der Absicht des Verfassers, einen Leitfaden für den höheren Unterricht zu
geben, der zugleich als Hilfsmittel zum Selbststudium
dienen kann. Es ist eine Geschichte, d. h. eine historische Beschreibung der verschiedenen Religionen, keine
Geschichte der Religion. Das an letzter Stelle genannte
Werk ist eine Sammlung von Aufsätzen verschiedener
Verfasser über die wichtigsten Religionen, knapp und
mehr charakterisierend als beschreibend. Es ist wohl
überflüssig, auf die groſsen Dienste hinzuweisen, welche
die Revue de l'Histoire des Religions, begründet von
Maurice Vernes, jetzt redigiert von Jean Réville,
dem Studium der Religionsgeschichte geleistet hat.

Benjamin Constant, De la religion considérée dans sa source, ses formes et ses développements. 5 vols, Paris 1824—31.

L. Noack, Mythologie und Offenbarung. Die Religion in ihrem Wesen, ihrer geschichtlichen Entwickelung u. s. w. 2 Teile, Darmstadt 1845.

O. Pfleiderer, Die Religion, ihr Wesen und ihre Geschichte. 2 Teile, Leipzig 1869. — Religionsphilosophie auf geschichtlicher Grundlage, Berlin 1878. — 2. stark erweiterte Auflage: Bd. I. Geschichte der Religionsphilosophie von Spinoza bis auf die Gegenwart, Berlin 1883. Bd. II. Genetisch-speculative Religionsphilosophie, ibd. 1884. — * 3. Auflage: I. Bd. Ibd. 1893.

Emile Burnouf, La science des religions, Paris 1872. 4. Edit. revue et complétée, ibd. 1885.

Ed. von Hartmann, Das religiöse Bewußtsein der Menschheit im Stufengange seiner Entwickelung, Berlin 1882. — Die Religion des Geistes, ibd. 1883.

Paul Gloatz, Speculative Theologie in Verbindung mit der Religionsgeschichte. Bd. I, 1 und 2, Gotha 1883—84.

F. Max Müller, Natural Religion, London 1889. * Deutsch unter dem Titel: Natürliche Religion. Autorisierte Ausgabe von E. Schneider, Leipzig 1890. — Physical Religion, London 1891. * Deutsch unter dem Titel: Physische Religion. Autoris. Ausgabe von R. O. Franke, Leipzig 1892. — Anthropological Religion, London 1892. * Deutsch unter dem Titel: Anthropologische Religion. Autoris. Ausgabe von M. Winternitz, Leipzig 1894. — Theosophy or Psychological Religion, London 1893. * Deutsch unter dem Titel: Theosophie oder psychologische Religion. Autoris. Ausgabe von M. Winternitz, Leipzig 1895. Bilden zusammen die Gifford-Lectures vor der Universität Glasgow in den Jahren 1888, 1890, 1891 und 1892.

Geo. Runze, Sprache und Religion. Studien zur vergleichenden Religionswissenschaft I, Berlin 1889.

Cte Goblet d'Alviella, L'idée de Dieu d'après l'anthropologie et l'histoire (Hibbert-Lectures), Bruxelles
1892.

André Lefèvre, La Religion. (Biblioth. de science
contemp.) Paris 1892.

G. de Molinari, Religion, Paris 1892.

Edw. Caird, The evolution of religion. Gifford-Lectures 1890—92. 2 vols, Glasgow 1893.

Obige Werke bilden eine Auswahl von Schriften über
die Philosophie der Religion, verfaſst von Autoren sehr
verschiedener Richtung, welche jedoch darin übereinstimmen, daſs sie der Geschichte und der Entwicklung
der Religion besondere Aufmerksamkeit schenken und
darauf ihre philosophischen Untersuchungen gründen.
Auch die Werke von Herder, Krause, Schelling und
Hegel könnte man zu dieser Kategorie zählen, wenn die
historischen Daten, über welche sie verfügten, nicht so
dürftig wären, und sie dieselben nicht lediglich zur Stütze
eines vorher entworfenen Systems verwendet hätten.

Auch Benjamin Constant gebot noch nicht über
die reichen Ergebnisse der historischen Untersuchung des
Altertums, welche uns vorliegen, und sein Buch ist daher in mancher Hinsicht veraltet. Aber es ist noch immer
lesenswert. Sein groſses Verdienst ist, zuerst deutlich
zwischen der Religion als solcher, dem religiösen Gefühl
nach seiner Bezeichnung, und den Formen der Religion
unterschieden und den ersten Versuch gemacht zu haben,
die Entwicklung der Religion zu schildern. Als Gegen-
stück ist Noack's Buch angeführt, welches mehr System-
sucht als Kenntnis und Beurteilung der Geschichte verrät. Otto Pfleiderer, dessen Schriften sich durch
lebendigen Styl und Klarheit der Darstellung auszeichnen, hat in dem zuerst genannten Werke die philoso-

phische Untersuchung der Religion einer geschichtlichen
Übersicht voraufgehen lassen, in dem zweiten beide zu
einem Ganzen zu verarbeiten gesucht. Die historischen
Skizzen, welche dasselbe enthält, sind die Frucht tüchtiger und ausgedehnter Studien, scharfsinnigen Urteils
und weitherziger Betrachtungsweise; und deshalb kann
seine Religionsphilosophie zugleich als philosophische
Religionsgeschichte dienen. Émile Burnouf, obwohl
in der Geschichte kein Fremdling, hat sich durch gewisse
mit Vorliebe gepflegte und unbewiesene Theorieen zu
unannehmbaren Resultaten verleiten lassen. In anziehender Form hat Ed. von Hartmann den religiösen Entwicklungsgang der Menschheit geschildert, wie er sich
diesen von dem Standpunkte seiner pessimistischen Philosophie aus vorstellt. Ausgehend von der Überzeugung,
„dafs der Inhalt der Theologie nicht rein objektiv Gott,
sondern objektiv-subjektiv allein das Gottesbewufstsein
sein kann, welches sie also nach seinem Ursprung, objektiven Gehalt und wirklichen historischen Formen wissenschaftlich begreifen mufs", versucht Paul Gloatz die
Dogmatik mit einer ausführlichen Entwicklungsgeschichte
der Religion zu verbinden; er hat jedoch seinen breit
angelegten Plan noch nicht weiter ausgearbeitet als bis
zu der Beschreibung der niedrigsten Naturvölker.

Die Gifford-Lectures von F. Max Müller, deren
Titel nicht ohne Weiteres ein klares Bild ihres Inhalts
geben, enthalten eigentlich einen Beweis, dafs die Wahrnehmung des Unendlichen dasjenige ist, was alle Religionen miteinander gemein haben, wenn sich auch die
Vorstellung des Unendlichen stets höher entwickelt hat.
Die Methode, welche Müller befolgt, ist die historische,
im Gegensatz zu der abstrakt-logischen Hegels. Der
erste Teil bildet die Einleitung und handelt über Religion im allgemeinen, die drei folgenden — nach dem
eigenen Ausdruck des Verfassers — über die Entdeckung
Gottes, die Entdeckung der Seele und die Entdeckung

der Einheit Gottes und der Seele. Dafs der schöne Styl
und die vielseitige Kenntnis des Verfassers sein Werk
auch für solche, die seinem Grundgedanken nicht zustimmen können, zu einer angenehmen und lehrreichen
Lektüre macht, braucht kaum erwähnt zu werden.

Georg Runze, der sein Werk F. Max Müller gewidmet hat, ist mit diesem Meister darin einig, dafs
Sprachstudium und Theologie auf dem Gebiete der
vergleichenden Religionswissenschaft einander die Hand
reichen müssen, und stellt sich die Aufgabe, die Resultate der Sprachwissenschaft der Lösung theologischer
Probleme dienstbar zu machen. Goblet d'Alviella
giebt eine klare und gewandte Darlegung der Gottesidee
in ihrer historischen Entwicklung, von der prähistorischen
Zeit an (über welche die vergleichende Ethnographie
einige Hypothesen zu bilden gestattet) bis zu dem reinsten Monotheismus. Auf völlig anderem Standpunkte
steht André Léfèvre, welcher in dem, was er den
letzten Kampf zwischen Religion — für ihn identisch mit
Sinnverwirrung — und Wissenschaft nennt, entschieden
auf die Seite der letzteren tritt und alle Religionen, als
auf einer „conception anthropo-animique" von Wesen
und Dingen beruhend, für abgethan ansieht: das letzte
Wort eines einseitig materialistischen Rationalismus, der
die Wissenschaft überschätzt. Die Schrift G. de Molinari's ist eigentlich ein Plaidoyer für die Freiheit der
Religion, gestützt auf die Geschichte ihrer Entwicklung
und den Beweis, dafs sie aus einem unausrottbaren Bedürfnis des menschlichen Geistes entsteht. Ein Meister-
werk sind die Gifford-Lectures von Edw. Caird, welches
nicht besser charakterisiert werden kann als durch seine
eigenen Worte: „kritischer Geist ohne Agnosticismus
und vernünftiger Glaube ohne Dogmatismus", und in
dem der Verfasser, wie Benjamin Constant, aber mit den
reichen Mitteln, welche die Religionswissenschaft auf ihrer
gegenwärtigen Höhe ihm darbietet, „in den stets sich

verändernden Formen das Eine geistige Prinzip" aufzu-
spüren versucht, „welches fortwährend im menschlichen
Leben wirksam ist". Die bekannten Werke Herbert
Spencer's, vor allem seine „Descriptive Sociology"
und seine „Principles of Sociology" brauchten hier nicht
angeführt zu werden, obwohl sie auch die grofsen Probleme, welche die Entwicklung der Religion betreffen,
nicht unbesprochen lassen.

---

## 2. Naturreligion und Animismus.

### A. Allgemeine Werke.

Theodor Waitz, Anthropologie der Naturvölker. Bd. I:
Über die Einheit des Menschengeschlechts und den
Naturzustand des Menschen, Leipzig 1859. 2. Aus-
gabe 1877. Bezüglich der übrigen Teile siehe unten.
Adolf Bastian, Der Mensch in der Geschichte. 3 Teile,
Leipzig 1860. — Beiträge zur vergleichenden Psycho-
logie, Berlin 1868.
Daniel Wilson, Prehistoric Man. Researches into the
origin of civilisation in the old and the new World,
London 1865.
Friedr. Müller, Allgemeine Ethnographie, Wien 1873.
* 2. Auflage 1878.
Oscar Peschel, Völkerkunde. 1. Auflage, Leipzig
1874. * 6. Auflage ed. Kirchhoff, ibd. 1885.
G. Gerland, Anthropologische Beiträge I, Halle 1875.
E. B. Tylor, Primitive Culture. 2 vols, London 1865.
2. Ed. 1878. * 3. Ed. 1891. * Deutsche Ausgabe unter
dem Titel: Die Anfänge der Kultur. Unter Mitwir-
kung des Verfassers deutsch von J. W. Spengel und
Fr. Poske. 2 Bde, Leipzig 1873. * Französische Aus-

gabe von P. Brunet und E. Barbier. 2 vols, Paris
1876—78. — Researches into the early History of
Mankind, London 1871. * 3. Ed. 1878.

Sir J. Lubbock, Origin of civilization, London 1874.
* 5. Ed. 1890. * Deutsche Ausgabe: Die Entstehung
der Civilisation und der Urzustand des Menschengeschlechts. Erläutert durch das äufsere und innere
Leben der Wilden. Nach der 3. engl. Ausgabe deutsch
von A. Passow. Vorwort von R. Virchow. Jena 1875.

G. Roskoff, Das Religionswesen der rohesten Naturvölker, Leipzig 1880.

F. von Hellwald, Kulturgeschichte in ihrer natürlichen
Entwickelung, Augsburg 1875. * 3. Auflage 1883.

O. Caspari, Die Urgeschichte der Menschheit mit Rück-
sicht auf die natürliche Entwickelung des frühesten
Geisteslebens. 2. Auflage. 2 Bde, Leipzig 1877.

Fritz Schultze, Der Fetischismus, ein Beitrag zur Anthropologie und Religionsgeschichte, Leipzig 1871.

A. Làng, Custom and Myth, London 1884. — Myth,
Ritual and Religion. 2 vols, ibd. 1887. Holländi-
sche Ausgabe mit Anmerkungen von L. Knappert,
Onderzoek naar de ontwikkeling van godsdienst, cultus
en mythologie. 2 Deelen, Haarlem 1889.

W. Schwartz, Prähistorisch-anthropologische Studien.
Mythologisches und Kulturhistorisches, Berlin 1884.

W. Schneider, Die Naturvölker. Mifsverständnisse,
Mifsdeutungen und Mifshandlungen. 2 Teile, Pader-
born und Münster 1885—86.

Vgl. übrigens die weitere Litteratur bei A. Réville, La
religion des peuples non-civilisés (Histoire des Religions I.), p. 27—31.

Das seiner Zeit ausgezeichnete, jetzt natürlich in mancher Hinsicht veraltete, umfangreiche Werk von Waitz,
nach seinem Tode von Gerland fortgesetzt und vollendet, ist noch immer wertvoll durch Stoffreichtum, glück-

liche Gruppierung der Daten und unparteiische Beurteilung der Thatsachen. Von Adolf Bastian's zahlreichen
Büchern sind nur zwei namhaft gemacht, die für unseren
Gegenstand wichtiger sind als die übrigen. Es ist nütz-
lich, die Anschauungen eines solchen Anthropologen
kennen zu lernen; unglücklicher Weise giebt er zum Beweise derselben zwar eine Anzahl Beispiele, aber gänzlich
ungeordnet und zugleich ohne Benennung der Quellen,
aus denen sie geschöpft sind. Dadurch werden diese
Bücher nicht nur unlesbar, sondern auch ungeeignet für
den wissenschaftlichen Gebrauch. Weit bessere Dienste
leisten die Werke von Friedrich Müller und Oscar
Peschel — das erste sehr kurz, aber was die Religion
anlangt sorgfältig, das zweite anziehend durch frische
Ursprünglichkeit der Ideen und schönen Styl. Daniel
Wilson nimmt einen ganz eigenartigen Standpunkt ein,
sofern er den Wilden als von einer höheren Stufe der
Kultur herabgesunken, also nicht als Typus des Ur-
menschen ansieht. Mit den Problemen der eigentlichen
Religionswissenschaft beschäftigt er sich weniger, aber
sein Werk ruht auf tüchtigen Studien und genauer Beobachtung. Gerland's Beiträge sind die Frucht umfassen-
der anthropologischer Gelehrsamkeit und deshalb sehr
lesenswert, wenn man auch seinen bisweilen piquanten,
aber gewagten Hypothesen nicht ohne Weiteres zustimmen wird. Edw. Tylor hat durch seine beiden angeführten Werke eine neue Bahn für die Untersuchung
der Religionen der Naturvölker gebrochen. An vielsei-
tiger Kenntnis und Beherrschung des Stoffes von Niemandem übertroffen, ist er zugleich am tiefsten in den Geist
des noch wenig entwickelten Menschen eingedrungen, sodafs seine Erklärung der animistischen Welt- und Lebens-
anschauung und ihres Einflusses auf die Religion der
Hauptsache nach als richtig angenommen werden darf.
Wie hoch Sir John Lubbock auch auf anderen Ge-
bieten stehen mag, und obwohl man von seinem Werke

Kenntnis nehmen muſs — für die Beurteilung religiöser
Phänomene scheint er nicht das rechte Organ zu besitzen. G. Roskoff hat ihn denn auch in manchen
Punkten widerlegt und überzeugend nachgewiesen, daſs
verschiedene Völker, welchen Lubbock alle Religiosität
abspricht, thatsächlich eine Religion besitzen. Von Hellwald's Kulturgeschichte ist das trostlose Buch eines
Skeptikers, welcher der Religion gleichgültig gegenüber-
steht. Caspari geht von ganz entgegengesetzten Prinzipien aus: in seiner Schrift ist viel Lehrreiches, auch
viel, was zu näherer Untersuchung reizt. Schultze ist
einseitig, aber scharfsinnig. Aus dem Fetischismus, der
nur eine Seite des Animismus darstellt, will er alle Erscheinungen ableiten und rechnet dazu auch verschiedene, welche überhaupt nicht hierher gehören. Vgl.
C. P. Tiele, Een probleem der godsdienstwetenschap,
Gids 1871, I, 98 vgg. Deutsche Übersetzung, Leipzig
1871. Andrew Lang ist nicht minder einseitig als
Schultze; in der Erklärung des Ursprungs der Mythologie und Religion vertritt er die anthropologische Schule
gegenüber derjenigen der vergleichenden Mythologie,
und zwar mit bedeutender Gelehrsamkeit und seltenem
Talent, obgleich — nach dem treffendem Ausdruck von
La Saussaye in der Vorrede zu Knappert's Übersetzung —
„seine Auseinandersetzungen mehr den Ton einer piquanten Bestreitung seiner Gegner oder eines geschickten
Plaidoyers, als den einer unparteiischen Untersuchung
anschlagen". Vgl. C. P. T. in Revue de l'Histoire des
Religions, 1885, XII, p. 260 suiv. Theol. Tijdschrift 1886,
I vgg. Wie sehr die von Tylor und Lang verteidigte
Auffassung in den letzten Jahren schon den Beifall von
Mythologen der alten Schule gefunden hat, beweist unter
anderem das Werk von Schwartz, dem Schwager und
früheren Gesinnungsgenossen Adalbert Kuhn's, der
jedoch in den jüngeren Artikeln der genannten Samm-
ung der Anthropologie einen hervorragenden Platz ein-

räumt. Schneider steht auf konservativ römisch-katholischem Standpunkte und will deshalb von Entwicklungs-
hypothesen und dem, was damit zusammenhängt, nichts
wissen. Da er jedoch seiner Aufgabe gewachsen ist,
kann sein Werk als eine sehr heilsame Kritik der Theorie
betrachtet werden, welche er bekämpft, eine Kritik, aus
welcher auch seine Gegner Vorteil zu ziehen vermögen.

Ältere Werke, wie Dupuy, Origine de tous les
Cultes, von dessen verkürzter Bearbeitung im Jahre 1869
eine neue Ausgabe erschien, und (Radenhausen) Isis,
der Mensch und die Welt, sind, weil nur von histori-
schem Interesse, nicht unter die obengenannten aufgenommen. Als Vorläufer der neueren Methode nenne
ich noch: Alfr. Maury, La Magie et l'Astrologie dans
l'Antiquité et au Moyen Age, Paris 1860. Vgl. auch
C. P. Tiele, De plaats van de godsdiensten der Natuur-
volken in de vergelijkende godsdienstwetenschap, Amsterdam 1873.

* Zur Einführung in das Studium der allgemeinen
Anthropologie, mit deren wichtigsten Ergebnissen der
Religionshistoriker gründlich vertraut sein mufs, sind besonders geeignet E. B. Tylor's Anthropology (1881),
deutsche autorisierte Ausgabe von G. Siebert unter dem
Titel: Einleitung in das Studium der Anthropologie und
Civilisation, Braunschweig 1883, und das klassische Werk
von Johannes Ranke, Der Mensch, 2 Bde, Leipzig
1886. 2. neubearbeitete Auflage, Leipzig und Wien
1894. Über den gegenwärtigen Stand der prähistorischen
Forschung orientiert in durchaus zuverlässiger Weise
M. Hoernes, Die Urgeschichte des Menschen nach dem
heutigen Stande der Wissenschaft; Wien, Pest, Leipzig
1892. Als bedeutendstes Organ für die in Rede stehenden Gebiete ist das „Archiv für Anthropologie.
Zeitschrift für Naturgeschichte und Urgeschichte des Menschen. Begründet von A. Ecker und L. Lindenschmit,
herausgegeben von Johannes Ranke" (mit sehr ausführ-

lichen Litteraturverzeichnissen) zu nennen. Für ethno-
graphische Studien ist neben den oben besprochenen
Werken von Friedr. Müller und Oscar Peschel
auf Friedr. Ratzel's Völkerkunde (3 Bde, Leipzig
1885—87. 2. gänzlich neubearbeitete Auflage in 2 Bdn,
Leipzig und Wien 1894—95) zu verweisen; ein prächtig
ausgestattetes und reichhaltiges Werk, dessen Stärke
übrigens gerade nicht in seinen religionsgeschichtlichen
Particen beruht. Unter der periodischen Litteratur dieses
Faches verdienen die „Zeitschrift für Ethnologie",
„Ausland" und „Globus" besondere Beachtung.

---

## B. Werke über einzelne Religionen und Religions-familien auf animistischem Standpunkte.

Wir können hier bei weitem nicht Alles aufzählen,
wovon man behufs eines speziellen Studiums dieser Religionen und Religionsgruppen würde Kenntnis nehmen
müssen, sondern berühren nur das, was dazu geeignet
erscheint, von der Art dieser Religionen eine richtige
Vorstellung zu verschaffen.

Für die Australier ist noch immer wertvoll das
Werk George Grey's, Journals of two expeditions of
discovery in North-Western and Western Australia, 2 vols,
London 1841. Man vgl. ferner Gerland-Waitz, VI,
706—829; Tylor, Primit. Culture, I, 320 ff.; Réville,
Peuples non-civilisés, II, 143 suiv. und p. 11.

Papua's und Melanesier. A. Goudzwaard,
De Papoewas van de Geelvinksbaai, Schiedam 1863.
Van Boudyck Bastiaanse, Voyages faits dans les
Moluques, à la Nouvelle-Guinée etc. Paris 1845. Ferner
Gerland-Waitz, VI, 512—705; Réville, II, 116 suiv.
und p. 10.

Malayen und Polynesier. Für die Kenntnis der
animistischen Religionen des Niederländisch-Ostindischen

Archipels sind vor allem die Uitgaven van het K. Instituut van Taal-, Land- en Volkenkunde van N.-J., besonders die „Bijdragen" zurate zu ziehen. Auch der „Indische Gids" enthält manchen einschlägigen Artikel. Der erste, welcher diese Religionen zum Gegenstande echt wissenschaftlicher Studien gemacht hat, ist der unermüdliche, aber leider früh gestorbene Anthropologe G. A. Wilken, ein Mann von seltener Gelehrsamkeit, unter dessen Publikationen, abgesehen von den Artikeln in den obengenannten „Bijdragen" und dem „Indischen Gids", besonders zu erwähnen sind: Het Animisme bij de volken van den Indischen Archipel, Leiden 1885 (vgl. Het Shamanisme bij de volken van den Indischen Archipel, in Bijdragen V, II, 1887); Over de Verwantschap en het Huwelijks-en Erfrecht bij de volken van den Ind. Archipel, beschouwd uit het oogpunt van de nieuwere leerstellingen op het gebied der maatschappelijke ontwikkelingsgeschiedenis, Leiden 1883; Über das Haaropfer und einige andere Trauergebräuche bei den Völkern Indonesiens (aus Revue Coloniale Internationale), Amsterdam 1886. Bezüglich der übrigen Schriften desselben Verfassers vgl. man die Verzeichnisse, auf welche M. J. de Goeje verweist hinter seiner Biographie G. A. Wilken's im Jaarboek der k. Akademie van Wetenschappen voor 1892 (auch aufgenommen in die Levensberichten van de Maatsch. d. Nederl. Letterkunde desselben Jahres). Ferner Waitz, V, 1.

Eine gute Übersicht der eigentlichen polynesischen Religionen giebt Oberländer, Die Inseln der Südsee, Leipzig 1871. Besonders empfohlen zu werden verdienen G. Schirren, Die Wandersagen der Neu-Seeländer und der Maui-Mythos, Riga 1856; Sir G. Grey, Polynesian Mythology and ancient traditional History of the New-Zealand Race, London 1855, und W. W. Gill, Myths and Songs from the South-Pacific, with preface by Max Müller, London 1876. Beide, Sir G. Grey und

Gill, haben lange Zeit unter den Eingeborenen gelebt;
ersterer giebt die aufgefangenen Erzählungen ohne weitere Erklärung oder Spekulation, letzterer begleitet sie
mit Theorieen und Erläuterungen, welche sicherlich nicht
überall auf Zustimmung rechnen dürfen. Der grofse
Wert seines Buches beruht auf den Gesängen, welche
er im Original wiedergiebt, indem er zugleich eine Übersetzung derselben beifügt. Auch A. Fornander kennt
die Eingeborenen, mit denen er sich verschwägert hat,
aus eigener Anschauung, aber sein Werk: An account
of the Polynesian Race, its origin and migrations, 3 vols,
London 1878—85, ist ohne Wert für die Religionsgeschichte wegen der vielen unhaltbaren Hypothesen,
welche der Verfasser aufzustellen beliebt. Vgl. ferner
bezüglich der Mikronesier und der nordwestlichen Polynesier Waitz-Gerland, VI, 1—514 (Litteraturangaben
ebds. V, S. XXVI—XXXIV; VI, S. XIX—XXII); Réville, II, 6 suiv.

Nigritier und Verwandte. Lehrreich und charak-
teristisch als Frucht eigener Beobachtung bei Abwesenheit aller Theorie bleibt stets W. Bosman, Nauw-
keurige Beschrijving van de Guinese Goud-, Tand- en
Slavekust, 2. Uitg. 1709. Eine gute Übersicht giebt
Ed. Schauenburg, Reisen in Central-Afrika von Mungo
Park bis auf Dr. Barth und Dr. Vogel, 2 Teile, 1859 bis
1865, womit zu vergleichen H. Wagner, Schilderung
der Reisen und Entdeckungen des Dr. Ed. Vogel, Leipzig
1860, und A. Kaufmann, Schilderungen aus Central-
Afrika, Brixen 1862. Vorzüglich ist S. Leighton Wilson, History and Condition of Western Africa, Philadelphia 1859; auch Brodie Cruickshank, Eighteen
years on the Gold-Coast, London 1853, enthält viel
Gutes. Für die Kenntnis der priesterlichen Hierarchie
ist von Wichtigkeit T. E. Bowditch, Mission to Ashan-
tee, London 1819. R. Hartmann, Die Nigritier, Bd. I,
Berlin 1877 (verkürzte, populäre und etwas verbesserte

Ausgabe: Die Völker Afrikas, Leipzig 1879) sucht die
Einheit aller afrikanischen Rassen zu beweisen und unterscheidet sich hierin von Gerland, welcher sie in seinen
Anthropol. Beiträgen I, 396 mit Aegyptern und Semiten
zu Einer Rasse, der arabisch-afrikanischen, verbindet.
Nicht ohne Interesse ist Cameron, Across Africa,
2 vols, London 1877; aber durchaus nicht zu vertrauen
ist J. B. Douville, Voyage au Congo et dans l'in-
térieur de l'Afrique équinoxiale, 3 vols, Paris 1832, da
er sich jedenfalls nur zum Teil auf eigene Anschauung
stützt. Die Reisebeschreibungen von Barth, Speke
und Grant und Sir Samuel Baker liefern nur wenig
Material für die Kenntnis der betreffenden Religionen.
Für die Kaffern, Hottentotten und Buschmänner ist ein
Standard-work G. Fritsch, Die Eingeborenen Süd-
Afrikas, ethnographisch und anatomisch beschrieben,
Breslau 1872, und wichtig ist auch E. Casalis, Les
Basoutos, Paris 1860. * Unter den neuesten Reisewerken
sind neben den Schriften von G. Rohlfs, G. Schwein-
furth, G. Nachtigal und H. v. Wifsmann besonders
hervorzuheben: Franz Stuhlmann, Mit Emin Pascha
in's Herz von Afrika. Reisebericht von Dr. F. St. mit
Beiträgen von Dr. Emin Pascha. 2 Teile, Berlin 1894,
und Oscar Baumann, Durch Massailand zur Nilquelle.
Reisen und Forschungen der Massai-Expedition des deutschen Antisklaverei-Komite in den Jahren 1891—93,
Berlin 1894 — beide auch in illustrativer Hinsicht vorzüglich ausgestattet. — Vgl. ferner Waitz, II, Litteratur S. XVII—XXIV; Réville, I, Litteratur p. 49—52
und 167—168.

Für die amerikanischen Rassen ist die Litteratur so umfangreich, dafs wir in dieser Beziehung hauptsächlich verweisen auf H. E. Ludewig, The Literature of American aboriginal languages, with additions
by Turner, ed. by N. Trübner, London 1857; Waitz,
III und IV, S. XIX—XXXII und VII—VIII; Réville,

I, p. 208—211. Von verschiedener Richtung und verschiedenem Werte sind die Werke von Brasseur de Bourbourg, Catlin, Schoolcroft und Léon de Rosny, aber man wird sie immer zurate ziehen müssen, wie auch H. H. Bancroft, Native races of the Pacific States of North-America, 5 vols, 1875, reich an Daten, aber ohne irgendwelche kritische Sichtung. Zahlreiche Beiträge findet man in den jährlichen Berichten und sonstigen Publikationen der Smithsonian Institution, von denen sich ein Katalog im Annual Report, 1886, Vol. I, p. 485 ff. findet. Vergl. auch in demselben Report, Vol. II. Part V, The George Catlin Indian Gallery. Siehe ferner die Archives de la Société américaine de France, Paris, Leroux, denen hinzuzufügen ist F. A. de la Rochefoucauld, Palanqué et la civilisation Maya, ebds. 1888. Einen ganz eigenartigen Standpunkt nimmt D. G. Brinton ein, dessen Werkchen: The religious sentiment, its source and aim, New-York 1876, die Prinzipien darlegt, von denen er bei seinen Untersuchungen ausgeht, während er sich in seinen anderen Schriften speziell mit den amerikanischen Religionen beschäftigt. Zu diesen gehören: The myths of the new World, a treatise on the symbolism and mythology of the red race of America, New-York 1863. American Hero-Myths, a study in the native religions of the Western Continent, Philadelphia 1882. Ferner giebt er mit Anderen, wie Horatio Hale und A. S. Gatschet eine Library of aboriginal American Literature heraus, von der acht Lieferungen erschienen sind. Wir nennen davon besonders: I. The Chronicles of the Mayas, II. The Iroquois Book of Rites, VI. The Annals of the Cakshiquels, VII. Ancient Nahuatl poetry, und hauptsächlich VIII. Rig-Veda Americanus, unter welchem nicht sehr treffenden Titel eine Sammlung alter heiliger Aztekenlieder nebst einem Übersetzungsversuch publiziert ist. Das Buch, zu welchem man in Europa am meisten greift, um sich über unseren Gegenstand zu informieren, ist J. G. Müller, Geschichte der Amerikanischen Urreligionen, Basel 1855, welches diese Bevorzugung verdient wegen seines Überflusses an Material und der meist sehr richtigen Erklärungen, aber von einer sicherlich falschen Hypothese beherrscht wird, nämlich der, dafs die nördlichen Religionen, auf dem Glauben an Geister und Seelen beruhend, sich dadurch scharf unterschieden von den südlichen, in welchen der Sonnendienst die Hauptsache sei. *Eine in verschiedenster Hinsicht sehr wertvolle und interessante Fundgrube bildet das gediegene Reisewerk Karl von den Steinen's, Unter den Naturvölkern Zentral-Brasiliens, Reiseschilderung und Ergebnisse der zweiten Schingú-Expedition 1887—88, Berlin 1894, nach dem berufenen Urteil von Professor Johannes Ranke in München: „eine ganz neue, in der Litteratur bisher einzige Erscheinung: das erste Lehrbuch der Völkerpsychologie, dargestellt in der klassischen Beschreibung Eines Naturstammes" (Correspondenzblatt, Juni 1894).

Für die Kenntnis der uralaltaïschen Religionen bleibt noch immer das Hauptwerk M. Alexander Castrén, Vorlesungen über die Finnische Mythologie, aus dem Schwedischen übersetzt von Anton Schiefner, St. Petersburg 1853. Seine kleineren Schriften, ebenfalls von Schiefner herausgegeben, enthalten u. a. eine Abhandlung über die Zauberkunst der Finnen und eine allgemeine Übersicht über die Götterlehre und die Magie der Finnen zur Zeit des Heidentums. Die Werke Castrén's haben eine neue Epoche in dem Studium der Mythologie der Finnen und ihrer Verwandten eingeleitet. Sie beruhen auf eigener, selbständiger Untersuchung, und der Autor hat das auf seinen Reisen gesammelte Material nach einer im ganzen richtigen Methode verarbeitet. Von der Kalewala, den Heldenliedern der Finnen, ist die vollständigste Ausgabe die von Lönrott, 1849 im Auftrage der Universität Helsingfors veranstaltet (die erste

Ausgabe von 1835 enthält nur 35, die von 1849 50 Runen). Übersetzung von A. Schiefner, Kalewala, das National-Epos der Finnen, nach der 2. Ausgabe ins Deutsche übertragen, Helsingfors 1852. Vgl. dazu H. M. Meyboom, de Kalewala, Gids 1879 Nr. 9. Aufserdem H. R. von Schröter, Finnische Runen, Upsala 1819. E. Beauvois, La Magie chez les Finnois, in Revue de l'Hist. des Religions, 1881, t. III, p. 273; 1882, t. V, p. 1 und VI, p. 257.

Für die Tataren kann man vergleichen A. Schiefner, Heldensagen der minussinschen Tataren, rhythmisch bearbeitet, St. Petersburg 1859; für die Lappen O. Donner, Lieder der Lappen, Helsingfors 1876; für die Esthen J. W. Boecler, Der Ehsten abergläubische Gebräuche, Weisen und Gewohnheiten, mit Anmerkungen von Fr. R. Kreutzwald, St. Petersburg 1854; J. B. Holzmayer, Osiliana, Erinnerungen aus dem heidnischen Götterkultus und alte Gebräuche, gesammelt unter den Insel-Esten, Dorpat 1872. Leopold von Schröder, Die Hochzeitsgebräuche der Esten u. s. w. versucht durch Vergleichung dieser Gebräuche mit den indogermanischen die ältesten Beziehungen zwischen dieser und der finnisch-ugrischen Völkerfamilie aufzuzeigen. Vgl. ferner für die Litteratur Réville, II, p. 178 suiv. und das citierte Werk von v. Schröder, S. 9—12 und passim.

# Erstes Buch.
## Ägypten.

---

### Allgemeine Werke.

Die grofsen Bilderwerke von Champollion, Ro-
sellini, Leemans, Lepsius, Sharpe, Duemichen, Mariette, Pleyte u. A., wie das grofse Hiero-
glyphisch-Demotische Wörterbuch von H. Brugsch
(7 Bände) sind nur für solche brauchbar, welche Hieroglyphenschrift lesen und etwas von der ägyptischen
Sprache verstehen. Wer ohne spezielles Studium sich
eine Vorstellung von dieser Schrift und Sprache machen
will, greife zu J. P. Mahaffy, Prolegomena to ancient
history, London 1871, De Rosny, Les Écritures figu-
ratives, Paris 1860, vor allem aber zu Ph. Berger,
Histoire de l'Écriture dans l'Antiquité, Paris 1891, und
H. Brugsch, Hieroglyphische Grammatik zum Nutzen
der studierenden Jugend, Leipzig 1872, oder Le Page
Renouf, Egyptian Grammar, London 1875, und dem
später zu nennenden Werke von Johannes Duemichen. * Neuerdings erschien (als Pars XV der Porta
linguarum orientalium): Adolf Erman, Aegyptische
Grammatik mit Schrifttafel, Litteratur, Lesestücken und
Wörterverzeichnis, Berlin 1894. — Besondere Erwähnung
verdient W. Pleyte, Zur Geschichte der Hieroglyphenschrift, nach dem Holländ. von Carl Abel, Leipzig 1890
(Auszug aus einem gröfseren Aufsatze in dem Maandblad

voor Onderwijs). Der grofse Entdecker Champollion le jeune hat die Resultate seiner Entzifferung niedergelegt in seinem Précis du système hiéroglyphique des anciens Égyptiens, 2. Éd. mit Abb., Paris 1828, und systematischer in seiner Grammaire égyptienne. Die Chrestomathie égyptienne seines Schülers Emm. de Rougé (Abrégé grammatical I, Paris 1867; II, 1868) ist unvollendet geblieben. Für die Erklärung der Hieroglyphen in der Antike vgl. man Horapollinis Niloi Hieroglyphica, ed. C. Leemans, Amsterdam 1835. Eine wahre Encyklopädie der ägyptologischen Wissenschaft, von der Hand eines Meisters verfafst, ist das Werk von H. Brugsch, Die Aegyptologie. Abrifs der Entzifferungen und Forschungen auf dem Gebiete der ägyptischen Sprache, Schrift und Altertumskunde. Leipzig, I. Abt. 1889; II. Abt. 1891.

Lehrreiche Abhandlungen, Texterklärungen und Monographieen findet man in folgenden Zeitschriften und Sammelwerken:

Revue Archéologique, Paris.

Zeitschrift für ägyptische Sprache und Altertumskunde, von R. Lepsius, H. Brugsch und D. Stern. Leipzig 1863 ff.

Recueil de Travaux relatifs à la Philologie et l'Archéologie égyptiennes et assyriennes, Paris 1870 suiv.

Mélanges d'Archéologie égyptienne et assyrienne, Paris 1874 suiv.

Transactions of the Society of Biblical Archaeology und Proceedings derselben Gesellschaft, London 1872 ff.

Journal Asiatique (Table des matières de la septième série 1873—1882, Paris 1882, t. XX, s. v. Egypte. und die folgenden Jahrgänge).

Für die Kenntnis des ägyptischen Altertums sind von Wichtigkeit:

C. C. J. Bunsen, Aegyptens Stelle in der Weltgeschichte, 6 Bde. I—III Hamburg 1844—45, IV—VI

Gotha 1856—57. Englische Übersetzung von H. Cottrel, Egypt's place in universal history, I—V, London 1848—67.

Sir Gardner Wilkinson, Manners and Customs of the ancient Egyptians. 1. Series, 3 vols. London 1837 (2. Ed. von Vol. I 1842); 2. Series, 2 vols und 1 Teil Abb. London 1841.

W. H. Davenport Adams, The Land of the Nile, or Egypt past and present, London 1878.

G. Perrot et C. Chipiez, Histoire de l'Art dans l'Antiquité. Tome I. Egypte, Paris 1880 suiv. * Deutsche Ausgabe von R. Pietschmann, Leipzig 1884.

G. Maspéro, L'Archéologie égyptienne, Paris 1887. * Deutsche Ausgabe von G. Steindorff unter dem Titel: Aegyptische Kunstgeschichte, Leipzig 1889.

Ad. Erman, Aegypten und ägyptisches Leben im Altertum. 2 Bde, Tübingen o. J. (1885—87).

* Aegyptische und vorasiatische Altertümer aus den königlichen Museen zu Berlin. 87 Lichtdrucktafeln gr. fol. mit erläuterndem Text, Berlin 1895.

Das grofse Werk von Bunsen ist jetzt veraltet und behält nur seinen historischen Wert, aber der 5. Teil der englischen Übersetzung ist noch immer von Bedeutung wegen der vielen Ergänzungen und Verbesserungen von der Hand S. Birch's, die er enthält, so besonders eine Übersetzung des Totenbuches und ein hieroglyphisches Wörterbuch nebst Grammatik. Die Erklärungen, welche Sir G. Wilkinson von den Mythen und religiösen Bräuchen der Ägypter giebt, müssen meist abgelehnt werden; aber sein Werk enthält dessen ungeachtet eine reiche Fülle wohlverbürgter Thatsachen und ausgezeichneter Abbildungen. Das Büchlein von Davenport Adams ist populär, aber im ganzen sorgfältig und brauchbar. Die Kunstgeschichte von Perrot und Chipiez hat einen wohlverdienten Ruf, nicht nur

wegen ihrer vortrefflichen Abbildungen, sondern auch
wegen ihres gut geschriebenen und echt wissenschaftlichen Textes. Maspéro giebt eine kurze, aber in
jeder Hinsicht zuverlässige Übersicht über die ägyptische Kunst, mit guten Abbildungen. Vollkommen auf
der gegenwärtigen Höhe der Ägyptologie steht das
Werk von Adolf Erman, das sich auch durch Originalität auszeichnet; aber sein Verfasser, obwohl ein
Archäologe ersten Ranges, verrät öfter Mangel an histo-
rischem Sinn und an Verständnis für die hohe Entwicklungsstufe, welche die Ägypter vor allen anderen Völkern
erreicht haben — waren auch die Formen, in welchen
diese sich dokumentierte, häufig unbeholfen und gebrechlich (vgl. Arthur Lincke, Ein Wort zur Beurteilung
des alten Orients, in der Festschrift des Vereins für Erd-
kunde zu Dresden). Dagegen verdient ein Werkchen des
Madrider Professors D. Miguel Morayte (deutsch von
Ad. Schwarz, Alt-Aegypten) trotz des grofsen Lobes,
welches es geerntet hat, bezüglich der ägyptischen Religion nicht das mindeste Vertrauen. Nicht ohne Nutzen
wird man die Kataloge von Museen und Sammlungen
durchmustern. Wir nennen nur die des Museums in
Leiden (C. Leemans), Paris (E. de Rougé), Berlin
(H. Brugsch), Lyon (Th. Devéria), Bulak (Mariette-
Bey), der ägyptischen Manuskripte des Louvre (Devéria), der Sammlung Schouten in Utrecht (W. Pleyte)
u. s. w.

---

•

### Wissenschaftliche Reisen.

Champollion, Lettres écrites d'Egypte et de Nubie
en 1828 et 1829, Paris 1833. — Notices descriptives
conformes aux manuscrits autographes, Paris 1844.

R. Lepsius, Briefe aus Aegypten u. s. w. Berlin 1852.

M. Gentz, Briefe aus Aegypten und Nubien, Berlin 1853.

H. Brugsch, Reiseberichte aus Aegypten, Leipzig 1855.

G. A. Hoskins, A winter in upper and lower Egypt, London 1863.

J. J. Ampère, Voyage en Egypte et Nubie, Paris 1867.

A. Mariette-Bey, Itinéraire de la Haute-Egypte, comprenant une description des monuments antiques des rives du Nil, Alexandria 1872.

H. Brugsch, Wanderung nach den Türkisminen und der Sinaihalbinsel, 2. Ausg., Leipzig 1868.

A. Rhoné, L'Egypte à petites journées. Etudes et souvenirs. Le Kaire et ses environs, Paris 1877. Vortreffliche Illustrationen.

Am. B. Edwards, A thousand Miles up the Nile, 2 vols. Leipzig, Tauchn. Edit. 1878.

Es genügt, auf diese Reisebeschreibungen zu verweisen. Nur mag noch daran erinnert werden, dafs die Verfasserin der letzten die begabte Romancière ist, welche sich in den späteren Jahren ihres Lebens der Ägyptologie gewidmet und als Sekretärin des Egypt. Exploration Fund verdient gemacht hat.

---

## Geschichte.

R. Lepsius, Königsbuch, Berlin 1858.

Valdemar Schmidt, Assyriens og Aegyptens gamle Historie efter den nyere Tids Forskninger. I, Kjöbenhavn 1872. II, 1877.

H. Brugsch, Histoire d'Egypte dès les premiers temps de son existence jusqu' à nos jours, 1re partie (bis

Nektanebos) Leipzig 1859. 2. Edit. 1re partie (bis zum Ende der 17. Dynastie) Leipzig 1875. — Geschichte Aegyptens unter den Pharaonen. Nach den Denkmälern. Erste deutsche Ausgabe. Leipzig 1877.

S. Sharpe, History of Egypt, 2 vols. 6th Ed. London 1876.

Joh. Duemichen, Geschichte des alten Aegyptens, Berlin 1879.

Ed. Meyer, Geschichte des alten Aegyptens, Berlin 1887. Beide Werke gehören zu der Oncken'schen Sammlung.

A. Wiedemann, Geschichte Aegyptens von Psammetich I. bis auf Alexander den Grofsen, Leipzig 1880. — Aegyptische Geschichte, Gotha 1883—84. * Supplement dazu, Gotha 1888.

G. Maspéro, Lectures Historiques. Histoire ancienne. Egypte, Assyrie, Paris 1890. — Histoire ancienne des peuples de l'Orient. Tome Ier: Les Origines. Egypte, Chaldée. Paris 1894, en cours de publication.

E. de Rougé, Recherches sur les monuments qu'on peut attribuer aux VI premières dynasties, Paris 1866.

R. Lepsius, Über die zwölfte ägyptische Königsdynastie, Berlin 1852.

F. Chabas, Les Pasteurs en Egypte, Amsterdam 1868. — Recherches pour servir à l'histoire de la XIXme dynastie, Chalons et Paris 1873.

M. Büdinger, Zur ägyptischen Forschung Herodots. Wien 1873.

Jakob Krall, Studien zur Geschichte des alten Aegypten, I—IV. Wien 1881—90.

R. Lepsius, Einleitung zur Chronologie der Aegypter, Berlin 1848.

J. Lieblein, Aegyptische Chronologie, Christiania 1863.

F. J. C. Mayer, Aegyptens Vorzeit und Chronologie, Bonn 1862.

Joh. Duemichen, Die erste sichere Angabe über die Regierungszeit eines ägypt. Königs aus dem alten Reich, Leipzig 1874.

C. Piazzi Smith, On the antiquity of intellectual man, Edinburgh 1868.

Aufser den oben genannten Spezialwerken kann man auch zurate ziehen das grofse und gerade bezüglich Ägyptens besonders gute Geschichtswerk von Max Duncker, Geschichte des Altertums (5. Aufl. 1878), und die bekannten kürzer gefafsten Geschichten desselben Zeitalters von F. Lenormant, G. Maspéro (siehe jedoch S. 402. 404) und Ph. Smith, die aber sämtlich bei weitem übertroffen sind durch E. Meyer's Geschichte des Altertums I, Stuttgart 1884, welche auch neben Duncker stets verglichen werden mufs. Über einzelne der angeführten Bücher nur ein paar Bemerkungen. Das Werk Valdemar Schmidt's habe ich ziemlich genau charakterisiert in meiner Babylonisch-assyrischen Geschichte S. 47 ff. Das von Brugsch ist eigentlich keine Geschichte, sondern vielmehr eine chronologisch geordnete Reihe historischer Texte in Übersetzung und mit kurzer Erklärung, weshalb es stets seinen Wert behält. Die deutsche Ausgabe ist die beste. Die „History" von Sharpe ist grofsenteils veraltet und vor allem, soweit sie über die Religion der Ägypter handelt, mit Vorsicht zu benutzen. Duemichen's Geschichte war zu breit angelegt und ist deshalb in der Oncken'schen Sammlung durch die von Eduard Meyer ersetzt, der auch hier wieder sein Talent bewiesen hat, gründliche Sachkenntnis mit klarer und bündiger Darstellung zu vereinigen, welche von gesundem und scharfsinnigem Urteil zeugt. Für die Kenntnis der politischen Geographie, der Haupttempel und anderer Antiquitäten,

wie der Sprache und Schrift des alten Ägyptens bleibt
Duemichen's Buch eine reiche Fundgrube. Wiedemann's grofses Verdienst, welches aus allen seinen Schriften erhellt, ist die sorgfältige und vollständige Angabe
der Quellen und ihres Inhaltes; aber als Geschichtswerke
stehen diese Schriften durchaus nicht auf der Höhe derjenigen Ed. Meyer's. Das zuerst genannte Werkchen von
Maspéro ist speziell für den Gymnasial-Unterricht bestimmt. Seine „Histoire ancienne des peuples de l'Orient"
ist eine prächtige, gänzlich umgearbeitete und mit einer
Anzahl guter Abbildungen versehene Ausgabe seines
bekannten früheren, verdienstvollen Werkes. Chabas'
Anschauungen über die Geschichte, vor allem über die
Religion zur Zeit der Hirtenfürsten sind unannehmbar,
weil er die Texte, auf welche sie sich stützen, nicht
richtig erklärt hat. De Rougé's vortreffliche Abhandlung bleibt noch immer wichtig, wenn auch die Quellen
für die Geschichte der ältesten Dynastieen durch die
letzten Entdeckungen nicht unerheblich vermehrt sind.
Das Nötige hierüber kann man in den oben genannten
Sammelwerken und Zeitschriften finden. Piazzi Smith
ist nur erwähnt, um vor der Annahme seiner ungesun-
den Hypothesen warnen zu können. In jüngster Zeit
haben hauptsächlich die Untersuchungen des Astronomen
Eduard Mahler eine neue und festere Basis für
die ägyptische Chronologie geschaffen. Vgl. vor allem
die Zeitschrift für ägypt. Sprache und Altertumskunde,
Bd. XVIII f.

---

### Texte mit Übersetzung und übersetzte Texte.

Totenbuch. Obschon hier Textausgaben ohne
Übersetzung oder selbst mit Interlinearversion nicht erwähnt zu werden brauchen, weil beide nur für solche

geeignet sind, welche etwas ägyptisch verstehen, wollen wir doch die beiden wichtigen Ausgaben dieses heiligsten Buches der Ägypter notieren, nämlich die von Lepsius, nach einem Turiner Papyrus, der nicht älter ist als die 26. Dynastie (Leipzig 1842), und die schöne kritische von Ed. Naville, herausgegeben auf Veranlassung und unter Aufsicht des Orientalisten-Kongresses nach Thebanischen Texten der 18. und 20. Dynastie, deren 1. Teil den zusammenhängen Text von 186 Kapiteln, deren zweiter die Varianten und deren dritter eine ausführliche Einleitung enthält. Vgl. darüber Herm. Lincke, Vom Wiener Orientalisten-Kongrefs (Dresden 1886), S. 55 ff. Nach dem ersteren Text ist das Buch übersetzt von Birch (vgl. S. 399) und Paul Pierret (Le Livre des Morts des anciens Égyptiens, traduction complète accompagnée de notes, Paris 1882), die jedoch beide nicht viel mehr als einen allgemeinen Begriff von dem Inhalte desselben geben können. Die von Brugsch in der Zeitschrift für ägypt. Sprache und Altertumskunde 1872 f. begonnene Übersetzung ist unvollendet geblieben. Die von Seiffarth (Theologische Schriften des alten Aegyptens, Gotha 1855) beruht auf einer längst verurteilten Theorie über die Erklärung der Hieroglyphen. In den Proceedings der Soc. of biblical Archaeology erscheint seit einiger Zeit eine neue Übersetzung von Le Page Renouf, von der zu hoffen ist, dafs sie bald als Separatausgabe zu haben sein wird. Für die Textkritik von höchster Bedeutung ist Lepsius, Aelteste Texte des Todtenbuches nach Sarkophagen des ägypt. Reiches (Berlin 1867); und auch W. Pleyte hat in seinen Études égyptiennes (Leiden 1866 ff.) und in seinen Chapitres supplémentaires du Livre des Morts, 162—174 (Leiden 1882. Vol. I Text, Vol. II Übersetzung und Anmerkungen) wichtige Beiträge dazu geliefert, wie auch zu der Kenntnis der Mythologie und einiger Kulte. Eug. Lefébure gab eine gute Traduction comparée

des hymnes au soleil composant le XVₑ Chapitre du
Rituel funéraire égyptien (Paris 1878).

Für Übersetzungen von Texten verschiedener Art
vergleiche man die oben namhaft gemachten Sammlungen, aber vor allem die „Records of the Past",
deren 1. Serie, herausgegeben von S. Birch, vom 2. bis
zum 12. Teil abwechselnd ägyptische Texte, und deren
2. Serie, herausgegeben von A. H. Sayce, in ihren
sechs bislang erschienenen Teilen sowohl ägyptische als
babylonisch-assyrische Texte enthält. Ferner mögen
noch genannt werden:

F. Chabas, Le Papyrus magique Harris, publié et tra-
    duit, Chalons 1860. — Mélanges égyptologiques,
    série I—III. Chalons et Paris 1862 suiv. — Le Ca-
    lendrier des jours fastes et néfastes (Pap. Sallier IV),
    trad. complète, ebds. o. J.  S. auch seine Zeitschrift:
    L'Egyptologie, 1874 suiv.

G. Maspéro, Essai sur l'inscription dédicatoire du
    Temple d'Abydos, Paris 1867. — Hymne au Nil,
    publié et traduit, Paris 1868.

C. W. Goodwin, The Story of Saneha, an egypt. tale,
    transl. from the hieratic text, London 1866.

W. Pleyte, Een loofzang aan Ptah (Evangeliespiegel)
    und De veldslag van Ramses den Groote tegen de
    Cheta (Theol. Tijds. 1869).

E. v. Bergmann, Das Buch vom durchwandlen der
    Ewigkeit, Wien 1877.

Georg Ebers, Der geschnitzte Holzsarg des Ḥaṭbastru,
    Leipzig 1884.

Ph. Virey, Etudes sur le Papyrus Prisse. Le Livre de
    Ḳaqimna et Les Leçons de Ptah-hotep, Paris 1887.

Louis Ménard, Hermes Trismégiste, trad. compl.
    Paris 1866.

*H. Brugsch, Thesaurus inscriptionum aegyptiacarum.

Altägyptische Inschriften, gesammelt, verglichen, übertragen, erklärt und autographiert von H. B. 6 Abt. (LX, 1578 S.) Leipzig 1883—91. Besonders wichtig für die Religionsgeschichte ist Abteil. IV: Mythologische Inschriften altägyptischer Denkmäler (S. 619—850 des ganzen Werkes), Leipzig 1884.

\* **Karl Piehl**, Inscriptions hiéroglyphiques, recueillies en Europe et en Egypte. Publiées, traduites et commentées par K. P. Leipzig 1886 ff.

---

## Religion.

### Algemeine Werke.

**C. P. Tiele**, Vergelijkende Geschiedenis der Egyptische en Mesopotamische godsdiensten, Amsterdam 1869—72. 1. Boek: Egypte. Verkürzte französische Übersetzung von G. Collins, Paris 1882. Vollständige englische des 1. Buches von James Ballingal, London 1882.

**F. Nippold**, Aegyptens Stellung in der Religions- und Culturgeschichte, Berlin 1869.

**P. Le Page Renouf**, (Hibbert-) Lectures on the origin and growth of Religion as illustrated by the Religion of ancient Egypt, London and Edinburgh 1880. \* Deutsche autorisierte Ausgabe unter dem Titel: Vorlesungen über Ursprung und Entwicklung der Religion erläutert an der Religion der alten Aegypter, Leipzig 1882.

**Paul Pierret**, Le Panthéon égyptien, Paris 1881. Vgl. von demselben: Discours d'ouverture de l'Ecole du Louvre, Paris 1883.

**J. Lieblein**, Gammelägyptisk Religion, populärt fremstillet, Christiania 1883. — Egyptian Religion, Leipzig 1884.

H. Brugsch, Religion und Mythologie der alten Aegypter. 1. Hälfte, Leipzig 1884. 2. Hälfte 1888. Namenregister 1890. * 2. Ausgabe, Leipzig 1890.

* V. v. Straufs und Torney, Der altägyptische Götterglaube. I: Die altägyptischen Götter und Göttersagen, Heidelberg 1889. II: Entstehung und Geschichte des altägyptischen Götterglaubens, ibid. 1890.

A. Wiedemann, Die Religion der alten Aegypter, Münster 1890.

* G. Maspéro, Etudes de mythologie et d'archéologie égyptienne. 2 vols, Paris 1893. (Bibliothèque égyptologique I. II.)

Plutarch, Über Isis und Osiris, herausgegeben von G. Parthey.

### Einzelne Mythen und Kulte.

R. Lepsius, Über den ersten ägyptischen Götterkreis und seine geschichtlich-mythologische Entstehung, Berlin 1851. — Über die Götter der vier Elemente bei den Ägyptern, Berlin 1856.

W. Pleyte, Lettres sur quelques monuments relatifs au dieu Set, Leiden 1863. — Set dans la barque du soleil, Leiden 1863.

Ed. Meyer, Set-Typhon, eine religionsgeschichtliche Studie, Leipzig 1875.

H. Brugsch, Die Sage von der geflügelten Sonnenscheibe, Göttingen 1870.

E. Naville, Textes relatifs au mythe d'Horos dans le temple d'Edfou, Genève et Bâle 1870.

D. Mallet, Le culte de Neit à Sais, Paris 1888.

G. Parthey, Das Orakel und die Oase des Ammon, Berlin 1862.

F. J. Tönnies, De Jove Ammone, Tübingen 1877.

Ch. Nicholson, On the diskworshippers of Memphis, Transactt. of the R. Soc. of Literature, 2. series, vol. IX, part 2, p. 197 ff.

Eug. Plew, De Sarapide, Königsberg 1868.

H. Brugsch, Die Adonisklage und das Linoslied, Berlin 1852.

M. Uhlemann, Das Todtengericht bei den alten Aegyptern. Berlin 1854.

P. Pierret, Le dogme de la résurrection chez les anciens Egyptiens, Paris o. J.

J. Duemichen, Über die Tempel und Gräber im alten Aegypten, Strafsburg 1872. — Bauurkunde der Tempelanlagen von Dendera, Leipzig 1865. — Der ägyptische Felsentempel von Abu-Simbel, Berlin 1869.

M. de Rochemonteix, Le Temple égyptien. Extr. de la Revue internationale de l'Enseignement, Paris 1887. — La grande Salle hypostyle de Karnak, ibid. 1891.

H. Brugsch, Die ägyptische Gräberwelt, Leipzig 1868.

Zur Ergänzung dieser bibliographischen Angaben greife man zu den mit grofser Sachkenntnis und richtigem Urteil geschriebenen Bulletins critiques de l'Égypte ancienne von G. Maspéro in der Revue de l'Hist. des Religions 1880 suiv. Das zuerst genannte Werk des Verfassers ist durch das vorliegende nicht völlig ersetzt, da es viel ausführlicher ist; mufs aber mit demselben stets verglichen werden, um verfolgen zu können, wo es durch die späteren Entdeckungen zu ergänzen und zu verbessern ist. Nippold's Abhandlung ist nur eine kurze, populäre Übersicht. Von den Hibbert-Lectures von Le Page Renouf, welche viel Schönes und Lehrreiches enthalten, kann man mit H. Lincke sagen, dafs sie zu subjektiv und zu wenig zusammenfassend sind. Lieb-

l e i n's Egyptian Religion giebt eine gute Kritik derselben. In seinem erwähnten gröfseren Werke hat dieser
Autor eine populäre Darstellung der ägyptischen Religion
geliefert, welche die Beachtung aller verdient, die der
nordischen Sprache mächtig sind. Paul Pierret ist ein
vorteilhaft bekannter Ägyptologe und seine — etwas zu
flüchtige — Skizze des ägyptischen Pantheons verdient gewifs Vertrauen, was die Details anlangt; doch ruht sie auf
der unbegründeten Hypothese eines ursprünglichen Monotheismus, aus dem der Polytheismus durch Entartung
entstanden sein soll. In dem viel ausführlicheren und
tüchtigeren Werke von B r u g s c h ist sein Gegenstand
nach einer veralteten und längst abgethanen religions-
wissenschaftlichen Methode behandelt; aber der grofse
Reichtum an Thatsachen, den es enthält, und die umfassende Gelehrsamkeit, über welche der Verfasser ver-
fügt, machen es unentbehrlich für jeden, der sich mit
einschlägigen Studien beschäftigt. Alfr. W i e d e m a n n
dagegen bekämpft mit Recht die Vorliebe der meisten
Schriftsteller, den Ägyptern ein zusammenhängendes Reli-
gionssystem beizulegen, das sie niemals besessen haben.
Er geht von der Ansicht aus, dafs alle ägyptischen Götter
Lokalgottheiten seien; aber von der relativen Wahrheit,
welche in dieser Auffassung liegt, macht er keinen Gebrauch, um die Art der Götter aus der Beschaffenheit
ihrer Kultusorte zu bestimmen. Für die rechte Kenntnis
der ägyptischen Mythologie hat sein Buch wenig Wert.
Das Werk von O l l i v i e r B e a u r e g a r d, Les divinités
égyptiennes (Paris 1866) läfst sowohl bezüglich der Thatsachen als der Methode Alles zu wünschen übrig.

Auf die verschiedenen Monographieen können wir hier
nicht näher eingehen. Nur einige der wichtigsten sind
aufgeführt. Besondere Aufmerksamkeit verdient die vor-
zügliche Arbeit von D. M a l l e t, die in ihrer Art muster-
haft ist, und die von B r u g s c h und N a v i l l e, welche
wertvolle Beiträge zu der Erklärung der Horosmythen

liefern. Auf dem Gebiete der heiligen Baukunst ist Joh. Duemichen eine hervorragende Autorität, was sowohl seinem oben angeführten gröfseren Werke, als den hier genannten kleineren Arbeiten besondere Wichtigkeit verleiht. Durch Klarheit und Richtigkeit zeichnen sich die beiden Abhandlungen des frühverstorbenen de Rochemonteix aus. Die Abbildungen und Beschreibungen der ägyptischen Tempel und Gräber in der schon genannten Histoire de l'Art von Perrot und Chipiez sind, wie nicht anders zu erwarten, vortrefflich.

## Die ägyptische Religion in ihren Beziehungen zu der der Nachbarvölker.

Wiederholt hat man versucht, den Ursprung verschiedener Religionen, Mythen und Riten in der ägyptischen Religion zu suchen, ohne dafs man es weiter gebracht hätte als bis zu mehr oder minder glücklichen Hypothesen, von denen jedoch keine allgemeine Zustimmung oder wenigstens den Beifall der hervorragendsten Autoritäten zu finden vermochte. So hat E. Röth. Geschichte unserer abendländischen Philosophie I. die ägyptische und zoroastrische Theologie als die Quelle unserer sämtlichen spekulativen Ideen bezeichnet; aber trotz all' seiner Gelehrsamkeit ist ihm der Beweis nicht gelungen. Noch verwerflicher ist die Methode J. Braun's in seiner Naturgeschichte der Sage, Rückführung aller religiösen Ideen u. s. w. auf ihren gemeinsamen Stammbaum (2 Teile, München 1864), deren Titel genug besagt.

Über die wechselseitigen Beziehungen zwischen Ägypten und Israel ist natürlich am meisten geschrieben. Wir erwähnen nur:

W. Pleyte, La religion des Pré-Israélites, Recherches sur le dieu Set, Utrecht 1862.

W. G. Brill, Israël en Egypte, Utrecht 1857.

Uhlemann, Israeliten und Hyksos in Aegypten, Leipzig 1856.

F. J. Lauth, Moses der Ebräer, nach ägyptischen Papyrusurkunden, München 1868.

A. Eisenlohr, Der grofse Papyrus Harris, ein Zeugnifs für die mosaische Religionsstiftung enthaltend, Leipzig 1872.

G. Ebers, Aegypten und die Bücher Mose's, I. (Nicht mehr erschienen.) Leipzig 1868.

Geo. Rawlinson, Egypt and Babylon from Scripture and profane Sources, London o. J.

G. Maspéro, La liste de Sheshonq à Karnak. London o. J.

Jonas Dahl, Er Jehovadyrkelsen af aegyptisk Oprindelse? Kristiania 1881.

Das Ebers'sche Werk, obwohl jetzt zum Teil veraltet und Hypothesen enthaltend, welche der Autor selbst nicht mehr verteidigen würde, verdient noch immer zurate gezogen zu werden. Auch Pleyte hat seine Vergleichung des Setdienstes mit dem Jahves längst aufgegeben. Lauth's Vermutung ist sehr unwahrscheinlich, und auch diejenige Eisenlohr's, obgleich sie empfehlenswerter scheint, ist bei weitem nicht bewiesen. G. Rawlinson behandelt in populärer Weise alle Stellen des Alten Testaments, welche sich auf Ägypten beziehen, nach der Reihenfolge der Bücher in der gebräuchlichen Übersetzung und ohne irgendwelche Kritik. Maspéro beschäftigt sich aufs neue mit der vielbesprochenen Liste der von Šešonk eroberten Orte Palästinas, welche zuletzt von Blau und Brugsch gründlich bearbeitet wurde. J. Dahl bekämpft die Ansicht, dafs der Jahvismus ägyptischen Ursprungs sei.

Alfr. Wiedemann bespricht „Die ältesten Beziehungen zwischen Ägypten und Griechenland" (Leipzig

1883), welche er nicht früher als die 26. Dynastie ansetzen will.

Über die Elemente der ägyptischen Religion, welche in die altchristliche übergegangen sind, vergleiche man u. a. S. Sharpe, Egyptian Mythology and Egyptian Christianity (London 1863), nur mit grofser Vorsicht zu gebrauchen, und L. Conrady, Die ägyptische Göttersage in der christlichen Legende (Wiesbaden 1882), dem vollkommen zu vertrauen ist.

# Zweites Buch.

## Allgemeine Werke über die Semiten.

E. Renan, Histoire générale et système comparé des
   langues sémitiques, 1re partie. 2. Edit. Paris 1858.
   * 4. Ed. 1864. — Nouvelles considérations sur le
   caractère général des peuples sémitiques et en par-
   ticulier sur leur tendance au monothéisme, Paris
   1859. — La part des peuples sémitiques dans l'histoire de la civilisation, 5me Edit. Paris 1867. — Vgl.
   F. Max Müller, Chips from a German Workshop,
   vol. I. (* Essays, Bd. I. Leipzig 1869.)

R. F. Grau, Semiten und Indogermanen in ihrer Beziehung zu Religion und Wissenschaft, Stuttgart 1864.

Friedr. Müller, Indogermanisch und Semitisch, Wien
   1870. — Vergl. seine Allgemeine Ethnographie
   S. 437 ff.

D. Chwolsohn, Die semitischen Völker. Versuch
   einer Charakteristik, Berlin 1872.

J. G. Müller, Die Semiten in ihrem Verhältnis zu Cha-
   miten und Japhetiten, Basel 1872.

E. Schrader, Die Abstammung der Chaldäer und
   die Ursitze der Semiten, in Zeitschrift der Deutschen Morgenländischen Gesellschaft XXVII. 1873,
   S. 397 ff.

M. J. de Goeje, Het vaderland der Semietische volken.

Rectorale Redevoering in Jaarb. der Rijks-Universiteit
te Leiden, 1881—82.

F. Hommel, Die Semiten und ihre Bedeutung für die
Kulturgeschichte, Leipzig 1881. — Die semitischen
Völker und Sprachen. Versuch einer Encyklopädie
der semitischen Sprach- und Altertumswissenschaft.
I. Bd. Allgemeine Einleitung (Die Bedeutung der
Semiten für die Kulturgeschichte). 1. Buch: Die
vorsemitischen Kulturen in Aegypten und Babylonien,
Leipzig 1883. Nicht weiter erschienen.

J. Halévy, Mélanges de critique et d'histoire relatifs
aux peuples sémitiques, Paris 1883.·

W. R. Smith, Lectures on the Religion of the Semites. First Series: The fundamental Institutions, Edinburgh 1889. — New Edition, thoroughly revised by
(the late) Author, London 1894. Vgl. S. 284, An-
merk. 1.


Obengenannte Werke enthalten mehr oder minder ausführliche Arbeiten zur Charakterisierung der sogenannten
semitischen Völkerfamilie, besonders ihrer Sprache und
ihrer Religion. Renan's Hypothese einer ursprünglichen
Neigung der Semiten zum Monotheismus wird jetzt wohl
von keinem Berufenen mehr vertreten. Ich habe sie
bereits in „De Gids" (Februar 1862) bekämpft. Grau
steht durchaus auf einem veralteten, supranaturalistischen
Standpunkte. Wie geistreich die von Chwolsohn und
J. G. Müller vorgeschlagenen Lösungen des Problems
auch sein mögen, so haben sie doch mit Recht wenig
Beifall gefunden. Hommel und Halévy, obschon
sie sich in der sumerisch-akkadischen Frage schnur-
gerade gegenüberstehen, sind immer belehrend und verfügen über ein bedeutendes Wissen; aber ihre oft sehr
paradoxen Behauptungen und Kombinationen sind nicht
selten mehr überraschend, als überzeugend. Die Vermutungen von Schrader und de Goeje über das

Stammland der Semiten besitzen einen hohen Grad von Wahrscheinlichkeit und verdienen mindestens ernstliche Erwägung.


# Babel-Assur.

### Zeitschriften und Sammlungen.

Zeitschrift für Keilschriftforschung von Hommel und Bezold, I—II, Leipzig 1884 f., ersetzt durch: Zeitschrift für Assyriologie und verwandte Gebiete von C. Bezold, Leipzig 1886 ff., Berlin 1892 ff.

Revue d'Assyriologie et d'Archéologie orientale par J. Oppert, E. Ledrain et L. Heuzey, Paris 1884 suiv.

The Babylonian and Oriental Record by Terrien de Lacouperie, London 1886 ff.

Beiträge zur Assyriologie und vergleichenden semitischen Sprachwissenschaft von Friedrich Delitzsch und Paul Haupt, Leipzig 1889 ff.

J. Halévy, Recherches Bibliques. — Jetzt ersetzt durch seine Revue Sémitique d'épigraphie et d'histoire ancienne, Recueil trimestriel, Paris 1893 suiv.

Johns Hopkins' University Circulars.

V. Revillout, Mélanges assyro-babyloniennes, 1889 suiv.

H. V. Hilprecht, Assyriaca. Eine Nachlese auf dem Gebiete der Assyriologie. 1. Teil (Publications of the University of Pennsylvania; Series in Philology, Literature and Archaeology Vol. III. Nr. 1), Boston und Halle 1894.

Aufser in diesen Zeitschriften, den Organen verschiedener Richtungen und Schulen der Assyriologie, welche unentbehrlich sind, um auf der Höhe der neuesten Entdeckungen zu bleiben, findet man Artikel, welche das

babylonisch-assyrische Altertum und seine Religion betreffen, auch in den gröfseren orientalistischen und selbst
allgemeinen Zeitschriften Europas und Amerikas, wie in
dem Journal Asiatique, dem Journal des Savants, dem
Journal of the R. Asiatic Society, Hebraica, dem Journal
of the American Oriental Society, der Revue de l'Histoire des Religions, den Verhandlungen der verschiedenen Internationalen Orientalistenkongresse und manchen anderen, doch vor allem in den Transactions und
den Proceedings of the Society of biblical Archaeology
und den Mitteilungen aus den orientalistischen Sammlungen der Königl. Museen zu Berlin.  Die Zeitschrift
für Assyriologie giebt, wie ihre Vorgängerin, die Zeitschrift für Keilschriftforschung, eine so gut wie vollständige Bibliographie.  Die von K a u l e n (in seinem
später zu nennenden Werke), auch sehr vollständig und
chronologisch geordnet, läuft bis 1882 und schliefst also
beinahe an die erstgenannte an.

### Das sumerisch - akkadische Problem.

F. L e n o r m a n t, Etudes accadiennes, 3 vols, Paris
   1873—82. — Lettres assyriologiques, 2me série, Paris
   1872. — La Magie chez les Chaldéens et les origines
   accadiennes, Paris 1874; Chaldaean Magic, its origin
   and development, London 1877. — Etudes sur
   quelques parties des syllabaires cunéiformes, Paris
   1876. La langue primitive de la Chaldée et les
   idiomes touraniens, Paris 1874.

J. H a l é v y, Observations critiques sur les prétendus
   Touraniens de la Babylonie, Journ. Asiat. juin 1874. —
   La nouvelle évolution de l'Accadisme, Paris 1876
   und 1878. — Aperçu grammatical de l'allophonie
   assyro-babylonienne, Leiden 1884.

J. O p p e r t, Sumérien ou rien. Journ. Asiat. 1875,
   p. 442—508. — Etudes sumériennes, Paris 1876.

E. Schrader, Ist das Akkadische der Keilschrifttexte
eine Sprache oder eine Schrift? (Zeitschrift der
Deutschen Morgenländischen Gesellschaft XXIX, I,
1875.) — Zur Frage nach den Ursprüngen der altbabylonischen Kultur (Kgl. Preuſs. Akad. der Wissenschaften, Berlin 1884). — Dagegen J. Halévy in
Revue Critique, 14 et 21 juillet 1884.

Stanislas Guyard, La question Suméro-accadienne,
in Revue de l'Histoire des Rel. t. V, 1882, p. 253.

Paul Haupt, Die sumerischen Familiengesetze, Leipzig
1879. — Akkadische und sumerische Keilschrifttexte
I—IV, Leipzig 1881 ff. — Die Akkadische Sprache,
mit Anhang von O. Donner, Über die Verwandtschaft des Sumerisch-Akkadischen mit den Uralaltai-
schen Sprachen, Berlin 1883. — The Babylonian
Woman's Language, in Amer. Journ. of Philology,
Vol. V, Nr. 1.

H. Winckler, Sumer und Akkad (Mitteilungen des
akadem.-orientalischen Vereins), Berlin 1887.

C. F. Lehmann, Die Existenz der sumerischen Sprache
(in seinem Werke über Šamaššumukîn, S. 57—173,
angeführt auf S. 425).


Obiges Verzeichnis enthält nur die Werke, welche sich
ausschlieſslich mit der sumerischen Frage oder mit der
Sprache der alten Einwohner Babyloniens befassen. Auch
in den anderen assyriologischen Werken, vor allem den
historischen, wird hierüber dann und wann ausführlich
verhandelt. Vgl. Delitzsch, Grammatik, S. 61—71;
Hommel in verschiedenen seiner Werke, hauptsächlich:
Die Semitischen Völker und Sprachen I, S. 266—326,
und Geschichte, S. 237 ff.; Tiele, Geschichte, S. 59 ff.
Im Gegensatze zu Halévy, Guyard, jetzt auch Delitzsch, Pognon und Teloni sind alle anderen Assyriologen, wie sehr auch ihre Meinungen über den Namen
und den Charakter der alten Sprache differieren mögen,

einstimmig der Ansicht, dafs sie eine nichtsemitische und keine künstliche ist.

## Keilschrift.

J. Menant, Les noms propres assyriens, Paris 1861. Les écritures cunéiformes, Paris 1864. — Le syllabaire assyrien, Paris 1869—73.

P. Glaize, Les inscriptions cunéiformes et les travaux de M. Oppert, Metz et Paris 1867.

E. Schrader, Die Basis der Entzifferung der assyrisch-babylonischen Keilschrifttexte (Zeitschrift der Deutschen Morgenländ. Gesellschaft XXIII, III, 1869).

Friedr. Delitzsch, Assyrische Lesestücke, 3. Aufl. Leipzig 1885.

E. de Chossat, Classification des caractères cunéiformes babyloniens et ninévites, Paris o. J.

A. Amiaud et L. Méchineau, Tableau comparé des Ecritures babylonienne et assyrienne, archaïques et modernes, Paris 1887.

R. E. Brünnow, A classified List of all cuneiform ideagraphs, Leiden 1889.

Neben diesen Werken über die Keilschrift, welche nur die wichtigsten ihres Faches sind, und unter denen die Abhandlung von Schrader vorzüglich zu empfehlen ist, wie die Listen von Delitzsch und Brünnow unschätzbare Dienste geleistet haben, können auch die früher angeführten allgemeinen Werke von de Rosny und Berger zurate gezogen werden. Vgl. ferner die Grammatiken.

## Sprache und Litteratur.

Grammatiken von Oppert (1860, 2. Ausg. 1867), Menant (1868), Sayce (Comparative 1872. Assyrian 1875), G. Bertin (Abridged Grammars of the languages

of the cuneiform inscriptions 1888, oberflächlich und
nach zweifelhafter Methode), Friedr. Delitzsch (As-
syr. Grammatik, Berlin 1889, welche die früheren an
Brauchbarkeit und wissenschaftlichem Wert übertrifft).
Prolegomena von Bezold (Wien 1887) und von Haupt
(Journ. Amer. Orient. Society vol. XIII, 1887).

Ein vollständiges Wörterbuch des Assyrischen giebt
es noch nicht. E. Norris, Assyrian Dictionary I—III,
1868—72, enthält nur die Verben und ist obendrein
gänzlich veraltet. Delitzsch' größeres Assyrisches
Wörterbuch hat es seit 1887 erst bis zu 3 Lieferungen
und noch nicht weiter als א gebracht. * Aber von
dem in Aussicht gestellten Handwörterbuch desselben
Verfassers sind nunmehr drei Teile erschienen (S. 1—576,
א—צ, Leipzig 1894 u. 1895). — Bis dieses Werk vollständig vorliegt, müssen noch die Glossarien nach edier-
ten Texten oder Chrestomathieen die Lücke ausfüllen.
Am ausführlichsten ist das von J. N. Strafsmaier,
Alphabet. Verzeichnis der assyrischen und akkadischen
Wörter im II. Bande der Cuneiform Inscriptions of W. A.
(Leipzig 1882), welches jedoch nur die Worte durch
eine Anzahl von Stellen erläutert, aber mit Ausnahme
des Anfangs die Bedeutung im Deutschen nicht angiebt.
Stan. Guyard's Notes de Lexicographie assyrienne
(Paris 1883) enthalten kostbare Beiträge zur Kenntnis des
Assyrischen.   Andere Hilfsmittel sind:

A. H. Sayce, Lectures on the Assyrian Language and
    Syllabary, London 1877.
G. Evans, An Essay on Assyriology, London and
    Edinburgh 1883.
K. L. Tallqvist, Die Sprache der Contracte Nabuna'ids
    (555—538 v. Chr.), mit Berücksichtigung der Con-
    tracte Nebukadnezars und Cyrus', Helsingfors 1890.
Th. G. Pinches, Texts in the Babylonian Wedgewri-
    ting, London 1882.
Bruto Teloni, Crestomazia assira con paradigmi gram-

maticali. –Roma, Firenze, Torino 1887 (Società asiat.
italiana).

Abel und Winckler, Keilschrifttexte zum Gebrauch
bei Vorlesungen, Berlin 1890. — Winckler, Altbabylonische Keilschrifttexte zum Gebrauch bei Vorlesungen, lithographiert von Eug. Bohden, Leipzig
1892.

\* Br. Meifsner, Assyrisch-babylonische Chrestomathie
für Anfänger, Leiden 1895.

A. Delattre, Les Inscriptions historiques de Nineve et
de Babylone. Gand 1879.

A. H. Sayce, Babylonian Literature, London o. J.
\* Deutsch von K. Friederici, Berlin 1878.

C. Bezold, Kurzgefafster Überblick über die babylonisch-assyrische Litteratur nebst einem chronologischen Excurs, zwei Registern und einem Index zu
1500 Thontafeln des British Museum, Leipzig 1886.
(Vgl. S. 130, Anm. 1.) — Catalogue of the cuneiform Tablets of the Kouyunjik Collection of the Brit.
Mus., Vol. I. London 1889. (Vgl. S. 130 ibd.) —
Die Fortschritte der Keilschriftforschung in neuerer
Zeit, Hamburg 1889 (Sammlung gemeinverständlicher
wissenschaftl. Vorträge von R. Virchow und Fr. von
Holtzendorff).

B. Teloni, Libri, Documenti e Biblioteche nell' antica
Mesopotamia, Firenze 1890.


Bezold's Überblick giebt unter bescheidenem Titel
eine höchst sorgfältige, fast vollständige Aufzählung der
gesamten reichen babylonisch-assyrischen Litteratur, soweit sie zugänglich ist: ein unschätzbares Nachschlage-
buch. Das Werkchen von Sayce ist sehr anziehend
geschrieben; aber man hüte sich vor den geistreichen,
jedoch höchst unsicheren Hypothesen, an denen dieser
Gelehrte Gefallen findet. Gegen eine derselben, die

Existenz öffentlicher Bibliotheken in Assyrien, ist die
Abhandlung von Teloni gerichtet.

## Edierte Texte.

Die grofsen Textausgaben ohne Transscription und
Übersetzung sind nur für Assyriologen brauchbar. Dazu
gehören an erster Stelle die fünf Bände, welche Sir
H. Rawlinson nacheinander mit Norris, Smith und
Pinches herausgegeben hat, die ziemlich ungenaue
Blumenlese von Lenormant, Haupt's vortreffliche
Ausgabe der Sintflutsage, die Miscellaneous Texts von
S. Alden Smith, welche sehr die Spuren von Über-
eilung tragen, die ausgezeichneten Babylonischen Texte
von J. N. Strafsmaier und B. T. A. Evetts, welche
Hunderte von Dokumenten aus der Zeit des Nebukadrezar,
Avil-Maruduk, Nergalšaruşur, Labašimaruduk, Cyrus, Kam-
byses und Darius publizierten, R. F. Harper's Assyrische
und Babylonische Briefe, Heuzey's Ausgabe der von
de Sarzec entdeckten Monumente und Hilprecht's
Ausgabe der Texte, welche die amerikanische Expedition
von Philadelphia in Sippar fand, beides Muster in ihrer
Art, und verschiedene von geringerem Interesse. Auch
gehören hierher die Ausgaben der in El-Amarna gefundenen Briefe, nämlich die der in Berlin und Bulak befindlichen von Winckler und Abel und die der im
British Museum aufbewahrten Briefe von Bezold und
Budge, aber der letzteren ist eine ausführliche Inhaltsangabe beigefügt, und obendrein hat Bezold sie in
seinem Buche „Oriental Diplomacy" (London 1893)
transskribiert. Halévy hat in dem Journal Asiatique
von 1890, 1891 und 1892 eine vollständige Transskription und Übersetzung sämtlicher Briefe begonnen,
welche er jetzt in der unlängst von ihm begründeten
Revue Sémitique fortsetzt, und die vor der Übersetzung
von Sayce in den „Records of the Past" den Vorzug

verdient. Übersetzungen einzelner Briefe, u. a. von
Zimmern und Delattre, sind in Zeitschriften zu finden.
Teil I, III, V, VII. IX und XI der genannten Sammlung
und die sechs erschienenen Teile der neuen Serie enthalten Übersetzungen einer sehr grofsen Anzahl Texte,
welche sehr ungleich an Wert und Genauigkeit und vor
allem, was die älteren Teile anlangt, mit grofser Vorsicht zu gebrauchen sind. Im Folgenden geben wir jetzt
ein Verzeichnis der wichtigsten bislang erschienenen:

## Texte mit Übersetzungen oder übersetzte Texte.

### A. Historische.

Eberhard Schrader, in Verbindung mit L. Abel,
C. Bezold, P. Jensen, F. E. Peiser, H. Winckler, Keilinschriftliche Bibliothek, Sammlung von
assyr. und babylon. Texten in Umschrift und Übersetzung, 3 Bde, Berlin 1889—92.

\* Assyriologische Bibliothek, herausgegeben von Fr. Delitzsch und Paul Haupt, Leipzig 1881 ff. Bislang
XIII Teile. Einzelne derselben sind im Folgenden
unter ihrem Spezialtitel aufgeführt.

J. M. Price, Introduction into the Inscriptions discovered
by Mons. E. de Sarzec, Munich 1887.

J. Menant, Inscription de Hammourabi, roi de Babylone, Paris 1863.

E. Schrader, Die Keilinschriften am Eingange der
Quellgrotte des Sebench-Su (Kgl. Akad. der Wissenschaften), Berlin 1885.

W. Lotz, Die Inschriften Tiglatpilesar's I. Transscr.
Übers. Kommentar, Leipzig 1882.

S. A. Strong, Four Cuneiform Texts. J. R. A. S. 1892,
p. 337 ff. Texte aus der Zeit von Ašurbelkala,
Marduk-balatsu-ikbi und Nabû-šum-iškun.

H. V. Hilprecht, Freibrief Nebukadnezar's I. Leipzig
1883.

H. Lhotzky, Die Annalen Asurnazirpal's, München 1885.

V. Scheil, Inscription archaique de Šamši-Ramman IV, transcr. trad. commenté, Paris 1889.

P. Rost, Die Keilschrifttexte Tiglatpilesar's III. Bd. I: Einl. Transscr. Übers. u. s. w. Bd. II: Autographierte Texte. Leipzig 1893.

Oppert et Menant, Les Fastes de Sargon (grande inscription des salles du palais de Khorsabad), Paris 1862.

J. Menant, Inscriptions des revers de plaques du palais de Khorsabad, Paris 1865.

D. G. Lyon, Keilschrifttexte Sargon's, herausgegeben, umschrieben, übersetzt und erklärt, Leipzig 1883.

E. Schrader, Die Sargonstele des Berliner Museums, Berlin 1882.

H. Winckler, Die Keilschrifttexte Sargon's. Bd. I: Einl. Umschr. Übers. Wörterverz. Bd. II: Texte, autographiert von Abel. Leipzig 1889. Vgl. Dissertat. Inaugur. Berlin 1886.

G. Smith, History of Sennacherib, transl. from the cuneif. inscriptions. Ed. by Sayce, London and Edinburgh 1878.

R. Hörning, Das sechsseitige Prisma des Sanherib, übers. und umschrieben, Leipzig 1878.

H. Pognon, L'Inscription de Bavian (Biblioth. de l'Ecole des hautes Etudes), Paris 1879—80.

B. Meifsner und P. Rost, Die Bauinschriften Sanherib's, Leipzig 1893.

E. A. Budge, The History of Esarhaddon, London 1880.

E. Schrader, Inschrift Asarhaddon's, K. v. Ass., gefunden zu Sendschirli, autograph. von L. Abel. (Mitteil. der Oriental. Sammlungen der Kgl. Museen zu Berlin XI), Berlin 1893.

S. A. Strong, On a unpublished Cylinder of Esarhaddon, „Hebraica" 1892, p. 110 ff. Vgl. G. A. Barton in „Proceedings of the Amer. Oriental Society" 1891.

G. Smith, History of Assurbanipal, London 1871.

S. Alden Smith, Die Keilschrifttexte Asurbanipal's, Transscr., Übers., Kommentar und Glossar, Leipzig 1887—89.

F. Hommel, Zwei Jagdinschriften Asurbanipal's, Leipzig 1879.

S. A. Strong, Two Edicts of Ašurbanipal, J. R. As. Soc. 1889.

C. F. Lehmann, Šamaššumukin, K. v. Babylonien. Inschriftl. Material über den Beginn seiner Regierung. Leipzig 1892. Vgl. Dissertat. Inaug. Monach. 1886.

Joh. Flemming, Die grofse Steinplatteninschrift Nebukadnezar's II. Göttingen 1883.

H. Pognon, Les inscriptions babyloniennes de Wadi Brissa, Paris 1887. Vgl. Hilprecht in Zeitschr. für kirchl. Wissensch. und kirchl. Leben, Heft IX, 1889, S. 491 ff.

J. F. X. O'Connor, Cuneif. Text of a Cylinder of Nebuchadnezzar, Woodstock College (America) 1885.

B. Teloni, Un' Iscrizione di Neriglissar. transscr., tradotta e commentata. Roma 1889.

## B. Rechtswesen.

Oppert et Menant, Documents juridiques de l'Assyrie et de la Chaldée, Paris 1877.

F. E. Peiser. Keilschriftl. Acten-Stücke aus babylon. Städten, Berlin 1889. — Jurisprudentiae babylonicae quae supersunt. Cöthen 1890. — Babylonische Verträge des Britischen Museums, nebst einem juristischen Excurs von J. Köhler. Berlin 1890. — J. Köhler und E. Peiser, Aus dem babylonischen Rechtsleben. I, Leipzig 1890. II, 1891. * III, 1894.

A. Boissier, Recherches sur quelques contrats babyloniens, Paris 1890.

K. L. Tallqvist, Die Sprache der Contracte Nabû-nâ' id's (555—538 v. Chr.), mit Berücksichtigung der Contracte Nebukadnezar's und Cyrus', Helsingfors 1890. — Babylonische Schenkungsbriefe, ibd. 1891.

B. Meifsner, Beiträge zum altbabylonischen Privatrecht, Leipzig 1893.

## C. Eigentlich religiöse.

E. Schrader, Die Höllenfahrt der Istar, nebst Proben assyrischer Lyrik, Giefsen 1874.

P. Haupt, Der babylonische Sintflutbericht, transcr. u. übers. in Schrader's Keilinschr. u. d. A. Test.²

J. Halévy, Documents religieux de l'Assyrie et de la Babylonie, texte, transcription en caractères hébraiques, traduction, commentaire. Paris 1882.

H. Zimmern, Babylonische Bufspsalmen, umschr., übersetzt u. erklärt, Leipzig 1885.

Alfr. Jeremias, Die Höllenfahrt der Ištar, Leipzig 1886. — Izdubar-Nimrod. Eine altbabylonische Heldensage, Leipzig 1891 (kurze Inhaltsangabe des Epos).

Joh. Jeremias, Die Cultustafel von Sippar, Leipzig 1889.

* J. A. Knudtzon, Assyrische Gebete an den Sonnengott für Staat und königliches Haus aus der Zeit Asarhaddon's und Asurbanipal's. Mit Unterstützung der Universität zu Kristiania herausgegeben. Bd. I: Autographierte Texte. Bd. II: Einl., Umschrift und Erklärung, Verzeichnisse. Leipzig 1893.

* K. L. Tallqvist, Die assyrische Beschwörungsserie Maqlû. Nach den Originalen im Brit. Mus. herausgegeben. Leipzig 1894.

Die oben angeführten historischen und juridischen Texte enthalten wichtige Beiträge zur Kenntnis der babylonisch-assyrischen Religion, weil sie zum gröfsten Teil

Anrufungen der Gottheit und Lobpreisungen verschiedener Götter umfassen oder, was die zweite Gattung anlangt, ihrem Schutze unterstellt werden. Sind auch die Spezialausgaben religiöser Texte nicht zahlreich, so findet man doch noch manche übersetzt in einigen der später zu nennenden Werke, welche von der Religion handeln, wie Smith-Sayce, Chaldaean Genesis, Jensen's Kosmologie und anderen.

## Werke über Antiquitäten und Kunst.

Aufser den grofsen Bilderwerken von Botta und Place, Layard und Anderen, der schönen Reproduktion der Basreliefs an den Thoren von Balawat und der von de Sarzec in Tello gefundenen Altertümer kommen vor allem hier in Betracht:

Sir Austin Layard, Nineveh and its remains, London 1848. Discoveries among the ruins of Nineveh and Babylon, London 1853. — Vgl. L. F. Janfsen, Over de ontdekkingen van Nineveh, Utrecht 1850.

F. Finzi, Ricerche per lo studio dell' antichità assira, Torino 1872.

G. Smith, Assyrian Discoveries. an account of explorations in 1873—74, London 1875.

F. Kaulen, Assyrien und Babylonien, Freiburg i. B. 1882.

E. Ledrain, Les antiquités chaldéennes du Louvre, Paris 1882.

J. Menant, Nineve et Babylone (107 gravures), Paris 1887.

G. Perrot et C. Chipiez, Histoire de l'Art dans l'Antiquité. T. II. La Chaldée. l'Assyrie. Paris 1884.

Joach. Menant, Notice sur quelques cylindres orientaux, Paris 1878. — Sur quelques empreintes de cylindres du dernier empire de Chaldée, Paris 1879. — Empreintes de cachets assyro-chaldéens, Paris 1882. —

Les pierres gravées de la Haute Asie, 1re partie,
Chaldée, Paris 1884. — Collection de Clercq. Catalogue méthodique et raisonné, publ. par M. de Clercq
avec la collaboration de M. J. Menant. Paris 1885.

Layard's bekannte Schriften haben als getreue Berichte über seine wichtigen Entdeckungen bleibenden
Wert. So auch das Werk von George Smith. Kaulen's Buch ist eine fleifsige Kompilation, von konser-
vativ-katholischem Standpunkte aus geschrieben und ohne
irgendwelche Kritik, aber sorgfältig. Perrot und Chipiez machen zwar die Kunstgeschichte zu ihrer Haupt-
aufgabe, bringen sie aber mit Geschichte, Archäologie
und Religion in Verbindung; ihre Versuche, die vermutliche Gestalt der alten Tempel aus der der Ruinen und
anderen Daten zu erschliefsen, sind sehr beachtenswert.
Höchst wichtig ist die Sammlung de Clercq, meist Cylinder, auf denen religiöse oder wenigstens mythologische
Objekte abgebildet sind.

### Werke über Astronomie und Geographie.

Ed. Frhr. v. Haerdtl, Astronomische Beiträge zur
    assyrischen Chronologie, Wien 1884.

J. Oppert, Die astronomischen Angaben der assyri-
    schen Keilschrift (Kais. Akad. der Wissensch.). Wien
    1885, April.

G. Bilfinger, Die astronomische Doppelstunde, Stutt-
    gart 1888.

J. N. Strafsmaier und J. Epping, Astronomisches
    aus Babylon oder das Wissen der Chaldäer über
    den gestirnten Himmel, Freiburg i. B. 1889.

J. Oppert, Un annuaire astronomique babylonien, tra-
    duit en partie en grec par Ptolémée, Paris 1890.

E. Mahler, Der Kalender der Babylonier (Kais. Akad.
    der Wissensch. in Wien) I und II, März und Nov. 1892.

Friedrich Delitzsch, Wo lag das Paradies? Leipzig 1881.

A. Delattre, Esquisse de Géographie assyrienne, Bruxelles 1883. — L'Asie occidentale dans les inscriptions assyriennes (Revue des questions scientifiques, Octobre) 1884. — Encore un mot sur la géographie assyrienne (ibid. Avril) 1888.

L. A. Oberziner, Divisione politica e militare dell' antica Assiria, Trento 1884.

E. Schrader, Zur Geographie des assyrischen Reichs (Sitzungsberichte der Kgl. Akad. der Wissensch.), Berlin 1890.

Unter den obengenannten Arbeiten verdienen vor allem die des Wiener Astronomen Mahler Beachtung, welcher nicht nur die astronomischen Aufzeichnungen der Ägypter, sondern auch die der Babylonier untersucht und die Resultate seiner bezüglichen Forschungen in den angeführten und anderen kleinen Aufsätzen in den Werken der Kaiserlichen Akademie zu Wien veröffentlicht hat. Delitzsch giebt als Anmerkungen zu einer Rede über die ziemlich belanglose Frage, wohin man ehemals das Paradies verlegte, eine Fülle von Details aus der babylonischen Geographie, welche sein Werkchen noch lange zu einem nützlichen Ratgeber machen werden. Auch Delattre's Studien sind bemerkenswert, obschon man ihren Resultaten nicht immer beizupflichten vermag; nicht minder die Arbeit Schrader's.

## Allgemeinhistorische Werke.

J. Kruger, Geschichte der Assyrer und Iranier vom 13. bis zum 5. Jahr. v. Chr., Frankfurt 1856.

H. C. Rawlinson, Outlines of assyrian history, from the inscriptions of Nineveh, London 1852.

J. Oppert, Histoire des empires de Chaldée et d'Assyrie d'après les monuments, Versailles 1865.

W. Wattenbach, Nineve und Babylon, Heidelberg 1868.

J. Menant, Annales des rois d'Assyrie, Paris 1874. — Annales des rois de Babylone, Paris 1875.

Geo. Smith, Assyria from the earliest times to the fall of Nineveh, London 1875. — The history of Babylonia, ed. by Sayce, London o. J.

E. Schrader, Keilinschriften und Geschichtsforschung, Gießen 1878.

F. Mürdter, Kurzgefaßte Geschichte Babyloniens und Assyriens, Stuttgart 1882. — 2. Aufl., revidiert und größtenteils neu bearbeitet von Friedr. Delitzsch, Calw und Stuttgart 1891.

Fritz Hommel, Geschichte Babyloniens und Assyriens, mit Abbild. und Karten (Oncken's Allgemeine Geschichte), Berlin 1885. — * Abriß der babylonisch-assyrischen und israelitischen Geschichte von den ältesten Zeiten bis zur Zerstörung Babels. In Tabellenform. Leipzig 1880.

Gius. Brunengo, L'impero di Babilonia e di Nineve, secondo i monumenti cuneiformi comparati colla Biblia, 2 vol. Prato 1885. — Appendice. La Cronologia biblico-assira, ibid. 1886.

C. P. Tiele, Babylonisch-assyrische Geschichte, 2 Teile. Gotha 1886—88 (Perthes' Handbücher der alten Geschichte).

Hugo Winckler, Geschichte Babyloniens und Assyriens, Leipzig 1892 (Völker und Staaten des alten Orients I). — Untersuchungen zur altorientalischen Geschichte, ibid. 1889. — Altorientalische Forschungen I—*III, Leipzig 1893—95.

Z. A. Ragozin, Chaldaea, London and New-York 1887. — Assyria, ibid. 1888.

E. Schrader, Zur Kritik der chronologischen Angaben des Alexander Polyhistor und des Abydenus (Kgl. Sächs. Ges. der Wissensch.), Leipzig 1880. — Die keilinschriftliche Babylonische Königsliste (K. Preufs. Akad.), Berlin 1887.

L. Heuzey, Le roi Dounghi à Tello d'après les découvertes de M. de Sarzec, Paris 1886.

A. Delattre, Les Chaldéens jusqu' à la formation de l'empire de Nabuchodonosor, Paris 1877. 2. Ed. augm. Louv. 1889. Vgl. H. Winckler, Untersuchungen (s. oben). Ein Plagiat? Leipzig 1889.

Gius. Massaroli, Phul e Tuklatpalasar II, Salmanassar V e Sargon, Roma 1882.

P. Haupt, The battle of Halûlê, Andover Rev. 1886, p. 542 ff. — Wâtch-Ben-Hazael, Prince of the Kedarenes, Hebraica vol. I, Nr. 4.

W. Robertson Smith, Ctesias and the Semiramis Legend, Engl. Histor. Review. Apr. 1887.

Vict. Floigl, Cyrus und Herodot, Leipzig 1881.

A. Delattre. Cyrus dans les monuments assyriens, 1890?

R. Schubert, Herodots Darstellung der Cyrussage, Breslau 1890.

G. Brunengo, Il Nabucodonosor di Giuditta. Disquisizione biblico-assira, Roma 1888.


J. Oppert, Mémoire sur les rapports de l'Egypte et de l'Assyrie dans l'Antiquité, Paris 1869.

H. Zimmern, Die Assyriologie als Hilfswissenschaft für das Studium des A. T. und des klassischen Altertums, Königsberg 1889.

E. Bonnet, Les Découvertes assyriennes et le livre de la Génèse, Paris 1884.

D. G. Lyon, Assyriology and the Old Testament, Unitarian Rev. Dec. 1887, p. 593 ff.

Die bereits genannten allgemeinen Geschichtswerke
von Lenormant und Maspéro behandeln natürlich
auch die babylonisch-assyrische Geschichte, sind aber
in vielen Punkten veraltet[1]). Duncker ist bei der Be-
nutzung der Quellen für diesen Teil seiner Geschichte des
Altertums minder kritisch als sonst. Ed. Meyer ist zu-
verlässig. Von V. Schmidt (vgl. S. 401) gilt auch hier,
was von dem ägyptischen Teil seines Werkes gesagt wurde.
Das Buch von Kruger ist durchaus unzuverlässig. Die
Skizzen von Rawlinson und Geo. Smith sind überflüssig
geworden durch die 2. Auflage von Mürdter's Kompendium, die in Wahrheit das Werk von Friedrich Delitzsch ist. Oppert und Menant gaben eigentlich
chronologisch geordnete Übersetzungen historischer Inschriften, welche trotz ihrer Ungenauigkeit und Unvoll-
ständigkeit bei dem damaligen Stande der Wissenschaft
von Wert waren, nunmehr aber durch die oben angeführte Keilinschriftliche Bibliothek von Schrader
alle Bedeutung verloren haben. Gegen die unvorsichtige
Methode der damaligen Assyriologen trat im Jahre 1876
A. v. Gutschmid auf in seiner Schrift „Neue Beiträge
zur Geschichte des alten Orients". Leider richtete er
seinen Angriff gegen den am wenigsten Schuldigen von
Allen, Eberh. Schrader, der ihn denn auch in dem
obengenannten Werke bei weitem in den meisten Punkten siegreich widerlegte. Indessen ist v. Gutschmid's
Philippika nicht ohne gute Wirkung geblieben.

Die Geschichtswerke von Hommel und Tiele tragen den verschiedenen Charakter der Sammlungen, zu
welchen sie gehören; das erstere giebt eine umständ-
liche Erzählung mit Einschaltung zahlreicher Übersetzungen und mit Abbildungen, das zweite fafst die

---

1) * Natürlich gilt dies nicht von der neuen Ausgabe von Maspéro's
Histoire ancienne, welche inzwischen erschienen ist (Paris 1894
en cours de publication).

historische Darstellung kürzer und ist hauptsächlich dazu
bestimmt, in die Kenntnis und Kritik der Quellen einzuführen. Jenes handelt sehr ausführlich von den ältesten Zeiten; dieses, bezüglich der fraglichen Periode
skeptischer, beschäftigt sich absichtlich mehr mit der
späteren Geschichte. Beide Werke ergänzen einander
gewissermafsen. Der Zweck von Pater Brunengo's
Werk wird schon im Titel ausgesprochen: Harmonistik
auf römisch-katholischem Standpunkte; aber es beruht
jedenfalls auf gediegener Kenntnis der Keilschrifttexte.
Auch Winckler ist mit den Quellen vollkommen vertraut, und Alles, was er schreibt, zeichnet sich durch
Scharfsinn und Originalität aus; aber er stellt oft die
gewagtesten Hypothesen in eine Linie mit den bestverbürgten Resultaten. Sein Werk will nicht mehr als eine
umfassende Skizze sein und verweist deshalb nicht auf
die Quellen.

Die in dem zweiten Absatze erwähnten Schriften
betreffen einzelne Punkte; der letzte giebt die Titel
einiger Werke, welche die Beziehungen zwischen assyrischen, ägyptischen und alttestamentlichen Studien behandeln.

## Religion.

F. Münter, Religion der Babylonier, Kopenhagen 1827.

E. Hincks, The Assyrian Mythology (Transact. R. Irish
Acad. Vol. XXIII), Dublin 1855. •

C. P. Tiele, Vergelijkende Geschiedenis, 2e Boek. —
Geschiedenis van den godsdienst tot aan de heerschappij der wereldgodsdiensten, 2e Hoofdst. Französische Ausgabe p. 87 suiv. — De vrucht der
Assyriologie voor de vergelijkende geschiedenis
der godsdiensten, Amsterdam 1877. (Deutsch von
K. Friederici, Leipzig [1878] o. J.) — La Déesse Istar
dans le mythe babylonien, Leiden 1884. — De
Hoofdtempel van Babel en die van Borsippa naar de

Opschr. van Nebukadrezar II (K. Akad. van Wetenschappen) Amsterdam 1866. Kurze Zusammenfassung
in der Zeitschrift für Assyriologie 1887, S. 179 ff. —
De beteekenis van Ea en zijn verhouding tot Maruduk en Nabû (K. Akad. van Wetensch.) Amsterdam
1887.

F. Lenormant, Essai de Commentaire des fragments
cosmogoniques de Bérose, Paris 1872. — La légende
de Sémiramis, Paris 1873. — Le Déluge et l'Epopée
babylonienne, Paris 1873. — La divination et la
science des présages chez les Chaldéens, Paris 1875.
Chaldaean Magic, its origine and development, with
considerable additions by the author, London (1877).—
Les dieux de Babylone et de l'Assyrie, Paris 1877. —
Les Origines de l'Histoire, 2. Edit. Vol. I: La créa-
tion de l'homme et le déluge, Paris 1880. Vol. II,
  1. 2: L'Humanité nouvelle et la dispersion des
peuples, Paris 1882—84.

J. Oppert, L'immortalité de l'âme chez les Chaldéens,
Paris 1875. — Fragments mythologiques, in der
Histoire d'Israël von E. Ledrain. — Le Poème chal-
déen du déluge, Paris 1885.

Geo. Smith, The Chaldaean account of Genesis, London 1875. * 6. Aufl. 1880. (Vgl. Sayce in Aca-
demy, 1. Januar 1876. Deutsche Übersetzung von
H. Delitzsch, mit Anmerkungen und Zusätzen von
Fr. Delitzsch, Leipzig 1876.)

Paul Haupt, Der keilinschriftliche Sintflutbericht, Leipzig 1881. (Vgl. Ed. Suefs, Die Sintfluth, Leipzig
1883.)

A. H. Sayce, (Hibbert-) Lectures on the Religion of
the ancient Babylonians, London and Edinburgh
1887. (Vgl. Halévy in Revue de l'Hist. des Rel.
1888.)

Alfred Jeremias, Die babylonisch-assyrischen Vorstellungen vom Leben nach dem Tode, Leipzig 1887.

P. Jensen, Die Kosmologie der Babylonier. Studien und Materialien. Strafsburg 1890. (Vgl. Halévy in Revue de l'Hist. des Rel. 1890.)

Münter's Werk, bemerkenswert für seine Zeit, ist noch vor den grofsen Entdeckungen der Assyriologie geschrieben, deren erste Frucht auf diesem Gebiete das von Hincks ist. Die zahlreichen Schriften Lenormant's zeugen von ausgedehnten Kenntnissen, Scharfsinn und grofser Belesenheit, leiden jedoch an mangelnder Kritik infolge von Überhastung. Delitzsch's Ausgabe von Smith's Chaldäischer Genesis verdient bei weitem den Vorzug vor der englischen wegen der richtigeren Übersetzungen und des reicheren Inhalts. Die Vorlesungen von Sayce zeigen in ihrem Charakter vielfache Ähnlichkeit mit den Werken Lenormant's: es ist viel aus ihnen zu lernen, und sie regen zu eingehenderer Untersuchung an, müssen aber mit Vorsicht gebraucht werden. Jensen's Kosmologie ist eine vortreffliche Arbeit, die — wenn auch manche Ansichten des Verfassers zu begründeten Zweifeln Anlafs geben — als kritische Bearbeitung der Quellen und wegen ihrer ausgezeichneten Übersetzungen der Texte einen bedeutenden Wert besitzt. Die kleine Schrift von Alfr. Jeremias ist sehr beachtenswert und mufs mit dem verglichen werden, was Halévy über das gleiche Thema in verschiedenen Zeitschriften geschrieben hat.

# Drittes Buch.

## Vorderasien.

### Inschriften und Texte.

Das vortreffliche „Corpus inscriptionum semiticarum", welches seit einigen Jahren in Frankreich herausgegeben wird, und dessen aus Phönicien stammender Teil von E. Renan bearbeitet ist, hat alle früheren Publikationen dieser Art überflügelt, nicht nur die mifslungenen Versuche von Hamaker und Meier (Erklär. phönic. Sprachdenkmale, 1860, und Über die nabatäischen Inschriften, 1863), sondern auch die für ihre Zeit ausgezeichneten Monumenta Phoeniciae von Gesenius. Daneben verdienen jedoch noch immer verglichen zu werden Renan, Mission de Phénicie (9 Teile, 1864—74), Clermont Ganneau, Mission en Palestine et en Phénicie (1881) und de Vogüé, Syrie Centrale, Inscriptions sémitiques, Paris 1869. Ebenso M. A. Levy, Phönizische Studien, 4 Teile, Breslau 1856—70 und Siegel und Gemmen mit aram., phöniz. u. s. w. Inschriften, Breslau 1869. Im ersten Teil der Studien wird die grofse Inschrift auf dem Sarkophage Ešmunazar's behandelt, bezüglich welcher man vor allem zurate ziehe K. Schlottmann, Die Inschrift Eschmunazar's, Königs der Sidonier, Halle 1868 (vgl. ebds. die Litteratur S. 9 f. Ewald's Erklärungsversuch in den Abhandlungen der Kgl. Gesellsch. der Wissensch. zu Göttingen 1856 läfst viel zu wünschen

übrig). Vgl. auch de Vogüé, Mélanges d'Archéologie
orientale. Paris 1868. Von einigen bekannten und schon
von Renan und Berger behandelten Inschriften liefert
G. Hoffmann, Über einige phönikische Inschriften
(Götting. Gesellsch. der Wissensch. 1889) eine neue Erklärung, die sehr beachtenswert ist. Ein Werk, welches
mir nicht zur Hand ist: A. Pellegrini, Studie d'epi-
grafia fenicia (Acad. d. Scienze di Palermo, Torino 1891)
wird im Litterar. Centralblatt 1892, Sp. 1210 f., von
A. Socin) sehr gerühmt.

Über den Mešastein vgl. man hauptsächlich R. Smend
und A. Socin, die Inschrift des Königs Mesa von Moab,
Freiburg i. B. 1886 (mit Tafel), wo die Einwände Dr. Lö-
wy's gegen seine Echtheit genügend widerlegt werden.

Betreffs der phönicischen Sprache findet man den
gröfsten Reichtum an Material bei Paul Schröder,
Die Phönizische Sprache; Entwurf einer Grammatik nebst
Sprach- und Schriftproben (22 Tafeln. Halle 1869).

## Vergleichende Untersuchungen.

C. P. Tiele, Vergelijk. Geschiedenis enz. 3e Boek. —
Western Asia, according to the most recent dis-
coveries. Rectorial Address, translated by Elizabeth
J. Taylor. London (1894) o. J. (Übersetzt aus dem
Jaarboek der Rijks-Universiteit te Leiden 1893.)
* Deutsche Bearbeitung von G. G. (Georg Gehrich)
unter dem Titel: Westasiens Vergangenheit im Lichte
der Funde von El Amarna. Nach einer akad. Rec-
toratsrede von Prof. Dr. Tiele in Leiden (Beilage zur
Allgemeinen Zeitung, München 1895, Nr. 209—210).

W. Graf Baudissin, Jahve et Moloch, Leipzig 1876.

Eb. Nestle, Die Israelitischen Eigennamen nach ihrer
religionsgeschichtlichen Bedeutung (Gekrönte Preis-
schrift), Haarlem 1876.

Friedr. Baethgen, Beiträge zur semitischen Religionsgeschichte. Der Gott Israels und die Götter der Heiden. Berlin 1888.

F. Achinard, Israël et ses voisins asiatiques (la Phénicie, l'Aram et l'Assyrie), Genève 1890.

B. D. Eerdmans, Melekdienst en vereering van hemellichamen in Israël's assyrische periode, Leiden 1891.

* K. Niebuhr, Geschichte des ebräischen Zeitalters. I. Bd.: Erstes Buch bis zum Tode Josuas. Berlin 1894.

* H. Gunkel, Schöpfung und Chaos in Urzeit und Endzeit. Eine religionsgeschichtliche Untersuchung über Gen. 1 und Ap. Joh. 12. Mit Beiträgen von H. Zimmern. Göttingen 1895.

Das Werkchen von Nestle, obschon es nicht unmittelbar in diese Rubrik gehört, ist ihr dennoch zugewiesen, weil dasselbe, was es über die israelitischen Eigennamen ausführt, auch auf die der Nachbarvölker pafst und deshalb zur Vergleichung dienen kann. Baethgen steht auf sehr konservativem Standpunkte, und seine apologetischen Beweisführungen können sich vor dem Forum der Kritik nicht rechtfertigen, obwohl er bisweilen mit gutem Grund einige z. Z. ziemlich allgemein gebilligte Meinungen bestreitet; aber er giebt auf knappem Raume eine richtige und so gut wie vollständige Übersicht dessen, was gegenwärtig über die religiösen Vorstellungen der vorderasiatischen Völker bekannt ist. Von der babylonisch-assyrischen Religion schweigt er. Auch das Werk von Achinard ist eine gute Skizze des gleichen Gebietes, zudem in gefälliger Form. Eerdmans versucht zu bestimmen, was in den Kulten Judas, welche die Propheten der assyrischen Periode bekämpften, israelitischen und was fremden Ursprungs ist. Inwieweit wir ihm beizupflichten vermögen, ist aus dem Text ersichtlich. * K. Niebuhr's Buch enthält eine phantastische und von den gewagtesten Kombinationen

getragene, aber in vieler Beziehung originelle und geist-
volle Konstruktion der Urgeschichte der Mittelmeer-
völker, welche natürlich auch die einschlägigen religions-
historischen Probleme berücksichtigt (vgl. die Recen-
sionen von Siegfried in der Theol. Litteraturzeitung 1894,
Nr. 22 und von A. Kl. im Theol. Litteraturblatt 1895,
Nr. 7). * Gunkel erörtert das Verhältnis von Gen. 1
und Apc. 12 zur babylonischen Mythologie in umfassen-
der und gründlicher Weise, wobei er eine Beeinflussung
der biblischen Kosmologie und Eschatologie durch den
Mythus vom Kampfe Maruduk's mit Tiamat nachzuweisen
sucht. Trotz des vielfachen Widerspruchs, den sein
Werk herausfordert, bleibt es immerhin eine sehr interessante und lehrreiche Lektüre.

## Phönicier und Kanaanäer.

F. C. Movers, Die Phönizier, I. Untersuchungen über
die Religion und die Gottheiten der Phönizier. II. Das
phönizische Altertum, in 3 Teilen. Bonn 1841. Berlin
1849—56. — Art. Phönizien in Ersch und Gruber's Allg. Encyclopädie XXIV, S. 319—443.

Ph. Berger, Art. Phénicie in Lichtenberger's Ency-
clopédie des sciences religieuses, t. X.

R. Pietschmann, Geschichte der Phönizier (Oncken's
Allgem. Geschichte in Einzeldarstellungen), Berlin
1889.

F. Jeremias, Tyrus bis zur Zeit Nebukadnezars, Leipzig
1891.

F. Münter, Religion der Karthager und Der Tempel
der himmlischen Göttin zu Paphos, Kopenhagen 1821.

O. Meltzer, Geschichte der Karthager I, Berlin 1879.

K. B. Stark, Gaza und die philistäische Küste, Jena
1852.

Al. Muller, Astarte (Kais. Akad. in Wien) 1861. —
Esmun (ebds.) 1864.

Das grofse, seiner Zeit epochemachende Werk von
Movers, wie sein Artikel in der Encyklopädie von Ersch
und Gruber sind jetzt veraltet, nicht allein bezüglich der
in ihnen behandelten Thatsachen, sondern auch der be-
folgten Methode. Wie bedeutend die Gelehrsamkeit
auch sein mag, über welche der Verfasser verfügte:
seine gewagten Hypothesen und kühnen Kombinationen
zeugen mehr von Scharfsinn als von kritischer Befähigung,
und das Bild, welches er von der phönicischen Religion
entwirft, ist nicht der Wirklichkeit entsprechend. Münter's Schriften leiden nicht an demselben Übel, stehen
aber natürlich jetzt nicht mehr auf der Höhe der Wissenschaft. Die gelehrte Arbeit von Stark über Gaza enthält manche Seite, die noch mit Nutzen studiert werden
kann; aber seine Hauptthese, dafs die Philister Pelasger
seien, hat er nicht bewiesen oder auch nur wahrscheinlich zu machen vermocht. Pietschmann giebt in
durchsichtiger Form die Resultate der jüngsten Untersuchungen, wenn auch die Theorie, welche seine Darstellung der phönicischen Religion beherrscht, bei aller
Wahrheit, die sie enthält, einseitig ist. Meltzer spricht
in dem ersten Teile seines Werkes (mehr nicht erschienen) nicht von der Religion der Karthager. Über San-
chuniathôn vergleiche man aufser den bereits citierten
Studien zur semitischen Religionsgeschichte von W. Graf
Baudissin I, S. 1—462, Bunsen in Ägyptens Stelle in
der Weltgeschichte V, S. 240 ff., Ewald, Abhandl.
über die phönicische Ansicht der Weltschöpfung und
den geschichtlichen Wert Sanchoniathons (Göttingen
1851), Renan, Mémoire sur l'origine et le caractère
véritable de l'histoire phénicienne de Sanchoniathon
(Acad. des Inscript. et B. L. XXIII, 1858, p. 241 suiv.).
Wagenfeld, Sanchoniathons Urgeschichte der Phönizier (Hannover 1836) ist ein litterarischer Betrug (* Näheres
darüber bei Bernheim, Lehrbuch der historischen Methode, Leipzig 1889, S. 234 f.).

## Hethiter.

Eine vollständige Übersicht der bis 1884 entdeckten sogenannten hethitischen Inschriften, zusammengestellt von W. H. Rylands, findet man bei William Wright, The Empire of the Hittites (London 1884), wo zugleich alles, was die Auffindung und die Versuche zur Erklärung der Inschriften betrifft, gesammelt ist. Vortreffliche Abbildungen der wichtigsten Monumente enthält die Histoire de l'Art dans l'Antiquité von Perrot und Chipiez IV. Wer sich einen kurzen Überblick über die vielbesprochene Hypothese eines mächtigen Hethiterreiches, das sich über einen grofsen Teil von Vorderasien ausgedehnt haben soll, zu verschaffen wünscht, lese A. H. Sayce, The Hittites; the Story of a forgotten Empire, London 1888. Dagegen G. Hirschfeld, Die Felsenreliefs in Kleinasien und das Volk der Hittiter (Kgl. Akad. Berlin 1887). Auf einem eigenartigen Standpunkte steht der gelehrte Pater C. A. de Cara, der in einer Reihe von Artikeln in der Civiltà Cattolica (Serie XV, vol. I ff.) „Degli Hittîm o Hethei e delle loro migrazioni" überall die Spuren dieses Volkes nachzuweisen sucht, aber ein Rätsel durch das andere erklärt, indem er sie mit den Pelasgern identifiziert. F. E. Peiser's Entzifferungsversuch (Die hetitischen Inschriften, Berlin 1892) hat bislang wenig Beifall gefunden. Über die meist mit den Hethitern identifizierten Kappadocier, welche jedoch Keilschrift gebrauchten, vgl. man u. a. W. Golénischeff, Vingt-quatre tablettes cappadociennes, St.-Pétersbourg 1891.

## Jahve und die Götter der Völker.

Natürlich kann es nicht unsere Absicht sein, eine Bibliographie der unsagbar ausgedehnten Litteratur über

Geschichte, Altertümer und Religion Israels zu versuchen. Wir erwähnen nur die neuesten, gröfseren Geschichtswerke von K u e n e n (De godsdienst van Israël,
Haarlem 1869 — 70. Volksgodsdienst en Wereldgods-
dienst, Leiden 1882. * Deutsche autorisierte Ausgabe:
Volksreligion und Weltreligion, Berlin 1883), W e l l -
h a u s e n (Geschichte Israels I. Bd., Berlin 1878; 2. Auflage unter dem Titel: Prolegomena zur Geschichte Israels,
ebds. 1883. * 3. Auflage, ebds. 1886. Abrifs der Geschichte Israels und Judas, in den Skizzen und Vorarbeiten I, Berlin 1884 und in der Encyclopaedia Britannica. * Israelitische und jüdische Geschichte, Berlin
1894; 2. verbesserte Ausgabe, ebds. 1895), S t a d e ,
(Geschichte des Volkes Israel, 2 Bde, Berlin 1887—88,
in Oncken's Allgem. Geschichte in Einzeldarstellungen),
womit zu vergleichen die in mehr konservativem Geiste
verfafste Geschichte von R. K i t t e l (Geschichte der Hebräer, 2 Bde, Gotha 1888 — 92, in Perthes' Sammlung
von Handbüchern der alten Geschichte). * Mit beson-
derer Berücksichtigung der politischen Entwicklung und
sorgfältiger Verwertung auch der aufserbiblischen Quellen
sind die interessanten Aufsätze H. W i n c k l e r's geschrieben: Geschichte Israels in Einzeldarstellungen I, Leipzig
1895 (Völker und Staaten des alten Orients II). * Für
die Kenntnis der israelitischen Antiquitäten ist auf die
vortrefflichen Darstellungen von J. B e n z i n g e r (Hebräische Archäologie, Freiburg i. B. und Leipzig 1894,
Mohr's Grundrifs der theologischen Wissenschaften II, 1)
und W. N o w a c k (Lehrbuch der hebräischen Archäologie, 2 Bde, Freiburg i. B. und Leipzig 1894, in Mohr's
Sammlung theologischer Lehrbücher) zu verweisen.

* Neben dem zuerst erwähnten Buche K u e n e n's
behandeln die Geschichte der israelitischen Religion als
ihre Spezialaufgabe die Werke von H. S c h u l t z (Alt-
testamentliche Theologie. Die Offenbarungsreligion auf
ihrer vorchristlichen Entwickelungsstufe. 4. Auflage,

Göttingen 1889) und R. S m e n d (Lehrbuch der alttesta-
mentl. Religionsgeschichte, Freiburg i. B. u. Leipzig 1893,
in Mohr's Sammlung theologischer Lehrbücher), beide
im — loseren oder engeren — Anschlufs an die Vatke-
Kuenen-Graf-Wellhausen'sche Auffassung; ersteres ausgezeichnet durch gedankenreiche und flüssige Darstellung, behutsames Abwägen der Probleme und ausführliche Litteraturangaben, letzteres in knapper Fassung
den neuesten Stand der wissenschaftlichen Forschung
spiegelnd. Eine fünfte, völlig umgearbeitete und etwas
verkürzte Auflage des Werkes von H. S c h u l t z ist
soeben erschienen (Göttingen 1896). In Vorbereitung
befindet sich bei S. Hirzel in Leipzig ein „Handbuch
der alttestamentlichen Theologie" von A. D i l l m a n n ,
aus dem Nachlafs des Verewigten herausgegeben von
R. K i t t e l.

Uber die von den späteren Propheten bekämpften
Kulte in Israel schrieben u. a. H. O o r t (De dienst der
Baälîm onder Israël, Haarlem 1864, und Het Menschen-
offer in Israël, ebendas. 1865) und L. F e r r i è r e (Le
Paganisme des Hébreux jusqu' à la captivité de Babylone, Paris 1884), der sich, wie schon aus dem Titel
hervorgeht, auf einen ganz anderen Standpunkt stellt
als Oort. Vgl. auch die S. 438 angeführte Schrift von
E e r d m a n s.

Schliefslich nennen wir noch die folgenden Werke
über

## Mythologie und Sagenkunde.

A. B e r n s t e i n, Ursprung der Sagen von Abraham,
    Isaak und Jakob. Kritische Untersuchung, Berlin
    1871.

J. G o l d z i h e r, Der Mythos bei den Hebräern und seine
    geschichtliche Entwickelung, Leipzig 1876.

M. S c h u l t z e, Handbuch der Ebräischen Mythologie,
    Nordhausen 1876.

Paul Scholz, Götzendienst und Zauberwesen bei den
alten Hebräern und den benachbarten Völkern, Re-
gensburg 1877.

Jul. Popper, Der Ursprung des Monotheismus, Berlin
1879.

J. Bergel, Mythologie der alten Hebräer. 2 Bde,
Leipzig 1882.

K. Budde, Die biblische Urgeschichte, Gen. I—XII, 5.
Giefsen 1883.

E. Wietzke, Der biblische Simson der ägyptische
Horos-Ra, Wittenberg 1888.

Das geistreiche Büchlein von Bernstein ist eine
sehr unterhaltende Lektüre, hat aber für die Wissenschaft keinen Wert. Was Goldziher schreibt, zeichnet
sich immer durch gründliches Wissen und Scharfsinn aus,
aber seine mythologischen Hypothesen sind trotz dieser
Vorzüge nicht überzeugend. Nicht minder gewagt sind
die Vermutungen und Kombinationen von Schultze,
dessen Werk jedoch viel tiefer steht. Das sehr gelehrte und unparteiische Buch von Popper ist zu breit
angelegt, zu konfus und zu wenig kritisch, um zur Lösung des in ihm behandelten Problems viel beitragen
zu können. Scholz steht durchaus auf dem alten
supranaturalistischen Standpunkte und will daher von
einer genuin israelitischen Mythologie und Magie nichts
wissen; aber er giebt eine vollständige und gut dis-
ponierte Darlegung alles dessen, was für sein Thema
aus dem Alten Testament und anderen Quellen zu
schöpfen ist. Bergel hat nicht allein die biblischen,
sondern auch die talmudischen Sagen gesammelt; aber er
erzählt nur, ohne sich in eine Beurteilung oder Erklärung
einzulassen. Die sorgfältige und etwas weitschweifige,
aber nach guter Methode durchgeführte Untersuchung
von Budde ist als Lektüre und zum Studium sehr zu
empfehlen. Die Identifikation Simsons mit dem ägyp-

tischen Horos-Ra, welche Wietzke versucht, mufs als
gänzlich mifsglückt zurückgewiesen werden. Über die
Simsonsage vergleiche man die Abhandlung von Stein-
thal in der Zeitschrift für Völkerpsychologie und Sprachwissenschaft II, 1862, S. 110—120 und 129—178, welche
— obwohl in manchen Punkten widerlegt — die Grundlage für alle ferneren Untersuchungen bildet.

www.ingramcontent.com/pod-product-compliance
Lightning Source LLC
Chambersburg PA
CBHW022011110726
47901CB00006B/1476